本书系北京市哲学社会科学基地重点项目"北京城市轨道交通 PPP 模式的公益性和经营性平衡机制研究"（15JDJGA083）最终成果、国家社科基金重大项目"中国高铁经济理论解析框架及演化路径研究"（17ZDA084）阶段性成果

轨道交通公益性与经营性平衡新模式

NEW BALANCE MODE OF
PUBLIC WELFARE AND BUSINESS FOR RAIL TRANSIT

林晓言 罗 燊 著

社会科学文献出版社
SOCIAL SCIENCES ACADEMIC PRESS (CHINA)

近年来，在改革创新的强力推动下，国家下放行政审批权限，鼓励社会资本投资基础设施建设，取得了可喜进展。我国轨道交通打破了以往政府独家投资的传统模式，倡导投资主体多元化、投资来源多渠道，加快企业转型升级，开创了良性发展的新模式。

我国轨道交通的实践表明，改革是发展的必由之路，创新是发展的第一动力。在公共服务领域，国务院及有关部委大力推广政府和社会资本合作（PPP）。所谓社会资本，不仅仅指民营企业，还包括国有企业。这种公私合作制，创造了由政府和社会资本合作提供公共服务的新模式，其本质是合作共治，核心是风险共担、利益共享的平等互利伙伴关系。

轨道交通项目具有投资多、周期长、回收慢、风险大等特征。只有部分项目属于纯经营性或纯公益性，大部分项目属于准经营性。项目建成之后，除项目自身有一定的经济效益外，还带来显著的社会效益和环境效益。不仅为百姓出行和物资流通提供了便捷高效的运输服务，而且对地区经济和城市发展发挥着基础性和引导性作用。如何兼顾项目的经营性与公益性，是投资主体多元化情况下需要研究解决的一个重要问题。

轨道交通传统的融资模式，实质上都是政府资信融资，其中各级政府源于轨道交通显著的公益性给予的资信支持是重要保障。各方投资主体对轨道交通的投资偏好，主要源于对轨道交通资产未来可预期的稳定现金流的信任度。这里的现金流不仅包含财务现金流，而且包含社会经济系统和土地资源系统因轨道交通资产区位资源性质而产生的经济现金流。前者可理解为轨道交通的经营性表现，而后者则是其公益性的表现。项目公益性与经营性的平衡，不仅关系到对投资主体的有效激励，而且关系到关联产业及政府财税体系的可持续发展。对轨道交通公益性与经营性平衡问题进行深入探讨，有助于发展公私合作理论，指导制定相关政策，促进规划项目落地实施并取得良好效果。

北京交通大学林晓言教授等多年从事轨道交通经济研究工作，取得了许多重要成果。《轨道交通公益性与经营性平衡新模式》一书，汇集了她和她的团队多年来在这方面的研究成果，是持续辛勤耕耘的又一结晶。本书重点研究了基于激励性规制和开发利益公共还原的轨道交通公益性与经营性平衡机制的现实意义和理论基础，提出了GDP、受益主体、土地增值三个视角的公益性计量方法，构建了财税、开发、价格三个维度的公益性与经营性平衡新框架，探讨了多种平衡新模式，并附大量案例分析。既有系统深入的论述，又有精辟独到的见解，不乏闪光亮点。第一，首次提出"广义补贴"的概念。广义补贴具有广义再分配的性质，包括以税费为主要形式的外部补贴机制、以综合开发为主要形式的内部补贴机制以及价格机制。第二，首次提出"有限公益性"的观点。轨道交通公益性边界的划分标准，应以轨道交通自身属性为内界，以轨道交通经营活动影响区域或影响群体为外界，以轨道交通运营期为考察期。第三，构建了公益性与经营性平衡机制三维度理论框架。基于"广义补贴"和"有限公益性"，在轨道交通外部补贴机制、内部补贴机制以及价格机制设计的基础上，提出了项目公益性与经营性平衡的具体方案。本书的研究成果，为从根本上解决我国轨道交通发展中运营企业亏损严重、政府财政补贴负担沉重等问题提供了理论依据，为破解项目公益性与经营性平衡难题规划了可行路径，对深化轨道交通投融资体制改革、促进可持续发展具有重要指导意义。

当前，我国轨道交通领域推行PPP已进入活跃期。从成功经验和失败教训中，深感需要针对存在的问题系统研究并采取有效措施。政府要有所作为，下功夫搞好项目策划、物有所值（VFM）评估，提供税费政策支持和金融支持，履行监督职责。政府应当守信，不能因换届而出现脱节或变故。政府为项目提供部分投资，有利于增强社会资本的投资信心，能够产生带动效应，值得提倡和推广，但不要设置过高的准入门槛。企业是投资主体，在获得公开透明的信息披露的情况下，与有关方面确定运价形成机制和运输收入清算机制。采取多种措施，实现轨道交通建设与当地综合发展深度融合，包括"轨道交通＋土地开发""轨道交通＋物业""PPP＋资产证券化（ABS）"新模式等。企业要增强投资风险意识，通过咨询科学确定投资前景预期，切忌盲目性。促进制定《政府和社会资本合作法》等相关法律，在完善的法律规范保障下，遵循市场规律合法运作。建立行之有效的沟通和协调机制，实现风险合理分担、冲突友好解决。期望携手持续开展理论和实践探索，形成具有中国特色的政府和社会资本合作新体系，开拓政府和社会资本合作共赢新路子，推动轨道交通高质量健康发展。

中国工程院院士

原铁道部党组副书记、常务副部长

孙永福

2018 年 5 月 1 日

目 录
CONTENTS

　　轨道交通等交通基础设施是社会经济发展的先行资本，其发展的完备程度对国民经济和社会生产力发挥着基础性的作用。广义上的轨道交通按空间位置可分为地下铁、高架铁、地面铁路。本书从城市轨道交通和高速铁路入手，从特殊到一般，进而推广到其他轨道交通和城市交通。

　　在经济高速增长期，轨道交通不仅要在路网规模上适应经济发展，而且要在运输效率和结构等高端服务供给中发挥促进经济集约的作用；在经济低迷期，轨道交通又进一步成为政府干预经济确保经济平稳运行的重要杠杆和手段。基于此，轨道交通等交通基础设施的身份是双重的：一是作为运输服务提供者的运输系统；二是作为社会经济发展重要投入要素的经济基础系统。

　　第一重身份，作为运输系统，属微观层面，轨道交通运输服务生产者即轨道交通运输企业以政府管制的价格水平实现运输收入，这是其财务收益的主要构成；轨道交通运输服务使用者即消费者付出政府管制票价水平的费用实现位移，其收益是到达目的地的地点效用（Place Utility，PU），PU 是决定消费者运输服务支付意愿的主要因素。因此，就轨道交通运输系统的第一重身份来说，轨道交通运输服务生产者的净收益是财务收益与财务成本之差，即轨道交通企业利润；轨道交通运输服务使用者的净收益则是其支付意愿与票价之差，即消费者剩余。消费者剩余属于轨道交通系统的公益性。

　　第二重身份，作为经济基础系统，属区域和宏观层面，轨道交通等交通基础设施是社会经济发展重要的投入要素，这是其作为产业链中关键基础环节的根本，即其本源的外部效益。这部分外部效益通常以 GDP 的形式为社会所认可，因此，GDP 视角的轨道交通外部效益计量是多年来的主导思路，成果丰富，模型众多，推荐参考林晓言所著《基础设施投资效果定量评价》和《高速铁路与经济社会发展新格局》①。鉴于 GDP 指标正待修正、宏观区域的弹性边界，以及长期存在的难以剥离交通项目投资贡献等学术界争议，本研究团队已在探寻更科学的理论和方法以定量评价交通行为对 GDP 的影响，因此本书不将该视角作为重点，仅选择灰色预测方法等做后评价。

在本书中，关于轨道交通基础设施的第二重身份，因其产生的公益性与经营性的计量，可以按照两个思路来厘清。

一是受益主体的思路。其理论基础源于公共物品开发利益公共还原理论，该理论已被发达国家和地区多个成功案例予以检验。鉴于我国最新颁布的新型城镇化规划、铁路土地综合开发规划、"八纵八横"高铁网规划以及国家发改委《发挥高铁经济的支撑引领作用》等国家政策的出台，"土地价值捕获"（Land Value Capture，LVC）和"交通主导开发"（Transit Oriented Development，TOD）等理念有望在未来的轨道交通和城市发展领域共同发挥主导作用。这些理念的实现需要以产权明晰为前提的完整发展权的具体落实，受益主体法无疑是可行的选择。具体来讲，为了实现平行、独立、可加等原则，本书将轨道交通的受益主体分为社会受益主体（政府）、轨道交通站点辐射区厂商（生产者）、消费者三类，含宏观、区域、微观三个层面的主体。

二是土地增值的思路。其理论基础主要是土地价值理论，体系完整丰富。其本质思想是，轨道交通等交通基础设施从其概念规划之日起就已经成为影响土地价值的重要的区位因素，随着轨道交通设施的规划—建设—运营等时间轴的延伸，这种区位因素对土地价值的影响不仅必然成为内生变量，而且与区位可达性等其他时空因素融合成为主导的内生变量，累积叠加效应显著。因此，轨道交通等交通基础设施辐射区域范围内的土地价值是运输系统全部公益性的集化指标。本书在重点测算多条轨道交通包括高速铁路受益主体视角下的公益性的同时，还基于前期积累的测算模型修

---

① 前者于 2006 年由清华大学出版社、北京交通大学出版社出版；后者是国家社会科学基金后期资助项目成果，于 2015 年 7 月出版第一版，2017 年 3 月出版第二版，由社会科学文献出版社出版。

正测算了京沪高铁土地增值视角下的公益性。

总之，无论从何种视角看，轨道交通等交通基础设施的公益性都是客观存在的，同时轨道交通在票价方面的收入体现了轨道交通的经营性。公益性与经营性的平衡，不仅关乎对产生公益性的主体的激励，而且关乎与其关联的产业乃至宏观经济的可持续发展以及社会的和谐。

根据我国《中长期铁路网规划》和《铁路"十二五"发展规划》，铁路每年的建设投资规模依然处于上升的通道，2017 年依然达到 8000 亿元的水平。随着新型城镇化规划的落实，铁路等交通基础设施除了自身规模的扩大和结构的完善，还必须与城市发展形成有效的耦合，任务依然很艰巨。中国铁路总公司的成立是铁路产业市场化进程的重要步骤，在转型期间，如何避免历史债务等财务危机的爆发，融通到更加符合财务安全的大量资金，平衡好经济利益和公共利益之间的关系，成为亟待回答的问题。2014 年 9 月 23 日，财政部发布《关于推广运用政府和社会资本合作模式有关问题的通知》（财金〔2014〕76 号）。随后，为了保证政府和社会资本合作项目的实施质量，规范项目识别、准备、采购、执行、移交各环节的操作流程，2014 年 12 月 4 日财政部又发布了《关于印发政府和社会资本合作模式操作指南（试行）的通知》（财金〔2014〕113 号）。这些政策文件的发布意味着我国从探索政府和社会资本合作的阶段正式转入了大规模实践公私合作伙伴关系（Public-Private Partnership，PPP）的关键时期。

城市轨道交通是大中城市的基础性公共交通设施，随着我国大中城市内部与外部交流的日益紧密，人们对城市的客运需求也日益增长，而以运载量大、能耗低为特点的城市轨道交通也迎来发展高潮。2013 年 5 月，国务院发布《关于取消和下放一批行政审批项目等事项的决定》（国发〔2013〕19 号），决定把城市快速轨道交通投资项目立项与开工审批权或核准权从国家发改委下放到省级投资主管部门。截至 2015 年底，大陆共有 24 个城市开通运营轨道交通，运营线路总长度为 3489 公里，在建里程为 4448 公里，累计投资近 2 万亿元，其中 2015 年投资总额达到了 3364.2 亿元。最新获批或申报的城市大小不一，既有实力雄厚的老工业重镇如石家庄、太原，也有一大批改革开放后发展起来的大中型城市如温州、无锡等，甚至还有乌鲁木齐、兰州、贵阳、南宁等西部地区城市。

本书认为，从历史的角度看，轨道交通融资的本质是政府资信融资。

其中，中央政府源于轨道交通显著公益性给予的资信支持是重要保障。具体来讲，各方投资主体对轨道交通基础设施的投资偏好主要源于其对轨道交通资产未来可预期的稳定现金流量的信任度。这里的现金流量绝不仅仅是以轨道交通企业或者轨道交通项目为界的财务现金流量，它还包含社会经济系统和土地资源系统因轨道交通资产的区位资源性质而产生的经济现金流量。因此，轨道交通设施辐射区域内的受益主体是未来实现轨道交通融资健康持续的重要来源。其实，2008 年以后以高速铁路合资公司为代表的铁路大发展的资金筹集组织方式正是该思想的部分实践。

本书的重要结论如下。

（1）以轨道交通双重身份为出发点是对其公益性的清楚解释。轨道交通作为运输系统的第一重身份，是轨道交通运输服务生产者和消费者分别实现企业效益与地点效用的投入要素；轨道交通作为经济基础系统的第二重身份，是社会经济系统和土地资源系统实现其增量效应的投入要素。因此，消费者的地点效用、社会经济的增量效应与土地资源的增值效应是轨道交通设施公益性的主要体现。

（2）轨道交通公益性与经营性的平衡需要政府的激励性规制。激励性规制，是政府或监管部门给予受规制者合理竞争压力和提高生产经营效率的激励。通过放松进入/退出规制、灵活价格制定以及在产品生产领域给予企业更多自主权等方式，在利润最大化动机条件下，激励企业利用自身信息优势，主动提高内部生产、运营、管理等各环节的效率，降低生产运营成本。激励性规制方案的设计既要调动企业生产经营的积极性，又要防止企业滥用相机抉择权，攫取信息租金。具体到轨道交通 PPP 项目，政府对轨道交通经营主体的激励性规制，一方面要让社会资本有利可图，另一方面要保障社会公众的出行需求与消费者剩余，在供给数量、质量和价格等方面予以合理规制，实现公益性与经营性之间的平衡。

（3）在激励性规制方面，建立合理的风险分担机制，调整政府出资比例，私营企业承担部分成本，降低项目资产负债率。政府与企业应本着互惠、双赢的理念，根据承担风险的能力分配风险，建立合理的风险分担机制，实现成本分享和利润分享。这种规制方式既拥有法定的约束力，又比法律更具灵活性。同时，政府部门应调整自身的定位，扮演好监督者的角色，建立绩效考核机制，防止私营部门为了追求最大利益而放松安全标准，维护公共利益。社会资本在享受政府的优惠政策时，应积极履行合同义务，以更高的效率提供更优的服务，促进项目的顺利进行。

（4）提高激励的强度可以降低社会投资者的机会主义行为发生的概率。机会主义行为是导致社会福利损失的非常常见的经济活动。如果私人投资者在轨道交通 PPP 项目运营阶段发生这种情况，将对公众利益产生严重影响。当利益分配比例变大时，社会投资者的努力水平也会相应提高，所以提高社会投资者在轨道交通 PPP 项目中利益分配的比例，能够使其获得更多的收入，减少其投机行为。同时，可以提高其生产水平，使其更加努力地工作，提高工作效率。

（5）政府部门在确定 PPP 项目的利益分配比例时，应更加关注社会投资者的投机行为。根据最优利润分配比例，投机行为的产出系数越高，最优利润分配比例就越大，所以需要增加具有投机行为的社会投资者在项目中的利益分配比例，以避免其通过投机行为来增加产出，从而避免投机行为的发生。

（6）实现轨道交通公益性与经营性平衡的机制包括外部补贴机制、内部补贴机制和价格机制三个维度。外部补贴机制是指政府通过税收政策、财政补贴等方式，在兼顾公平与效率的前提下，实现对企业的激励；内部补贴机制是指依据轨道交通显著的公益性，在适当扩大项目合理边界的基础上，提高社会投资者的收益和分享比例，从而降低机会主义行为，也称为项目的内部激励；价格机制是指 PPP 项目定价机制和定价水平（指使用者付费价格）的设计满足社会福利最大化。

（7）轨道交通公益性与经营性的量化是实施平衡机制的首要条件。公益性与经营性的大小，需借助科学的计量工具予以货币化。在辨析轨道交通公益性受益主体的基础上，确定公益性与经营性平衡机制的实施对象，设计出外部补贴机制、内部补贴机制和价格机制三个维度的平衡方案。

（8）GDP 视角的轨道交通公益性与经营性计量需要借助更为复杂的模式剥离其贡献。GDP 视角是多年来铁路外部效益计量的主导思路，其主要思想在于将轨道交通看作一个基础设施项目，是一种投资行为，其本质是对其投资行为的效果评价。鉴于 GDP 指标正待修正，以及长期存在的难以剥离铁路项目投资贡献等学术界争议，目前本研究团队已在探寻更科学的定量评价轨道交通对 GDP 影响的方法。本书不将该视角作为重点内容，只用灰色预测法在高铁开通后逐年进行简单的数据分析，结论是：京沪、武广、京津三条高速铁路在运营期为沿线地区带来了可观的公益性，剔除几个特殊省份或城市，高速铁路在运营期对沿线地区 GDP 的贡献率约为 3%。

（9）将受益主体法并辅之以土地增值法作为轨道交通公益性与经营性计量的主要方法。本着和谐处理轨道交通经济利益与公共利益之间矛盾关系的宗旨，受益主体法可细化轨道交通的公益性。根据以轨道交通双重身份为出发点的公益性定义，可以将轨道交通受益主体平行分解为社会受益、企业受益和个体受益，且效益独立可加；也可以将这三部分空间利益载体化到土地价值上，在避免夸大轨道交通公益性的前提下，保证公益性与经营性平衡政策的科学和可实现。

（10）将公益性计量作为轨道交通项目财务评价的重要补充。从服务于客观评价轨道交通贡献的目的出发，增加轨道交通计算效益与外部效益内部化率两类指标之间的相关关系计量部分，可为轨道交通融资政策选择、组织模式选择等提供决策依据。

（11）轨道交通公益性计量受益主体加总法的实现。基于历史调查数据和现场问卷调查结果，测算出京沪高速铁路的公益性是其经营性（票价收入）的 3~5 倍，武广高铁是 6~7 倍，京津城际是 6~9 倍。建议普遍计算各铁路项目和各城市轨道交通项目的公益性，分类归纳形成公益性与运输收入比值的经验值，可为可行性研究的标准制定做准备。

（12）轨道交通对沿线土地价值影响计量的实现。基于团队成果积累的地价函数法，测算出京沪高铁对沿线站点区域的土地价值影响程度为：与 2011 年比较，到 2020 年，河北沧州将上涨 45.61%，其他站点区域上涨情况分别为山东枣庄 37.43%、山东德州 42.41%、山东泰安 42.10%、江苏常州 39.75%、安徽宿州 43.86%。土地是具象空间利益结构的有形载体，因此土地价值即铁路各类公益性的集化指标。

（13）轨道交通公益性程度的决定因素。轨道交通公益性的大小其实并不取决于轨道交通运输系统自身，而是取决于对其产生派生需求的各类源需求（包括社会经济系统和土地价值系统）的质量，以及轨道交通运输系统与其源需求系统之间的循环累积效应。因此，基于共赢思想的综合开发机制设计是做大轨道交通公益性的关键。

（14）开发利益公共还原理论是轨道交通公益性分配的理论基础。20

世纪之后，开发利益分配中的社会公平问题更为突出，针对公共项目的"受益者负担"理论开始形成，也就是将公共投资项目的成本合理分担和收益公平分配相连接，根据产权人的受益程度确定其应承担的成本，以实现开发利益的公共还原。因此，可以通过综合开发和联合开发的方式来实现轨道交通公益性分配。

（15）先创造价值再分配价值是轨道交通公益性分配的战略步骤。推荐遵循"跨域加值"理念实现轨道交通价值即公益性的扩大创造，遵循"土地价值捕获（LVC）＋交通主导开发（TOD）"思想实现轨道交通公益性分配。而且，分配机制的设计应能保证那些事先参与了价值创造行为的主体拥有价值分配的优先权利。

（16）轨道交通价值创造的"跨域加值"思想。"跨域加值"中的"跨域"是指不同领域的整合，包括公共部门上下级之间、同级不同部门之间、公共部门与私人部门之间，以创新思维的财务规划方式，通过跨空间、时间、主体与专业领域来拟订整合型开发计划，通过规划、基金、审议、协商等策略，针对开发利益随时间动态变化的特点，将过去忽略的建设外部效益予以内部化，提高计划自偿性，将资金回收到公共建设经费中，并且筹措未来的营运经费，以达到减轻政府财政负担的目的，即通过"跨域"整合的思维来创造更高效益的"加值"。机制运作的具体策略内容可归纳为资金筹措、基金运作、审议机制、协商平台等方面。轨道交通的开发建设和运营会给周边地区带来经济增长尤其是土地增值，对于这一部分的溢价回收，提倡基于利益形成的动态过程以及客流量对土地增值的有效性程度，并结合国家有关土地溢价相关税收和土地开发的方式实现。

（17）轨道交通价值分配的"土地价值捕获（LVC）＋交通主导开发（TOD）"思想。土地本身具有价值。TOD思想下的综合开发，包括土地所有者投资、基础设施公共投资等行为，都会提高土地的价值。轨道交通应挖掘土地的增量价值以覆盖轨道交通基础设施和提供运输服务的成本，合理规划城市的发展路径，完善城市的快速交通网络，同时创新土地开发融资的机制和方式。政府应代表公众维持这一土地价值。

（18）税费和开发是轨道交通公益性分配的两类路径。轨道交通公益性分配的路径比较复杂，分类依据也不平行。总体来看，包含以税费为依据的分配方案和以开发为依据的分配方案。税费依据属于间接方案，适合于产权难以界定、市场机制不够健全的情形；开发依据属于直接方案，适合于产权清晰完整、市场机制比较健全的情形。

（19）基于税费的轨道交通公益性分配，是以第三方为中介，实现公益性生成方和公益性得益方之间的转移支付。推荐的主要方案包括分列税率土地价值税、特别收益估价、税收增额融资、物业税制度下增值效益返还。

（20）以分列税率土地价值税实现轨道交通公益性分配。土地所有者获得土地价值的主要途径有两个：①物业开发，房价高，收获租金高；②土地开发，收获高地价或租金回报。换句话说，需要收回的两个主要的税费来源是物业开发和土地开发。一般财产税结合土地与财产来评估和征税。也就是说，财产的一部分估值是以税基为基础的，另一部分则以作为征税基础的土地价值为依据。随着区域规划的发展以及区域规划规模和容积率指标的发展，高物业税和高强度开发之间的关系变得难以平衡。因此，确保交通设施的顺利引进和良好的服务质量，既能实现高品质的回收利用，又不会影响土地开发商的积极性，解决办法是将一般财产税转换为分列税率的财产税。前者将土地税与房屋税相结合，税率相同；后者采用土地和房地产的双重征税制度。

（21）以特别收益估价实现轨道交通公益性分配。根据收益的不同建立税收评估区（效益评估区，简称BAD），使基础设施和公共服务设施的运行维护成本按照一定比例的投资进行分配，以达到回收投资之目的。"特别收益"（Special Benefit）而是相对于"普通收益"（General Benefit）而提出的。例如，社区公园的建设将改善周边娱乐环境的质量，提高其价值。从整个城市的角度来看，由于人均闲置面积的增加，全市居民都可以享受一般福利。但只有居住在社区公园附近的人才能从他们所谓的"特别收益"中获益。从理论上说，只要公共设施的范围比较狭窄，就可以用特殊的方式来收回投资，比如火车站的建设有助于提高周边地区的可达性，有助于吸引人们参与各种经济活动，从而使区域复兴。因此，可以相应划分铁路站点的特别收益评估征税区，对受益地区的特定群体征收相关费用。

（22）以税收增额融资（Tax Increment Financing，TIF）实现轨道交通外部补贴。税收增额融资，是指地方政府将特定地区因未来建设开发所增加的税收作为现在建设项目的融资担保，先行筹措建设经费，待实施期间内税收实现后，再予以偿还融资借款，即地方政府利用未来租税增额作为融资担保，进行公共投资与建设，借以促进计划地区的民间投资，是扩张税基产生租税增额的一项公共财务工具。具体做法是：首先划定 TIF 区的范围，然后决定 TIF 实施期间及基年，再决定纳入 TIF 的税目，最后地方政府以新设或既有基金（专户）配合财务运作，逐年将纳入计划的增额租税纳入基金（专户）。这项公共财务工具最初在美国运用。可以将铁路站点周边划分为"实施税收增额融资政策的区域"（Tax Increment Financing District，简称 TID 或 TIF 区）与"没有实施税收增额融资政策的区域"（简称非 TIF 区）两大地块。在项目建设初期，地方政府的原税基被冻结，基准税和增值税尚未发生。在项目建设期间，增值税转入项目开发区 TIF 区管理部门；项目结束后，TIF 区自动解散，地方政府的增税回归原位。

（23）物业税制度下增值效益返还补贴。物业税是一种间接税，是财产税的分支，主要是对物业征收的一种税。它是抽取现有房地产税、土地增值税和土地租赁费合并为统一征收的物业税，是政府与房地产业主之间的收入分配方式。这种做法的优点是：使物业税的税率易于调节；物业税金额与经济增长有关；当经济增长迅速时，相应的税额将会很高，否则会下降。轨道交通运输设施具体运营过程的增值效益主要基于以下情况：政府项目将带来项目周围区域的增值效益，同时也会增加政府的物业增值税收益，可以作为事前投资投入项目中。轨道交通运输设施围绕房地产升值增加了物业税，政府可以将部分收入提取为"资金池"的一部分。从资金池中使用资金，政府可以增加现有项目的投资比例，从而减少对特许经营权的补贴。在项目中，将增值税加入同一资金池，投资政府建设项目，形成增值收益循环使用。

（24）基于开发的轨道交通外部效益分配。需要组建法人形式或者契约形式的利益共同体，通过政府规划、土地整理、发展权移转三种土地利用方案创造价值，实现外部效益生成方和得益方的绑定式利益共享。推荐的分配方案有：①联合开发分配方案，包括法人模式、协议模式、"法人＋协议"模式，适用于轨道交通不拥有或不完全拥有土地产权的情形；②轨道交通自主开发方案，是指轨道交通拥有土地所有权的情形，具体包括自持物业和外包。

（25）轨道交通站区土地综合开发是公益性回收的前提条件。首先，必须吸引进驻产业与城市中现有产业形成关联，相互促进，进而形成城市的新增长极；其次，由于客观条件限制，高铁站区一般建在城郊，因此必须解决站点周边交通基础设施建设不及时的问题，加强站区与城市其他地区的联系；最后，必须有效解决高铁建设的融资问题，同时需要行政力量广泛而深度地介入。土地市场和土地管理应该促进土地转让，并确保财产权，同时避免寻租与腐败。重视治理理论，提高政府治理能力，解决城市土地规划和土地利用的有关问题。

（26）基于政府规划的土地利用方案。该方案包括四个环节：首先，在规划控制阶段，由规划部门在轨道交通沿线选择若干紧邻车站、成片集中土地，调高开发强度，落实具体用地范围和规划条件，由发改委、国土资源部等有关部门对此部分土地做好储备控制；其次，在立项阶段，由政府以特批形式，将特定土地与轨道交通以及车站工程捆绑在一起，作为一个整体项目立项，土地不再需要单独上市交易，使轨道交通企业同时取得捆绑土地的二级开发权；再次，在建设开发阶段，以市政用地名义，将纳入捆绑项目中的土地结合铁路工程用地统一进行征地拆迁，同步完成一级开发工作，然后投资者按照规定的开发时序，结合高铁建设与运营，分批、分期、分地块对捆绑土地进行建设、开发和经营，赋予铁路公司专营铁路沿线土地、享有土地增值收益的权利；最后，在收益阶段，轨道及车站建设投资者开发所获得的收益可以用于轨道交通工程建设和还本付息。

（27）基于土地整理（Land Readjustment）的土地利用方案。土地整理是影响城市时空发展的新的有吸引力的方法和实践，如日本筑波快线项目的综合开发法。它为土地和基础设施网络的有计划发展提供了机会，避免了不同类型和密集度的土地被混合利用，如出现城中村的情况。该方法为基础设施和服务提供者提供了一个收回费用和拥有土地的机会，如果管理得当，可以使土地分配更加公平。基本做法是，在项目建设阶段之前，由公共实体如地方政府在优先领域购买土地。由于土地调整项目实施之后，它们不必直接收购轨道交通设施区的土地，因此降低了公共部门提前购买土地的难度。基于土地整理项目的授权，它们将重新绘制购买土地以符合轨道交通设施区。在这一过程中，法律规定，只有公共实体，如公共/合资轨道、区域政府和公众的开发者，才可以重新绘制购买土地的轨道交通设施区。

（28）基于发展权转移（Transfer of Development Rights）的土地利用方

案。发展权转移有两个基本组成部分，即发送区域和接受区域。发送区域的权利所有人无法最大限度地开发和利用这部分土地，使得这块区域的建设达不到原先规划的要求，此时，发送区域的权利人可以把未能充分利用的土地转让给接受区域的权利人。发展权转移模式的精髓是，从所有权中剥离出一部分土地开发权，并赋予其流动性，在法律的框架内对开发权进行交易，使得有能力的开发者来进行开发和利用，最大限度地利用宝贵的土地资源，使其产生更高的社会价值和经济价值。通过这种发展权转移的方式，不论是政府、开发商还是农业用地所有者，都可以获得相应的利益。比如通过发展权转移，政府保护环境的目标得以实现，开发商可以通过对土地的开发利用获得其增值收益，而农业用地所有者虽然出售了土地的使用权，却得到了一笔可观的收入。通过开发权的转移，政府可以在更大的空间上实现对土地资源的优化配置，使开发的容量得到最大限度的提升。这种方式通过市场化的手段实现了开发商与原有土地所有者之间的利益平衡，政府也因此减少了浪费，节约了资源，降低了财政开支。

（29）法人模式的联合开发分配方案。这种开发方式通过成立项目公司进行开发经营，土地权属转移至项目公司。该分配方案的思路是轨道交通企业与地方政府、开发商以及其他投资方联合形成开发主体实行联合开发，土地权属转移至项目公司。在进行开发工作时，项目公司是开展一切工作的主体，如办理手续、组织建设活动等，它是一个有限责任公司，承担的责任以其注册时的资本为上限。对于所得收益，按照出资的比例予以分配（类似于股权分配制度）。出资可以有多种形式，包括土地（土地产权人，可以是地方政府和/或铁路企业）、现金、有形资产、无形资产、股权等。合作模式与"轨道交通＋物业"中的法人型相同。

（30）协议模式的联合开发分配方案。该方案是指由合作各方按照合同约定进行合作，不需要成立新的公司法人，土地所有者仍然享受土地的所有权利，但是合作方可以根据签订的合同条文来对土地进行合理的开发；各方的权利和义务约定于合同；关于投资安排，可要求各方共同投入、共担风险、共享收益，可一方出地、一方出资，按协议约定分配收益，如港铁协议型。香港地铁采取协议型模式与开发商进行地铁的建设和沿线物业的合作开发。合作中，土地登记在港铁名下，不能流转。具体操作流程是，港铁和政府签订协议，把土地划归在港铁的名下，这时港铁成为开发的主体，有权以自身的名义与第三方签署所有的开发协议，名义上开发主体为港铁，即对外涉及与第三方的协议均以港铁名义签署，但协议可约定港铁不承担任何开发风险；开发商支付对应地价，负责全部投资与具体操作，获取相应收益。在与开发商合作时，港铁的出资额度计算方式是，轨道建设以后地价的增值减去土地购买价。开发完成后，若涉及物业分配，将按市场评估价（由测量师评估）转让。

（31）"法人 + 协议"模式的联合开发分配方案。该方案是指在协议型合作框架下，因项目开发处于不适于房地产开发的轨道交通投资运营体制机制下，从提升项目开发效率角度考虑，需要共同成立法人管理公司并授权其进行项目开发。土地所有权不发生变更，以土地拥有方名义开发；合作各方共同注资成立法人公司；合作各方除签订投资合作协议外，还与法人公司签订委托开发协议，由法人管理公司负责操作；按协议约定比例，共同投入、共同分担风险和收益；资金可以以土地拥有方的名义通过开发贷款和/或其他融资方式解决。

（32）轨道交通的自持物业自主开发与分配方案。这是轨道交通拥有土地完整产权前提下的选择之一。具体包括两种方案：一是轨道交通企业拥有站区土地完整产权的自持物业开发，如日本东京火车站的完整产权方案；二是轨道交通企业拥有土地开发权的自持物业开发，如台湾桃园高铁站开发权方案。

（33）轨道交通自持物业的完整产权方案。在自持物业完整产权的模式下，轨道交通企业可依据相关法律法规自行开发，自负盈亏。典型案例是日本东京车站完整产权开发。通常以火车站为中心，在其周围建设相应的商业、娱乐和服务设施，使得这个区域成为一个集交通枢纽和商业中心于一体的城市综合体。新干线在 20 世纪 60 年代开始投入使用，东京火车站的停靠车次明显增多，于是车站周边的土地开发利用开始向地下拓展，形成了一个立体化的发展模式。

（34）轨道交通自持物业的开发权方案。以台湾桃园高铁站为例，政府拥有站区土地的所有权，台湾高铁公司取得地上开发权。政府提供 35 年的使用年限，以供高铁附属事业使用其"事业发展用地"，享有 50 年的地上发展权，对于事业发展用地，台湾高铁公司可以自行开发或合资开发，也可由其他公司开发经营。桃园站区允许开发使用的项目包括旅馆设施、会议及工商展览中心、餐饮业、休闲娱乐业、百货零售业、金融服务业、一般服务业（不得经营特种服务业）、运输服务业、旅游服务业、办公室。高铁局在专区内，以区段征收的方式统一取得车站旁边的土地，并在高铁施工的同时，将站区的公共工程及附属事业一起进行规划。

（35）外包的轨道交通自主开发与分配方案。这是轨道交通企业拥有土地完整产权前提下的另一个选择，是特许经营或者委托管理思想的实践。根据国际高铁站区开发的经验，共有两种外包模式。一是所有权外包。轨道交通公司将土地的所有权委托给地方政府，由地方政府全权负责，轨道交通企业作为股东按照出资比例获得收益，如法国里尔站区开发。二是开发权外包。企业以招标形式确定开发公司，自己拥有所有权，从开发收益中获益，如欧洲十字国王站区。

（36）轨道交通土地所有权外包的方案。以法国里尔车站为例，法国铁路公司将土地所有权外包给地方政府专门成立的机构，由该机构负责铁路车站建设及车站地区的综合开发，并进行项目的投资管理、运营、国际协作，还负责某些相对独立工程的开发，如停车场和会展中心。其余部分则由公共或私人开发商取得开发权，完成项目的开发后可将其卖给投资者。投资者作为业主，可以将物业自用或者出租。法国高铁站区开发主要采用联合开发的模式。

（37）轨道交通土地开发权外包的方案。采用这种模式时，通常是由公共机构和其他单位组建成立一个新的开发机构来实施站点的具体建设和开发工作，同时负责项目的日常运营、投资管理以及各方协调。当然，它也可以负责诸如停车场或者展览会场这类独立的项目。剩余的开发项目可以依法转包给其他公司或者开发商，开发商负责建造楼盘和售卖。投资者作为业主，可以将物业自用或者出租。以欧洲十字国王车站为例，英国铁路局（British Rail，BR）作为该地区最大的土地所有者和交通运营组织者，邀请多家开发商参加投标，Rosehaugh Stanhope 最终中标，英国铁路局通过这项工程也得到了丰厚的回报，使得英国铁路局和开发商更加热衷对铁路土地的开发利用。地方政府的主要工作就是根据实际情况对建设方案予以批准或者否决。

（38）轨道交通公益性与经营性平衡机制的基础和实施思想的实质都是公私合作伙伴关系（Public-Private Partnership，PPP）。PPP 是解决公共物品供给中公平与效率矛盾关系的现实选择，也是基础设施领域引入民间资本的重要平台，可以作为轨道交通外部效益分配和轨道交通土地综合开发机制设计的参考，其中包括主体、契约、风险、退出－递补等诸多复杂的环节。根据德勤会计师事务所对世界各国 PPP 市场成熟度的评估，我国尚处于第一阶段。因此，该领域还有很多事情要做，需要更多的理论支持，法治建设及制度建设都有待完善，这将是一个漫长的过程。鉴于此，实践推进一定要慎重，不能急于冒进。特别要注意的是，轨道交通基础设施的投资已属沉没成本，土地资源的综合开发风险更大，须把防范风险摆在一切行动的首位。

（39）北京地铁 4 号线 PPP 项目兼具外部补贴机制和内部补贴机制。政府对京港地铁公司的财政补贴、对北京市基础设施投资有限公司的资本金补充均属于本书所指的外部补贴机制，北京地铁 4 号线的票价收入、广告收入都属于内部补贴机制。

（40）票制票价的调整是北京市改革公交补贴机制的信号。从乘客和公交公司最敏感的价格因素入手，北京市逐步建立了合理的公共交通补贴机制；公交车票改革后会带来更多收入，促进更好更快地发展公共交通，大大减少了公共交通的需求补贴。票价的调整，可以使乘客更加全面地了解运输企业的运营成本，还有助于评估公交公司的运营绩效，帮助北京市构建基于运输补贴激励机制的评价指标体系。票价是影响公交补贴机制的重要因素，将票价与 CPI、居民收入等因素联系起来，制定合理的票价机制，有利于合理的补贴机制的构建。

（41）PPP 项目中，政府的关键职能是设计出约束与激励机制。约束的目的在于规范与引导企业，在服务质量、数量和价格等领域满足社会需求；激励的目的是让公共交通企业在经营时最大限度地发挥自身潜能，依靠提高自身的服务质量吸引更多出行者，提高经营效率。政府选择约束与激励机制，可以通过外部激励机制、内部激励机制和价格机制的设计，找到充分发挥约束与激励作用的均衡点，在这个均衡点下，使企业在获利的同时实现社会福利最大化，实现项目的生产者剩余和消费者剩余之间的平衡，兼顾城市轨道交通的公益性与经营性。

（42）北京市轨道交通公益性与经营性平衡方案的设计要综合考虑外部补贴机制、内部补贴机制和价格机制三个维度。对于北京市轨道交通 PPP 模式的公益性与经营性的平衡方案，一方面，政府应将直接补贴作为辅助手段，合理构建 PPP 模式的内部补贴机制，促使城市轨道交通运营公司进行科学管理；鼓励投资主体利用沿线土地开发、资本运作等多种方式积极筹措轨道交通建设资金；增加政府给予城市轨道交通运营企业的商贸、广告等特许经营权，以商业性收入弥补运营业务的亏损。另一方面，应研究轨道交通票价与需求量的关系，根据轨道交通所处的不同运营阶段、市民收入的增长状况、物价上涨的态势，制定合理的轨道交通票价，在保证客流量的同时，提高票款收入，降低运营补贴。

本书研究的重要意义在于：一是以新型城镇化、轨道交通站点及沿线土地综合开发等宏观经济和政策背景为依托，以创建具有可操作性的内部化方案为主要目的，客观识别轨道交通经营性与公益性的边界，并予以科学计量；二是形成只有通过综合开发将轨道交通发展融入城市经济发展才能实现多赢的基本共识，探讨实现轨道交通公益性与经营性平衡的战略步骤，作为政府部门和投资者理性决策的依据；三是为实现以轨道交通公益性与经营性平衡目标为可行性研究重要依据的国家标准做出计量和方案设计，调动社会各界投资或参与轨道交通发展的积极性，实现轨道交通融资的可持续和良性发展，为国民经济和新型城镇化提供高效率的运输设施。

最后要说明的是，国家对于包括铁路在内的轨道交通实施的各类政策，包括定价政策、公益性补贴政策、铁路建设基金、政策性优惠贷款项目、低税率甚至免税等，其实质都属于外部效益内部化的过程，也是平衡公益性与经营性的过程。例如，自2013年中国铁路总公司成立以来，货物运输价格逐渐由政府指导价向市场调节价转变，准池、蒙华等多条煤炭运输线路的运输基准价格改为市场调节价，普遍是上调的趋势，价格在向支付意愿接近，这就属于铁路运输服务使用者即消费者外部效益（消费者剩余）内部化的过程。这种内部化与本书研究的铁路和社会经济系统之间的外部性身份有关，因此，以外部效益分配为基础，平衡轨道交通公益性与经营性机制事实上从未停止过。

基础设施等公共物品公益性与经营性的平衡机制，类似于经济学中政府主导与市场主导之间难以调和，存在很多矛盾与难点。因此，课题研究过程之艰辛困惑是常态。在进行大量实地调研、文献阅读以及无数次讨论之后，最终形成了明确的研究主线和逻辑结构，在克服困难的过程中必然形成了诸多创新点。

（1）"广义补贴"的提出。补贴是个广义的概念，财政补贴是补贴的狭义形态。凡是具有外部效益内部化性质的政策都是补贴，既包括类似于"庇古税"的外部补贴，又包括类似于"科斯产权解"的内部补贴，还包括具有将受益在供给者和使用者之间转移功能的价格机制，即"广义补贴"具有广义再分配的性质，包括以税费为主要形式的外部补贴、以综合开发为主要形式的内部补贴以及价格机制。

（2）"有限公益性"的提出。不应泛化公益性，不是一切"财务账户"以外的正向溢出都是公益性。轨道交通公益性是轨道交通在提供运输服务过程中所产生的，给使用对象和利益相关者带来的无法通过运输本身进行补偿的收益的增加。对轨道交通公益性边界划分的标准是：以轨道交通本身的属性为内界，以轨道交通经营活动的影响区域或影响群体为外界，以轨道交通的运营期为考察期。

（3）公益性与经营性平衡机制三维度理论框架的构建。基于"广义补贴"和"有限公益性"，构建了轨道交通公益性与经营性的外部补贴机制、内部补贴机制和价格机制三维平衡理论解析框架，在轨道交通外部补贴机制设计、内部补贴机制设计、价格机制设计的基础上，给出具体的平衡方案，为我国轨道交通更好地发展提出优化方案。

本书适合于从事轨道交通等政府投资领域经济理论、管理实践、竞争政策等研究和工作的学界、商界及政界人士，也适合于对该领域感兴趣的青年学者。本书的顺利出版，要感谢参与研究的北京交通大学应用经济学一级学科的教授和研究生们，他们是周渝慧、周耀东、祁继鹏、罗江、王雅璨、徐建平、匡贞胜、杜盼盼、周曦、王慧云、吴笛、韩陈林、蒋俊杰、王萌、陈晓彬、王梓利等，还要感谢课题支持单位。当然，研究涉及大量实践过程中存在的与理论分析有不小差异的现实案例，理论的提出为问题的解决提供了好的分析视角和方法基础，下一步的落实则还需要与地方具体项目推进相结合，以实现理论指导实践、实践提炼理论的目的。

探索无止境，团队会继续努力，多出成果。

林晓言

2018 年 4 月 21 日于北京交通大学思源东楼

第一篇

公益性与经营性平衡机制的理论基础

本篇主要阐述了公益性与经营性平衡的现实需求，回顾了 PPP 在中国的发展历程，从轨道交通的属性和身份入手，厘清轨道交通公益性与经营性的内涵，并对相关研究进行论述，据此提出本书的理论基础。

第一章

导 论

第一节　公益性分配是发展的现实需求

我国土地面积大，人口众多，一些主要城市的人口密度逐渐增加。轨道交通作为我国重要的交通基础设施，既是国民经济运行的必要保障，也是肩负社会功能的基本运输方式。

根据我国《中长期铁路网规划》和《铁路"十二五"发展规划》，铁路每年的建设投资规模依然在不断上升。截至 2016 年底，全国铁路营业里程达到 12.4 万公里，其中高速铁路 2.2 万公里，沪昆高铁、云桂铁路、渝万高铁投入运营，中西部铁路营业里程扩充至 9.5 万公里，占比达到 76.6%。2017 年，全国铁路投资将保持 2016 年的规模，预计新线投产 2100 公里，新增复线铁路 2500 公里、电气化铁路 4000 公里①。2017 年 2 月 4 日，国务院印发《全国国土规划纲要（2016～2030 年）》，提出要完善铁路网建设，加快发展高速铁路，扩大铁路建设面积，积极发展城际铁路、市郊（域）铁路，完善区域铁路网、交通网，优化城镇密集区交通建设，到 2030 年，全国铁路营业里程达到 20 万公里以上。随着新型城镇化规划的落实，铁路等交通基础设施不仅要扩大规模和完善自身结构，而且必须与城市发展形成有效的耦合，其在经济社会发展中的任务依然艰巨。

为充分发挥轨道交通的社会效益和经济效益，解决中国轨道交通融资

---

① 《2016 年全国铁路营业里程达 12.4 万公里　高铁达 2.2 万公里》，新华网，2017 年 1 月 8 日，http：//news. xinhuanet. com/politics/2017 - 01/03/c_129430123. htm. 2017 - 01 - 08。

管理、经营等问题，中国政府采取了一系列措施。中国铁路总公司于 2013 年 3 月 14 日成立，宣示着我国铁路政企分离的实现。国务院于 2013 年 8 月颁布的《关于改革铁路投融资体制加快推进铁路建设的意见》指出，地方政府和社会资本可以取得城际铁路的所有权和经营权。一些地方已经做出了一些积极的尝试。2013 年 8 月，四川省政府率先提出组建"纯地方铁路公司"，同时为了响应和创新铁路投融资体制改革，四川省政府将川南铁路作为向社会资本开放的试验田。但社会资本并没有表现出相应的积极性，直到川南铁路公司在 2014 年 7 月正式挂牌之时，也没有一家社会资本愿意入股。另外，四川省政府虽然几经周折说服中国铁路总公司入股，但最后也未能成功。为了使项目能够运作起来，四川省政府在等待民资的进入和中国铁路总公司支援的同时，只能牵头让几家国企和市政府先做起来。

蒙中铁路则是另一个铁路改革的案例。全长 1817.2 公里的蒙中铁路总投资约 1927 亿元，是一条由蒙西至华中地区的铁路煤运通道，线路经过 7 个省市。蒙中铁路专门成立了投资公司，主要包括中国铁路总公司下属公司、蒙泰煤业、陕西煤业、神华集团、伊泰集团，其中伊泰集团属于民营企业。蒙中铁路线由于跨过多个其他铁路，中国铁路总公司要实施统一调度，但各个投资方都希望能独立运营。本打算在 2014 年全线正式开工的蒙中铁路由于经营调度权发生了争议，目前的建设进展并不大。

2014 年 4 月 2 日，深化铁路投融资体制改革、加快铁路建设的政策措施由国务院常务会议确定，这些政策措施主要包括吸引民间资本进入、设立铁路发展基金、扩大铁路建设资金来源、达到每年 2000 亿～3000 亿元的基金总规模。

2014 年 9 月 23 日，财政部发布《关于推广运用政府和社会资本合作模式有关问题的通知》（财金〔2014〕76 号）。随后，为了规范项目各环节的操作流程，包括项目识别、准备、采购、建设、转移，保证政府和社会资本合作项目的实施质量，财政部于 2014 年 12 月 4 日又发布了《关于印发〈政府和社会资本合作模式操作指南（试行）〉的通知》（财金〔2014〕113 号）。这些政策文件的发布意味着我国从探索政府与社会资本合作的阶段正式转入大规模实践公私合作伙伴关系（PPP）的关键时期。

2015 年 9 月，中国铁路总公司出台《关于规范非控股合资铁路建设项目管理的指导意见》，指出各方投资人或其授权的投资人代表可依法成立铁路建设项目合资公司，为了发挥铁路运输企业的专业知识和管理优势，提高铁路运输效率，对于合资铁路项目的运输方式，项目合资公司可委托铁路运输企业进行运输管理，也可选择自己管理自己运营，由中国铁路总公司在列车运行图编制、运输组织等方面予以支持，中国铁路总公司不再对项目享有绝对控股权。

尽管我国财政部已经发布诸多政策文件指导和规范 PPP 模式的健康发展，但是全国各个地区的经济基础不同，市场经济发展水平参差不齐，再加上法律意识、制度环境各异，地方政府在落实 PPP 的过程中依然困难重重。以北京市为例，政府与社会资本在城市轨道交通领域的合作呈现以下特征。

其一，社会资本参与程度较小，未能充分调动社会资本的积极性，政府和社会资本合作处于最低级阶段。2014 年 11 月 26 日，在第十八届京港洽谈会上，北京市政府与北京京港地铁有限公司签订了地铁 14 号线特许经营协议、16 号线意向合作协议。再加上北京地铁 4 号线和大兴线，此时，北京轨道交通项目实行 PPP 模式的有 4 条线。在地铁 4 号线尝试成功的背景下，预计北京未来会有更多的项目实行 PPP 模式。然而，一方面，北京城市轨道交通的 PPP 模式并没有完全摆脱对政府的财政依赖，每年仍然获得北京市政府大量的财政补贴；另一方面，地铁 4 号线在最为关键的开发方式上没有取得突破，企业并不能获得站点周边土地的开发权。在这种情况下，PPP 企业参与程度非常低，政府部门依然承担过多的风险，而社会企业只承担运营与维护的责任。从世界范围来看，北京城市轨道交通的公私合作伙伴关系属于最低级阶段，撬动民间资本的力度并不大。

其二，城市轨道交通 PPP 项目存在外部效益内部化的体制机制阻碍，面临平衡公益性与经营性的困境。北京人口众多，土地资源匮乏，因此必须进行高密度的城市建设才能容纳新增的人口。近年来，国内外众多学者纷纷通过实证研究表明，城市轨道交通可大幅度提高周边土地的价值，表现出显著的溢出效应，然而目前北京城市轨道交通存在的主要难题是外部效益内部化问题，或者更准确地说是土地的溢价回收问题。目前国际上主要的溢价回收方式有两种：一种是以美国为代表的基于税费的溢价回收模式；另一种是以中国香港为代表的联合开发模式。但在我国内地由于现存的土地拍卖制度和土地与房产相关税收，这两种模式的土地溢价回收都不可能顺利实现，存在制度阻碍。虽然政府部门都在积极试点税收改革，但是在目前的大环境下不太可能针对地铁周边特定范围征收，而联合开发的溢价回收模式在我国内地遇到的最大困难是轨道交通沿途站点的土地收购方式存在法律障碍。轨道交通站点周围的商业综合开发土地按法律规定属于经营性用地，和香港地区直接通过协议出让的方式不同，经营性用地需要通过"招标、拍卖、挂牌"的程序。在目前的拍卖制度下，房地产企业获得站点周边土地开发权的方式都是通过竞争性招标，激烈的竞争必将导致轨道交通沿线土地价格大幅度上升，而轨道交通建设和运营企业由于要将大量的资金用于轨道交通的建设和运营，面对高成本的土地几乎无法参与到招标中，竞标成功的企业须一次性向政府支付土地出让金，与轨道交通的建设和运营没有资金流交集。

其三，参与 PPP 项目的渠道对社会公众来说是缺乏的，而且难以保证轨道交通的服务质量。统计数据显示，北京市 2015 年第一季度 18 条轨道交通线路发生的突发事件有 46 起，与上年同期相比增长 142%。其中，因为电梯和列车门故障引发多起伤亡事件，而列车准点率低、财务支出不明以及出站口和换乘系统设置复杂等问题更是让公众诟病已久。北京地铁每年处理纠纷 1000 起以上，其中最多的就是因为拥挤引发的乘客争吵和打架，也包括对乘车秩序与服务质量的投诉。从理论上讲，引入社会资本可以提高城市轨道交通系统的效率和服务质量，这也是北京引入港铁的重要原因，然而出于安全因素考虑，北京轨道交通的站点广告和商业开发在很大程度上受到制约，而要获得地铁物业的开发权更是不可能，财务压力导致港铁的服务在内地大幅缩水。具有显著的公共性是城市轨道交通 PPP 项目提供的产品服务的特点之一，其受众群体主要是社会公众，而在项目的决定过程中，这些主要受众却没有参与权，因此他们对 PPP 项目提供的产品服务是否符合期望持怀疑态度。

在中央政府力推政府与社会资本合作模式的大背景下，北京城市轨道交通 PPP 项目在获得巨大发展机遇的同时，也将遭遇撬动社会资本、城市轨道交通外部效益内部化以及城市轨道交通服务质量低下等艰难困境。如何引导企业和社会公众融入 PPP 项目，找到提高项目运作效率的方法和路径，使轨道交通项目的公益性与经营性实现平衡，成为北京市迫切需要解决的现实问题之一。

目前，如何避免轨道交通财务危机的爆发，融通到更加符合财务安全的大量资金，平衡好经济利益和公共利益之间的关系，成为亟待回答的问题。我国轨道交通的意义已经不仅仅局限于其带来的交通能力改善与宏观经济影响，还体现在其他诸多领域外部效益的创造。我国轨道交通的公益性可以涵盖以下诸多方面：带动区域经济增长、优化产业布局、加速发展旅游商贸、推动城镇综合体建设等。同时，其对我国技术进步、能源节约和生态环境保护的影响也意义深远。因此，不论是对于我国发展社会经济、健全城市规划体系，还是对于轨道交通自身的良性发展来说，轨道交通外部效益分配问题无疑具有更为丰富的内容。

外部性理论认为，外部效益政策的采取，不仅关乎产生外部效益行为者的行为激励，而且关乎与其关联的产业乃至宏观经济的可持续发展以及社会的和谐。可见，本书研究的重要意义在于：一是以新型城镇化和轨道交通土地综合开发等宏观经济与政策背景为依托，以创建可操作性的内部化方案为主要目的，以客观的视角对轨道交通公益性与经营性的边界进行识别，并予以科学计量；二是形成只有通过综合开发将轨道交通发展融入城市经济发展才能实现多赢的基本共识，讨论轨道交通外部效益分配的战略步骤，作为政府部门和投资者理性决策的基础；三是为实现将轨道交通计算效益作为可行性研究重要依据的国家标准做出计量和方案设计，使社会各界投资者提高参与轨道交通建设的积极性，使轨道交通建设持续健康发展，拓宽轨道交通融资的渠道，提供高效率的运输设施，促进国家经济发展和新型城镇化建设。轨道交通公益性与经营性计量与平衡机制的设计，为我国轨道交通的融资和经营创收提供了新的思路，对转变我国轨道交通投融资模式、实现产业健康良性发展有着不可估量的战略意义。

第二节　研究思路与内容

对轨道交通公益性与经营性平衡机制的研究基于以下思路：①从轨道交通的属性和身份入手，厘清轨道交通公益性与经营性的内涵；②对轨道交通的公益性与经营性进行界定和测算；③研究轨道交通公益性与经营性的平衡机制与手段。

轨道交通等交通基础设施是社会经济发展的先行资本，其发展的完备程度对国民经济和社会生产力发挥着基础性的作用。在经济高速增长期，交通基础设施不仅要在路网规模上适应经济发展，而且要在运输效率和结构等高端服务供给中发挥促进经济集约的作用；在经济低迷期，交通基础设施又进一步成为政府干预经济确保经济平稳持续发展的重要杠杆和手段。基于此，交通基础设施的身份是双重的：一是作为运输服务提供者的运输系统；二是作为社会经济发展重要投入要素的经济基础系统。

第一重身份，作为运输系统，属微观层面，轨道交通运输服务生产者即轨道交通运输企业以政府管制的价格水平实现运输收入，这是其财务收益的主要构成；轨道交通运输服务使用者即消费者付出政府管制票价水平的费用实现位移，其收益是到达目的地的地点效用（Place Utility，PU），PU是决定消费者运输服务支付意愿的主要因素。因此，就轨道交通运输系统的第一重身份来说，轨道交通运输服务生产者的净收益是财务收益与财务成本之差，即轨道交通企业利润；轨道交通运输服务使用者的净收益则是其支付意愿与票价之差，即消费者剩余。消费者剩余属于轨道交通运输系统的公益性。

第二重身份，作为经济基础系统，属于区域和宏观层面，轨道交通等交通基础设施是社会经济发展重要的投入要素，这是其作为产业链中关键基础环节的根本，即其本源的外部效益。这部分外部效益通常以GDP的形式为社会所认可，因此，GDP视角的轨道交通外部效益计量是多年来的主导思路，成果丰富，模型众多。

关于轨道交通基础设施的第二重身份，因其产生的公益性与经营性的计量，可以按照两个思路来厘清。

一是受益主体的思路。其理论基础源于公共物品开发利益公共还原理论，该理论已被发达国家和地区多个成功案例予以检验。鉴于我国最新颁布的新型城镇化规划以及轨道交通土地综合开发等国家政策的出台，"土地价值捕获"（Land Value Capture，LVC）和"交通主导开发"（Transit O-riented Development，TOD）等理念有望推动未来的轨道交通发展，并在城市发展领域中发挥主导作用。这些理念的实现需要以产权明晰为前提的完整发展权的具体落实，受益主体法无疑是可行的抓手。具体来讲，为了实现平行、独立、可加等原则，本书将轨道交通的受益主体分为社会受益主体（政府）、轨道交通站点辐射区厂商（生产者）、消费者三类，含宏观、区域、微观三个层面的主体（见表1－1）。

表1－1　受益主体视角下轨道交通的公益性

受益主体	公益性概念描述	公益性指标描述	公益性量化		公益性内部化/再分配政策领域	政策手段
			原则	方法		
社会受益主体（政府）	社会总福利增进	节能	有无法	能耗成本节约	财税	投融资税收补贴财政
		减排		治理成本节约		
轨道交通站点辐射区厂商（生产者）	集聚效益	生产率	生产效率提高	生产率模型	产权	权利尺度重组，利益共同体；交通土地综合开发、铁路发展基金等
消费者	个体福利增进	消费者剩余/时间效益	支付意愿/时间价值	影子价格/时间节约效益	价格	歧视价格/分离价格

二是土地增值的思路。其理论基础主要是土地价值理论，体系完整丰富。其本质思想是，轨道交通等交通基础设施从其概念规划之日起就已经成为影响土地价值的重要的区位因素，随着轨道交通设施的规划—建设—运营等时间轴的延伸，这种区位因素对土地价值的影响不仅必然成为内生变量，而且与区位可达性等其他时空因素融合成为主导的内生变量，累积叠加效应显著。因此，轨道交通等交通基础设施辐射区域范围内的土地价值是运输系统全部公益性（甚至包含要剔除的负外部性）的集化指标。

无论从何种视角看，轨道交通的公益性都是客观存在的。上述的公益性都可以直接或间接地归纳为轨道交通建设项目用地与场站周边土地统筹开发以及相关收益的分配，这是公益性与经营性平衡机制的前提。轨道交通沿线土地的自身价值会随着土地综合开发强度的变大而逐步提高。20世纪之后，在轨道交通领域由于开发利益分配中的社会公平问题越发凸显，因而"受益者负担"理论开始逐步形成，也就是产权人的分担成本依据其受益程度而定，使轨道交通项目的成本分担合理性和收益分配公平性相关联，以实现开发利益的公共还原。因此,从开发利益公共还原理论入手,实现 PPP 模式下轨道交通运输企业公益性与经营性的平衡。本书的研究框架见图 1-1。

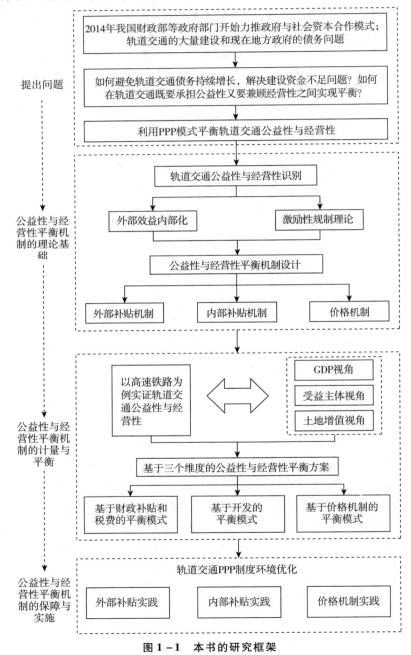

图 1-1 本书的研究框架

全书共分为三篇，具体如下。

第一篇，公益性与经营性平衡机制的理论基础。第一章为导论。第二章介绍了PPP的发展与相关政策背景。第三章为平衡机制的理论基础，对已有研究，包括轨道交通公益性与经营性的界定、轨道交通的属性、轨道交通的公益性、轨道交通外部效益的分配以及目前热门的运输方式——高速铁路的外部效益进行综述。依据对轨道交通公益性与经营性的界定，以铁路为例，通过三个视角来计算：①GDP视角；②受益主体视角；③土地增值视角。第四章为平衡机制下的广义补贴框架，从外部补贴机制、内部补贴机制和价格机制三个方面实现轨道交通公益性与经营性的平衡。

第二篇，公益性与经营性平衡机制的计量与设计。在轨道交通公益性与经营性界定的基础上，解析适合轨道交通公益性与经营性评估和平衡机制的路径。第五章为GDP视角下轨道交通公益性计量。第六章为受益主体视角下轨道交通公益性与经营性计量，以京沪高铁、京广客专、京津城际等线路为例计算了高速铁路的公益性与经营性，为相关政策的制定提供参考。第七章为轨道交通对沿线土地增值的影响，利用地价函数法，分别计算了京沪高铁沿线在线路开通后的土地溢价。第八章为基于财政补贴和税费的平衡模式，从轨道交通作为准公共物品的属性入手，根据补偿理论的税费模式，提出经营性与公益性平衡的外部补贴配套措施。第九章为基于开发的平衡模式，引入溢价回收的思想，以土地所有权为研究视角，依据铁路土地综合开发的不同模式，来确定外部效益的相应分配方式。第十章为基于价格机制的平衡模式，根据轨道交通PPP项目的特点，进行合理的总成本补偿、可负担成本、利润回报机制和具有上限的动态调价。

第三篇，公益性与经营性平衡机制的保障与实施。采用案例分析方法对英国、韩国、日本、中国香港等国家或地区的铁路、地铁、高速公路等的外部效益内部化思路、土地联合开发模式以及公益性与经营性平衡模式进行经验总结，以期起到"他山之石，可以攻玉"的借鉴作用。具体如下：第十一章为轨道交通PPP制度环境优化；第十二章为外部补贴机制实践；第十三章为内部补贴机制实践；第十四章为价格机制实践；第十五章为高速公路公益性与经营性平衡案例。

第二章

PPP 的发展与相关政策背景

第一节 我国 PPP 的发展历程与现状

一 我国 PPP 的发展历程

目前国际上对 PPP 发展的研究所涉及的有关数据没有统一的标准，学术上一般采用世界银行 PPI 数据库进行代替。世界银行 PPI（基础设施的私人参与，Private Participation in Infrastructure）的概念与 PPP 基本相似，不同之处为 PPI 数据库中不包含以国有企业为社会资本主体的项目，仅包括交通、通信、能源、供水与污水处理等基础设施领域。参考 PPI 数据库中的资料，根据 PPP 在中国的发展情况，可以梳理 PPP 在中国经历的几个发展阶段，我们把 PPP 在改革开放后的发展阶段归纳成探索、试点、推广、调整与规制五个阶段（见表 2 - 1）。

表 2 - 1　PPP 在中国的发展历程

阶段	时间跨度	理论背景	现实背景	主要社会资本
探索	1984～1992 年	改革开放	对外开放，吸引外资	外资企业
试点	1993～2002 年	建立社会主义市场经济体制	分税制改革	外资企业
推广	2003～2007 年	放宽非公有资本的市场准入限制	经济持续高速增长	民营企业
调整	2008～2012 年	"中国模式"思潮	金融危机，"四万亿经济刺激计划"	国有企业
规制	2013 年至今	市场在资源配置中起决定性作用	"三期叠加"，经济新常态	各类型企业

（一）探索阶段（1984～1992 年）

1978 年之后，中国最初探索 PPP 模式是在电力和交通等基础设施领域展开的，代表性的节点是深圳市的沙角 B 电厂项目开始实施。当时虽然实施了对外开放的基本政策，但对非公有制经济发展许可问题的争议依然比较大。1986 年，国务院出台了《关于鼓励外商投资的规定》，在此支持政策的作用下，国外资本逐步增加了对中国的投资，这一时期的社会资本主要是外国资本。在改革开放起步比较早的广东省沿海地区，不少华侨为了祖国的发展，积极支援家乡经济建设，在最早开放的东南沿海区域逐步运用合资企业的方法尝试参与到国内基础设施建设领域中。这一时期的大量资金进入了电力和交通项目，代表性的项目有深圳市的沙角 B 电厂项目、广州北环高速公路项目、广深高速公路项目、顺德德胜电厂项目等。这类项目主要运用 BOT① 方案，一般实行"一事一议"的办法，由具体项目投资人带头推行，再与当地地方政府沟通商谈具体事项，然后执行。这段时期，PPP 模式的创新并没有引起中央政府的关注与重视，所有项目都是由社会自发地"自下而上"进行的。

（二）试点阶段（1993～2002 年）

在党的十四大与我国分税制改革以后，中央政府逐渐认识到 PPP 在基础设施投融资市场化改革中所发挥的作用，并在一定领域内进行了尝试。1992 年，党的十四大确立了"社会主义市场经济体制"的改革目标，为基础设施市场化投融资模式改革提供了制度环境上的支持。在紧接着进行的分税制改革中，中央政府收回了地方政府较多的财权，但对公共服务的提供、基础设施的建设等事权则逐层分派给地方，这就导致地方政府的财权和事权出现不匹配现象，促使它们从社会力量中寻求帮助，对引入社会资本进而投资到基础设施建设领域有了较强烈的市场需求。

基于这样一个制度背景和现实需求，中央政府开始主动进行顶层设计，开始对 BOT 模式的可行性问题进行研究并开展试点工作。1995 年，

---

① BOT（Build-Operate-Transfer）即建设—经营—转让，是私营企业参与基础设施建设，向社会提供公共服务的一种方式。

原国家计委选取广西壮族自治区来宾市 B 电厂、广东省电白高速公路、四川省成都市第六水厂等 5 个 BOT 项目开展试点工作。1995 年 8 月，原国家计委、原交通部、原电力部共同颁布了《关于试办外商投资特许权项目审批管理有关问题的通知》，为试点项目很好地解决了政策依据问题。在中央推广试点工作的带动下，地方各级政府逐步实施了不少 PPP 项目，如北京市第十水厂项目、北京市肖家河污水项目、上海市黄浦江大桥项目等。这个时期的 PPP 项目实施虽然主要还是集中在电力和交通领域，但已慢慢推广到通信设施及污水处理等领域。这一时期社会资本虽然还主要是国外资本，但是不少国内的社会资本也逐步进入 PPP 领域，如 1995 年实施的泉州市刺桐大桥项目，就是第一个主要由我国内地民营资本投资的基础设施领域的 BOT 项目。

1997 年，中国的 PPP 发展由于受到亚洲金融危机的影响，出现了一个向下调整的过程。首先，为了抵御亚洲金融危机，中国政府进一步执行积极的财政政策，把很多国债资金投资到基础设施建设上，这在一定程度上替代了社会资本，降低了地方政府和社会资本进行合作的积极性。其次，金融危机也使得地方政府在实施 PPP 项目的同时，出现了不少违规行为，促使国家开始针对那些违规项目开展清理整顿工作（Ke et al.，2014）。之后又经过三年的退步，从 21 世纪初开始，我国 PPP 模式逐渐抬头。可以看出，在整个试点阶段，政府发现并认识到了 PPP 的作用。

（三）推广阶段（2003 ~ 2007 年）

21 世纪初，中国经济进入持续快速增长阶段，随着党的十六届三中全会的召开，我国政府逐步在基础设施建设领域推行 PPP 模式，这段时期 PPP 在中国处于快速发展阶段。

2003 年，党的十六届三中全会颁布了《关于完善社会主义市场经济体制若干问题的决定》，指出"放宽市场准入，允许非公有资本进入法律法规未禁入的基础设施、公用事业及其他行业和领域"。这就为我国的民营资本能够在全范围内参与公用事业与基础设施领域的建设做好了政策准备。2003 ~ 2007 年，我国经济连续 5 年实现了 10% 以上的高速增长。在高速增长的经济背景下，更暴露了中国在交通、能源等基础设施建设领域的发展障碍。为弥补在经济发展的同时出现的基础设施投资的巨大缺口，各级地方政府开始想办法，主动引导当地社会资本投入基础设施领域的建设。在这一时期，中国在 PPP 应用领域也有了不少经验，为接下来的大范围实施推广提供了理论与实践基础。例如，王灏（2004a，2004b）探讨了 PPP 的定义与分类，认为 PPP 是 "公共部门通过与私人部门建立伙伴关系来提供公共物品或服务的一种方式"，其提出的前补偿模式与后补偿模式也被应用于北京地铁 4 号线的建设中。

由于 PPP 模式是吸引社会资本投入基础设施领域的一种主要方案，逐渐得到政府的强力推广。在这一时期，开展实施的 PPP 项目也逐步得到规范。相对有代表性的表现在市政项目的特许经营方面，以前运用的是由投资方和地方政府相互协调商谈开展项目的方法，现在实现了相对规范化的竞争性招投标机制（Liu and Yamamoto，2009）。2002 年末，原建设部颁布了《关于加快市政公用行业市场化进程的意见》，明确支持社会资本、外国资本运用独资、合作、合资等方式，进入市政公用设施领域的建设。之后，原建设部进一步颁布了《市政公用事业特许经营管理办法》，规定应该使用公开招投标等方式，利用市场竞争机制对市政公用事业领域的投资者与经营者进行选择。这一文件的颁布使 PPP 项目的规范化运作有了一定的政策基础。在国家政策的支持下，地方各级政府开始主动推进 PPP 工作。例如，2003 年 8 月，北京市政府颁布了《北京市城市基础设施特许经营办法》，2008 年奥运会筹办期间，30 个奥运场馆有一半是通过特许经营模式进行建设的（沈际勇等，2005）。经过该时期的发展，PPP 得到了我国各界的充分认同，并逐渐规范化。

（四）调整阶段（2008～2012 年）

2008 年全球金融危机之后，由于 "四万亿经济刺激计划" 及 "中国模式" 带来的影响，中国 PPP 推行的生态环境发生了变化，中国的 PPP 推行工作出现了第二次下行的过程。改革开放之后，中国经济实现了 30 多年的持续高速增长，很多人把这种成功归因于 "中国模式" 的先进性，是大政府与强投资保证了这些成就的实现，同时期望政府继续加强对经济的调控。为了抵御金融危机，中国政府实行了 "四万亿经济刺激计划"，其中计划大约 2.8 万亿元资金必须由地方各级政府进行配套投资。因此，地方各级政府均相应创建了不少具有国有性质的城建开发公司、城市投资建设公司等，将其当作具体的融资平台，承担宽松货币政策下的巨额信贷资金，开始进行大范围的基础设施建设投资。这些地方政府融资平台的建立，相应地替代了民营资本的作用，最终导致民间资本在投资领域出现了"弹簧门"与"玻璃门"现象，影响了民营经济的发展。

无论是理论上还是实践中，都出现了"国进民退"的问题，严重影响了以民营企业为社会资本主体的 PPP 模式的发展与推广。许多正在进行的 PPP 项目也不得不提前中断，或由国有企业接管。在新实施的项目里，也有不少国有企业大量地代替了民营企业，变成 PPP 项目中代表社会资本的主要方。并且，金融危机的发生使得民营企业在投入 PPP 过程中的不少问题得以凸显，如一些不完善的制度导致合谋串标、贪污腐败、豆腐渣工程等极端现象发生（Mu et al.，2011）。在这一时期，PPP 的发展遇到了不小的阻碍，也逐渐暴露出一些缺陷与弊端，为进一步完善和改革积累了经验。

（五）规制阶段（2013 年至今）

上个阶段的"四万亿经济刺激计划"虽然提振了市场的信心，使中国避免了金融危机带来的危害，但同时也造成了很多问题，如产能过剩进一步加剧、地方政府债务过度膨胀、货币存量进一步增加等。中国发展至中等收入阶段，经济增长速度也开始逐步放缓。在"三期叠加"的新形势下，我国政府既需要对地方政府债务进行把控，解决前期经济刺激政策产生的负面问题，也需要积极主动转变经济发展方式，解决增速下降导致的民生、就业等相关问题，这里仅有政府独自的力量是不足的。因此，党的十八届三中全会提出，要"使市场在资源配置中起决定性作用和更好地发挥政府的作用"，市场和政府的合作就成为走出这一困境的关键。

PPP 是市场与政府进行合作的优良模式，得到了政府的积极评价。从 2013 年开始，我国政府就颁布了不少使 PPP 发展规范化的重要政策文件。其中，比较有代表性的就是 2015 年 5 月 19 日由国务院办公厅转发给国家发改委、财政部、中国人民银行的《关于在公共服务领域推广政府和社会资本合作模式的指导意见》（简称"42 号文"）。该政策文件确定了要在交通运输、环境保护、水利、林业、农业、能源、保障性安居工程、养老、卫生、医疗、教育、科技、文化等公共服务领域广泛施行 PPP 模式，把

PPP 提升到了前所未有的战略高度。

二　我国 PPP 的推广政策

自 2013 年党的十八届三中全会以来，中共中央及国务院、各部委相继颁布了一系列有关 PPP 的政策文件，目的是加强 PPP 的推广工作，规范 PPP 的运作流程，完善 PPP 的管理，促进我国 PPP 的发展（见表 2－2）。

表 2－2　PPP 相关政策文件一览

时间	文件	发布部门	主要内容
2013 年 11 月 9 日	《关于全面深化改革若干重大问题的决定》	中共中央	允许社会资本通过特许经营参与城市基础设施投资和运营
2014 年 9 月 23 日	《关于推广运用政府和社会资本合作模式有关问题的通知》	财政部	要求地方财政部门充分认识推广运用政府和社会资本合作模式的重要意义，积极稳妥开展示范工作，通过试点项目总结经验，推动 PPP 模式的应用
2014 年 11 月 16 日	《关于创新重点领域投融资机制鼓励社会投资的指导意见》	国务院	要求政府在基础设施领域发挥社会资本特别是民间资本的积极作用，充分发挥政府投资的引导带动作用，创新投融资方式，拓宽融资渠道
2014 年 11 月 29 日	《关于印发〈政府和社会资本合作模式操作指南（试行）〉的通知》	财政部	涵盖 PPP 项目的整个过程，包括项目识别、项目准备、项目采购、项目执行、项目移交、各环节的操作流程，对于 PPP 项目的实践操作具有重要的指导作用
2014 年 11 月 30 日	《关于印发政府和社会资本合作示范项目实施有关问题的通知》	财政部	要求财政部门积极推动 PPP 项目试点工作，认真履行财政管理职能，为 PPP 项目的应用提供支持，发布示范项目，为 PPP 模式应用提供指导
2014 年 12 月 2 日	《关于开展政府和社会资本合作的指导意见》	国家发改委	要求地方发展改革委员会充分认识政府和社会资本合作的重要意义，制定《政府和社会资本合作项目通用合同指南》，涵盖 PPP 项目合同基本内容，是政府制定 PPP 项目合同的主要参考依据
2014 年 12 月 31 日	《关于印发〈政府和社会资本合作项目政府采购管理办法〉的通知》	财政部	这是财政部针对 PPP 项目中的政府采购行为指定的基本规范，是政府开展 PPP 项目的政府采购行为的基本规范，包括 PPP 项目采购的概念、采购程序、争议处理和监督检查等内容

时间	文件	发布部门	主要内容
2015 年 4 月 7 日	《关于印发〈政府和社会资本合作项目财政承受能力论证指引〉的通知》	财政部	这是财政部制定的规范政府和社会资本合作项目实施、保障政府切实履行合同义务、有效防范和控制财务风险的基本规范，包括责任识别、支出测算、能力评估、信息披露等内容
2015 年 4 月 25 日	《基础设施和公用事业特许经营管理办法》	国家发改委、财政部、住建部、交通运输部、水利部、中国人民银行	该办法经国务院同意，由六部委联合发布，是目前关于基础设施和公用事业特许经营管理的效力层级最高的规范，对于规范开展 PPP 项目具有重要意义，包括特许经营的概念、原则，特许经营协议的订立、履行、变更和终止，以及监督管理和公共利益保障、争议解决、法律责任等内容
2015 年 5 月 5 日	《关于深化交通运输基础设施投融资改革的指导意见》	交通运输部	这指出各地交通运输部门要打破各类行业垄断和市场壁垒，建立公平、公开、透明的市场规则，创新投资运营机制，改进政府投资安排方式，进一步完善"多元筹资、规范高效"的投融资体制，结合自身行业特点，积极推广政府和社会资本合作（PPP）模式，最大限度地鼓励和吸引社会资本投入，充分激发社会资本的投资活力
2015 年 5 月 19 日	《关于在公共服务领域推广政府和社会资本合作模式指导意见的通知》	国务院	该通知被视为政府推广公共服务领域 PPP 模式的国字号文件，首次明确了 PPP 模式与特许经营的关系，要求政府在开展 PPP 模式时重诺履约、公开透明，强调建立制度体系的重要性，要求建立保障 PPP 模式发展的制度体系，规范 PPP 项目的实施，加强政策保障和组织实施建设
2015 年 7 月 10 日	《关于进一步鼓励和扩大社会资本投资建设铁路的实施意见》	国家发改委	指出推广政府和社会资本合作（PPP）模式，运用特许经营、股权合作等方式，通过运输收益、相关开发收益等方式获取合理收益。支持铁路总公司以股权转让、股权置换、资产并购、重组改制等资本运作方式盘活铁路资产，广泛吸引社会资本参与，拓宽筹资渠道，优化存量资产结构
2015 年 9 月 25 日	《关于公布第二批政府和社会资本合作示范项目的通知》	财政部	206 个项目入选作为第二批政府和社会资本合作示范项目，总投资金额达到 6589 亿元，并移出了首批 30 个示范项目不符合 PPP 项目模式的项目

续表

时间	文件	发布部门	主要内容
2015 年 12 月 18 日	《关于规范政府和社会资本合作（PPP）综合信息平台运行的通知》	财政部	该平台是全国 PPP 项目信息的管理和发布平台，按照项目库、机构库和资料库实行分类管理，项目库用于收集和管理全国各级 PPP 储备项目、执行项目和示范项目信息，包括项目全生命周期各环节的关键信息
2016 年 6 月 18 日	《关于推动交通提质增效提升供给服务能力的实施方案》	国家发改委、交通运输部	提出加大对中央预算内投资、车购税、铁路建设基金、民航发展基金及专项建设基金的支持力度。研究创新中央资金支持项目建设的投资模式，推动 PPP 项目发展。各地要结合实际，给予政策倾斜支持，同时做好项目建设资金配套工作
2016 年 10 月 13 日	《关于联合公布第三批政府和社会资本合作示范项目加快推动示范项目建设的通知》	相关部委	公布第三批 PPP 示范项目名单，共有 516 个项目，计划总投资 11708 亿元，鼓励同等条件下优先选择民营资本。按照"能进能出"的管理原则，对不具备继续采取 PPP 模式实施条件的第一、第二批部分示范项目予以调出
2016 年 9 月 24 日	《政府和社会资本合作项目财政管理暂行办法》	财政部	进一步细化了 PPP 项目全生命周期中财政部门的职责和工作流程，职能划分更加清晰，有利于 PPP 的推进。该办法分为总则、项目识别论证、项目政府采购管理、项目财政预算管理、项目资产负债管理、监督管理六大部分
2016 年 10 月 24 日	《传统基础设施领域实施政府和社会资本合作项目工作导则》	国家发改委	理顺了传统基础设施领域 PPP 项目操作流程，以期指导传统领域 PPP 项目运作实施，助力项目加速落地
2016 年 10 月 28 日	《政府和社会资本合作项目信息公开暂行管理办法（征求意见稿）》	财政部	包括总则、信息公开的内容、信息公开的方式和程序、信息公开的例外、监督管理、附则六章，并附有 PPP 项目识别、项目准备、项目采购、项目执行和项目移交等阶段信息公开的要求（包括内容、方式及时点），以期有效监督和约束 PPP 项目各参与方的行为，保障公众的知情权，促进 PPP 市场公开、竞争、规范、可持续发展

　　从表 2 - 2 可以看出，我国政府对 PPP 模式的推广是非常重视的，然而 PPP 模式虽然出现得比较早，但在我国的发展尚处于初级阶段，政府也是在不断摸索当中，相关法规和政策还需进一步完善。

三 我国 PPP 的发展现状

我国财政部建立了全国政府和社会资本合作（PPP）综合信息平台项目库（以下简称项目库），根据《关于规范政府和社会资本合作（PPP）综合信息平台运行的通知》（财金〔2015〕166 号）的相关规定，把全国拟采用与已经采用 PPP 模式的所有项目纳进该库，目的是促进项目管理、交易对接与信息公开。项目库最早在 2016 年初开始正式运行，到 2016 年12 月底，全国已经纳进项目库的项目有 11260 项，投资金额达到 13.5 万亿元。其中，已签约落地的有 1351 项，投资金额为 2.2 万亿元；国家示范项目有 743 项，投资金额为 1.86 万亿元[①]。

（一）国家示范项目

截至 2016 年 12 月底，国家示范项目共有 743 项，投资金额达到 1.86万亿元。其中，2014 年第一批有 22 项（最初是 30 项，已经逐步调出 6项，准备调出 2 项），投资金额达到 709 亿元；2015 年第二批有 205 项（最初是 206 项，调出 1 项），投资金额达到 6267 亿元；2016 年第三批有516 项，投资金额达到 1.17 万亿元。

1. 示范项目显示出"标杆"与"灯塔"作用

PPP 项目可以依据全生命周期区分成识别、准备、采购、执行与移交五个阶段。2016 年 1 月底与 12 月底分别处在五个阶段的这三批示范项目的数量与投资金额见图 2-1、图 2-2。2016 年 10 月，第三批示范项目发布，项目数量与投资金额与前两批相比均有很大提升，所以 2016 年 12 月底各个阶段的示范项目数量和投资金额均出现不小的变动。总体来看，2016 年 12 月底处于识别阶段的项目数量出现下降，处于执行阶段的项目数量和投资金额则出现较大幅度的提升。

2016 年 12 月底，已经签约并落地的示范项目有 363 项，与 1 月底相比增加了 297 项；落地的示范项目投资金额达到 9380 亿元，与 1 月底相比增加了 7234 亿元。其中，第一、第二、第三批示范项目分别有 22 项、121

---

① 中华人民共和国财政部 PPP 中心：《全国 PPP 综合信息平台项目库第五期季报》，2017 年3 月。

项、220 项落地。

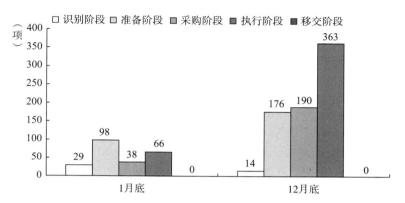

图 2－1　2016 年 1 月底、12 月底各阶段示范项目数量

资料来源：中华人民共和国财政部 PPP 中心：《全国 PPP 综合信息平台项目库第五期季报》，2017 年 3 月。

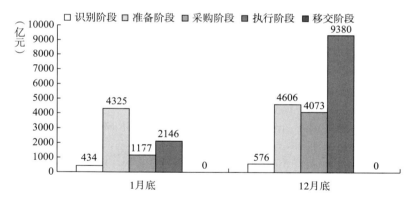

图 2－2　2016 年 1 月底、12 月底各阶段示范项目投资金额

资料来源：中华人民共和国财政部 PPP 中心：《全国 PPP 综合信息平台项目库第五期季报》，2017 年 3 月。

　　项目落地率指的是在执行与移交两个阶段的项目数量占准备、采购、执行、移交四个阶段项目总数的比例。根据这个定义进行统计，2016 年 12 月底示范项目落地率达到 49.8%[①]。其中，第一、第二、第三批示范项目落地率分别为 100%、62.4%、42.9%（见图 2－3）。

――――――――――

① 中华人民共和国财政部 PPP 中心：《全国 PPP 综合信息平台项目库第五期季报》，2017 年 3 月。

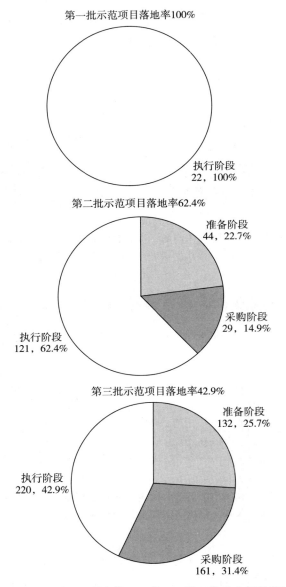

第一批示范项目落地率100%

执行阶段
22，100%

第二批示范项目落地率62.4%

准备阶段
44，22.7%

采购阶段
29，14.9%

执行阶段
121，62.4%

第三批示范项目落地率42.9%

准备阶段
132，25.7%

执行阶段
220，42.9%

采购阶段
161，31.4%

图 2 - 3 2016 年 12 月底第一、第二、第三批示范项目落地率

2. 示范领域与区域逐渐扩大

第一批示范项目涵盖了 4 个领域与 11 个地区，第二批示范项目涵盖了 16 个领域与 28 个地区，第三批示范项目涵盖了 18 个领域与 30 个地区。

各地区示范项目数量和 2016 年 12 月底落地项目数量见图 2 - 4。山东已经签约落地的示范项目有 37 项，居全国首位，接下来依次为河南 31 项、河北 26 项、安徽 21 项、云南 20 项。

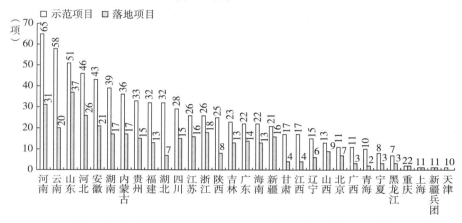

图 2-4 各地区示范项目数量和 2016 年 12 月底落地项目数量

项目库涵盖能源、交通运输、市政工程、城镇综合开发、林业、农业、旅游、水利建设、生态建设和环境保护、保障性安居工程、社会保障、养老、医疗卫生、教育、科技、文化、体育、政府基础设施以及其他共 19 个一级行业。各行业示范项目数量和 2016 年 12 月底落地项目数量见图 2-5。

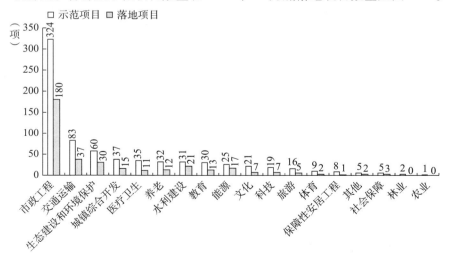

图 2-5 各行业示范项目数量和 2016 年 12 月底落地项目数量

注：政府基础设施数据缺失。

在 363 项已落地的示范项目中，市政工程类有 180 项，占比为 49.6%，自 2016 年 5 月以来一直位居第一；交通运输类有 37 项，占比为 10.2%；生态建设和环境保护类有 30 项，占比为 8.3%；水利建设类有 21 项，占比为 5.8%；教育、医疗卫生、养老三类共有 36 项，占比为 9.9%。

3. 项目落地周期逐步缩短

项目落地周期指的是自 PPP 项目发起至合同签订的时间段。对 PPP 项目的发起、准备和采购等各个阶段的操作流程进行规范，保证有充足的落地时间，可以为项目的建设运营提供保障。结合项目的前期准备与采购社会资本所需的必要时间，本书只对项目库中落地周期大于 6 个月的 247 项示范项目进行分析。据统计，各个项目的落地周期为 6～51 个月（见图 2－6）。各个项目的平均落地周期为 12.8 个月，与 2016 年 6 月底的 53 项示范项目的平均落地周期 13.5 个月相比缩短了 0.7 个月。

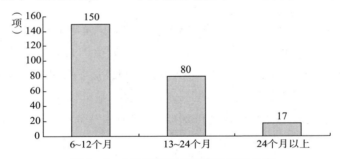

图 2－6　247 项示范项目落地周期分布

对 2016 年 12 月底各个批次国家示范项目的平均落地周期进行比较，第一批 20 项示范项目的平均落地周期为 15 个月，第二批 83 项示范项目的平均落地周期为 15.6 个月，第三批 144 项示范项目的平均落地周期为 11 个月，第三批与前两批相比缩短了 4 个月左右。

随着 PPP 工作的不断推进，以及相关各方能力的逐步提高和经验的不断增加，落地周期不断缩短，落地速度逐步变快，落地效率日益提升。

（二）全国入库项目［全国政府和社会资本合作（PPP）综合信息平台项目库］

1. 入库项目数量与落地项目数量稳步上升

截至 2016 年 12 月底，全国入库项目有 11260 项，总体投资金额达到 13.5 万亿元。其中，已签约落地的项目有 1351 项，投资金额为 2.2 万亿元。2016 年

12 月底，全国入库项目落地率为 31.6%，与 2016 年 1 月底、3 月底、6 月底、
9 月底的 19.6%、21.7%、23.8%、26.0% 相比，项目落地率均有所提升①。

2. 入库项目的地区集中度比较高

根据入库项目数量进行排序，位居前 5 名的地区是贵州、山东、新疆、
四川、内蒙古，分别有 1788 项、1087 项、852 项、848 项、828 项，合计
占入库项目总数的比例达到 43.0%（见图 2 - 7）。根据入库项目的投资金
额进行排序，位居前 5 名的是贵州、山东、新疆、四川、内蒙古，分别达
到 16034 亿元、12229 亿元、10302 亿元、9538 亿元、9180 亿元，合计占
入库项目总投资金额的比例达到 42.4%（见图 2 - 8）。

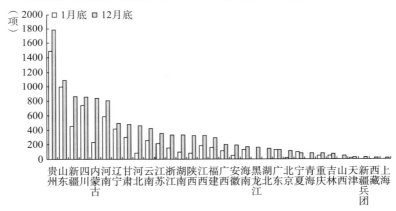

图 2 - 7　2016 年 1 月底、12 月底入库项目数量地域分布

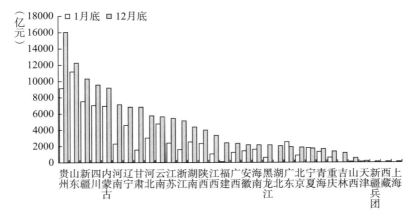

图 2 - 8　2016 年 1 月底、12 月底入库项目投资金额地域分布

① 　中华人民共和国财政部 PPP 中心：《全国 PPP 综合信息平台项目库第五期季报》，2017 年 3 月。

3. 市政工程、交通运输、城镇综合开发三个行业合计的入库项目数量和投资金额占比均过半

截至 2016 年 12 月底，各行业入库项目数量见图 2 - 10。其中，市政工程、交通运输、城镇综合开发三个行业的入库项目数量与投资金额均居前三位，合计占入库项目总数、总投资金额的比例分别达到 54%、68%。

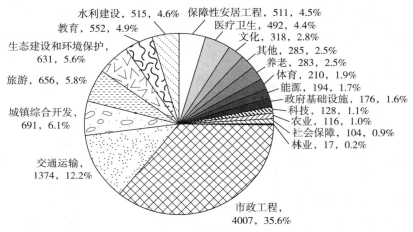

图 2 - 9   2016 年 12 月底入库项目数量行业分布

第二节   我国 PPP 发展的新特点

一   推行绿色低碳理念，促进结构优化

交通运输、生态建设和环境保护、水利建设、能源、教育、文化、科技、医疗卫生、养老、林业、旅游等领域的 PPP 项目均能够促进经济实现绿色低碳发展。截至 2016 年 12 月底，全国已经入库的项目中共有绿色低碳项目 6612 项，投资金额约达到 5.5 万亿元，占全国入库项目总数、总投资金额的比例分别为 58.7%、40.5%。其中，已经签约并落地的项目有 792 项，投资金额达到 8296 亿元，与 2016 年 1 月底相比，新增落地项目 581 项，新增投资金额 5570 亿元，项目落地率从 2016 年 1 月底的 22.9% 上升到 32.0%① （见图 2 - 10、图 2 - 11）。

---

① 中华人民共和国财政部 PPP 中心：《全国 PPP 综合信息平台项目库第五期季报》，2017 年 3 月。

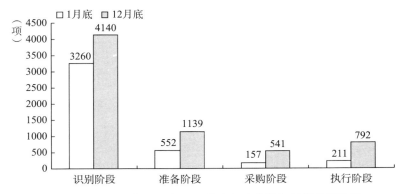

图 2－10　2016 年 1 月底、12 月底各阶段绿色低碳项目数量

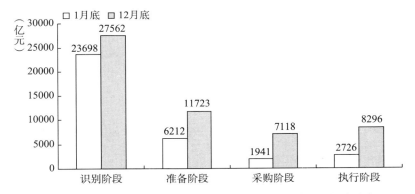

图 2－11　2016 年 1 月底、12 月底各阶段绿色低碳项目投资金额

二　促进城市之间交通基础设施互联互通，推动经济提质增效

交通运输是促进城市之间基础设施实现互联互通的主要领域。交通运输领域的 PPP 项目始终处于各个领域的前列，截至 2016 年 12 月底，全国入库项目中交通运输领域有 1375 项，投资金额达到 4 万亿元。其中，已经签约并落地的项目有 186 项，投资金额达到 7429 亿元，与 2016 年 3 月底相比，交通运输领域新增落地项目 152 项，新增投资金额 6892 亿元，项目落地率从 2016 年 3 月底的 14.7% 上升到 31.2%（见图 2－12、图 2－13）。由于交通运输领域的 PPP 项目实现了更多的落地，PPP 模式也能够对促进城市之间交通基础设施互联互通、推动经济提质增效起到积极作用。

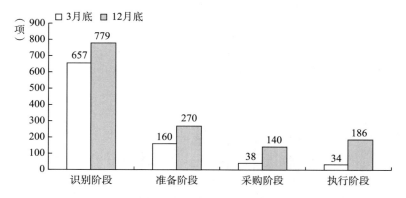

图 2 – 12　2016 年 3 月底、12 月底交通运输领域项目数量

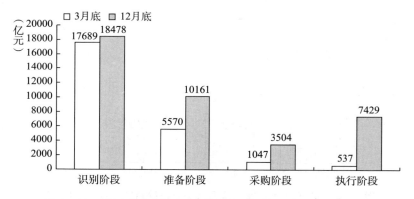

图 2 – 13　2016 年 3 月底、12 月底交通运输领域项目投资金额

三　提高民营企业参与度，激发市场活力

从社会资本合作方的类型来看，截至 2016 年 12 月底，277 项落地示范项目的签约社会资本信息已经入库，其中有 175 项单家型社会资本项目与 102 项联合体项目，签约社会资本共 419 家，包括民营独资企业 104 家、民营控股企业 59 家、外商独资企业 3 家、外商控股企业 3 家、港澳台企业 16 家、国有控股企业 113 家、国有独资企业 119 家，除此之外还有 2 家类型不易分辨的基金公司与上市公司（见图 2 – 14）。其中，民营企业（包括民营独资企业与民营控股企业）共 163 家，占比为 38.9%，与 2016 年 6 月底根据 82 项示范项目所统计的结果相比要高出 3 个百分点。

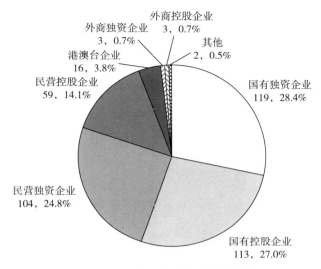

图 2 – 14　419 家社会资本的分类及占比

从社会资本的类型来看，民营资本、含民营资本和外资的联合体、外资、国有资本、不含民营资本和外资的联合体五类社会资本的项目数量分别为 77 项、62 项、13 项、85 项、40 项（见图 2 – 15）。其中，民营资本、含民营资本和外资的联合体两类社会资本的项目数量总共有 139 项，占比达到 50.2%，与 2016 年 6 月底根据 82 项示范项目所统计的结果相比要高出 11 个百分点。

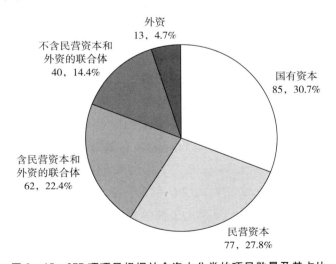

图 2 – 15　277 项项目根据社会资本分类的项目数量及其占比

民营资本、含民营资本和外资的联合体两类社会资本的项目投资金额合计占比达到45%（见图2-16）。

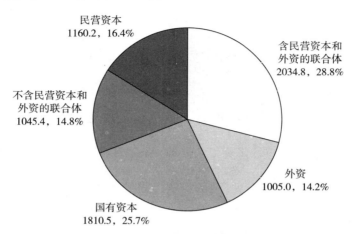

图2-16 277项项目根据社会资本分类的投资金额及其占比

四 达到物有所值效果，提高公共服务供给效率

PPP项目实现物有所值的一般目标是少花钱、多办事、办好事。2015年12月18日，财政部印发《PPP物有所值评价指引（试行）》（财金〔2015〕167号）。所以，本书的分析范围为在2016年达到物有所值定量评价标准的示范项目。截至2016年12月底，符合这一条件并且把物有所值的定量评价信息录入项目库的所有示范项目共有335项。

达到物有所值定量评价的标准为物有所值量值（VFM值）要大于0。VFM值指的是对于传统投融资模式下所参照项目计算出来的公共部门比较值（PSC值）和对于PPP项目计算出来的政府方全生命周期的净成本（PPP值）之间的差值。335项示范项目的PSC值总和为6972亿元，PPP值总和为5705亿元，政府方计划投资金额总和为6949亿元。PPP值总和与投资金额总和相比少1244亿元，平均到每个项目中大约少3.7亿元；PPP值总和与PSC值总和相比少1267亿元，平均到每个项目中大约少3.8亿元。由此可以说明，PPP模式比传统的投融资模式更能节省政府投入，更有利于提高公共服务供给效率。

根据回报机制进行分析，335项示范项目中，政府付费、使用者付费、可行性缺口补助类分别为 99 项、61 项、175 项，平均到每个项目中 VFM 值分别为 2.7 亿元、2.4 亿元、4.9 亿元。不论采用何种回报机制实施的项目，结合 PPP 模式运用市场公开竞争均可以达到物有所值的目标。

第三节　北京市 PPP 的发展现状

一　北京市 PPP 的发展

（一）重点推进项目

一是加强了 PPP 项目入库管理。截至 2016 年底，北京市共有 89 项 PPP 项目进入国家财政部 PPP 综合信息平台，总投资为 2456.22 亿元，同比增长 88.88%。进入项目库的项目涉及市政工程、交通运输、旅游、生态建设和环境保护、养老、医疗卫生、保障性安居工程等公共服务与公共基础设施行业。其中，市级 PPP 项目有 9 项，投资金额为 1610.89 亿元，占北京市总投资的比例达到 65.5%，重点是水务项目与市政交通项目；区级 PPP 项目共有 80 项，投资金额为 845.33 亿元，占北京市总投资的比例达到 34.5%，包括污水处理、垃圾处理、保障性安居工程、养老、水利、旅游等行业，基本上在所有重点行业都有 PPP 项目涉及，这为促进 PPP 的推广实施打下了重要的基础。截至 2017 年 1 月底，有 36 项 PPP 项目确定了社会资本，投资金额为 1518 亿元，项目落地率达到 58.5%；有 8 项 PPP 项目处于采购社会资本阶段，投资金额为 412 亿元；还有 45 项 PPP 项目处于前期准备阶段，投资金额为 510 亿元。

二是积极打造了 PPP 示范项目。2015 年共有 5 项 PPP 项目进入财政部第二批示范项目名单，2016 年共有 6 项 PPP 项目进入财政部第三批示范项目名单，这 11 项示范项目的投资金额为 1669.68 亿元。这些示范项目在落地实施方面得到了积极支持，已经有 10 项项目完成采购，项目落地率高达 90.91%。其中，兴延高速公路 PPP 项目被作为全国 PPP 项目的样板进行推广，作为北京市首个轨道交通领域进行公开招标的 PPP 项目——轨道交通新机场线也得到大力推广①。

---

① 《北京市财政局 2016 年 PPP 工作情况报告》，财政部网站，http://jrs.mof.gov.cn/ppp/gzdtppp/201612/t20161229_2507990.html。

北京市在 PPP 的推广与实施方面，一直重视创新，善于进行改革。结合市内轨道交通领域中的不同线路，进行了不少积极的尝试，如在可行性缺口补助因素方面探索了从客流转向车公里服务费等，另外也逐步使社会资本从担负设备的投资建设与运营向担负土建、设备的投资建设与运营转变。

北京市 36 个落地项目中，共有 21 个民营企业或混合所有制企业，占比高达 58.3%；从投资额上看，民营企业参与的这些项目投资金额为 1162 亿元，占北京市 36 个落地 PPP 项目全部投资金额的 76.5%。自 2016 年以来，北京市积极颁布了一系列政策支持社会资本投资，同时加大项目的推广力度，加强项目对接，对社会资本踊跃投资 PPP 项目起到了激励的作用。主要措施有：在 PPP 项目的实施方案中，对标的要规定比较清晰的边界条件；在项目投资规模要求上，要与业内通行的做法保持一致；一般情况下不对项目进行打捆，或者先对投资人进行招标再对实际建设内容进行确定；企业的资本金规模以及营业收入规模不能超出合理范围的下限；在政府投资、专项资金、财政补贴等方面要保证公平；支持社会资本进入，确保社会资本能被优先选用；营造一个公平公正的投资环境。

（二）建立制度体系

基于中央部门颁布的一系列相关文件，北京市政府也针对 PPP 的推广工作制定了具体实施意见，并且确立了重点推广领域，颁布了水务行业 PPP 项目管理办法、公立医院特许经营管理办法等相关行业领域文件。北京市实施了以奖代补的政策，其补助的力度位居全国前列，仅 2015～2016 年两年时间就实现了奖补资金 23996 万元，激发了各区县、各行业的热情，打消了项目实施机构在 PPP 项目前期投入方面的顾虑。

为了实现对 PPP 模式的大力推广，2015 年北京市政府办公厅颁布了《关于在公共服务领域推广政府和社会资本合作模式的实施意见》（京政办发〔2015〕52 号），对 PPP 推广的重点领域进行进一步明确，推出了一系列保障措施，具体有完善财税支撑政策、缩减审批流程、通过不同方式对项目用地进行保障、大力推进公共服务领域的价格改革、加强信用体系建设、完善金融服务、构建多层次多方位的监督管理体系等。

自 2016 年以来，北京市财政局先后颁布了 PPP 项目操作指南、财政承受能力论证、物有所值评价指引、政府采购管理办法等相关 PPP 政策，并且与卫生、水务等行业部门共同颁布了与 PPP 相关的管理文件，使北京市推广 PPP 模式的制度框架体系得以初步确立。另外，根据 PPP 项目的具体实施状况，财政局会同北京市发改委共同颁布相关政策办法，贯彻落实《关于进一步共同做好政府和社会资本合作（PPP）有关工作的通知》（财金〔2016〕32 号）、《关于在公共服务领域深入推进政府和社会资本合作工作的通知》（财金〔2016〕90 号）等政策文件精神。

（三）加大财政支持

一是确保社会资本获得合理回报。对于政府在 PPP 项目中的出资，规定各相关部门计入财政预算，并要能够在政府财务报告以及中期财政规划中有所反映。

二是加大财政资金支持力度。2016 年，北京市财政局颁布了《北京市推广政府和社会资本合作（PPP）模式奖补资金管理办法》，推出了 2016 年度 PPP 项目以奖代补款项 15796 万元，提前下发了 2017 年度 PPP 项目以奖代补款项 7200 万元。积极推动北京市各区县、各部门加大 PPP 工作的力度，保障 PPP 项目能够尽快落地。

三是强化 PPP 项目规范操作。积极组织进行 PPP 项目财政承受能力论证与物有所值评价，主动参与实施方案制订、招标采购、合同签订等各个环节，推动北京市 PPP 项目规范实施，如轨道交通新机场线、首都外环线高速公路（大兴—通州段）、全球健康药物研发中心等。

四是简化审批手续，规范政府资金保障渠道。北京市颁布的《关于推进供给侧结构性改革进一步做好民间投资工作的措施》，建议在投资、补贴、价格等方面创设协同机制，对于价格未能得到合理调整的，要由财政部门支付经营性项目的补贴，将其转变成政府购买服务；对于非经营性项目，要依据项目的发起约定由发展改革部门或者财政部门来负担还本付息，由财政部门对运营成本进行全额担负。

五是积极提供融资支持。根据北京市 PPP 项目的具体情况和中央 PPP 融资支持基金的实际情况，进行了有效的联系与沟通，同时对北京市 PPP 基金的设立问题进行了认真深入的研究，以方便为 PPP 项目融资提供保障。

（四）强化能力建设

一是北京市财政局创设了PPP促进中心，对人员配置逐步优化，为机构人员提供了应有的保障。二是创建了市级与区级财政部门的工作联动机制，以及市级各部门之间的协调机制，提高了各方之间的共同认识，有利于统一进行工作。三是鉴于北京市专家人才资源充足的情况，北京市级财政局通过公开征集的途径，第一个创设了国家范围内的省级PPP专家人才库，有300多位专家被引进人才库。充分利用专家人才库的智力资源，进行物有所值评价、召开研讨会等，为北京市PPP的推广提供智力方面的强力支持。四是举办了一系列PPP专题培训，为市区各部门工作人员提供专业培训，整理文件汇编并发行，对政策进行科学讲解。五是运用网络平台和媒体讲解北京市有关PPP工作与相关政策文件，增进社会对PPP的认识，优化推广环境，积极参与PPP相关活动并对北京市PPP项目进行推介。

（五）围绕"放管服"积极推广PPP

PPP模式不仅是一种融资方式，而且对推进政府转变职能具有重要意义。根据简政放权、优化服务、放管结合的改革总体要求，北京市对PPP项目的审批程序要统一规范，对于项目中未使用政府资金的，要根据权限实行备案或核准；对于直接使用政府资金的项目，要统一合并审批可行性研究报告与项目建议书，对项目的初步设计、概算与竣工决算不再进行审批工作。对于项目公司在成立之前就已经完成的相关手续，不需要再进行重复性办理工作，以达到降低制度性交易成本的要求，使运营环境得到优化。

通过各方的积极合作，北京市在PPP推广方面取得了较好的成绩，初步实现了政府、公众、企业等多个合作主体的共赢，体现了PPP的特殊优势。

一是PPP理念得到普及。通过研讨会、专题培训、移动网络平台、媒体等多种途径，加大宣传推广PPP理念的力度。政府机构、企业、采购代理公司、咨询公司、金融机构、律师事务所等各方面的专业人才得到了锻炼，大大提高了专业从业人员的业务素质。

二是实践证明推广 PPP 能够获得突出经济效益。利用市场机制制定价格，可以使政府必须支付的费用大幅度减少。例如，兴延高速公路协议商定的通行费中标价就降低了将近一半，与招标控制价相比减少了 47.3%，财政年补贴额也在 10 亿元的基础上减少了 7 亿元。同样，首都环线高速项目的中标价格减少了 45%，北京地铁新机场线 PPP 项目减少了 18.9%，通州的城市副中心水环境治理项目减少了 29%，因此大大节省了政府资金。

三是推广 PPP 的社会效益凸显。PPP 模式使以前的行业垄断被打破，社会资本的加入，可以产生"鲶鱼效应"，增强竞争意识，进而提高运营效率与服务水平，公共服务的供给水平也得到大幅度提升。而且大量企业运用联合体的形式进行投标，有利于项目公司治理结构的进一步优化，实现混合所有制企业的快速发展。

二　北京市轨道交通 PPP 模式的发展

在城市轨道交通快速发展阶段，与国际国内其他城市类似，北京市同样存在以下问题：一是资金紧缺；二是建设、运营成本节节攀升。为了解决这些问题，北京市政府运用 PPP 模式对地铁 4 号线进行开发建设，这是国内首条运用 PPP 模式开发建设的地铁线。

选择具备一定条件的城市轨道交通项目运用 PPP 模式进行建设运营，能够促使轨道交通领域建设投资运营主体形成多元化格局，在各个主体之间实现同行业的比较效应与适度竞争，有助于全面提高北京城市轨道交通项目的投资建设与运营效率，促使建设运营机制得到转变，使该行业的总体服务水平得到提升，同时使政府在当期的投资压力得到较大程度的缓解。

（一）　地铁 4 号线建设开启制度创新模式

相较于城市轨道交通发展过程中日益增长的巨额资金需求，有限的财政资金根本满足不了其需求，由此造成投资不足问题，并最终制约了城市轨道交通的快速发展。

2006 年，北京市基础设施投资公司（以下简称京投公司）作为合作方与香港铁路有限公司、北京首都创业集团有限公司合作组建了北京京港地铁有限公司（以下简称京港公司），该公司是根据京投公司、香港铁路有限公司和北京首都创业集团有限公司依照 2∶49∶49 的出资比例创建的中外合作企业。2016 年 4 月，由北京市交通委员会代表北京市政府和京港公司签订了地铁 4 号线《特许经营协议》，引入了 46 亿元社会资本，由此正式进入北京地铁的 PPP 探索阶段。

地铁 4 号线 PPP 模式最突出的变化是政府身份的变化：在这个 PPP 项目中，政府从"家长式"的参与者与管理者转变为特许权的授予者与监督者，在政府与企业之间建立了分工明确、相互协作的协调关系。

北京地铁 4 号线依照工程的具体特性分成互相独立的 A、B 两部分。A 部分主要涵盖车站、洞体等土建工程，此部分工程总投资为 107 亿元，占全部投资的 70%，全部由京投公司出资进行建设。B 部分主要涵盖信号、车辆等方面的设备资产，此部分工程总投资为 46 亿元，占全部投资的 30%，全部由京港公司出资进行建设。

京港公司地铁 4 号线项目的特许经营权由北京市政府授予，约定的特许经营期为 30 年。在项目建成之后将 A 部分的资产采用租赁的办法供京港公司使用，由京港公司负责地铁 4 号线的全部运营管理及所有设施维护，涵盖 A 与 B 两部分的具体维护与除洞体之外的所有项目资产的更新，还有地铁站内的具体商业经营；京港公司的投资回收以及投资收益主要经过地铁票款收入、票价补偿以及站内商业经营取得。在约定的特许经营期满之后，京港公司需要把 B 部分项目的设施全部无偿地、完好地转交给北京市政府指定的相应部门，把 A 部分项目使用设施归还京投公司。

通过对北京地铁 4 号线在建设、运营各阶段存在风险的深入分析，在《特许经营协议》中，北京市政府和京港公司确定了双方的权利与义务，保证项目的风险共担。具体来说，作为特许经营方的京港公司，需要担负起在建设、运营阶段的经营性风险，而政府部门则重点担负起在票价调整、相关政策法规等方面的政策性风险。还有一些系统风险需要由双方共同来担负，主要包括通货膨胀、税收变更、法律变更、利率变化、劳动力成本上涨、不可抗力等风险，在运营阶段出现的客流量过低的风险也需要双方共同担负。通过运用 PPP 模式，香港地铁在管理方面的先进理念和高效的运营机制得以引进，这对于提高企业管理水平以及运营服务质量起到了积极的作用，同时也保证了一定的经济效益。如果与传统的政府投资模式进行对比，按照 30 年的特许经营期来计算，北京地铁 4 号线项目整体上能够节省 40 亿 ~ 60 亿元的政府财政支出。

（二）提出复合型 PPP 模式

2013 年 7 月，北京市政府在《关于印发引进社会资本推动市政基础设施领域建设试点项目实施方案的通知》中指出，"十二五"期间，北京城市轨道交通运用 PPP 模式引进大约 700 亿元社会资本。在北京市政府制定的 2020 年线网建设规划中，提出新增投资大约 3000 亿元，计划逐步增加引进社会资本量。但是对于这些巨大的资金需求，在传统的 PPP 与 BT 模式下，其引资规模以及效率与效果很难满足现实需求。

北京地铁奥运支线以及亦庄线都是运用 BT 模式引入社会资本的。BT 模式对于政府投资项目能够在一定程度上改善其负债结构，有效缓解资金压力，分散政府建设管理压力。对于创建与完善工程建设管理方面的市场化竞争机制有积极的促进作用，将先进的建设管理经验应用于轨道交通建设中，能够大大提高项目运作效率。但是由于 BT 模式的回购期一般只有 5 年，很难保证长期缓解财政压力的要求。而且，在当前国家宏观政策环境方面，也不鼓励 BT 模式的使用。

北京城市轨道交通 4 号线与 14 号线项目应用的都是传统 PPP 模式，政府利用特许经营的方法吸引社会投资者，其重点仍在运营阶段，由社会投资者承担一部分项目的投资，取得固定时期的运营权，从运营收入和财政补贴中回收投资并取得一定的收益，可以对政府当期的出资压力进行分担，并且能够为轨道交通建设提供及时的资金供给。然而，传统的 PPP 模式也需要进一步创新，主要原因有两方面：一方面，轨道交通建设的投资资金需求量大，要求社会资本有较强的出资能力；另一方面，轨道交通运营要求具备专业能力，致使适合的社会投资者较少。

为了顺应新的社会经济形势，鉴于较大的建设融资需求，新型的复合型 PPP 模式应运而生，它主要是指基于传统 PPP 模式，融入股权融资、土地资源开发、工程总承包、设立专项投资基金等新型措施的 PPP 模式。当前，从政策环境看，复合型 PPP 方案的实施已经具备较为成熟的环境。

在股权融资方面，国务院已经颁布政策文件准许保险资金投资基础设施项目。主要有《保险资金投资股权暂行办法》与《保险资金间接投资基础设施项目试点管理办法》，这些政策文件在法律和实施方式上为保险资金更好地投资基础设施项目提供了依据。

在特许经营方面，北京市也制定并实施了多部法律法规，创建了北京市基础设施投融资体制改革的基本框架，在更大范围内吸引社会资本投资于城市基础设施领域。《北京市城市基础设施特许经营条例》的颁布实施，在法律和政策层面对北京市城市基础设施特许经营活动进行了规范，一方面使特许经营者的合法权益得到了保护，另一方面使社会公共利益与公共安全得到了保障。

在新的复合型 PPP 模式中，社会投资者的角色是多种选择，主要包括财务投资人、城市轨道交通运营商、土地资源开发商、建筑承包商、设备供应商等。例如，北京城市轨道交通 16 号线基于传统 PPP 模式融入股权融资方案，运用"股权融资 + 特许经营"的投融资方式引进社会资本。

（三）地铁 16 号线：模式再升级

北京城市轨道交通 16 号线（以下简称地铁 16 号线）项目是经国务院第一批推出的 80 个支持由社会资本进行建设、运营、维护的示范项目之一。2015 年 2 月 8 日，由北京市交通委员会代表北京市政府一方，与北京市京港地铁有限公司及其三方的股东初步签订了地铁 16 号线项目的《特许经营协议》，初步完成了地铁 16 号线 PPP 项目的招商工作。项目的招商工作主要由北京市基础设施投资有限公司具体负责。

地铁 16 号线作为北京市轨道交通线网规划中重要的一条线路，是中心城区内南北向的骨干线路，全线长达 50 公里，该项目已经于 2013 年 3 月开始建设，并计划于 2017 年 12 月末完成全线贯通并通车。

地铁 16 号线项目的总投资金额高达 474 亿元，在北京市通过把 PPP 模式运用到地铁 4 号线和地铁 14 号线的建设运营中，吸引社会资本进入其中之后，地铁 16 号线再次运用 PPP 模式进行线路建设运营。与之前的 PPP 模式有所不同，地铁 16 号线运用的是复合型 PPP 模式，第一次把保险股权投资运用到轨道交通项目之中，运用"股权融资 + 特许经营"的复合融资模式，吸引社会资本参与到项目中，共引入资金 270 亿元。其中，一部分是运用股权融资的方式引进中再资产管理股份有限公司大约

120 亿元的保险股权投资，另一部分是运用特许经营融资的方式引进社会投资者大约 150 亿元。这种复合型 PPP 模式是一种创新，无论在融资模式还是资金规模上都处于国内领先水平。北京市政府运用较少的资本金吸引了各类社会资本 270 亿元，通过债务融资的方式筹集资金 200 亿元，这在很大程度上缓解了政府的资金压力，改善了轨道交通建设领域的资金需求条件。

城市轨道交通建设由于投资资金规模比较大，投资期限也比较长，并且由政府进行主导与支持，因而其收益相对来说比较稳定；而对于保险资金进行的股权融资，也具有资金量较大、周期较长、收益比较稳定的优势，主要用于财务方面的投资。轨道交通建设与保险股权在资金规模、投资期限、收益需求等各方面都能进行高度的匹配。地铁 16 号线项目运用复合型 PPP 模式，构建了轨道交通建设与保险股权之间的桥梁，引入社会保险资金进入项目中，这对于缓解轨道交通建设过程中政府的融资压力有很大帮助，也在一定程度上满足了社会保险资金在投资方面的需求。这种复合型的 PPP 投融资模式对于我国其他地方的基础设施投资建设也具有重要的借鉴意义和参考价值。其在具体的 PPP 模式创新上，表现为强化了对 PPP 各参与方的利益保障，并且使整个项目的运作理念进一步市场化，主要表现在以下几个方面。

一是固定初始的投资，排除套利的可能。参与地铁 16 号线项目的任何社会投资者，需要拿出高于 150 亿元的投资额，投入地铁 16 号线项目当中。因市场化机制而产生的初期投资节约资金，由政府方享有，这最终体现在公众与社会利益的改善上。

二是重视政府购买服务的理念，把人次票价当作谈判的标的。在地铁 16 号线建设项目中，把 A 部分资产产生的租金看作象征性的租金，把人次票价当作谈判的标的，这与政府购买服务的理念相融合，从而保证了地铁的准公益性。

三是结合了两种融资模式，达到分段开通的需求目标。地铁 16 号线项目计划按两段依次开通，基于达到建设投资需求的目标，把"4 号线 PPP"和"大兴线委托运营"两种模式的优势结合起来运用到地铁 16 号线中，也就是在全线开通之前，实行服务外包模式，在全线开通后，运用 PPP 模式，此种模式在引进社会投资方面是一种全新的尝试。

四是对项目的收益率进行合理把控,尽量保障社会公众的利益。近年来,随着城市经济的快速发展,城市中地铁的作用更加凸显,在城市出行方式中地铁所占的比重逐步提升,最终地铁的客流量出现了快速增加。在地铁 16 号线项目中,建立了超额客流收入对政府进行分成的机制,这在一定程度上使政府与社会公众的利益得到了保障。

第四节　轨道交通项目公益性与经营性的矛盾

轨道交通项目公益性与经营性的矛盾主要体现在政府部门和私人投资者各自利益目标的差异上。代表公共利益的政府部门与追求个人利益最大化的私人投资者参加项目建设的目的是实现各自的利益目标,但是两者之间的根本利益目标并不是完全一样的,政府的目标是想方设法最大限度地追求消费者剩余,投资者在追求自身在项目投资中的利润时,极有可能做出一些阻碍消费者剩余最大化的行为。从哲学意义上看,矛盾即对立统一。在整个项目中,政府和私人投资者既有对立的一面又存在统一的一面。如何打破双方的对立局面,促使双方合作,达到双赢的目的,是政府努力的方向。如图 2-17 所示,政府作为委托人,私人投资者作为代理人,二者之间形成了明确的委托代理关系:政府追求公益性,主要追求消费者剩余的最大化;私人投资者追求经营性,追求生产者剩余的最大化。而社会总福利是消费者剩余与生产者剩余之和。在社会总福利一定的情况下,生产者剩余和消费者剩余是此消彼长的关系,政府可能过于追求公益性而忽视了私人投资者对生产经营性的需要;同样,私人投资者在追求经营性的过程中,可能会采取机会主义行为,做出对公益性造成破坏的行为,这就构成了双方利益的冲突点,产生了双方的对立。此时,政府作为委托人应该与私人投资者共同签订一项契约。当然,政府在追求公益性的同时也应该兼顾私人投资者的经营性,通过激励性规制使私人投资者在追求经营性的同时被迫追求公益性。政府按照在契约中制定的标准对私人投资者的成果进行检查,如果做得好,就进行奖励;如果做得不好,就实行惩罚。这种机制的建立,对私人投资者产生了良好的激励效果,使政府和私人投资者的利益得到最大限度的统一。私人投资者既追求经营性又追求公益性，使社会总福利增加，成功避免了双方利益的冲突，形成了共赢局面。

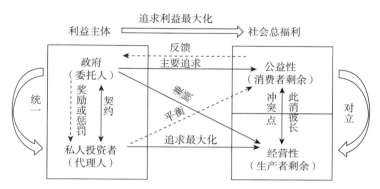

图 2－17　政府与私人投资者双赢模式

轨道交通项目在具体的投资建设和运营环境方面以及私人投资者进行代理的结果都存在一定的风险。项目的整个生命周期相对比较漫长，而且项目有着很大的不确定性，投资者代理的结果除了受自身努力的影响外，相关环境的影响也是极其重要的，政府和私人投资者之间前期签订的特许经营契约存在不足，并不能对将来的情况做到完美的预测，更不可能制定相应的解决策略，因此就可能增加项目风险，最终导致私人投资者出现行为失控并采取机会主义行为的情况。根据机会主义理论，我们认识到，人本身具有损人利己的倾向，当他有机会时就会采取行为。在现实社会的契约交易中，经常会出现其中一方运用不对称信息做出损害他人的行为，并以此使自己获取更多的利益。虽然具有机会主义倾向的人并非在任何时刻都采取机会主义行为，但是必然有采取机会主义行为的可能，迟早会采取机会主义行为。由于人的行为具有不确定性，并且其行为是不可预测的，很难判断出那些具有机会主义倾向的人何时何地采取何种方式的机会主义行为，因为人的逐利性的存在，机会主义行为在任何时候均可能发生。当人们为了自身的利益，片面追求自身利益最大化时，就会运用不正当的手段为自己谋利，更有甚者以损害他人利益为代价，采取机会主义行为达到自己的目的。

在项目实施过程中，为了更好地维护政府和私人投资者之间的委托代理关系，政府需要进行相应的契约设计，通过契约设计，使私人投资者既能追求自身利益最大化，也能有动力提高社会效益，避免其采取机会主义行为。为了处理好公益性与经营性这对矛盾，需注意以下四个方面的问题。

首先，在项目筛选方面，从政府视角来说，基于当前政府对融资平台以及融资职能剥离的政治背景，政府应客观对待PPP模式，不能过度依赖这一单一模式，在项目的发起和筛选环节，政府应对项目进行综合性评估，既要保证项目的适用性和合规性，也要保证项目通过财政承受能力论证，并且能够取得一定的市场收益；从社会资本视角来说，选择的PPP项目，要能够实现投资回报率的长期稳定。从不同的项目类型来说，对于准经营性项目中PPP模式的选择，要在营利与补偿机制之间达成共识；对于经营性项目中PPP模式的选择，其基础资产要能够采取收费机制，与其他领域的投资相比，要能够实现长期稳定的回报；对于公益性项目中PPP模式的选择，要对政府的财力在当期与未来进行精确评估，保证其财政能力充足。

其次，在伙伴选择方面，政府要充分认清PPP模式的内涵，在保证市场机制发挥作用的同时，也要要求政府和社会资本方依据其所长承担相应的责任，实现对资源的优化配置。从政府视角来说，要从专业能力与融资能力两个方面进行考虑，以规避政府财政风险和提高其专业能力；从社会资本视角来说，应与契约精神较强的政府和财政能力较强的政府合作。

再次，在合同签订方面，项目取得成功的关键是要签订有效的PPP合同。从政府视角来说，无论是风险分担还是利益共享，签订的合同要兼顾公平和效率问题；从社会资本视角来说，签订合同要有动态调节机制，以保证在不同的市场环境中或者项目变动过程中实现社会资本投资的收益率。不同类型项目在签订合同时，对于准经营性项目，应设定相应的弥补机制，避免市场变化导致的投资收益率下降的风险发生，保证社会资本投资的回报率；对于经营性项目，应明确相应条款，避免政府过多干预导致的投资收益率下降的问题发生；对于公益性项目，应明确付费来源，详细约定政府的具体购买机制，制定相应的处罚措施，确保政府能够积极履约。

最后，在合同履行方面，双方都应遵循契约精神。从政府视角来说，政府要切实履行监督职能，确保社会资本方能够较好地履行合约，避免在项目运行过程中资产过度使用导致的特许期满后不能正常转交资产或者资产不能继续使用的问题发生；从社会资本视角来说，应要求政府积极遵循契约精神，确保社会资本能够及时取得正常收入与补贴，实现正常收益。

第三章

平衡机制的理论基础

众多研究表明，轨道交通具有显著的正外部性，本章首先对其公益性与经营性进行边界划分，依据激励性规制理论与外部性理论，以外部效益内部化为主要手段，在保证轨道交通公益性的同时，增强项目的经营性，以实现对企业的激励，并设计出轨道交通公益性与经营性的平衡机制。公益性与经营性平衡机制的设计，就是找到充分发挥约束与激励作用的均衡点，让企业在获得正常利润的同时，实现社会总福利在生产者与消费者之间的合理分配。

第一节　轨道交通公益性与经营性的界定

一　公益性与经营性的阐述

《建设项目经济评价方法与参数》一书对项目属性进行了划分，依据项目建设运营目的的差异，可以将其分为经营性项目与非经营性项目。在经营性项目中，投资者的主要目的是通过资本投入，实现利益最大化，其经营行为、投资决策均以利益最大化为目标。非经营性项目如公路、市区绿化、公园建造等，这类项目不以营利为目的，其建设与运营维护通常由政府负责。非经营性项目的部分项目也涉及经营活动，有一定的收入来源，但是项目运营主要是为社会提供基础保障，经营收入低于企业实际运营成本，通常需要政府进行财政补贴才能持续运营。经营性是以营利为目标、以投资谋利为行为趋向的，因此可以把经营性理解为社会投资者以营利为目标所产生的生产者剩余。

公益，即公共利益。"公"的含义，一是属于国家或集体的；二是共同、公同（的物品）；三是公平、公正。《牛津现代高级英汉双解词典》对"公"的解释为：公众及其相关的。"利益"可以理解为特定客体受到外部直接认同。在"公益"一词中，"公"即为多数的，"益"为客体价值在主体中的体现。本书将公益性定义为：出于公共整体利益的考虑，一个团体（家庭、个人或厂商）的行为（服务或产品）使公共集体而非私人个体获得利益，自身没有获得相应补偿。学者对于公益性的理解大体相似，项目以政府为主导，公益性与营利性或者经营性相对，学术界对公益性概念认定的共同点有以下几个方面。

（1）公益性概念的主体是基本一致的。国内外学者在公益性认知方面都是以行政主体对公益性进行主导，并且也只有政府部门能够承担起这一项任务。

（2）公共利益最大化是项目建设、运营的根本目标。公共利益得以实现，人民幸福指数提高，社会和谐，才能为国民经济的发展提供稳定的环境，从而促进国民经济又好又快发展。

（3）公益性是相对于经营性而言的。不管在社会哪个部门或者哪个产业，公益性与经营性的协调关系需要调整好，如果出现公益性与经营性发展不协调，对经济的发展将产生巨大的阻力。而公益性的出现是因为某些产业没有利益可寻或者利益不能填补投入资金的空缺，因此没人愿意涉及这些行业，需要政府出面解决。

综上所述，对于公益性的理解，并不是单方面的认定。结合我国的具体情况而言，公益性是在卫生服务、文化传播、经济发展和国民教育等环境中，政府发挥其特有的组织功能，采用财政补贴、税收优惠等政策工具，提高国民集体而非特定个体的利益，满足社会向前发展的需要。参照公共产品的属性，公益性项目亦具有非竞争性和非排他性的特点。

Harris D. C.（2012）对如何避免公共利益损失给出了解决方法。在普通法律世界中，大多数普通法对私人财产的公共监管做了限制，公共利益损失过重时，应得到补偿。他举例说，在加拿大渥太华，街道公共设施不健全，部分产业日常运行时对周边环境造成污染和利益损失，应由谁补偿？公益性与经营性是问题存在的关键，产业正常运行绝大多数是为了实现营利性，生产过程中出现的损害公益性的污染不可避免，但大众的损失必须有人承担。当地政府采取的公益性补偿措施解决了这个争议性问题。

二　公益性的辨析

城市轨道交通与铁路运输具有相同的准公共物品属性，都具有较强的公益性特征，产品和服务的正外部性是其公益性的重要内容，公益性所涉及的范围比正外部性所涉及的范围更大。轨道交通公益性的特征首先表现为轨道交通为了保证消费者剩余，采取低于市场水平的政府定价，其次表现为轨道交通的个人边际效用小于社会边际效用。轨道交通经营性可以理解为社会投资者以营利为目的投资轨道交通项目所产生的企业剩余。

外部性并不是项目主体刻意产生的，而是在其生产经营活动过程中附带产生的。如铁路客运服务，铁路企业提供客运服务，实现人流、物流、信息流等资源在区域单元之间的空间位移，对于铁路企业而言，其目标是满足社会现有的出行需求，并产生诱发的出行需求，提高企业的经营性能力，获得更多的收益。在实现这一目标的过程中，能够产生人口集聚、劳动力布局改变等效果，并未纳入铁路运输供给所直接追求的目标中。图3－1为本书依据轨道交通项目内外部目标所进行的边界划分。

图 3－1　轨道交通项目外部效益与公益性边界划分

如图 3－1 所示，小圆为外部效益，大圆为公益性。当轨道交通的公益性出现时，如票价优惠使更多人能够乘坐，相应的外部效益也会出现。由于国防、地区稳定、民族团结等因素属于宏观层面，很难度量，因此不对其进行计算。轨道交通公益性与经营性边界划分的分歧主要有以下两点。一是判断二者区别时所选择的时期不同。部分研究成果将项目建设阶段和运营阶段都纳入研究，而有的研究成果只把项目运营阶段纳入研究，外部效益测量也仅限于运营阶段。二是时间成本、新增运量等计算项，在项目内外部经济效益量化过程中会出现重复计算。其中，第一个问题根据研究的不同需要，可以选择不同的时间来进行计算。对于第二个问题，部分学者提出，轨道交通出行可以提高可达性，降低出行的时间成本，项目运量预测已综合考虑以上影响因素，认为轨道交通的公益性不包含外部效益；一些学者则持相反观点，认为公益性涉及的内容较为宽泛。

轨道交通项目建设期长，投资规模巨大，建成后运营成本高，回收期长，项目收入往往不足以回收全部投资，盈利能力较差。同时，轨道交通作为公用事业项目，应当为公众提供安全、连续、经济的交通服务，不可能采用市场定价方式，项目的收入无法体现项目的成本，因此在兼顾消费者剩余的情况下，项目本身的经营性很低。近年来，我国轨道交通建设规模和速度呈现快速增长态势，依靠政府财政支持的投融资方式已无法满足当下建设运营的资金需求。为此，以政府主导为基础，在合理可行的合作方式下，引入社会投资人资金用于轨道交通投资建设，由国家特许某法人组织负责建造，在运营管理环节授予其特许经营权限。经营过程受到政府严格监管，经营政策是"谁投资、谁受益，政府担保"，私人投资者以获取回报为目的。这种模式被称为公私合作经营模式（PPP），已成为轨道交通投融资改革的主要目标和方向，并得到越来越广泛的应用。

北京地铁4号线是北京市首个采用公私合作经营模式的城市轨道交通项目，地铁4号线以前的北京城市轨道交通项目建设资金均来自中央政府和北京市政府，由隶属于北京市国资委的北京市地铁运营有限公司负责经营，属于非经营性项目。目前北京市地铁运营有限公司负责运营的线路有15条，分别是地铁1号线、2号线、5号线、6号线、7号线、8号线、9号线、10号线、13号线、15号线、八通线、机场线、房山线、昌平线、亦庄线，以上线路运营总里程达460公里，运营车站有273座。此外，北京地铁4号线、16号线和14号线采用公私合作经营模式（包括在建部分），均采取政府投资土建部分、京港地铁有限公司负责机电设备和地铁运营管理部分的形式运营，后者所负责部分为经营性部分。私人投资者是以营利为目的的，若使项目能够持续进行，可经营性系数 α 应大于等于1。

特定项目的可经营系数为 V/C，其中 C 为项目建造成本①，V 为项目市场价值。$V=H/i$，其中 H 为项目的收益，i 为市场上可以接受的投资收益率。将 V 代入定义式，则计算式为：$\alpha = (H/i)/C$，α 越大，项目的可经营性就越高，在 $\alpha \geqslant 1$ 时，项目才有利可图，社会投资者才愿意进入。

轨道交通系统具有投入资金大、建运时间长、社会效益显著等特点，从项目规划、招标、施工到经营，各阶段都会产生和创造一定的外部效益。如前文所述，外部效益边界存在多种划分方式，在同一个研究体系中，需要采用统一的划分标准与口径。

结合上述研究，本书对轨道交通公益性的定义为：轨道交通在提供运输服务过程中所产生的，给使用对象和利益相关者带来的无法通过运输本身进行补偿的收益的增加。轨道交通公益性边界划分的标准是：以轨道交通本身的属性为内界；以轨道交通经营活动影响区域，即线路所经城市为外界；以轨道交通的运营期为考察期，即从线路开通使用后开始计算，规划期和建设期所产生的效益不计入考察。

三 铁路的公益性

按照线路所在空间划分，轨道交通包括地下铁、地面铁路和高架铁。基于我国轨道交通建设运营的实际情况，铁路公益性领域的研究成果较多，学者普遍认为轨道交通的公益性源于其准公共物品的属性。改革开放以后，中国社会主义市场经济稳步发展，各地区经济的发展离不开货物、人才、信息的流通，铁路运输在其中发挥着重要的作用。2013 年 3 月 10 日，铁道部实行铁路政企分开，中国铁路总公司成为新的投资运营主体，使铁路公益性与经营性的矛盾愈加明显。

铁路运输服务的公益性首先包含运输服务正外部性，铁路系统使用的不可排他性，导致外部受益而系统内部没有受益；其次包含可排他但未排他的被使用，导致外部受益而系统内部没有获取报酬（张江宇，2004；张超，2009）。徐俊（2009）分析了铁路系统公益性产生的原因，认为铁路系统让公民获得了自由迁徙权和平等权。许文辉（2003）指出，部分铁路项目具有公益性和商业性双重属性，具有公益性说明其产品（或服务）的

---

① 新项目可指项目成本预算，已建成项目可指账面净资产。

个人边际效用小于社会边际效用，这样的运输服务市场不应完全采用市场机制，也不应选择纯商业化的运作形式，可将其称为非商业性项目。

有的学者提出，铁路系统的公益性是指铁路使整个社会、区域受益而系统内部没有获得补偿。早在南疆铁路建成运行通车的时候，有关专家学者就提出了铁路公益性与营利性的问题。许明（2003）认为南疆铁路开通运营以后，其社会公益性与企业效益之间的矛盾越来越明显，如果能在这时对这一问题进行行之有效的考察和处理，就能在很大程度上推动我国铁路运输网局的建设，从而带动国民经济发展更上一层楼。

潘振锋（2002）指出，铁路公益性是指国家为了开发国土、实施军事战略部署、助农物资运输、国防、西部大开发、全国各民族共同发展民族繁荣等一系列宏观经济发展价值理论，所采取的非竞争性、非排他性的运营措施。面对经济的飞速发展，铁路运营仍然没有改变客货运价格，导致铁路部门承担责任过大，铁路系统陷入收不抵支、债台高筑的窘境。他认为解决铁路公益性问题的关键在于体制改革，实行政企分开的管理机制，努力实现铁路市场化。他主张实行公司制度，铁路运行责任由公司承担，政府进行间接干预，达到兼顾公益性与经营性的目的。

党振岭（2003）认为，在经济大发展的时代背景下，铁路公益性已经超越了企业的职能范围，如何建立铁路运营体系，让铁路公益性与经营性都能发挥作用，成为当前面临的难题之一。他通过分析我国铁路公益性运输范围和铁路事业发展现状，提出国家应该在财政方面给予补偿。在具体实施方面，可以通过税收优惠、税收抵扣等政策对铁路企业进行外部补偿。铁路企业财政亏损在铁路运行中长期存在，导致该问题出现的直接原因是公益性性质，从国家全局考虑，部分产业在生产运行过程中有承担损失的责任，铁路行业在国家宏观经济发展过程中起着重要的推动作用，自然会承担一定比重的损失。公益性运输超出铁路运输企业的职能范围长时间积累，对于铁路运输业的发展不利，因此，我国有必要建立铁路公益性运输补偿机制。

根据以上学者对铁路运输服务公益性的研究，可以将其总结为：我国铁路运输服务具有显著的公益性属性，其建设与运营为社会经济发展提供了较低的社会成本基础，也为其他产业的生产经营活动创造了良好的运输条件，其系统自身利益受损而社会整体获益。

第二节　激励性规制理论

规制经济学的英文是 Regulation Economics，国内将其译作管制经济学或规制经济学，Incentive Regulation Theory 被译作激励性管制理论或激励性规制理论，"管制"和"规制"二词在此处的意思相同，本书倾向于选用"规制"一词，因此称 Regulation Economics 为规制经济学，称 Incentive Regulation Theory 为激励性规制理论。

《新帕尔格雷夫经济学大词典》对"规制"的定义为：政府为控制企业的价格、销售和生产决策而采取的各种行为，如控制定价水平、规定产品和服务质量标准等。

日本著名经济学家植草益对"规制"的定义为：依据一定的规则对构成特定社会的个人和构成特定经济的经济主体活动进行限制的行为。

美国著名监管经济学家丹尼尔·F. 史普博（Daniel F. Spulber）对"规制"的定义为：行政机构指定并执行的直接干预市场机制或间接改变企业和消费者供需决策的一般规则或特殊行为。

基于以上内容，本书对"规制"的定义为：政府在市场经济运行下干预经济的重要形式，为了达到预定的社会经济目标，政府对经济主体或特定行业进行规范与约束，包括对进入/退出、价格、投资以及涉及生态环境、公共安全等的行为进行有效的监管。

一　理论起源及发展

梳理西方经济学发展脉络，可以发现规制是伴随着市场经济的演进而产生和发展的。西方市场经济自 18 世纪发展至今，经济自由主义和国家干预主义两大经济思想交替出现。在 18 世纪和 19 世纪 90 年代之前，"看不见的手"是资源配置的主要形式，政府作为"守夜人"，不仅很少干预微观经济活动，而且在宏观层面上也鲜有调控政策出台。实际情况表明，完全由市场机制来配置资源，将产生市场失灵、市场缺陷等各类社会经济问题。如垄断、恶性竞争、负外部性等行为会严重干扰社会经济的有序运行。政府对微观经济进行的整体的有意识的干预始于 19 世纪中后期，特别是进入 20 世纪以后，尤其是 1929～1933 年经济大萧条以后，政府对经济的干预不仅强化了对微观经济主体的规制，而且开始逐步走向系统的宏观调控。自 20 世纪 30 年代中后期开始，以凯恩斯（Keynes）为代表的经济学家提出国家干预论，并迅速被资本主义主流国家所接受。进入 20 世纪 70 年代，资本主义国家经过战后的迅速发展时期之后，出现了严重的滞涨现象（经济停滞的同时，产生通货膨胀）。新经济自由主义此时迅速崛起，替代国家干预主义成为主流国家新的经济理论。20 世纪 90 年代之后，西方主流资本主义国家再次面临经济衰退，国家干预主义再次成为政府制定政策的主要依据。依据西方经济学发展演进历史和资本主义国家政策理论选择历史，上述两种理论交替出现。图 3 - 2 划分了主流经济理论与规制经济学发展历史节点。

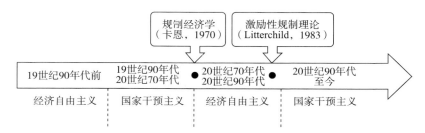

图 3 - 2　主流经济理论及规制经济学发展历史节点

如图 3 - 2 所示，20 世纪 70 年代规制经济学产生，主要研究在市场经济运行条件下，政府如何对经济主体、产业进行必要的规范与约束。如前文所述，完全由市场机制来配置资源，将产生一系列市场失灵问题，因此政府或监管机构要依据一定的原则，设计一套现实可行的制度来规范市场和经济主体行为，以此确保社会经济能够正常运行。

卡恩、斯蒂格勒、佩尔兹曼和植草益是早期规制理论的代表人物[1]，斯蒂格勒的《经济规制论》（1971）、贝利的《法规性制约的经济理论》（1973）、鲍莫尔和奥茨的《环境政策理论：外部性、公共部门、支出与生活质量》（1975）、佩尔兹曼的《走向更一般的规制理论》（1976）、卡恩的《规制经济学：原理与制度》（1988）、托里森的《规制与利益集团》

---

[1]　斯蒂格勒（G. J. Stigler），《经济规制论》，1971；佩尔兹曼（S. Peltzman），《规制理论的一般化趋势》，1976；卡恩（A. E. Kahn），《规制经济学：原理与制度》，1988；植草益（Masu Uekusa），《公共规制经济学》，1990。

（1991）以及植草益的《微观规制经济学》（1992）等一批著作，从规制的出现、依据、方式、方法、领域等多个方面，形成并完善了这一学科的研究内容和研究体系。

具体到激励性规制理论，1982 年 Baron 和 Myerson 的代表作将微观经济学的理论与方法引入规制研究中，包括委托－代理理论、机制设计理论和信息经济学等相关理论。20 世纪 90 年代以后，法国著名经济学家拉丰（Laffont）和梯若尔（Tirole）将博弈论应用于激励性规制理论分析，极大地促进了规制经济学在理论上的突破与创新①。该理论的实践始于 1983 年的英国电信行业，Litterchild 于当年在英国电信行业提出激励性规制并引起广泛关注，20 世纪 90 年代激励性规制的实施效果得到西方发达国家的普遍认可。

所谓激励性规制，是指政府或监管部门给予受规制者合理竞争压力和提高生产经营效率的激励。通过放松进入/退出规制、灵活价格制定方式、放开定价权等方式，在利润最大化动机条件下，激励企业利用自身信息优势，主动提高内部生产、运营、管理等环节的效率，降低生产运营成本。在激励性规制的理论假设下，规制者与被规制者之间存在信息不对称，因此只需要在整体上对企业进行规范和约束，在价格制定、产品生产等诸多细节领域应给予企业更大的自主权。

二　经济性规制与社会性规制

依据规制领域与方式的不同，可将规制分为经济性规制和社会性规制，其具体划分情况见图 3－3。存在垄断和信息不对称情况下，规制者通常在数量、质量、进入/退出和价格等领域采取必要的措施，以保障社会总福利和消费者剩余不受损失，实现社会资源的有效配置，其中进入/退出和价格属于最为重要的规制领域。

各国政府普遍在电信、煤电能源、交通运输、石油和银行等行业使用经济性规制。其实施途径包括以下几个方面：一是政府通过控制许可证数量、实行进入审批、控制行业准入门槛等方式，对特定行业进行进入/退

---

① 拉丰和梯若尔激励性规制理论的代表作有《用成本观察规制企业》（1986）、《政府采购与规制中的激励理论》（1993）。

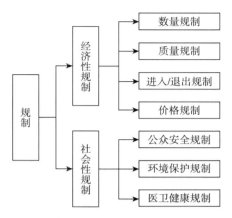

图 3 – 3　规制类型划分

出规制，用这一方法亦可控制行业内厂商数量；二是政府控制价格结构和价格水平，对产品和服务价格进行规制，也称为费率规制；三是政府限定企业生产数量或者鼓励企业进行生产，通过对产品数量进行规制，达到调控价格与市场供需的目的；四是政府设定产品与服务的生产标准、质量标准，通过严格的质量规制保障社会福利和消费者使用安全。

政府实行经济性规制措施，其核心目标主要包括以下几个方面。一是资源有效配置。政府部门为防止垄断企业滥用市场势力，对其实行价格规制以防止社会总福利受到损失，这是政府规制的首要目标。二是确保企业内部效率。为了防止垄断性市场结构条件下企业因遭受较少竞争压力而缺乏提高内部效率的积极性现象的出现，有必要提高企业的技术效率、生产效率、配送效率和设备利用率等内部效率。三是避免收入再分配。垄断厂商通常会利用自身的市场势力实行价格歧视、交叉价格补贴等，而且具有收入再分配的作用，这是政府不希望发生的，为了保障消费者权益不被垄断厂商过度侵占，政府通常有必要对垄断厂商进行规制以避免收入再分配。四是企业财务稳定。保证企业长期发展所需的投资、供给，让企业能够筹措一定的内部资金（利润剩余和折旧）和外部资金以确保资本成本（股息、利息），以便其能够实现适当投资。在规制价格水平和价格结构时，植草益还提出了其他一些目标，如收费体系简单易行、保护低收入者、老年人和残疾人、反映竞争环境等。

社会性规制与经济性规制的侧重点不同，经济性规制常用的规制方式有行业标准、许可证、额外收费等，政府通过制定并实施相应的行业生产经营标准，以及规范、约束、禁止某些特定经营行为；而社会性规制通常涉及公共安全、环境保护、医卫健康等领域。

《微观规制经济学》将社会性规制划分为以下几种：第一，确保医卫健康的规制，各国通常通过制定《药物法》和《医疗法》来实现；第二，确保公共安全的规制，各国通常通过制定《安全生产法》《消费者保护法》《工程项目建设标准》等来实现；第三，确保环境保护的规制，我国通过制定《环境保护法》和《大气污染防治法》等成文法来实现；第四，确保教育、文化、福利的政策，提高教育质量，提供福利服务，加大文物保护力度。

在规制经济学发展和演进的过程中，规制俘获理论、可竞争市场理论和激励规制理论等一系列相关理论先后产生，激励性规制理论运用了梯若尔等人的博弈论研究思路和方法，在研究工具和模型上不断加以丰富。企业以逐利性为目的，在其追求利润最大化的过程中，政府充当了规制者，后者需要做的是制定合理的制度，在实现社会福利最大化的同时，也能对企业的生产经营活动形成正向激励。政府与企业之间存在信息不对称，政府制定规制措施的核心在于设计出激励性规制合同，在充分激励企业的同时，还能防止其利用自身信息优势采取机会主义行为。

三 激励性规制类型划分

目前激励性规制的实际运用非常广泛，常用的措施包括价格上限规制（Price Caps Regulation）、特许投标规制（Franchise Bidding Regulation）、延期偿付率规制（Rate Moratoria Regulation）、利润分享规制（Profit Sharing Regulation）、联合回报率规制（Banded Rate-of-return Regulation）、区域间竞争规制（Yardstick Competition Regulation）和菜单规制（Menus Regulation）等（Cave, Majumdar, 2002）。

（一）特许投标理论：进入/退出规制

特许投标理论由美国著名经济学家德姆塞茨（Demsetz）于1968年提出。该理论认为，政府可以通过招投标的形式，让多家企业参与竞标特定项目，在满足项目建设运营质量和数量的前提下，报价最低的企业可以竞得标的。在这种情况下，竞争并非发生在项目运营阶段，而是发生在标的竞价阶段，竞价过程的充分竞争能够让价格尽可能处于企业平均成本水平，企业在获得正常利润的同时，能够以最高的效率提供产品和服务。

在具有一定自然垄断性的行业，其厂商通常为国企，倘若放开行业准入，让民营企业介入自然垄断性行业，政府作为市场守夜人，也会在进入/退出、价格和质量等方面进行一定的规范与约束，也即制定规制措施，但是完全由政府来制定规制措施也存在一定的问题，如串谋、规制俘获，以及信息不对称情况下政府难以观察到企业的实际运营情况，从而难以制定准确的规制措施。特许投标理论即提供了一种引入竞争的机制，通过加入招投标竞价机制和潜在进入者威胁，已经成为各国政府常用的规制方式之一（王俊豪，2004）。

（二）区域间比较竞争理论

城市煤电、自来水等产业具有显著的规模经济特性，由单个企业来供给市场可以让生产经营成本更低。此外，这些行业为社会公众提供了必要的生活保障，为了保障社会公众利益，预防企业滥用垄断势力，政府通常对这些企业进行严格的价格规制，价格制定以企业实际成本为基础。在这种情况下，一方面，企业成本上升，政府就会把产品或服务的价格提高，企业没有降低成本、提高生产效率的激励；另一方面，一个地区只存在单个企业，这个企业就可以利用自身的信息优势获得额外收益，因为政府无法观测到企业的实际成本。

区域间比较竞争理论为政府提供了自然垄断行业的规制新思路，以城市自来水行业为例，政府可以对比不同城市自来水企业的生产经营成本，选择经营效率最高或者单位经营成本最低的企业为参照点，在充分考虑地区间经营环境差异的情况下，针对各地区制定相应的规制价格，让不同地区的企业以间接竞争的方式引入竞争机制，也能促进企业降低生产经营成本，提高经营管理效率。

（三）社会契约制度理论

社会契约制度理论也称为成本调整合同理论，政府以签订合同的方式规制企业。在双方所签合同中，对产品或服务的价格、质量、数量等核心指标进行约定，若企业完成合同所做的约定，政府将对其采取奖励措施；若企业未完成合同所做的约定，政府将对其采取惩罚措施。这一规制方式可以在一定程度上鼓励企业提高服务质量和水平，降低生产经营成本，提高经营效率。如美国电力行业，政府采用社会契约制度理论对电力企业进行规制，双方所签合同包含诸多细节约束，涉及电力设备运转率、燃料购置成本、外购电力价格、项目施工费等多项指标，倘若企业综合考核结果比合同规定的好，政府将给予电力企业相应的奖励，反之政府将对企业进行惩罚。

契约可简单按照以下模型进行设计：规制者与成本相关的补偿比例为 K（$0 \leq K \leq 1$），根据拉丰 – 梯若尔（Laffont-Tirole）模型，最优激励性规制方案应该为线性设计（Laffont，Tirole，1986）。政府给予企业的转移支付为 t，由保底支付和部分成本补偿额构成，即 $t = S + (1 - K) C$。其中，S 为政府给企业的保底支付，也叫照付不议；C 为企业全寿命周期成本；K 为企业承担的成本比例，也是契约的激励强度。政府确定成本补偿细则的核心在于制定激励强度，其设计思路见图 3 – 4。

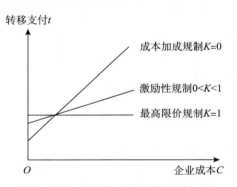

图 3 – 4 成本调整契约下的激励强度

如图 3 – 4 所示，若 $K = 0$，则 $t = S + C$，此时采用成本加成契约。政府承担了企业的全部成本，而企业不承担额外成本，企业缺乏降低成本、提高效率的正向激励，因此成本加成契约是低强度的规制契约。

若 $K = 1$，则 $t = S$，此时为固定价格契约。政府仅向企业提供保底支付 S，而无须额外承担其经营成本，企业承担全部经营风险，同时也享有成本结余的索取权。在此种情况下，追求利润最大化的企业将提高经营管理效率、降低成本，因此固定价格契约是高强度的规制契约。

若 $0 < K < 1$，此时为激励性契约，企业与政府存在成本分享和利润分享，其激励强度介于成本加成契约和固定价格契约之间。

社会契约制度理论让政府以合同来实现规制，与制定法律条文相比，签订合同的方式更显灵活，同时对企业又具有相当的约束力，因此也是政府常用的规制方式之一。然而政府与企业间信息不对称，追求目标不一致，在合同中增加对企业的激励强度也将增加企业信息租金，在合同中减少企业的信息租金同样也将降低对企业的激励强度，因此政府在制定规制合同时，也需要在激励强度和信息租金之间进行权衡选择。

（四）价格规制

根据经济学传统理论，如果一个垄断企业被允许自由定价，通常会出现价格过高而产出过低的情况，垄断企业滥用市场势力将会导致社会福利损失，由此也表明政府需要对特定行业进行规制，以防止企业滥用市场势力。社会福利经济学分析见图 3-5。

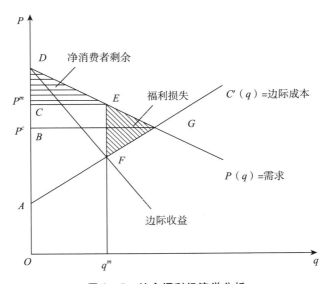

图 3-5 社会福利经济学分析

如图 3-5 所示，追求利润最大化的垄断企业会选择产量 q^m，该产量低于完全竞争时的产量，并形成社会总福利损失，损失大小为三角形 EGF 的面积。政府干预经济的目的是增加社会福利，减少社会福利损失，提高企业或行业运营效率，价格规制是政府最主要的规制手段。

1. 价格规制方式之一：成本加成定价规制

基于服务成本加成的定价规制，其逻辑是既要鼓励企业进入公用事业，又要避免企业形成垄断过度使用市场的力量，这一规制方式的核心在于政府为企业制定一个回报率，该回报率要适度高于市场平均收益。政府或者规制机构通常采用平均成本加平均回报率的方式，用以制定产品或服务价格，相应的价格决定机制见图 3 - 6。

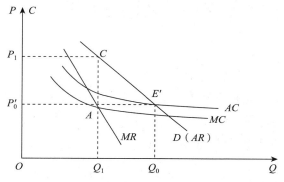

图 3 - 6　平均成本与平均收益决定的价格机制

如图 3 - 6 所示，采用这一定价方式，价格将介于完全竞争市场定价和垄断定价之间，产量也将介于上述两种情况之间。若政府制定的规制价格为 P_0'，则垄断企业获得正常利润，其产量和价格与完全竞争市场环境下的产量和价格相同。

20 世纪 70 年代末至 80 年代初，规制经济学领域的研究仍然采用完全信息假设，即政府和企业之间不存在信息不对称，在此条件下，政府作为规制者，只要观测企业的成本和市场需求并计算福利最大化的规制区域（考虑价格、产量、投资等），制定规制契约并指导企业去实施即可。

成本加成定价规制在实施过程中存在一些弊端：首先，这一规制措施的使用，将赋予政府过多的干预市场权，市场机制将受到很大限制；其次，成本和价格增长幅度与市场供需曲线的弹性相关，但是政府作为规制者难以准确观察到供需曲线的弹性，实际定价水平与理论价格水平之间可能存在偏差；最后，基于企业成本制定价格，企业缺乏降低成本、提高效率的激励。

2. 价格规制方式之二：合理报酬率定价规制

合理报酬率定价规制是在限制资本收益率的基础上确定价格，定价的水平是在投入成本乘以长期收益率的基础上得出的。

$$r_a = r_t + h(r^* - r_t)$$

其中，r_a、r_t、r^*、h分别表示新价格下的真实回报率、t年初优势价格下的实际回报率、规制机构指定的目标回报率、风险或收益分担比例，$0 < h < 1$。合理收益率定价规制的优点是有利于吸引投资者，能够让其加大投入，扩大生产规模，常用于快速扩张的领域。其缺点是无法激励企业提高资金运用效率、降低成本，不能实现资源的有效配置。

3. 价格规制方式之三：边际成本定价规制

在实现资源有效配置目标方面，边际成本定价是最好的方式，也是最早被经济学家分析研究的定价方式。Dupuit 在 19 世纪 40 年代将边际成本定价方式用于政府规制研究，Hotelling 在 1938 年对边际成本定价规制进行了更为详细的分析。这一定价方式在第二次世界大战后西欧国家的电力、煤矿和铁路等国有化运动中得到广泛应用。

在垄断企业提供单一产品的假设下，边际成本与边际收益相等时的产量是垄断企业唯一有效的资源配置产量。P 表示产品价格，$Q(P)$ 表示总需求，$C(Q)$ 表示企业产出为 Q 时的总成本，$MC(Q)$ 表示企业的边际成本，如果 $P^* = MC[Q(P^*)]$，则 P^* 就是有效的边际成本定价。在特定的供给市场中，边际成本定价可能使自然垄断企业遭受损失（见图 3-7）。

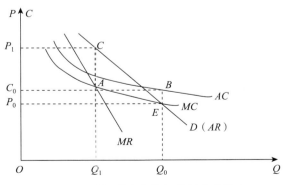

图 3-7　边际成本定价与垄断企业损失

根据图 3 - 7 所显示的垄断企业成本曲线，MC 在一定产量范围内呈递减趋势，因此 AC 向右下方倾斜，且 AC 曲线位于 MC 曲线上方。若垄断企业按 $MC = MR$ 原则定价，据图可知价格为 P_1，产量为 Q_1，此时企业获得垄断利润，但是社会福利并未实现最大化；若政府要求企业按照 $MC = AR$ 原则定价，则价格为 P_0，供给量为 Q_0，$Q_0 > Q_1$，市场供给增加，社会总福利得到提升，但是垄断企业出现亏损，亏损总额为 P_0EBC_0。

以 K 表示企业固定成本，C 表示单位可变成本，则总成本 $C(Q) = CQ + K$。根据边际成本定价原理，$P = C$，$TR - C(Q) = -K$，则企业承担的损失为固定成本 K。

若政府采用边际成本定价规制，产品或服务的价格会降低，产量水平会提高，社会总福利将得到提升，但是这一规制方式存在以下问题：一是可能导致垄断企业亏损，需要政府财政资金对企业进行补贴；二是该产品、服务的消费者能够从中获益，然而未消费该产品、服务的群体并未获益，反而以税收的形式对前者进行了补贴；三是企业经营活动处于亏损的情况下，其最终利润额由政府补贴决定，企业更倾向于以公关方式获得更高的财政补贴，而不是提高自身生产效率；四是会出现"政治分肥"问题，企业、政客和规制机构之间会产生勾结。

4. 价格规制方式之四：拉姆齐 - 布瓦特定价规制

拉姆齐 - 布瓦特（Ramsey-Boiteux）规制是以成本加成为手段的价格规制方式。采用成本定价会基于规制机构过大的权力，而成本曲线和边际成本曲线又难以观察，拉姆齐 - 布瓦特定价模型很好地解决了社会福利损失问题。这个概念最早由拉姆齐在研究最优税收时提出，后来由布瓦特扩展到垄断的定价问题。拉姆齐 - 布瓦特定价与边际成本定价较为相似，但前者是对后者的修正，在保障被规制企业财务平衡的同时，又可实现社会福利损失最小。

拉姆齐 - 布瓦特定价方式的核心思想可以简单地描述为：

$$\frac{P_i - MC_i}{P_i} = \frac{\lambda}{\eta_i} \text{ 或者 } P_i = \frac{MC_i}{1 - \lambda/\eta_i}$$

其中，P_i、MC_i、η_i 分别表示产品 i 的价格、边际成本和需求价格弹性，λ 为常数，产品的价格随需求弹性的变化而变化，针对不同需求弹性的消费者群体，企业将执行有差异的产品价格。产品价格与需求弹性成反比，需求弹性越小的消费者群体所支付的产品价格越高；λ / η_i 的数值越大，表示价格与边际成本之间的偏离程度越大，这一消费者群体对企业回收固定成本的贡献也就越大。

拉姆齐－布瓦特定价模型作为一种次优定价方式，既可以保证企业收支平衡，又缓解了边际成本定价方式下政府补贴带来的资源配置扭曲等问题。因此，作为对边际成本定价方式的最优替代，该模型得到了广泛的认可和接受，并在现实中得到了广泛的应用。布瓦特曾经在 20 世纪 50 年代将其应用到国有企业的定价规制中；20 世纪 80 年代初，美国州际商务委员会（Interstate Commerce Commission，ICC）以该模型为基础，修订了美国铁路行业费率；拉丰和梯若尔两位经济学家在电信接入定价研究中引入拉姆齐－布瓦特定价模型，具体的定价措施包括二级价格歧视、三级价格歧视以及高峰接入定价。

采用拉姆齐－布瓦特定价规制主要存在以下缺点。第一，可能会引发不公平问题。由于该定价方式是根据不同的需求弹性在边际成本基础上分别加价，需求弹性较小或者说需求具有"刚性"时，加价较多，分担企业固定成本的比例较高，从而最终分摊的社会福利损失较大。因此，具有"刚性"需求的消费者群体相对于需求弹性较大的群体，其利益必然会受到损害，有悖于"公平"原则。这种定价方法的应用可能遭受追求"公平"目标的规制机构的限制甚至禁止。第二，这种定价方式对信息的要求较为严格，规制者要掌握大量的需求信息和企业成本信息，双方信息不对称将产生严重的逆向选择和道德风险问题。第三，由于价格要根据需求弹性来确定，这会滋生具有不同需求弹性的消费者群体为了较低的价格而进行寻租活动，甚至出现规制机构与之合谋的行为。

5. 价格规制方式之五：联合回报率定价规制

联合回报率定价规制的核心是确定企业的投资回报率，政府给企业设立投资回报率区间，企业可以根据自身经营情况确定价格，但是总体投资回报率要保持在政府所规定的区间内。投资回报率区间可根据市场实际情况进行适当调整，受规制企业向政府申请调整投资回报率区间，政府经过考察之后，确定投资回报率是否需要进行调整。

6. 价格规制方式之六：价格上限规制

Littlechild 在 1983 年提交给英国政府的电信行业规制报告中首次提出价

格上限规制，随后各国在电信、交通运输等领域广泛使用价格上限规制，业界普遍认可其实施成效，近年来我国在铁路客货运领域逐步试用这一规制措施。价格上限规制能够对企业形成激励的主要原因包括两个方面：一是能够激励企业降低成本，提高生产效率；二是企业具有一定的价格调整权（Price Rebalancing），受规制企业相较于政府而言，掌握了更多的市场供需信息和成本结构信息，可以依据企业的实际情况确定更有效率的价格结构。

上限价格可依据物价上涨率（Retail Price Index，RPI）、生产率效率增速（X）、被允许的以价格转嫁为目的的费用上升率（Y）等要素进行适度调整，P_t 代表第 t 期的上限价格，P_{t+1} 代表第 $t+1$ 期的上限价格，二者存在以下关系式：

$$P_{t+1} = P_t(1 + RPI - X)$$

上式被称作 RPI – X 模型，若加入要素 Y，则 P_{t+1} 与 P_t 的关系式将扩展为：

$$P_{t+1} = P_t(1 + RPI - X + Y)$$

其基本模型为 $\Delta PCI \leq RPI - X$，其中 ΔPCI 为垄断产品价格变化幅度，RPI 一般采用通货膨胀率，X 为社会生产效率增长速度。针对多产品（服务）的价格上限模型为 $\sum_{i=1}^{n} \omega_i \cdot \dfrac{P_i^t - P_i^{t-1}}{p_i^{t-1}} \leq RPI - X$，其中 P_i^t、P_i^{t-1} 分别为产品 i 在 t 时期、$t-1$ 时期的价格，ω_i 为产品 i 相应的权重。

几种价格规制方式对比情况见表 3 – 1。

表 3 – 1　价格规制方式对比

规制方式	释义	优缺点分析
成本加成定价规制边际成本定价规制	以边际成本或平均成本确定产品/服务的价格	**优点**：能够提高消费者剩余，增加社会总福利。 **缺点**：难以激励企业提高生产管理效率；政府与企业之间存在信息不对称，政府无法观测企业的真实成本
合理报酬率定价规制联合回报率定价规制	在限制资本收益率的基础上确定价格	**优点**：对企业生产的激励效果显著，尤其适用于行业扩张阶段。 **缺点**：不能有效激励企业控制生产成本，企业为了自身利益最大化，可能选择盲目扩张与过度投资，导致资源配置无效率

续表

规制方式	释义	优缺点分析
拉姆齐－布瓦特定价规制	完全相同的产品，对不同需求弹性的消费者群体实行差异化定价	优点：需求弹性越小的群体，对企业收益的贡献越大，差别定价有利于激励企业。 缺点：需要依据大量的消费者行为信息制定用户画像，才能准确划分消费者群体及其需求弹性
价格上限规制	对产品或服务制定最高价格或者最低价格，企业在限制价格内具有定价权	优点：实施效果较好，能够激励企业提高生产效率；企业在限制价格内具有定价权，有利于市场竞争。 缺点：RPI－X价格上限调整模型中，需要掌握全社会通货膨胀数据和行业生产率变动数据

四 小结

规制是为实现预定的社会经济目标，政府在市场经济运行下干预经济的重要形式，政府对经济主体或特定行业进行规范与约束，包括对进入/退出、价格、投资以及涉及生态环境、公共安全等的行为进行有效的监管。政府通过合理规制，旨在规范企业经营管理、保护社会公众利益、解决市场失灵等问题。

规制措施能否对企业形成有效激励，其重点是存在信息不对称的情况下，政府作为规制者，要依据实际情况制订数量、质量、进入/退出等经济性规制方案，设计公共安全、环境保护、医卫健康等社会性规制方案。规制方案既要提升企业生产经营的积极性，又要防止企业滥用相机抉择权、攫取信息租金。具体到轨道交通领域，政府对轨道交通经营主体的激励性规制一方面要让后者有利可图，另一方面要保障社会公众的出行需求与消费者剩余，在供给数量、质量和价格等方面予以合理规制，规制措施应当实现公益性与经营性之间的平衡。

第三节 轨道交通外部效益内部化

一 外部性理论

按照经济学的定义，外部效益是一个经济主体的行为给另一个经济主体带来的经济效益，而这种效益并没有从货币或市场交易中反映出来。外部效益是外部性的有利方面，既正外部效应或外部经济。

外部性理论，也叫外部效应理论，源于英国"剑桥学派"创始人马歇尔（Marshall）在 1890 年《经济学原理》中提出的"外部经济"的概念。他认为，在正常的经济活动中，对任何稀缺资源的消耗都取决于供求关系的比例，经济低效率的根源在于"外部不经济"。瓦伊纳（Viner）又将马歇尔的外部性观点总结为技术外部性和金融外部性。由于金融外部性被大多数人认为不会影响竞争性均衡的帕累托最优，因此后来的研究更多地关注技术外部性。技术外部性来源于生产技术的溢出，表明厂商的生产行为受到了其他相邻厂商的影响，生产效率得以提高，或者说生产的无差异曲线外移。Baldwin 和 Forslid（2000）指出，促进思想交流或提高知识溢出水平的公共政策将推动经济活动的分散，而降低商品贸易成本的一体化政策将促进经济活动的集聚；经济活动的集聚持久地改变了地区之间的资本劳动比，从而使得地区间实际资本收益的差异随着贸易一体化程度的提高而无法消除，但是，由于存在研发的知识溢出效应和金融外部性，政府公共政策为解决"动态效率"和"空间平等"提供了空间。

庇古（Pigou）在发展福利经济学理论时，对私人生产所造成的环境破坏使社会福利受到损失即经济的外部影响进行了研究，提出了一个生态环境经济的重要命题：人类合理的生产活动意外地对环境引起了既与市场没有直接关系又与被影响的各方面没有直接财务关系的经济作用，这就是外部性问题。他将外部性问题的研究从外部因素对企业的影响效果转向了企业或居民对外部的影响效果，从而提出了所投入的生产要素的边际社会纯产值与边际私人纯产值存在差额的论点，形成了静态外部性理论的基本框架。庇古认为，由于边际私人纯产值和边际社会纯产值存在差异，新古典经济学中认为完全依靠市场机制可以形成资源的最优配置从而实现帕累托最优是不可能的。

布坎南（Buchanan）与斯塔布尔宾（Stubblebine）把"外部性"表达为以下函数关系式：

$$U = F(X_1, X_2, \cdots, X_n, Y)$$

其中，U 表示个人（或厂商）A 的效应，它依赖于一系列的活动

（X_1，X_2，…，X_n），这些活动是在 A 自身控制范围内的；而活动 Y 是由个人（或厂商）B 所控制的活动，则 Y 带来的效应就是外部效应。也就是说，只要某经济主体的效应函数的自变量中包含他人所控制的变量，而该经济主体又没有向他人提供报酬或索取补偿，就产生了外部性。

萨缪尔森认为外部性也是"溢出"，他对外部性的定义是：外部经济效果是一个经济主体的行为对另一个经济主体的福利所产生的效果，而这种效果并没有从货币或市场交易中反映出来。

由于发展方向的差异以及对外部性理解的差异，各个经济学家对外部性的定义也各不相同。归纳起来有两类：一类是从外部性的产生主体角度来定义的，如萨缪尔森和诺德豪斯认为，外部性是指"那些生产或消费对其他主体带来了不可补偿的成本或给予了无须补偿的收益的情形"；另一类是从外部性的接受主体角度来定义的。如兰德尔将外部性定义为"当一个行动的某些效益或成本不在决策者的考虑范围内的时候所产生的一些低效率现象，也就是某些效益被给予，或某些成本被强加给没有参加这一决策的人"。上述两种不同的定义在本质上是一致的，即外部性都是某个经济主体对另一个经济主体产生的一种外部影响，而这种影响又不能通过市场价格进行买卖。

外部性一般分为正外部性（外部效益、外部经济）和负外部性（外部成本、外部不经济）。正外部性就是外部效益，负外部性则为一个经济主体的活动对其他经济主体造成不利影响而又不承担赔偿。一般而言，外部性具有以下特点：不通过价格机制传递；具有消费的非排他性和不可分割性；引起他人效用的增加（减少）或者成本减少（增加）；受益者或受害者无须付出成本或得到补偿。因此，外部性导致了私人成本与社会成本、私人收益与社会收益的不一致。

根据外部性理论，当外部性存在时，社会资源无法实现帕累托最优配置，此时边际私人收益与边际社会收益、边际私人成本与边际社会成本出现相背离的现象，不能达到社会福利最大化。因此，政府应采取适当的经济政策，将这种背离现象消除，促使外部效益内部化，实现资源的有效配置。外部性的实质在于如何使经济行为的外部效益内部化化。实践中大致有以下两种解决方式。

（1）庇古税

庇古从福利经济学的角度系统地研究了外部性问题，他将生产者的生产活动带给社会的正面影响叫作"边际社会收益"，将生产者的生产活动带给社会的负面影响叫作"边际社会成本"（沈满洪，1999）。在不存在外部性时，边际私人成本等于生产或消费一件物品所引起的成本；当外部性作用存在时，纯粹个人主义机制使得社会资源与帕累托配置最优偏离，此时要从外部效益的溢出部分内拿出一部分。庇古认为，存在负外部性时，应该向企业征税；存在正外部性即外部效益时，应给予企业补贴。这一政策建议后来被称为"庇古税"。

"庇古税"在经济活动中被广泛应用，如基础设施建设领域的"谁投资、谁受益"的政策、环境保护领域的"谁污染、谁治理"的政策，以及世界各国进行环境保护采取的最重要的经济手段排污收费制度，均为"庇古税"理论的具体应用。

（2）科斯内部化理论

科斯（Coase）认为，在产权明晰的情况下，通过市场机制可以解决外部性问题。但是产权界定不是外部效益内部化的充要条件，在一定情况下不具有实际操作性：①受到外部性影响的人数众多，谈判的成本大，交易成本不为零；②无法避免有些业主拒绝支付，从而出现"搭便车"的情况。当交易成本较小且为少数人问题的时候，科斯理论是有效的。在环境保护领域使用的排污权交易制度就是对科斯理论的重要应用。

二　轨道交通的属性及外部效益分配

交通建设项目一旦开工，投资的影响就已经显现。这种影响从开始引入劳动力、资本、材料和中介服务时就已经产生。所有投资通常都会刺激区域和地方经济。尽管以上这些乘数效应具有重要的政策意义（如作为一揽子经济刺激计划的一部分），但是它们通常都具有短期性质，在整个项目周期和项目效益中占很小一部分。大量的经济影响一般都是在项目运营中积累起来的。项目评审中最常用的方法就是基于交通市场的运作，并在整个评价计算期间估计其直接交通成本、用户节省效益、安全性的提高和环境效益的现金流。上述这些直接的费用与效益往往被视为项目经济影响的替代指标。

罗森格特（Rothengatter）把交通运输的外部性分为三个不同的层次：第一个层次是运输业与人力资本和环境之间相互作用而产生的外部性，如交通事故、环境污染等；第二个层次是运输系统内部相互作用而产生的外部性，如交通拥堵等；第三个层次是运输业与政府、私人生产者及消费者之间相互作用而产生的外部性。前两个层次主要体现的是交通运输的负外部性，而第三个层次的外部性以正外部性为主。

轨道交通的属性一般从两个方面界定：一是本身的属性；二是轨道交通运输的属性。轨道交通的外部效益是由其本身的属性和轨道交通运输的属性共同决定的。轨道交通之所以存在很强的外部性，主要是因为轨道交通属于准公共物品。公共物品是相对于私人产品而言的，萨缪尔森在《公共支出的纯理论》（*The Pure Theory of Public Expenditure*）一文中将公共物品定义为：每个人对这种物品的消费都不会导致别人对该物品的消费的减少，这样的物品称为公共物品。一般而言，公共物品有三个重要的特征：效用的不可分割性、消费的非竞争性和受益的非排他性。根据非竞争性和非排他性的程度，公共物品可以分为纯公共物品和准公共物品。纯公共物品具有完全的非竞争性和完全的非排他性；准公共物品具有局部非竞争性和局部非排他性。轨道交通项目属于公共基础设施，属于大型公益性项目，它提供的服务具有公共物品的特性，但是不具有完全的非竞争性和非排他性。在为消费者提供服务时，轨道交通体现了一定的非竞争性。但是前提基础是在消费者数量没有达到轨道交通预计的载客数量的时候，这时增加消费者数量，都不会引起轨道交通的边际成本发展变化，或者说边际成本趋近于零。但是当消费者人数超过了轨道交通预计的载客数量（称为拥挤点）时，没有上车的消费者就无法再上车，此时轨道交通就变成竞争性的。此外，使用轨道交通时是需要缴纳车票费的，也就是说可以通过收取车票的方式控制使用轨道交通的消费者数量，所以轨道交通不具有非排他性。通过上述分析可以看出，轨道交通属于准公共物品。

包括铁路在内的轨道交通是交通运输的一个分支。一般认为交通运输明显的外部效益主要表现在以下几个方面：一是扩大了市场范围，实现了消费模式的多样化，提高了人们的生活水平；二是加强了地区的经济往来与横向联系，分散了生产地点和生活地点，加快了土地使用的专业化，拓宽了劳动力市场；三是运输规模扩大，个性化和富有弹性的运输方式为产业分工、交易和即时服务提供了新途径；四是各种运输方式的结合，使得交通运输更便捷；五是运输在灵活性和技术性方面显著提高，加快了区域之间商品、货物的流通，为参与国内国外的市场竞争提供了方便（林晓言等，2003；鲍德风等，2005）。

对城市轨道交通外部效益的阐述主要有以下两种观点。一是张建文、张潞（2001），吴奇兵、陈峰（2004）等人所采用的分类方法，从社会效益分析，可以提供新的出行方式，缓解交通压力；从环境效应分析，可以减少尾气、噪声、振动等污染；从经济效益分析，可以节约交通成本，节约时间，提高社会生产率，促进沿线或城市的经济发展，使相关地区房地产价格上涨。二是陈旭（2005）所采用的分类方法，主要从轨道交通对沿途土地价格的影响方面来讨论外部效益，将轨道交通的外部效益分为直接外部效益和间接外部效益两类，认为土地增值是最大的直接外部效益，间接外部效益是指轨道交通对土地空间形态的作用、对土地利用类型的作用、对土地利用强度的作用以及对城市人口分布的影响。

张小松等（2003）从城市土地的利用强度、利用类型以及沿线地区活力三个维度初步分析了城市轨道交通对土地利用的影响，得出结论如下：①城市轨道交通能够促使沿线土地的高密度开发和高强度利用；②城市轨道交通将改变沿线土地的利用状况，促使沿线土地向高收益的土地类型转变，使沿线土地价格升高；③城市轨道交通的发展与沿线土地利用是一种互动关系，彼此互相促进。

孙梅花等（2009）通过分析轨道交通项目的不同受益主体，认为受轨道交通项目影响的主体主要包括出行者、沿线居民、国家和地方政府、经营者、自然生态环境等，并对轨道交通项目所产生的外部效益进行分类，建立了各种效益的计算模型，根据保守计算的原则，对成都地铁2号线进行实例分析，用数据证实了轨道交通项目可以产生巨大的外部效益。

具体到铁路，陈有孝、林晓言（2006）认为铁路长大干线的外部性主要反映在促进沿线多个区域特别是城市的发展上，因此基于地价函数法选用城市地价指标并将地价的变动幅度作为定量评估铁路长大干线的外部效益是一种可行的思路，并建立了铁路长大干线社会经济效益的定量评价模型，通过对京九铁路的实证分析标定了参数，预测了京沪高速铁路对沿线地价的影响。

褚珊（2013）对铁路运输的公益性进行了探讨，认为公益性运输服务是社会各相关主体对铁路运输企业的社会性普遍服务要求，是运输企业服务业务中取得了社会效益但其成本没有得到完全补偿的部分，铁路公益性运输服务补贴方式的选取应基于"铁路公益性运输服务规模—公益性亏损—补贴"的机理联系；在给予适当补贴的同时，应制定铁路企业运输服务标准，督促其提高运输服务质量。

张梦龙（2014）认为，铁路具有公用性和企业性的双重属性，当铁路企业作为市场化的经营主体，只追求营利性业务的收益时，很多关系重大的公益性服务便得不到保证，从而影响社会福利的水平；而当铁路企业承担公益性服务，不考虑运输成本和收益时，它必定会向国家财政提出相应的补贴要求，同时也影响铁路企业改进服务和降低成本的激励，铁路资产的配置效率则难以提高。

在轨道交通外部效益的分配方面，叶霞飞、蔡蔚（2002）首先从理论上分析城市轨道交通开发利益的受益对象，并通过案例分析各受益主体的受益情况以及城市轨道交通对沿线地价（或房产价格）所产生的影响，在此基础上借鉴国外城市轨道交通开发利益定量计算的基本理论，重点探讨基于资产价值法的城市近郊轨道交通沿线开发利益的计算方法，初步建立了相应的定量计算模型，并提出城市轨道交通开发的利益可以通过直接还原方式（包括直接开发方式、开发者负担方式、发行债券与股票）和间接还原方式（征税负担、基金）还原给轨道交通企业。

苗启虎等（2004）探讨了轨道交通的外部性和盈利模式，认为轨道交通企业可以通过与获得沿线收益的房地产所有者（包括政府、企业、个人等）进行谈判，以转移支付的方式来获得补偿。这是科斯内部化理论的一种体现。

谢辉等（2010）对城市轨道交通的开发利益影响范围进行了深入分析，设计并探讨了基于土地收益增值的城市轨道建设市场化投融资模式，利用沿线土地开发的利益吸引私人资本的注入，认为市场化投融资模式是一种能最好地满足政府和私人投资主体需求的合作方式。

姜卫东（2012）对轨道交通与土地的集中开发模式进行了分类。模式一，独立开发模式，即轨道交通与土地分别由轨道交通企业、土地专业开发主体独立开发，政府将土地一级开发后招、拍、挂所得增值收益作为轨道交通建设资金来源，土地专业开发主体获取二级开发收益。模式二，综合开发模式，即轨道交通与土地由轨道交通企业一个主体进行综合开发，轨道交通企业既负责轨道交通建设又负责土地开发，土地开发所得收益作为轨道交通建设资金来源。模式三，合作开发模式，即轨道交通由轨道交通企业开发，土地由轨道交通企业与土地专业开发主体合作开发，土地一级开发招、拍、挂所得增值收益及轨道交通主体进行土地二级开发按股权所得收益作为轨道交通建设资金来源，土地专业开发主体按股权比例获取土地二级开发收益。

郑思齐等（2014）认为，交通建设改变了周边土地和房地产的价值。这种改变大多时候体现为溢价，即土地和房地产价值的增加。对于同一种物业类型，溢价规模往往处于一定的区间范围内，住宅物业的溢价范围为5%～25%。

国内学者对溢价回收模式进行了研究。孙玉变、胡昊（2012）在传统土地溢价计算模型（地价函数模型）的基础上，引入时间维度，建立了城市轨道交通开通运营阶段溢价的面板数据计量模型，使得溢价计算的精度得以提高。陈梦娇等（2011）认为，与基于土地税的模式相比，基于联合开发的溢价回收模式的实施效果较好，可操作性较强。通过联合开发而实现溢价回收的两项策略为：预先控制土地开发权以及有效吸引和管理地铁客流。

三　高速铁路的外部经济

高速铁路作为一种新型的铁路运输方式，在第一条高速铁路——东海道新干线运行后便成为交通运输学者和政策制定者关注的重点。目前，关于 GDP 的提高、对受益主体的影响、对沿线及站点城市土地增值的影响等已有一定研究。

张祖贤、张国伍（2015）从高速铁路的时间节约效益、能耗环保效益等设施效益与产业结构升级、推动区域经济一体化、形成高速铁路经济带等外部效应方面，综述了高速铁路外部经济效益及其对劳动就业、产业结构等的影响，其外部经济效益分类见图 3－8。

高速铁路对区域经济发展有着重要影响，学者普遍认为高速铁路的高速运行能够产生同城化效应、一体化效应和集聚效应，将改变沿线地区产业布局，优化产业结构，也有利于提高区域就业水平。

刘友梅（2004）研究了高速铁路对经济可持续发展的影响路径，认为高速铁路的开通加快了区域资金、技术、人员和信息等要素流动，对沿线

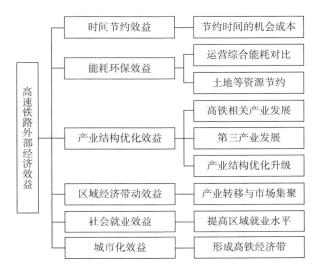

图 3 – 8 高速铁路外部经济效益分类

资料来源：张祖贤、张国伍：《高速铁路的外部经济效益分析》，《综合运输》2015
年第 8 期，第 62 ~ 68 页。

地区经济发展起到了重要的促进作用，新的交通工具和出行模式，也会丰
富公众出行选择，优化公共交通出行结构，高速铁路的建设与运营也会将
技术、资金等要素扩散到整个轨道交通行业。杨维凤（2010）分析了高速
铁路改变区域空间结构的作用机理。林晓言等（2015a）系统分析了高速
铁路对经济社会发展所起的作用，包括高速铁路对区域基础作用的机理形
成及实现路径、高速铁路对区域基础作用的具体表现、发挥高速铁路对区
域发展更大作用的战略选择等内容。也有一些学者提出了不同观点。王
垚、年猛（2014）研究表明，目前我国经济增速总体放缓，短时间内高速
铁路并不能引领地区经济增长。贾善铭、覃成林（2015）认为，2020 年高
速铁路网建成后，受其影响，全国及东部、中部、西部地区的区域经济格
局将向非均衡状态发展。林晓言等（2015b）指出，总体上高速铁路将推
动沿线地区的社会经济发展，但是城市或区域的发展状况不同会导致高速
铁路的作用效果不同。

　　高速铁路能够提高知识可达性，促进高铁沿线的知识流动。Okabe
（1979）、Sands（1993）先后对新干线开通后沿线城市的商业活动进行了
调查，发现诸如商业服务、R&D、教育等面对面的知识交流活动有了明显

的改善，高速铁路作为一种客运工具有效降低了面对面会议、交流等的旅行时间。Chen 和 Hall（2011）认为高速铁路开通运行以后，提高了不同地区人与人沟通交流的频次，知识交流与商务沟通更加频繁，有利于知识经济与信息产业、技术服务、文化传媒等第三产业的发展。Chen（2012）认为知识经济与高速铁路的作用是相互的，高速铁路的建设运行有利于知识经济的创造，而知识经济的发展也有利于高速铁路客运市场的开拓。赵云、李雪梅（2015）使用空间面板数据模型分析了高速铁路开通前后的知识溢出效应，但未能把知识溢出融入区域发展中。王雨飞、倪鹏飞（2016）指出交通基础设施的网络化打破了知识溢出在空间范围上的限制，认为高速铁路带来的运输成本下降不仅使要素流动性加快，而且使知识和技术的传播加快。张克中、陶东杰（2016）认为高速铁路带来的交通便利性可能会加速区域中心城市的技术和知识外溢。

对于集聚经济的存在人们早就有所认识。长期以来，人们意识到大城市的收入明显高于小城市（O'sullivan，2003；Rosenthal and Strange，2004）。收入差距可以用经济活动的集聚来解释。企业的生产优势从它们与供货商的关系（降低进货价格）、与劳动力的关系（提高劳动生产率）以及获取信息的关系（改进技术）中可以体现。因此，处于集聚区域的企业可能会通过以上几种不同途径无意中提高了其他企业的产出。英国对集聚效应影响做了分析，有些潜在影响非常明显，尤其是在铁路项目上（DfT，2006）。林上、冯雷（2011）认为高速铁路会提高沿线部分城市的集聚经济强度。Willigers 等（2004）、侯雪等（2011）指出高速铁路会提高就业吸引力及增加就业机会。林晓言等（2015a）对武广高铁沿线站点城市进行实证分析，证实了高铁能够降低沿线地区运输成本，研究发现高铁能够以时空压缩、加快生产要素流动等形式，提高沿线城市对人才的吸引力。李红昌等（2016）分析了高速铁路引起可达性变化，再引起集聚租金变化，进而引起城市经济与空间集聚变化的作用机理，以 DID 估计模型计算我国东部、中部、西部城市的集聚经济水平，发现三个地区的集聚经济水平具有显著的梯度差异，高速铁路对西部的经济集聚作用最强，这也有益于我国经济趋向于均等化。类似的研究也已经在德国、荷兰和瑞典开展过。

在土地价值方面，陈有孝、林晓言（2006）通过地价函数法，计算了京沪高铁开通后对沿线城市土地价值的可能影响。Chen 和 Haynes（2015）

计算了高速铁路站点对周边地区带来的房价提升。林晓言、王慧云（2015）以外部性理论和土地发展权理论阐述铁路沿线土地综合开发的意义，并且结合我国具体情况和政策环境，对铁路土地综合开发的利益分配提出若干建设方案。

目前学术界普遍借助灰色预测法、多元回归等进行实证研究，以地区生产总值、劳动生产率、人口流动等数据变化来验证高速铁路对沿线地区经济社会的影响。林晓言等（2010）基于灰色预测法和多元线性回归模型，从空间联系效应、产业结构效应和就业效应三个维度定量验证京津城际铁路对沿线区域的经济影响。赵娟、林晓言（2010）基于有无对比法建立定量模型，再次验证京津城际铁路对区域经济的影响。日本轨道投资评价方法综合采用了地区级经济可计算一般均衡模型（CGE）和人口迁移模型，通过这种技术复杂的模型，运用其相关的指标能预测项目范围内和项目范围外的经济产量和就业量。这些指标还未统一为货币单位，而是以实际单位来表示，供决策者参考（JRTT，2011）。孙健韬（2012）基于武广高铁的面板数据，定量研究其对区域经济发展的影响，通过对比分析武广高铁、合武客专等特定线路的数据，定量研究高铁运行速度差异对区域经济的作用效果。覃成林、朱永磊（2013）以多元回归模型验证铁路提速前后对沿线城市人口增长的影响，实证结果表明铁路提速对城市人口增长有促进作用，以提速的形式使可达性每提高 1 个百分点，会引起人口相应增长 0.52%，研究结果认为铁路提速有利于促进城市人口集聚。胡煜、李红昌（2015）对中国城市的交通枢纽等级进行划分，分析其空间分布情况，并采用空间杜宾模型估计交通枢纽城市对当地经济的影响及其空间溢出效应。

第四节 轨道交通公益性的研究视角

一 轨道交通的经济属性

（一）间接外部性

轨道交通具有间接外部性的属性。人们要享受到轨道交通带来的外部性，首先需要消费者向运输部门支付运费，有偿地、直接地享受运输产品的功用后，进而促进了生产要素的流动和当地产业的发展，相关经济主体和社会公众才能够间接地享受到轨道交通的外部效益。

（二）规模经济

通常情况下，轨道交通资产生命周期长，而且具有显著的规模经济特征。倘若轨道交通运输服务的使用者具有相同的偏好和收入，就可以假设使用者分摊运输成本。图 3–9 显示了有关 MB 和 MC 的情况：每增加一个使用者，都将分担当前使用者所承担的固定成本。例如，第二个使用者进入时，第一个使用者所负担的边际成本由 F 降为 $F/2$，也即带给第一个使用者的边际收益，表示为 $MB = F/2$。依此类推，第 N 个使用者进入之后，给前 $N-1$ 个使用者带来的边际收益表现为所负担的边际成本减少 F/N。新的使用者加入后，所带来的边际收益表现为分担此前使用者的成本，但是边际收益会随着使用者的增加而下降，MB 曲线向右下方倾斜；新加入使用者的边际成本如 MC[①] 所示，MC 曲线向右上方倾斜，MB 曲线与 MC 曲线的交点为最优规模，可以理解为每增加一个使用者所带来的拥挤成本与减少其他成员分摊运输成本所带来的边际效应的交点就是轨道交通运输服务提供的最优规模。

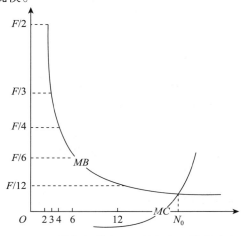

图 3–9 最优轨道交通运输服务规模的确定

---

① MC 可以认为是心理成本，如有些人希望自己的乘车空间更为宽松，那么额外成员的边际成本在铁路服务规模的初始范围内将是负值。然而，边际成本趋正的概率还是比趋负的概率要大，这主要是因为从心理角度来说每个人都希望自己的乘车空间更为宽松。

二 轨道交通运输的特点

轨道交通运输有以下特点。

（1）运力大。这可以说是轨道交通系统的一个显著特点，对人口与经济高度密集地带的旅客运输是十分有利的。

（2）确保通勤正常，提高经济运行效率和劳动生产率。轨道交通拥有自己的运行轨道，能够确保运行的畅通，保证了发车时间和到站时间准时。轨道交通还可以提供高速的运输服务，为乘客节省了更多的交通时间，有助于提高经济运行效率和劳动生产率。

（3）节约土地。地铁不占用地面土地，高等级公路每公里占地约80亩，如果以每小时相同客流量3.6万人计，铁路占地为10米宽，公共汽车需要75米左右。如果采用的是地上（高架桥）、地面相结合形式的高速铁路，更能充分利用土地资源（见表3-2）。

表3-2 人均占用道路空间情况

单位：平方米

指标	小汽车	摩托车	公共汽车	地铁	铁路
人均道路占用面积	30	18	1.0	0.2	0.2

（4）节约能源且利于环保。按照单位能耗来计算，普通铁路、高速铁路均属于低能耗的运输方式。表3-3显示了不同交通工具的能耗情况。将普通铁路能耗量设定成1.0焦耳/（人·公里），则高速铁路能耗量为1.42焦耳/（人·公里），高速公路、公共汽车为1.45焦耳/（人·公里），飞机为7.44焦耳/（人·公里），小轿车的能耗量最高，达到8.21焦耳/（人·公里）。

表3-3 不同交通工具满载时的能耗情况

单位：焦耳/（人·公里）

指标	普通铁路	高速铁路	高速公路、公共汽车	小汽车	飞机
能源消耗量	403.2	571.2	583.8	3309.6	2998.8

资料来源：李学伟：《高速铁路概论》，北京交通大学出版社，2008，第12页。

目前各类轨道交通主要使用电力作为驱动，相对于其他交通方式，其在节约能源方面表现突出；相对于汽车，轨道交通排放出的氮氧化物、硫化物、二氧化碳更少。汽车尾气是城市空气主要的污染源之一，统计数据显示，城市 74% 的碳氢化合物、63% 的一氧化碳、37% 的氮氧化物与汽车尾气相关（程斌，2001）。表 3 - 4 比较了客运时铁路和其他交通工具的大气污染物排放量。可见，轨道交通在行驶过程中排放的大气污染物较少。

表 3 - 4　不同交通工具大气污染物排放情况

单位：克／（人·公里）

交通工具	碳氢化合物	一氧化碳	氮氧化合物	二氧化硫	二氧化碳
小汽车	0.168	1.038	1.367	0.084	210
长途客车	0.296	0.67	0.31	0.041	105
普通铁路	0.003	0.008	0.12	0.209	48.7
高速铁路	0.002	0.005	0.071	0.124	28.9
飞机	0.198	1.266	0.588	0.078	210

　　轨道交通运营期间的运营费用和管理成本高，其运营收入及其他相关收入不足以使项目获得良好的投资回报，项目内部收益非常低，但是轨道交通发挥的作用在很大程度上取决于其路网的建设，路网越发达，运营越好，其投资回收就越快，即规模经济效益就高。轨道交通以技术转移、沿线土地增值、可达性提高等方式，将其产生的社会经济效益放大和扩散。

三　轨道交通公益性的不同视角

　　轨道交通的经济属性决定了其公益性，下文将从三个视角来详细阐述轨道交通的外部效益，三者相对独立，不能叠加。

（一）沿线地区 GDP 的提高

　　自清末修建铁路开始，铁路对沿线地区的经济发展就起到了促进作用。津浦铁路于清末开工、民初通车，到了 20 世纪 20 ~ 30 年代，沿线城市兴建了一批工业企业，如蚌埠、徐州的面粉厂（秦熠，2008）。云南滇越铁路的通车改变了沿线的经济社会面貌，云南东南地区的工矿业因交通的便利而获得飞跃发展（王玉芝、范德伟，2010），具有现代性质的新兴产业兴起，如石龙坝发电厂以及蒙自大光等电灯公司（杨勇平、黎志刚，

2011）。青藏铁路格拉段为促进西藏经济社会进步、维护国家安全与社会稳定、实施可持续发展做出了重要的贡献。轨道交通外部效益最显著的表现是促进沿线地区经济增长，通常以沿线地区 GDP 的变化来说明。

轨道交通对区域经济增长具有直接效应和间接效应。前者包括项目建设和生产过程直接促进经济增长，以及通过投资乘数和消费乘数进一步推动经济增长。后者包括轨道交通修建以后为交通运输改善带来的间接经济效益，如交通网络的完善、区域之间交流的加强、减少拥挤和释放运能产生的效益，以及时间节约的效益等。根据本书对轨道交通外部效益的边界划分，间接效应是其外部效益的体现。

从外部效益的界定范围来看，轨道交通从多个角度作用于经济增长。第一，促进资源的开发和利用。轨道交通改善了沿线区域的可达性，为资源的运输提供了方便，也会促进沿线的旅游开发。第二，提升沿线地区的区位优势。轨道交通改变了沿线和辐射地区的交通条件，提升了地区对产业、劳动力的吸引力，加快了人员、信息和资金的流通。第三，促进产业结构合理化。轨道交通的高可达性缩短了资源空间与时间的距离，有利于改善区域内产业资源的配置，调整旧有的相对不合理的产业结构。第四，增加劳动力就业的机会。这里并不是指轨道交通建设和运营期间直接创造的诸如建筑工、列车司机与服务员等工作岗位，而是通过产业和企业迁入，创造出更多的就业岗位，提高劳动生产率。第五，加快人口流动和集聚。轨道交通促进了各地区间的经济文化交流，让原本不可能有交集的群体互相接触，加快了地区间信息传递和文化交流的速度。作为一种现代化的媒介，轨道交通在生产层面促进了新知识、技术的转移与溢出，也使不同的社会文化观念相互融合，暗示着现代、科学的新思想将逐步替代传统、保守的旧观念。

总之，轨道交通的建设与运营会影响沿线地区的资源配置，调整沿线产业布局，加快沿线城市化进程，创造"走廊经济"效益，形成新的经济增长点，优化城市空间布局，继而推动社会经济发展。这些不仅带来了经济收入，而且创造了大量的就业机会，无形中拉动了当地的经济发展，形成良性循环。尽管 GDP 的增长较为直观地体现了轨道交通的外部效益，但影响 GDP 的内在机理是相对复杂的。

目前对于 GDP 的评价方法已经比较成熟，本书根据"有无对比"的思想，采用灰色预测法，将有高铁时 GDP 的实际值与无高铁时 GDP 的预测值进行对比，差值即为 GDP 视角下轨道交通的外部效益。

（二）为不同受益主体带来的经济效益

轨道交通的技术经济属性决定了它在保护环境及降低能源消耗的同时保证了人们出行的方便、快捷和准时，因此其外部效益受益主体包括出行者、企业、国家、地方政府以及整个社会。出行者通过使用轨道交通出行服务，实现了微观个体福利的提高；地方政府及国家通过轨道交通的修建与运营，带动了相关产业的发展，提高了劳动就业率，增加了财政税收；轨道交通经营主体通过高效的经营管理实现了盈利，其他企业借助轨道交通运输提高了生产率，这属于中观层面上的生产者受益；从整个社会的角度讲，轨道交通相对于其他大型交通工具来说能够降低能源消耗，保护环境，使社会总福利增加，这是宏观层面上的表现。受益主体视角下轨道交通外部效益的构成见图 3 - 10。

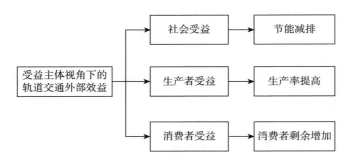

图 3 - 10　受益主体视角下轨道交通外部效益的构成

社会受益反映的是社会总福利的增加，也可以理解为外部成本的降低，本书用节能减排的效果增量表示。

轨道交通编组多，行车密度大，单位面积承载运送乘客量是常规交通方式不可比拟的。同等运量条件下比较交通工具的占地面积，设公交车为 1 平方米，那么私家车是 10 ~ 20 平方米，而轨道交通仅为 0.33 ~ 0.66 平方米。在实现同等运量的情况下，轨道交通用地需求小。此外，建设轨道交通的节能减排效益明显。

轨道交通带来的节能减排效益使社会总福利增加，这一点是无法通过票价等体现出来的。根据外部效益理论，这一部分应该由政府埋单。政府要通过财税政策来鼓励企业，包括放宽轨道交通投融资政策、给予企业补贴、特许经营等。

生产者受益的直接表现为生产率的提高，主要机理是轨道交通运营对辐射区范围内的企业所产生的辐射效应与经济集聚效应。

所谓辐射效应，是指经济发展水平相对较高的地区与经济发展水平相对落后的地区，实现资本、劳动力、技术、信息等要素的流动，以及先进文化、开放思维、生活习惯、创新能力等意识流之间的沟通，改变原有封建、保守、落后的思维，从而提高落后地区的经济发展水平。辐射效应的媒介之一是交通网[①]。在交通网的辐射效应下，吸引产业、资本、技术在区域空间集中，并且对区域经济发展形成正向推动作用，即集聚效应。依据经济学家马歇尔的观点，集聚经济是外部性的体现方式之一。微观经济理论认为，这种集聚会为所有位于该区域内的企业带来不可估量的效益。从改善交通的角度来理解，集聚效应基于以下四个方面的内容：①每个工人的产出和工资是有效城市密度的一个函数；②有效城市密度值随着交通改善而增加；③交通改善促进了一些外部因素，在其使用该交通网络时，某些特定企业的产值增加；④这部分产值增加并未包括在交通项目的标准评价中。

轨道交通改变了空间上的可达性，为社会公众提供了快捷、舒适的出行方式，加快了城市间、城市内的沟通与交流。受铁路辐射效应的影响，铁路站点地区的企业不仅产生相互影响，而且与辐射范围内其他地区的企业产生相互影响。轨道交通的出现无疑降低了运输成本，有利于打破区域间的经济壁垒，形成一个"场"，在"场"中的不同区域，根据自己的强势企业，以及资源的占有量和分布类型，着力发展一种或者几种产业。各地区可以根据自己的主导产业和优势产业，依托轨道交通所形成的网络，对相邻区域形成辐射影响。在一定地域空间内产业、技术、人才、资金等要素集聚，发挥产业分工与合作的优势，能够有效降低整体的运输费用、研发支出和基建开支，有利于提高资源配置效率，加快区域产业结构升级，促进区域经济一体化与协同发展。区域内优势产业与弱势产业也可以实现协同发展，弱势产业依附周边地区同行业的龙头企业发展，实现以强

---

① 还包括信息网、其他社会关系网等。

补弱、优势互补，能够有效形成区域整体竞争优势。以轨道交通为主体搭建的交通网络，能够提高资源调配效率，降低资源流动成本，在区域内产生集聚效应。轨道交通辐射效应与集聚效应流程见图 3－11。

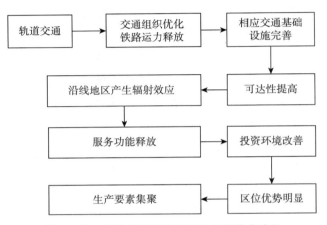

图 3－11　轨道交通辐射效应与集聚效应流程

这一部分的效益主要由铁路站点及沿线周边的企业获得，投资主体以及受益主体主要涉及地方政府和开发商等，其公益性与经营性平衡的做法既包括税费基础，也包括组建实体进行联合开发，以及二者的结合。

需要指出的是，轨道交通尤其是高速铁路的开通运营有可能对沿线地区的经济产生扩散效应。集聚与扩散有着相同的路径，交通条件的改善也会促进本地资源向外部转移。随着集聚效应的不断增强，原区域可能会产生要素价格过高、拥挤等负外部性。高速铁路开道运行，将加快沿线地区的生产要素流动，企业可以根据自身需求形成新的商业布局，如果高铁沿线城市的要素差异较大的话，人力资本、投资和产业就可以通过高铁所带来的便捷性交通主动进行转移，这时便会产生扩散效应。

根据微观经济学的定义，消费者剩余是其支付意愿与实际支付之间形成的差额，消费者受益的表现方式之一是消费者剩余提高。衡量社会总福利或可供社会消费总量的标准是社会成员对各种消费（物质文化生活）的支付意愿。依据微观经济个体的供需曲线分析得知，通常情况下消费者的支付意愿高于实际支付。

根据轨道交通设施的双重身份，消费者的支付意愿主要取决于两类效用：一类是运输服务的综合品质；另一类是到达目的地之后的个体效用实现。在运输时速上，轨道交通运输的速度远快于高速公路。例如，上海与南京的直线距离为270公里，汽车通行于高速公路上的速度约为80公里/小时，全程耗时约5小时；K字头快速列车的速度约为120公里/小时，全程需3小时40分钟；沪宁高速最高速度可达350~400公里/小时，全程仅需1小时10分钟。常见的公路运输容易受天气、路面状况的影响，而轨道交通受外界的影响较小，其安全性和可靠性要远远优于其他运输工具。消费者选择轨道交通作为出行方式，不仅节约了时间，而且安全、舒适（这里假定消费者是理性的，会根据环境、偏好来选择最有价值的出行方式），因此轨道交通带来的实际价值要大于消费者为其支付的票价价值，由此增加的消费者剩余属于轨道交通外部效益。

（三）轨道交通沿线地区的土地增值效益

轨道交通与土地规划、城市建设有着紧密的关系。早期的研究将交通发展变化带来的影响归纳为城市空间可达性、地租曲线、土地利用及城市形态的改变。目前学者对交通与土地利用互馈关系的研究结果较为一致，认为土地与交通的一体化推动了城市格局的演进。土地价格受一系列因素的综合影响，如地理位置、经济规模、收入水平、自然环境、人口数量、房地产政策、资源禀赋、行政管制与规划等，这些都是土地价格的决定因素，交通和土地的关联，其本质是运输成本与土地价值的互补。

轨道交通对沿线城市土地价格的影响，早在建设期乃至规划期就已经出现了，原因可以归纳为以下三个方面。

（1）轨道交通建设改变了沿线城市原有的交通状况，便利的交通使得运输成本下降，通行时间和通行距离缩短，沿线土地的可达性得到提升。

（2）轨道交通建设改变了沿线土地利用模式。轨道交通站点的新建改变了城市原有的格局，使城市得以向轨道沿线拓展。以轨道交通沿线用地为规划导向，可以改变原有土地的使用性质，对土地进行科学、集中规划，改变土地利用模式，提高土地利用效率。

（3）轨道交通建设促进了城市形态和土地使用格局的调整。轨道交通提升了沿线土地的可达性，也改变了其区位条件，轨道交通沿线很有可能成为新的城市发展增长极，并推动相应地块土地价值增值。

以上三点是轨道交通建设所带来的土地价值的直接提升。此外，轨道交通有利于沿线地区实现土地节约，这也是土地增值的体现形式之一。节省出来的沿线土地可以交由轨道交通企业进行相关的开发，从而完成外部效益再分配。赋予轨道交通企业对沿线土地的开发权，不仅能提高项目的盈利能力，而且能迅速带动周围土地和房地产升值，进一步增加政府财政收入，所增加的财政收入又可用于相关基础设施建设，形成良性循环。

轨道交通站点城市，尤其是站点周边地区土地可持续的升值来自站点、其他交通方式和社区的有机结合。以铁路为例，站点将城市、铁路及其他交通方式紧密连接起来，尤其是在重要的交通节点，站点人流量巨大，在保障道路畅通与人们出行安全的前提下，挖掘人流量所带来的潜在经济价值，对于城市和企业的重要性显而易见。站点能够起到城市对外交流窗口的作用，要科学、合理地进行铁路站点规划，发挥人流量所带来的优势，以站点周边土地整体开发为重点，将站点打造成对外的联络窗口和对内的经济交流中心。

自19世纪客运蒸汽铁路在欧洲诞生以来，车站就与地区经济、社会、文化紧密相连。车站除了发挥城市门户与对外联络窗口的功能之外，通常还吸引大量餐饮、宾馆等相关企业集聚。"二战"以后，铁路车站的功能发生了重大转变，站点由宏大、华丽的建筑风格转化为现代、高效的风格。这一阶段的车站设计与建设，主要发挥其出行功能，站点结构设计坚持以提高出行效率、加快乘客流动为主，一些非交通功能从站点消失，车站与城市的社会经济融合遭遇阻碍。直到20世纪70年代，铁路车站的规划目的与设计理念再次发生改变，强调车站与城市融合重新成为时代主流，站点周边商业发展与开发日趋成熟。站点在充当城市对外窗口的同时，还成为城市商业中心，依靠站点人流量优势，各类衍生的商业服务应运而生，为满足社会公众的需求，一些公共服务机构也向站点靠拢。各国经验的启示在于：要分担铁路的建设成本，不仅要增强车站作为社区中心和代表的功能，而且要合理规划，完成车站与其他地区的连接。

轨道交通站点的建设加快了毗邻区域的商业贸易和投资，科学、合理的站点土地开发也提高了城市土地利用效率，因此进一步提升了土地价值。轨道交通开通运行之后，将在沿线及站点产生"走廊经济效应"，能够提升全社会对沿线土地的需求。国内诸多案例表明，轨道交通的建设与运营通常会促使沿线及站点周围土地价值增值。这是评价轨道交通效益的又一个角度。

四　小结

轨道交通作为准公共产品，其产生的外部效益是轨道交通公益性的基础。表3－5是不同视角下轨道交通公益性概述与量化方法。

表3－5　不同视角下轨道交通公益性概述与量化方法

分析视角	公益性概念描述	公益性指标描述	公益性量化
GDP	促进沿线地区经济增长	GDP的增量	基于"有无法"的灰色预测模型
受益主体	能源的技术进步为公众带来的效益	节能减排的效果	耗能成本和治理成本的节约
	辐射范围内的厂商（生产者）获益	生产率的提高（集聚效应）	生产率模型
	乘客出行条件的改善	消费者剩余的增加	消费者剩余模型
土地增值	促进站点周边土地和沿线城市土地的价值增值	土地价格	地价函数

总之，轨道交通公益性为受益主体既包括铁路运输系统的使用者，即消费者剩余部分，也包括非使用者。其中，非使用者所享受到的外部效益包括宏观社会经济的社会总福利增加以及区域经济集聚效应带给开发商和地方政府的生产效率提高。

第四章

平衡机制下的广义补贴框架

　　轨道交通作为公共基础设施，具有很强的公益性，参与项目建设和运营的企业由于项目自身的经济属性而难以实现收支平衡，如果不给予补贴，由于持续亏损，很大一部分轨道交通企业将难以维持正常经营。补贴机制的主要作用就是设计一种通过补贴达到激励目的的方式，提高轨道交通的运营效率，同时降低企业的成本，使资源的利用效率得到最大限度的提高。由于投融资模式不同，相应的投资回报程度也不同，因此要按照不同发展阶段轨道交通所表现出来的不同特点，设计适当的激励性补贴机制，在保证轨道交通正常运营的前提下降低企业成本或者增加企业收入，实现轨道交通公益性与经营性的平衡。

第一节　投资者激励机制

　　私人部门与政府存在一定的利益冲突。此时，政府应该进行有效的激励，通过设立合理的补贴机制来降低企业经营风险。但与此同时，机会主义行为会对社会公众的福利造成损失，而私人投资者本身又具有机会主义倾向。因此，政府很有必要设立有效的激励机制来规避这种机会主义行为，促使企业尽最大努力工作。投资者激励机制的设计是本节重点讨论的问题，分别从未考虑机会主义行为和考虑机会主义行为两个角度进行分析。

一　未考虑机会主义行为的投资者激励模型

　　在轨道交通 PPP 项目中，政府部门与社会投资者以委托代理的形式进行合作，双方的利益出发点不同，激励机制设计的目的就是在满足项目公益性特征的同时能够激发社会投资者的积极性，满足轨道交通 PPP 项目中各功能主体的利益诉求，实现资源的最优配置。由于社会投资者存在机会主义行为，而政府直接监督社会投资者各个阶段的行为的成本很高，也无法保证这种监督的有效性，在轨道交通 PPP 项目的运营期，为了保证项目提供产品或服务的质量和效率，减少社会投资者的机会主义行为，政府必须设计一种激励机制，使社会投资者的努力方向符合政府部门的利益目标。

（一）激励机制模型的建立

1. 模型的假设与解释

激励机制模型在保证分析的科学性和逻辑性的前提下，做出以下基本假设。

假设 1：轨道交通 PPP 项目由于其公益性的存在，在运营期不仅会产生票价收入等经济效益，而且会带来社会效益，因此轨道交通 PPP 项目运营期的总产出是项目的社会效益与经济效益之和，设为 R，运营阶段总产出 R 与投资者投入资源和生产性努力程度有关。投资者投入的资源设为 I，I 越大，表示投资者投入轨道交通 PPP 项目的资源越多；生产性努力程度设为 h，h 越大，表示私人投资者在项目中越努力。轨道交通 PPP 项目运营期的总产出 R 依据徐飞、宋波（2010）的研究结果可以表示为：

$$R = \partial IH + \delta \tag{4-1}$$

其中，∂ 表示 PPP 项目运营期总产出效益的系数，$\partial \in [0, +\infty)$。$\delta$ 是均值为 0、方差为 σ_1^2 的正态分布的随机变量，即 $\delta \sim N(0, \sigma_1^2)$。

假设 2：私人投资者在轨道交通 PPP 项目中的生产性努力成本为 C；努力成本系数为 $b(b>0)$，系数 b 越大，代表在相同的生产性努力水平下私人投资者的努力成本越高。其努力成本函数可以表示为：

$$C(h) = \frac{1}{2}bh^2 \tag{4-2}$$

假设 3：依据何寿奎（2010，2012）的研究成果，在 PPP 项目中政府可以从两个方面对投资者进行激励设计。一方面，政府可以对社会投资者的收益提供最低担保补贴，设为 S；另一方面，政府可以与社会投资者共同分配项目总收益，社会投资者分配的收益设为 B（通常情况下是对项目的经济效益进行分配，社会效益由政府和公众共同享有）。$B = \beta R = \beta(\partial Ih + \delta)$。所以，在 PPP 项目运营期私人投资者的收益函数可以表示为：

$$W = S + B = S + \beta(\partial Ih + \delta) \qquad (4-3)$$

其中，β 表示社会投资者在 PPP 项目运营期总产出的分配比例。在 PPP 项目中利润分配的多少会影响社会投资者自身的生产性努力水平。

假设 4：在 PPP 项目中，政府为委托人，社会投资者为代理人，在研究委托代理问题时，一般都假设委托人是风险中性的，代理人是风险规避型的，设其风险规避系数为 ρ。

假设 5：私人部门的保留效用为 U。

2. 模型的建立

在轨道交通 PPP 项目中，政府拥有除社会投资者占有外项目的全部收益，为了保证社会投资者的最低收益，政府会承诺提供最低补贴。根据假设 4，我们可以知道政府部门是风险中性的，因此其期望效用等于期望收益，用公式可以表达为：

$$E(\pi_g) = E[-S + (1-\beta)(\partial Ih + \delta)] = -S + (1-\beta)\partial Ih \qquad (4-4)$$

根据假设 3 可以得出政府承担的最低补贴 S 和社会投资者在项目总产出中所分得的收益 B 共同构成社会投资者的收益；社会投资者投入项目中的资源数量 I 与生产性努力成本 C 是其成本支出。所以，投资者的净收益为：

$$\pi_g = w - I - C(h) = S + \beta(\partial Ih + \delta) - I - \frac{1}{2}bh^2 \qquad (4-5)$$

所以，社会投资者在轨道交通项目运营期的期望净收益为：

$$E(\pi_g) = S + \beta\partial Ih - I - \frac{1}{2}bh^2 \qquad (4-6)$$

社会投资者在轨道交通 PPP 项目运营期内净收益的方差为：

$$\mathrm{var}(\Pi_g) = [\Pi_g - E(\Pi_g)]^2 = \beta^2 \sigma_1^2 \qquad (4-7)$$

根据假设 4，代理人私人投资者为风险规避型，所以，投资者的确定性效用函数可以表示为：

$$\pi_g = S + \beta \partial I h - I - \frac{1}{2} b h^2 - \frac{1}{2} \rho \beta^2 \sigma_1^2 \qquad (4-8)$$

在轨道交通 PPP 项目中，社会投资者是否努力、努力程度怎样，政府难以直接监测到，所以根据激励性规制理论，政府部门的激励模型可以表示如下：

$$\text{Max：} -S + (1 - \beta) \partial I h \qquad (4-9)$$

在 PPP 项目中，社会投资者的运营约束条件可以表示为：

$$\pi_g = S + \beta \partial I h - I - \frac{1}{2} b h^2 - \frac{1}{2} \rho \beta^2 \sigma_1^2 \geqslant U \qquad (4-10)$$

激励相容约束的条件为：

$$h^* \in \text{Max：} S + \beta \partial I h - I - \frac{1}{2} b h^2 - \frac{1}{2} \rho \beta^2 \sigma_1^2 \qquad (4-11)$$

（二）激励机制模型的求解与分析

在轨道交通 PPP 项目中，社会投资者的生产性努力最优水平 h^* 是由其本身利益最大化决定的，政府部门认为的社会投资者的最佳努力程度在满足上文激励性约束条件下才能达到，通过式（4-9）、式（4-10）和式（4-11）进行一阶最优化求导，可以求出社会投资者的生产性努力最佳水平 h^* 和利益分配比例 β^*：

$$h^* = \frac{1}{b} \partial I \beta \qquad (4-12)$$

$$\beta^* = \frac{\partial^2 I^2}{\partial^2 I^2 + \rho b \sigma_1^2} \qquad (4-13)$$

从式（4-12）可以看出，在轨道交通 PPP 项目运行阶段，社会投资者的生产性最佳水平受其自身在项目中投入的资源数量和其在项目总产出中的收益分配比例影响，而且均表现为正相关，即社会投资者在项目中投入的资源数量越多，其自身的努力水平也会越高；社会投资者的努力水平也会随其收益分配比例的提高而提高。根据式（4-13），社会投资者在项目中的收益分配比例会受其投入资源数量的影响，且投入资源越多，政府给予社会投资者的利益分配比例就越高。

二 考虑机会主义行为的投资者激励模型

上文分析了在轨道交通 PPP 项目中不存在机会主义倾向下，政府对社会投资者的激励机制模型，基于上文的研究，下面我们主要研究在考虑社会投资者的机会主义行为时，政府对社会投资者的激励机制。

（一）机会主义行为下激励机制模型的构建

基于上文的 5 个假设，为了使研究能够继续下去，我们做以下假设。

假设 6：在轨道交通项目运营阶段社会投资者的机会主义行为水平为 e，在出现机会主义的情况下社会投资者的产出为 D，则 D 可以表示为：

$$D = rIe + \theta \tag{4-14}$$

其中，r 表示社会投资者采取机会主义行为的产出系数，$r \in [0, +\infty)$，是服从正态分布的随机变量，$\theta \sim N(0, \sigma_2^2)$，并且与二者之间是相互独立的。

假设 7：社会投资者在轨道交通 PPP 项目运营期发生机会主义行为的成本函数可以表达为 $C(e) = \dfrac{1}{2}de^2$，其中 d 表示社会投资者发生机会主义行为的成本系数。

如果社会投资者在轨道交通 PPP 项目运营期发生机会主义行为，这种行为一定会对 PPP 项目的总产出造成影响。但政府机构并不能监测到轨道交通项目的运营总产出 R 和社会投资者的机会主义行为产出 D，此时政府机构可以知道轨道交通 PPP 项目运营阶段发生的总效益为：

$$v = R - D = (\partial Ih + \delta) - (rIe + \theta) \tag{4-15}$$

由于政府机构是风险中性的，所以在社会投资者发生机会主义行为时，政府机构的期望效用等于其期望收益，用公式表达为：

$$\begin{aligned}
E(\Pi_g) &= E\{-S + (1-\beta)[(\alpha Ih + \delta) - (rIe + \theta)]\} \\
&= -S + (1-\beta)(\partial Ih - rIe) \tag{4-16}
\end{aligned}$$

在轨道交通 PPP 项目运营期，社会投资者将享受其发生机会主义行为的全部收益，此时社会投资者的收益用公式表达为：

$$
\begin{aligned}
\Pi_g &= S + \beta v + Kd - I - C(h) - C(e) \\
&= S + \beta [(\partial Ih + \delta) - (rIe + \theta)] + (rIe + \theta) - I \\
&\quad - \frac{1}{2} bh^2 - \frac{1}{2} de^2
\end{aligned} \tag{4-17}
$$

私人投资者此时的期望收益为：

$$
\begin{aligned}
E(\pi_s) &= E\left\{ S + \beta [(\partial Ih + \delta) - (rIe + \theta)] + (rIe + \theta) - I - \frac{1}{2} bh^2 - \frac{1}{2} de^2 \right\} \\
&= -S + \beta(\partial Ih - rIe) + rIe - I - \frac{1}{2} bh^2 - \frac{1}{2} de^2
\end{aligned} \tag{4-18}
$$

此时，私人投资收益的方差为：

$$
\mathrm{var} = \beta^2 \sigma_1^2 + (1 - \beta)^2 \sigma_2^2 \tag{4-19}
$$

根据以上计算结果，在轨道交通 PPP 项目运营期，由于社会投资者属于风险规避型，当存在机会主义行为时，其效用可以表示为：

$$
\pi_s = S + \beta(\partial Ih - rIe) + rIe - I - \frac{1}{2} bh^2 - \frac{1}{2} de^2 - \frac{1}{2} \rho [\beta^2 \sigma_1^2 + (1 - \beta)^2 \sigma_2^2] \tag{4-20}
$$

所以，在轨道交通 PPP 项目中可以将机会主义行为下政府的激励问题转化为约束规划的求解问题：

$$
\text{Max}: -S + (1 - \beta)(\partial Ih - rIe) \tag{4-21}
$$

社会投资者参与轨道交通 PPP 项目运营的约束条件为：

$$
S + \beta(\partial Ih - rIe) + rIe - I - \frac{1}{2} bh^2 - \frac{1}{2} de^2 - \frac{1}{2} \rho [\beta^2 \sigma_1^2 + (1 - \beta)^2 \sigma_2^2] \geqslant U \tag{4-22}
$$

激励相容条件为：

$$
h^*、e^* \in \text{Max}: S + \beta(\partial Ih - rIe) + rIe - I - \frac{1}{2} bh^2 - \frac{1}{2} de^2 - \frac{1}{2} \rho [\beta^2 \sigma_1^2 + (1 - \beta)^2 \sigma_2^2] \tag{4-23}
$$

（二）机会主义行为下激励机制模型的求解与分析

对式（4-21）、式（4-22）和式（4-23）进行一阶最优求解，可以得出社会投资者在激励性机制下的最佳努力水平、机会主义行为水平及其利益分配的比例分别是：

$$h^* = \frac{1}{b}\partial I\beta \qquad (4-24)$$

$$e^* = \frac{Ir(1-\beta)}{d} \qquad (4-25)$$

$$\beta^* = \frac{\partial^2 I^2 d + I^2 r^2 b + \rho b d\sigma_2^2}{\partial^2 I^2 d + \rho b d\sigma_1^2 + I^2 r^2 b + \rho b d\sigma_2^2} \qquad (4-26)$$

三 公益性与经营性平衡机制

通过上文对存在机会主义行为和不存在机会主义行为时政府部门对社会投资者的激励机制模型的分析，我们可以得出以下三个结论。

（1）社会投资者的生产性努力水平会随着自身在轨道交通项目中收益分配比例的提高而达到最优。在存在机会主义行为和不存在机会主义行为两种情况下社会投资者的生产性努力水平都可以达到最优，$h^* = \frac{1}{b}\partial I\beta$。但是 $\frac{\partial^2 I^2 d + I^2 r^2 b + \rho b d\sigma_2}{\partial^2 I^2 d + \rho b d\sigma_1^2 + I^2 r^2 b + \rho b d\sigma_2^2} > \frac{\partial^2 I^2}{\partial^2 I^2 + \rho b \sigma_1^2}$，也就是说社会投资者在项目中的利益分配比例在存在社会主义行为的情况下要高于不存在机会主义行为的情况。

（2）提高激励的强度可以降低社会投资者的机会主义行为发生的概率，同时可以提高其生产性努力水平，使其更加努力地工作，提高社会投资者的工作效率。通过以上计算结果可以知道，随着利益分配比例 β 的提高，机会主义行为水平 e^* 会降低，同时，由于 $h^* = \frac{1}{b}\partial I\beta$，当利益分配比例 β 变大时，社会投资者的努力水平也会相应提高，所以提高社会投资者在轨道交通 PPP 项目中的利益分配比例，使其获得更多的收入，将会减少其投机行为。

（3）政府部门确定社会投资者在项目中的利益分配比例主要是根据其投机行为的产出。根据最优利润分配比例，投机行为的产出系数越大，最优利润分配比例就越高，所以需要增加具有投机行为的社会投资者在项目中的利益分配比例，以避免其通过投机行为来增加产出，从而避免投机行为的发生。

机会主义行为是导致社会福利损失的非常常见的经济活动。如果私人投资者在轨道交通 PPP 项目运营阶段发生这种情况，将对公众利益产生严重影响。在实际中，轨道交通 PPP 项目投资者在项目运营过程中经常存在机会主义行为现象，而且由于整个项目运行期长达二三十年，政府监管似乎不可避免地存在，这样有利于减少投机者的机会主义行为。因此，为了保证 PPP 项目的顺利运作，确保 PPP 项目的成功，提高全社会的福利水平，在项目投标阶段，政府在选择项目投资者时应慎重设计合理的特许经营协议，保证投资者在项目运作阶段实现可观的收入，从而减少机会主义行为的发生。

根据外部性理论，外部性导致私人成本与社会成本之间不匹配，私人收益低于社会福利水平。当外部性存在时，边际私人利益和边际社会效益、边际私人成本和边际社会成本呈现偏离现象，不能实现社会资源配置的最优化，不能使社会福利最大化。因此，政府要采取一定的措施，消除这种偏差，有效分配资源，实现公共项目的外部效益内部化。轨道交通属于公共基础设施，具有准公共物品的属性。由于项目本身具有较强的公共福利性质和外部性，自身经营性较弱，为了平衡轨道交通的公益性与经营性，根据激励性规制理论，政府应设计有效的激励机制，在最大限度地满足消费者的同时，激发社会投资者的积极性，满足企业盈余。由于政府对社会投资者激励方式的不同，激励措施可以分为三个维度：外部补贴机制、内部补贴机制、价格机制（见图 4 - 1）。

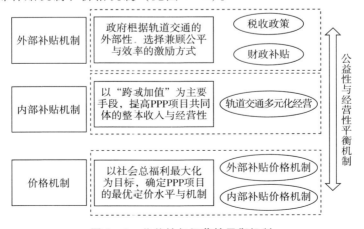

图 4 - 1　公益性与经营性平衡机制

　　补贴是指"国家或公营公司提供的财政援助，其目的是维护一项事业或项目的发展"。财政援助宽泛地讲也是一种政府政策，补贴是一种财政援助，补贴的目的是帮助一个或多个行业，接受补贴的可以是个人、组织、企业、行业或者地区，补贴可以给接受者带来收益。一般的补贴从广义上讲是指政府通过作为或不作为的手段来增加或减少公司的短期、中期或长期利润（Schrank and Keithly，1999）。从传统意义上讲，补贴是针对特定群体、行业或地区的政府财政转移（Schrank，2001）。经济学家庇古认为，当边际社会纯产值大于边际私人纯产值，即正外部性存在时，政府应该从外部给予企业补贴。经济学家科斯也指出外部性问题可以通过市场机制实现内部化，从项目内部实现对企业的补贴。根据以上的分析我们将广义的补贴理解为政府通过作为或不作为的手段调整企业或行业的利润水平。补贴可能为正（增加利润），也可能为负（减少利润），补贴可直接通过财政手段实现，也可通过市场机制实现。对于轨道交通政府补贴手段的三个维度可以解释如下。

　　外部补贴机制是指政府根据轨道交通的外部性，通过税收政策、财政补贴等方式，在兼顾公平与效率的前提下，激发社会投资者的积极性，实现公益性与经营性的平衡，也叫项目的外部激励。

　　内部补贴机制是指依据轨道交通显著的正外部性，基于跨域加值的理念，增加 PPP 项目共同体的整体收入，提高项目群的经营性水平，包括票价收入＋广告收入、交通土地综合开发等多元化经营方式。在项目合理定价的基础之上，提高社会投资者的收益分担比例，从而降低机会主义行为，也称为项目的内部激励。

　　价格机制是指以社会总福利最大化为目标，确定 PPP 项目的最优定价水平和机制。使用者付费票价是影响消费者剩余和社会投资者利益的关键因素，因此确定最优的定价水平对 PPP 项目公益性与经营性的平衡至关重要。外部补贴价格机制是当 PPP 项目的收入来源为使用者付费和政府补贴时，在整个 PPP 项目群中选出一个或几个 PPP 项目，这些选中的 PPP 项目的价格（指使用者付费价格）的设计满足社会福利最大化。内部补贴价格机制是在一个 PPP 项目内，以社会福利最大化为目标，设计项目的使用者付费价格。

第二节　外部补贴机制设计

外部补贴机制中政府通过税收政策和财政补贴手段，实现轨道交通公益性与经营性的平衡（见图4－2）。轨道交通项目由于公益性与经营性矛盾冲突的存在，在没有政府补贴的情况下不可能实现公益性与经营性的平衡，外部补贴的目的就是要调和这种矛盾，这也是政府经济职能的延续。以明确的财产界限为前提，政府在平衡公共利益时，干预社会投资者追求经济利益的行为，通过财政补贴或税收政策来增加社会投资者的项目运营收入，从而实现项目公益性与经营性的平衡。

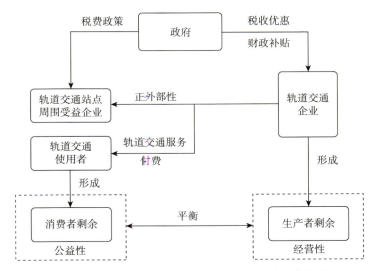

图4－2　轨道交通公益性与经营性外部补贴平衡机制

合理的轨道交通外部补贴机制，需要满足一定的约束条件并发挥激励作用。制定轨道交通补贴机制时的约束条件有：政府要从社会福利最大化角度出发，在保障资源充分利用的基础上制定合理的轨道交通补贴机制；作为公益性服务的一种，轨道交通企业提供的产品服务的票价不能太高；由于预算有限，轨道交通企业要考虑如何充分利用有限的资金实现基础设施的建设、车辆等固定资产的购买及维修、服务质量的提升、员工薪金的发放等。对轨道交通企业的激励则体现为，如果轨道交通企业可以充分利用补贴获取利润，政府应给予企业相应的资金或其他方面的奖励。

一　轨道交通外部补贴的必要性分析

作为基础设施项目，轨道交通具有准公共物品的属性，项目具有强大的外部效益，其本身的经济属性决定了项目的票价收入不能反映参与项目运营企业的成本，企业很难实现可持续性经营。轨道交通项目需要巨大的资金投入，建设周期长，涉及的技术复杂，是一项影响广泛的系统工程，轨道交通在运营中所提供的服务构成了公共交通服务的必需品。同时，轨道交通在运营中的维护也需要投入大量的资金。因此，轨道交通项目具有公益性与经营性的双重属性。由于轨道交通的票价收入远远小于其运营成本，因此为了使轨道交通项目运营企业能够持续经营，政府很有必要采取补贴政策。具体原因在于以下两个方面：①运营收入对成本的有限覆盖；②利益返还机制的欠缺。从根本上讲，由于轨道交通具有强大的溢出效应，其运营企业不能覆盖运营成本是因为项目本身的外部利益并没有返还给企业，而是由社会公众、站点周围企业和政府享有。有效的利益返还机制的缺失是轨道交通公益性与经营性矛盾无法得到平衡的主要原因。根据庇古理论模型，当项目存在正外部性时，政府应给予企业补贴，税收政策和财政补贴是政府对社会福利进行改进的有效行为。税收政策和补贴政策正是政府对项目的外部效益实现内部化的过程。税收政策和财政补贴政策能否取得实效，关键在于政府的政策设计意图能否在企业层面得以实现。

归根结底，在现行制度下，城市轨道交通的基本经济性决定了政府补贴的需要。设计补贴机制的目的是将补贴作为激励方式，鼓励铁路运输企业提高经营业绩，降低相应成本，提高资源利用率。根据投资回报和铁路运输融资方式的不同特点、不同阶段、不同需求和制约因素，选择适当的激励补贴模式，成为轨道交通在普遍服务条件下的一个重要途径，能够在减少经营费用的同时保持正常运行。

二　轨道交通外部补贴机制设计

城市轨道交通的产品服务定价不完全符合市场规律，为了避免运营商因追逐利益而降低运输服务质量，间接提高社会公众的成本，进而降低政府和社会福利的总体水平，对轨道交通进行合理的成本补偿，维持其正常的运营是必要的。因此，政府要建立补贴激励机制，根据城市轨道交通的经济特点，城市轨道交通补贴的最低要求是确保持续经营，适应轨道交通企业的公众需求。

（一）基于财政补贴的外部补贴机制设计

建立轨道交通补贴机制的目标可以从保障轨道交通公益性、维持轨道交通企业正常运营、提高轨道交通服务质量、提高补贴资金效益四个方面来确定，即建立完善的轨道交通补贴机制的总体目标是通过建立完善的轨道交通补贴机制，保障轨道交通企业获得合理的收入以维持正常运营，促进轨道交通系统不断完善，为轨道交通使用者提供质优、价廉、方便、快捷的城市公共交通服务，体现政府补贴资金的使用效益，促进政府政策目标的实现。

财政补贴政策是政府为实现具体的社会经济发展而提供的财政资金。因此，制定铁路运输财政补贴政策的目的是优化外部效益分配，实现公益性与经营性的平衡。从补贴的角度来看，这意味着轨道交通项目运营企业实际收入增加，企业内部经济形势好转。财政补贴的本质是协调企业需求和公共需求，这是政府经济功能的延续。在政府和微观经济实体有明确的财产限制的前提下，政府将干预微观经济实体的活动，以维护公共利益，从而产生补贴。在政府监督下，实行补贴激励机制，使城市轨道交通运输业务成本得到补偿。

轨道交通财政补贴机制可以根据社会投资者是否参与项目的运营来进行设计。制定轨道交通财政补贴机制的核心在于约束和激励，同时，轨道交通服务的本质是政府委托轨道交通企业为出行者提供相应的服务，因此政府要设计轨道交通补贴机制，确保企业能够正常运行。在制定合理的城市轨道交通补贴机制时，需要考虑相关的约束条件及激励措施，这样才能让轨道交通企业在经营时最大限度地发挥自身潜能，依靠提高自身的服务水平吸引更多出行者。

（二）基于税收政策的外部补贴机制设计

基于税收政策的外部补贴机制包括对轨道交通企业自身的税收优惠政策和轨道交通站点周围企业的税收政策。税收优惠政策是国家通过采取与现行税制基本结构相背离的税收制度给予纳税人的各种优惠性税收待遇，使其税负减轻，进而达到补贴特定企业或行业及其活动的目的，支持经济发展的专项支出。我国税收优惠政策包括减税、免税、延期纳税、退税、加计扣除、加速折旧、减计收入、投资抵免、设置起征点和免征额等14种形式，这14种形式可以分为直接与间接两种优惠方式。

对轨道交通站点周围企业给予税收政策的主要目的是内部化项目的外部效益。轨道交通建设过程中企业能够积极主动地与政府协商获取站场周边土地的开发权，以开发主体的身份投入轨道交通项目和土地商业开发的运作中，并通过回收开发收益来弥补轨道交通项目建设的亏损，实现连续经营。但对于轨道交通沿线企业无法获得开发权的那一部分土地，随着铁路项目的建设和周边土地的开发也会受到正外部性的影响。公共部门的公共投资造成土地价格上升，应由政府按照土地开发者的收益程度来征收。对于这一部分的溢价回收可以通过设立专门税收与费用的方式来实现，如土地价值税、特别征税区、开发影响费等，然后对轨道交通企业进行补贴。

轨道交通外部补贴的路径比较复杂，其中以税、费为依据的分配方案属于间接方案，适合于产权难以界定、市场机制不够健全的情形。基于税费的轨道交通外部补贴机制是以第三方为中介，实现外部效益生成方和外部效益得益方之间的转移支付。推荐的主要方案包括分列税率土地价值税、特别收益估价、税收增额融资、物业税制度下增值效益返还。

通过划分税率和土地增值税，可以实现轨道交通的外部补贴。土地所有者获得土地价值的主要途径有两个：①物业开发，房价高，收获租金高；②土地开发，收获高地价或租金回报。换句话说，需要收回的两个主要的税费来源是物业开发和土地开发。一般财产税结合土地和财产来评估和征税。也就是说，财产的一部分估值是以税基为基础的，另一部分是以作为征税基础的土地价值为依据的。随着区域规划以及区域规划规模和容积率指标的发展，高物业税和高强度开发之间的关系变得难以平衡。因此，如何确保交通设施的及时引进和良好的服务质量，实现高品质的回收利用，又不会影响土地开发商的积极性，解决办法是将一般财产税转换为分列税率的财产税。前者将土地税与房屋税相结合，税率相同；后者采用土地和房地产的双重征税制度。

以特别收益估价实现轨道交通外部补贴。根据收益的不同建立税收评估区（效益评估区，简称 BAD），使基础设施和公共服务设施的运行维护成本按照一定比例进行分配，以达到回收投资之目的。"特别收益"（Special Benefit）是相对于"普通收益"（General Benefit）提出的。例如，社区公园的建设将提高周边娱乐环境的质量，提升其价值。从整个城市的角度来看，由于人均闲置面积指数的增加，全市居民都可以享受一般福利。但只有居住在社区公园附近的人才能从他们所谓的"特别收益"中受益。从理论上说，只要公共设施的范围比较狭窄，就可以用特殊的方式来收回投资，如火车站的建设有助于提高周边地区的可达性，有助于吸引人们参与各种经济活动，推动区域复兴。因此，可以通过向特别收益评估区内的特定群体收取有关费用来实现轨道交通外部补贴。

以税收增额融资（Tax Increment Financing，TIF）实现轨道交通外部补贴。税收增额融资，是指地方政府将特定地区因未来建设开发所增加的税收作为现在建设项目的融资担保，先行筹措建设经费，待实施期间内税收实现后，再予以偿还融资借款，即地方政府利用未来租税增额作为融资担保，进行公共投资与建设，借以促进计划地区的民间投资，进而扩张税基产生租税增额的一种公共财务工具。具体做法是：①划定 TIF 区的范围；②决定 TIF 实施期间及基年；③决定纳入 TIF 的税目；④地方政府以新设或既有基金（专户）配合财务运作，逐年将纳入计划的增额租税纳入基金（专户）。这一做法最初在美国运用。可以将铁路站点周边划分为实施税收增额融资政策的区域（Tax Increment Financing District，简称 TID 区或 TIF 区）与没有实施税收增额融资政策的区域（简称非 TIF 区）两大地块。在项目建设初期，原税基被地方政府冻结，基准税和增值税尚未发生。在项目建设期间，增值税转入项目开发区 TIF 区管理部门。项目结束后，TIF 区自动解散，地方政府的增税回归原位。

物业税制度下增值效益返还补贴。物业税是一种间接税，是财产税的分支，主要是对物业征收的一种税。它是抽取现有房地产税，将土地增值税和土地租赁费合并统一征收的物业税，是政府与房地产业主之间的收入分配方式。这种做法的优点是：使物业税的税率易于调节；物业税金额与经济增长有关；当经济增长迅速时，相应的税额将会很高，否则会下降。轨道交通运输设施具体运营过程的增值效益是基于政府项目将使项目周围区域增值，同时也会增加政府的物业增值税，可以作为事前投资投入项目中。轨道交通运输设施针对房地产升值增加了物业税，政府可以将部分收入提取为资金池的一部分。从资金池中使用资金，政府可以提高现有项目的投资比例，从而减少对特许经营权的补贴。在项目中，将增值税加入同一资金池，投资于政府建设项目，形成增值收益循环。

第三节　内部补贴机制设计

2013 年，国家发改委有关地方政府获得城市轨道交通建设项目审批权的决定，使地方政府受到很大鼓舞，建设城市轨道交通的积极性大大提高，部分城市建设轨道交通的进度明显加快。相比之下，近年来地方政府的债务也在不断飙升，截至 2014 年末，我国地方政府债务为 24 万亿元，较 2013 年末上升 34.2%，较 2012 年末上升 51%（马德隆，2014）。从国家发改委批复的项目情况来看，未来 10 年将是二、三线城市进行轨道交通建设的高峰时期。未来轨道交通的建设有可能转移到中西部或二、三线城市，这些城市无论在财力、客流量还是经济集聚方面都与目前的特大城市有很大的差距，考虑到现阶段地方政府的债务不断上升，部分城市的政府机构为了政绩工程急于上马轨道交通项目，而不考虑债务问题，这种做法不利于城市的健康发展，是不可取的。对于未来轨道交通建设，二、三线城市应该建立创新的建设运营制度特别是财务机制，目前普遍采用的"政府投资＋银行贷款"模式的持续性问题也值得探讨。

城市轨道交通建设遭遇的财务困境并非中国独有，几乎全世界所有的国家和地区，包括美国、英国以及中国香港和中国台湾等都面临这种问题。在这种情况下，PPP 模式成为吸引社会资本参与基础设施建设、减轻政府财政负担的有效模式，于是建设—转让、建设—经营—转让等城市公用事业基础设施的融资模式开始涌现。然而自 2014 年以来，虽然中国各级政府积极推荐 PPP 模式，但是民营企业的反应普遍冷淡，其背后的原因在于公共设施产生的外部效益回收困难。在外部效益回收困难这个问题上，欧洲和美国学者以价值回收（Value Capture）机制为视角进行了大量的探讨与分析（Morris et al.，2011；Medda and Modelewska，2011）。同时，各国依照本地区不同的政治经济文化在实践中也采取了不同的政策，如英国在 20 世纪 80 年代为了解决公共设施投融资主体和资金渠道过于依赖政府财政支持的难题，开始广泛推行私人主动融资（PFI）；而美国则通过立法的形式在轨道交通领域推出了税收增额融资（TIF）；中国香港推行的是"土地 + 物业"综合开发模式，并成为全球实现地铁获利的少数几个地区之一。

中国台湾结合本地的政治经济实际情况，于 2012 年出台了《跨域加值公共建设财务规划方案》，运用"跨域加值"和"自偿率"的理念，将公共建设与都市发展或周边土地使用相结合，通过开发周边土地的方式筹措建设经费，将回收资金用于建设及营运中。"跨域加值"政策已经在台湾公共设施领域实践了一段时间，从反馈的情况来看，取得了相当不错的效果。鉴于目前大陆鲜有分析和介绍其理念、流程及策略的文献，本书希望通过对台湾"跨域加值"政策的基本理念、运作流程和具体策略的解析，为轨道交通在我国的建设发展提供一个新的视角和财务困境解决方案。

一　"跨域加值"的概念和操作流程

（一）"跨域加值"的概念

"跨域加值"的"跨域"是指不同领域的整合，包括公共部门不同层级之间、相同层级不同部门之间、公与私之间，以创新的财务规划方式，跨空间、时间、主体与专业领域拟订整合型开发计划，并从规划面、土地面、基金面、审议面等多元面向，整合土地、建设和时间等多种因素，将过去被忽略的建设外部效益予以内部化，提高计划财务自偿性，将回收资金用于公共建设并且筹措未来营运经费，以达到减轻政府财政负担的目的，即通过"跨域"整合的思维，来创造"加值"。对于铁路来说，"跨域加值"就是通过广义上的土地开发，利用沿线土地，尤其是站场周边土地来创造价值，为外部效益的分配打下基础。

"跨域加值"的思想已经在台湾开始实践并获得成功。受金融危机影响，全球经济不景气，也相对加深了世界各国和地区政府在财政上面临的窘境。而根据台湾规划，台湾每年所需的公共基础设施投资约为 3500 亿新台币，而每年能提供的却不足 2000 亿新台币。由于公共基础设施建设耗资巨大，而地方政府的财政资金又不能满足巨额的资金需求，因此需要请求"中央"政府的补贴。但当各地方政府均有补助需求时，"中央"政府往往面临因资金不足而难以分配的问题。同时，长期以来台湾的公共建设与城市开发没有做有效整合，公共部门建设公共基础设施，都是通过官方依法取得财政收入，编制建设经费预算，执行工程建设，导致与周边土地开发利用脱节，且各基础设施建设所创造的内部效益与外部效益缺乏有效连接，可回收的资金不足，致使公共建设自偿率普遍偏低，并且出现了缺乏合理规划导致的很多公共设施闲置的现象（赖宗裕、苏伟强，2013）。

基于以上情况，2012年台湾出台《跨域加值公共建设财务规划方案》，将公共建设与都市发展或周边土地使用相结合，通过开发周边土地的方式筹措建设经费，将回收资金用于建设及营运中，即通过自偿率门槛审查，要求各级政府将公共建设的外部效益内部化，以提高计划财务自偿性。同时，提供了一种公与私的合作机制，以实现官方与民间的互利共赢。跨域加值的操作流程见图4-3。

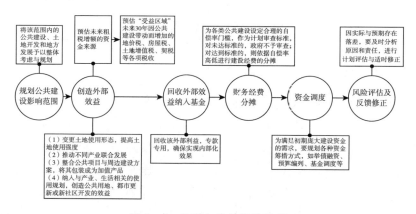

图4-3 跨域加值的操作流程

资料来源：根据《跨域加值公共建设财务规划方案》归纳整理。

第一，规划公共建设效益影响范围，将该范围内的公共建设、土地开发和地方发展予以整体考虑与规划。

第二，通过变更土地使用形态、提高土地使用强度、整合不同产业等方式，创造与扩大外部效益；纳入与产业、生活相关的使用规划，创造公共用地、都市更新或新社区开发的效益；扩大都市发展增额容积，规划未来 10 年都市预期发展增额容积；预估未来租税增额的资金来源，预估"受益区域"未来 30 年因公共建设带动而增加的各项税收，如土地增值税等；推动不同产业联合发展，整合公共项目与周边建设方案，将其包装成为加值产品，这样不仅可以加快发展速度，而且可以达到投资者与使用者双赢的目的。

第三，回收该外部利益，专款专用，确保实现内部化效果。

第四，为各类公共建设设定合理的自偿率门槛，作为计划审查标准，对未达标准的，政府不予审查；对达到标准的，则依据自偿率高低进行建设经费的分摊。

第五，为满足初期庞大建设资金的需求，要规划各种资金筹措方式，如举债融资、预算编列、基金调度等。

第六，因实际与预期存在落差，要及时分析原因和责任，进行计划评估与适时修正。

据 2017 年 1 月 12 日媒体报道，跨域加值已经取得阶段性进展，到目前为止，跨域加值的做法使台湾至少完成 10 项创新和制度化方案，在"交通部"和"经济事务部"通过 8 次内部审核后予以公布和实施，粗估平均自偿率为 38.8%。因此，跨域加值在公共建设融资方面发挥了一定作用，实现了公共建设资金供求平衡，促进了经济发展。

（二）跨域加值的具体策略

跨域加值机制运作的具体策略可归纳为资金筹措、基金运作、审议机制、协商平台等方面（见表 4-1）。

表 4-1 跨域加值机制运作的策略与主办部门

机制运作	策略	主办部门
资金筹措	（1）运用公共建设影响范围的增额容积引导都市发展的规划理念，提升计划效益	"内政部"与各相关部门
	（2）研议以 TIF 为财源，活化资金运用，以利于未来收益提前实现	"财务部"
	（3）研议建立 PFI 制度	"工程会""行政院总计总处"
	（4）推动产业结合加值	各相关部门

续表

机制运作	策略	主办部门
基金运作	（1）建立基金间融通机制，强化基金调度	"行政院总计总处"
	（2）自偿率计划尚未成立特种基金办理者，各主管机关设置作业流程	"行政院总计总处"
	（3）地方政府与议会的配合与承诺	地方政府
审议标准	（1）制定各类公共建设的审议流程和作业机制	通部与各计划主办机关
	（2）研议各类公共建设的自偿率门槛，作为财务计划审核机制	
	（3）核实工程费用	"工程会"
	（4）研议"中央"与"地方"建设经费的合理分摊	"行政院总计总处"
协商平台	（1）建立公共建设计划结合土地开发规划与审议机制	"内政部"与各相关部门
	（2）建立计划影响范围内跨专业、跨行政辖区的沟通协调平台	各地方政府、"经建会"与相关部门
	（3）运用闲置或低密度的公有土地参与开发，活化土地创造价值	"财政部"
	（4）计划总体进度协调与管控	计划主办机关、"中央"部会、"工程会"与经建会

资料来源：根据《跨域加值公共建设财务规划方案》归纳整理。

（三）自偿率门槛制度的建立

公共建设因资金需求庞大，故自偿率大多偏低，需要编列较高额的预算予以支撑。当"地方"提出经费补助需求时，"中央"在财政资源有限的情况下，将面临无法公平分配的窘境。因此，可以提供创新财务规划，并配合设定自偿率门槛，针对不具有一定效益规模的项目，如未达自偿率门槛，则不提供资金补助。

自偿率门槛将自偿率作为计划是否进入审查程序的评估标准，以要求公共建设财务效益达到一定水平，因此具有一定比例的自偿性。换言之，未达自偿率门槛的计划将不予审查及补助；而达到审查门槛的，予以审查，但补助款的多少需视自偿率高低而调整，达到最高补助的自偿率要求时，给予法定的最高补助比例。目前已设定自偿率门槛的公共建设项目为捷运及铁路立体化建设。就捷运的自偿率门槛而言，首先，自偿率门槛制度实施后，依据不同县（市）政府财力级次划分为五个等级，第一级只有台北市，第二级含新北市、台中市、高雄市、桃园县，第三级为台南市、彰化县、新竹市、嘉义市、金门县，第四级为宜兰县、新竹县、苗栗县、南投县、云林县、基隆市，第五级包含嘉义县、屏东县、台东县、花莲县、澎湖县、连江县，以兼顾地方财政存在差异的公平性（见表4-2）。

表 4-2 捷运建设自偿率门槛规定

单位：%

项目	第一级		第二级		第三级		第四级		第五级	
	自偿率	非自偿"中央"补助比例	自偿率	非自偿"中央"补助比例	自偿率	非自偿"中央"补助比例	自偿率	非自偿"中央"补助比例	自偿率	非自偿"中央"补助比例
最高补助（B）	≥45	50	≥35	78	≥25	84	≥20	86	≥15	90
基本门槛（A）	35	32	25	50	15	53.8	10	55	10	57.6

资料来源：赖宗裕、苏伟强：《跨域加值公共建设财务规划方案问题之探讨》，《公共行政学报》2013年第12期，第41~74页。

以第一级为例，当自偿率达到基本门槛（A）时（自偿率为35%），其非自偿部分的"中央"补助比例为32%，但当自偿率达到最高补助标准（B）时（自偿率≥45%），则非自偿部分的"中央"补助比例将提升至最高上限50%。简言之，制度设计上应考虑具有一定的激励效果，但应注意的是，门槛要求、财务规划与现实状况通常会有落差，而当期承诺的资金投入越多，承担的财务风险也越大。

（四）跨域加值的效益评价

1. 提升财务效益

通过外部效益内部化，可以大幅减少政府支出，促进财务收益的公平化，并通过整合规划将创造的收益与支出进行整合，以达到财务平衡。

2. 扩大公共建设规模

如以平均30%的自偿率来看，可以用1680亿新台币的预算规模推动2400亿新台币的公共建设，并间接带动周边发展建设6400亿新台币以上的投资。

3. 有效带动地方及产业发展

因公共建设计划及都市计划等必须先经过公共建设部门、都市计划部门、财政税务部门等的整合，因此公共建设的投资，可以有效带动地方及产业的发展。

4. 建立良好的合作伙伴关系

通过创新机制，能够使"中央"、"地方"和"民间"建立伙伴关系。

（五）跨域加值可能产生的问题

1. 共有财源竞争问题

根据公共选择理论，政府在争取公共建设的预算补助时，基于效用极大化，易最大化预算需求。然而，政府所做的集体选择，可能会使资源得不到有效分配。当地方政府都需要加快实施各自的地方发展与公共建设计划时，将共同竞争有限的财政资源，会产生"共有财产的悲剧"，最终可能导致整体社会利益的损失，即当地方政府竞相争取财政补助款而缺乏完善的制度限制其投机行为时，"中央"政府在信息不透明的情形下，不能将资源分配给最需要者，进而无法实现资源的有效配置。

2. 交易成本增加问题

在公共政策分析中，交易成本理论的主要观点是，制度建立是以降低交易成本为依据的。

在此论点下，跨域加值方案所推动的新自偿率门槛补助制度的目的是，通过门槛标准排除不具有一定效益规模的计划，以期降低过去计划通过前的搜寻、协商与签约成本。然而，外部效益都是对未来地方经济发展的期待价值，其中涉及相当大的收益不确定性，所以该补助制度反而可能直接或间接地增加其他交易成本。

跨域加值制度的本意是为了阻止不成熟与不完善的新建计划，降低计划审查的交易成本，提升资源分配的效率，然而，制度反而增加了规划的信息搜寻成本、计划内容审查的协商与议价成本，以及计划执行的监督成本。总的来说，或许反而高于原有制度的交易成本，所以应配合调整制度或置入机制予以改善。

3. 道德危机的产生

自偿性财源属地方政府的自筹配合款，即使其未来会产生现金流而逐年回收，但预期收益都是建立在许多假设参数之上的，当预估与实际结果有落差时，自偿性财源将会发生变动，且落差越大，缺口就越大。

"中央"政府在这种新的分担制度下对该缺口并不负责，相反，地方政府需挪用既有预算予以补足，当自有财源不足时，未来地方财政负担反而会增加。尤其是当地方既有预算被动用时，势必排挤其他一般公共预算支出，进而产生财政排挤效果。

二　台湾公共项目"跨域加值"政策实施经验借鉴

台湾在公共建设领域推行的"跨域加值"政策既不同于美国的税收增额融资制度（TIF），也与英国推行的私人主动融资计划（PFI）差异很大，台湾从自身的政治经济制度出发，融合了 TIF 与 PFI 的思想精髓，并通过"跨域加值"和"自偿率"这两个理念对其进行了创造性的改进，形成了适合台湾当地的公共设施建设政策。"跨域加值"政策实施以来，台湾公共项目建设的重要实践见表 4 - 3。

表 4 - 3　"跨域加值"政策实施以来的重要实践

时间	地区/部门	领域	实践
2015 年 1 月 13 日	台湾"水保局"	农村	"水保局"已推动 25 处社区跨域合作示范点，规划建立全台湾农村社区与公私各部门跨域合作执行机制，指导农村社区产业升级和各类增值产业发展，振兴农村经济
2014 年 10 月 24 日	台北市/新北市	公共交通	"行政院"正式批准捷运万大线第一期工程纳入跨域加值概念规划
2014 年 9 月 24 日	台湾"文化部"	文化	推动博物馆及地方文化馆整合发展计划执行内容与跨域加值委托规划案限制性招标
2014 年 8 月 22 日	台湾南投县政府	区域合作	为了提升大陆和台湾区域发展合作平台的成效，持续引导三县市跨域合作，南投县政府举办了大陆和台湾区域发展平台——公私部门跨域治理加值经验分享暨联合研讨会
2014 年 7 月 10 日	山西省	文化	近百位台湾嘉宾与 50 余位大陆文化界人士共同出席了"三晋文化发展研讨会"，探讨将跨域加值的策略引入文化创意产业，并介绍了台湾成功案例
2013 年 12 月 23 日	台湾	"经建会"	重大公共建设项目预算配合"跨域加值"方案的计划优先编报

续表

时间	地区/部门	领域	实践
2013 年 6 月 26 日	台湾"教育部" 体育署	教育	举办运动设施研习会，分享跨域加值成功经验
2013 年 3 月 30 日	台湾各个地区	交通/文化/ 商业旅游	已采用跨域加值计划的有：交通领域为高雄地铁凤山延伸段、桃园捷运绿线、台北捷运民生汐止线、三莺线、高雄环状轻轨、淡海轻轨、机场捷运延伸线等；文化领域为大"故宫"计划、客家文化发展中心；商业旅游领域为工商类国家会展中心、阿里山林业村。全部计划预计节省建设经费 1225 亿新台币

资料来源：根据台湾"中央社"、《中时电子报》、金门日报社、中国文化传媒网等媒体内容整理。

从"跨域加值"政策在台湾地区的实践结果来看，其理念的应用逐渐从城市轨道交通（台湾称捷运系统）领域拓展到教育、文化、区域合作等多个领域，产生了巨大的经济效益和社会效益。

"跨域加值"的理念与实践中"跨业创价"的商业模式非常类似。"跨业创价"多应用于商品销售和物业管理领域。台湾的"跨域加值"则主要应用于公共建设领域，其中以城市轨道交通建设最为典型，不同于政府以往先依法取得税收收入再编制建设经费执行工程建设的做法，而是在站点周边区域整合规划建设空间，推动交通规划与城市规划进行整合，交通客流与商家互惠互利，使各方市场主体获得了高于独立运营的收益，从而使交通等公共部门提高了自偿率，减少了对政府补贴的依赖，其他商家在自身收益增加的同时还能增加政府税收，外部效益总量增加，且以市场手段进行内部化和再分配，最后各方福利都能增加，这就是"跨域加值"的实践意义。

从上文对我国城市轨道交通现状的剖析结果来看，大陆城市正面临与台湾当时类似的财务困境和部门壁垒，导致已经建成的轨道交通不能很好地契合城市本身的需求，公共建设与城市协调发展困难重重。短时间内政府可以通过土地财政和发行债券解决公共建设的财务问题，但是随着我国进入中等收入国家行列，城市市民对原来政府部门相对忽视的教育、医疗和社会保障的要求会越来越高，政府公共支出也将会向这些领域倾斜，而现有的土地财政政策会增大政府的财政压力。正是基于相似的背景，本书认为在当前城市轨道交通建设运营机制不可能维持的前提下，台湾已经实行的"跨域加值"政策或许可以为大陆城市提供一种新的解决思路。

（一）主动突破边界限制，改革阻碍"跨域"创造价值的体制机制

"跨域加值"的核心理念在于转化边界屏蔽效应，以创新的财务规划方式，通过跨领域合作实现共赢并创造更大的价值。然而当前我国城市轨道交通领域还缺乏实施"跨域加值"的体制机制，无论是政府上下级、政府不同部门，还是公共部门与私人部门之间，边界无处不在，而边界存在导致的部门分割和各自为政现象在我国尤为严重。由于税制建设的落后，TIF 在我国实施存在极大的法律障碍。我国的土地和城市建设分别归国土资源部和住建部管理，而且按照国土部门的规定交通用地不能作为商业用地，这意味着在站点周边进行高密度商业开发的难度很大。虽然城市轨道交通领域已经对民间资本开放，但是公共部门与私人部门的地位长期不平等，政府始终处于绝对强势地位，私人部门极度缺乏安全感，再加上合作经验的匮乏，导致私人部门对城市轨道交通建设一直持观望态度。这些现实表明，如果体制机制和环境不改变，跨领域的合作必然不能展开，轨道交通外部效益内部化也不能实现。

（二）灵活运用"自偿率"指标指导轨道交通规划建设

虽然国务院于 2003 年发布了以 GDP、财政收入、客流量和城区人口为基础的定量标准，但是这些定量标准中的 GDP、财政收入指标已经远远落后于时代，而城区人口指标忽视了流动人口。实践表明，各个城市的客流预测结果与实际客流存在较大差异，实际客流量小于预测客流量（见表4－4）。这些问题的存在使得新标准的出台刻不容缓，而一般来说，财务标准比其他定量指标更直观可靠。

表4－4　部分城市轨道交通实际客流量与预测客流量对比

单位：万人次

线路	年份	实际日客流量	预测日客流量
北京地铁 13 号线	2005	15.3	37.3
北京地铁八通线	2005	6.9	27.0

线路	年份	实际日客流量	预测日客流量
上海地铁 2 号线	2001	23.9	75.0
	2002	27.0	77.9
上海地铁 3 号线	2001	12.0	76.2
上海地铁 5 号线	2007	6.7	35.0
天津地铁滨海线	2006	2.7	12.7
广州地铁 1 号线	2007	49.0	76.7

资料来源：根据"十一五"国家科技支撑计划城市轨道交通客流预测相关问题研究报告等资料整理。

"自偿率"是跨域加值中的一个核心指标，在我国轨道交通建设运营中，自偿率至少能发挥三个方面的作用（见图 4 - 4）。

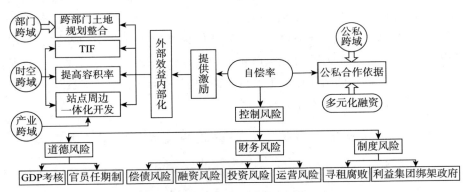

图 4 - 4　跨域加值中自偿率指标在我国轨道交通建设中的作用

第一，为轨道交通外部效益内部化提供内在激励。当一个轨道交通项目有了自偿率指标后，不管是地方政府还是轨道交通建设主体，为了达到自偿率标准，必然会从站点周边土地入手，推动跨部门的土地规划整合，促进高密度的商业房地产开发，以最大限度地创造并回收外部效益，同时改革财税政策，使其更加灵活多样，以适应轨道交通的土地溢价回收。第二，自偿率标准的制定为公共部门与私人部门合作提供了一个定量依据，从而削弱了公私合作的信息不对称，使得多元化融资更易进行。第三，自偿率指标能控制轨道交通项目建设中的风险。由于 GDP 考核和官员任期制的存在，再加上审核权下放使得项目审批的速度加快，部分地方官员存在依靠城市轨道交通投资拉动经济增长而忽视长期效益的道德风险，而自偿率指标的存在也使得部分官员个人的道德风险大大降低；在控制财务风险方面，自偿率指标使信息不对称减弱，从而使轨道交通项目在建设之前的融资和投资风险以及建设之后的偿债和运营风险具有极高的可预见性；在控制制度风险方面，腐败寻租和利益集团绑架政府投资的现象屡见不鲜，自偿率作为一个财务指标，如果同时让多个第三方机构进行独立论证，那么腐败寻租和利益集团游说的存在引致的不合理投资造成轨道交通设施利用率低下的问题将会大大减少。

三 内部补贴平衡机制

内部补贴以跨域加值为理论基础，除轨道交通运输主业外，政府给予企业更大的经营权限，扩大其经营范围，如站点物业开发、交通土地一体化开发、广告传媒经营等，以增加企业经营收入，提高企业盈利能力，以内部补贴机制选择实现公益性与经营性的平衡。基于轨道交通内部补贴的公益性与经营性平衡机制设计见图 4 - 5。

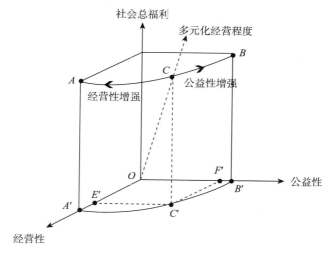

图 4 - 5 轨道交通内部补贴的公益性与经营性平衡机制

在社会总福利不变的情况下，多元化经营程度 C 在 AB 曲线间移动，此时代表经营性程度的是 OE′，代表公益性程度的是 OF′，当经营性增强时，公益性减弱，公益性与经营性之间呈现此消彼长的状态。轨道交通运输企业多元化经营程度越高，其经营性越明显，反之公益性越明显，政府通过控制轨道交通运输企业的多元化经营，从内部补贴机制层面实现公益性与经营性的平衡选择。

第四节　价格机制设计

关于轨道交通 PPP 项目的定价原则，总的来说就是：政府要在轨道交通 PPP 项目中实现社会利益与私人投资者利益之间的平衡，即本书所述的公益性与经营性之间的平衡。如在政府制度、市场以及社会环境良好运行的情况下，PPP 项目价格机制的设计应兼顾社会资本与公共使用者之间的利益，在社会资本能够获得合理回报的情况下，保证使用者利益不受损害，最终使社会总福利最大化（见图 4-6）。

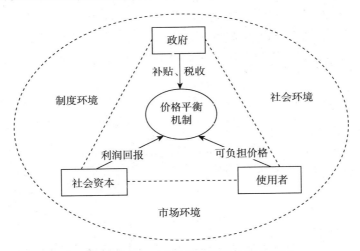

图 4-6　PPP 项目价格机制设计基本原理

当前轨道交通项目的定价方法不完全满足项目的实际需要，因此要结合政府调控和市场机制，科学地制定定价策略，结合轨道交通 PPP 项目的特点，考虑以下影响定价的基本原则。

第一，合理的总成本补偿。轨道交通 PPP 项目包括两大部分，即建设成本和运营维护成本，根据市场定价原则，应在覆盖总成本的基础上制定票价。

第二，合理的可负担成本。由于轨道交通的主要消费者是广大社会公众，根据政府监管的要求，轨道交通 PPP 项目的票价制定要兼顾社会公众的经济支付能力。

第三，合理的利润回报机制。轨道交通 PPP 项目的资金来源包括公共部门和社会投资者，从财务角度来讲，项目必须具备一定的财务可行性，票价应该满足投资者对可预测的、合理的、长期的利润目标的需求，才有可能调动社会投资者的积极性，充分发挥项目的融资功能。

第四，具有上限的动态调价。轨道交通 PPP 项目特许经营期限较长，根据市场运营原则，应当把物价上涨等因素考虑在内，然后制定合理的浮动价格机制。然而，轨道交通设施是公共物品，从政府监管的角度来看，其价格调整要受到政府监管，不能随意变动。因此，轨道交通 PPP 项目的价格调整目标应该设定在一定的限度内。

第五，服务质量与价格匹配。在轨道交通 PPP 项目中引入竞争机制，可根据其提供服务质量的安全、快捷、方便、舒适的程度来制定相匹配的价格。

轨道交通定价一般采用静态定价的方式，由政府监管，而轨道交通 PPP 项目的定价在接受政府监管的情况下也要考虑市场规律，在项目运营的不同阶段，根据客流的周期特点采用动态定价策略，使社会总福利最大化。基于以上分析，对北京市轨道交通 PPP 项目提出以下基本定价策略。

第一，客流产生阶段即项目运营初期的定价策略。在轨道交通项目客流产生阶段，政府制定的票价要能够吸引客流，因为这个时期的乘客仍然处于轨道交通项目的"试验和体验"阶段，对价格比较敏感。如果不考虑现实存在的市场因素，票价过高的话，轨道交通的客流量将明显低于设计的客流量，则必然导致 PPP 项目的运营成本相对较高，企业无法维持运营，需要政府的大量补贴才能保证项目的健康运营。为了保证稳定的客流量，在客流产生阶段制定票价时，要充分发挥轨道交通运量大的优势，考虑其他运输方式的价格可替代性问题，根据当地居民的经济可承受水平制定票价，获得公众认可。此时，要实行基于客流的定价策略以增加客流量，从另一个角度可以做出以下解释，如果一个城市的轨道交通项目在建设初期只有一条或两条线路时，直接采用 PPP 模式是不太合适的，因为此时轨道运输的网络效应还未形成，难以形成稳定的客流量，无法借助规模经济来增加收入，社会投资者的管理优势不具备发挥的空间，不能通过有效的运营管理来获得稳定的收入。因此，在城市轨道网络建设初期应由政府负责项目的建设和运营。

第二，客流培育发展阶段即项目发展期的定价策略。这个阶段的主要特征是客流量逐渐增加，并表现出规模效应，项目的运营成本相对降低，营业收入有所增加，但项目运营企业自身仍不能实现收支平衡，需要政府提供相应的补贴，但是补贴的力度可适当减小。此时定价的主要目的是稳定客流量，培育客户的忠诚度。随着轨道交通项目市场份额的逐渐变大，价格机制的设计应以稳定的客流量为主，此时可以在适当定价的基础上，适时推出一些增值服务。

第三，客流相对趋稳阶段即项目成熟期的定价策略。在这个时期，许多人出行更多地依赖轨道交通，与其他运输方式相比，轨道交通具有明显的竞争优势。由于人们收入的增加，一些群体会更看重出行的舒适性和安全性，而不是价格的变化。此时，定价的主要目的是提高运营企业的收入，调动企业的积极性。定价的策略可引入"按质付费"，根据所提供服务质量的不同对消费者市场进行细分，通过提高产品服务水平，如针对商务座、一等座、二等座，可设置差别价格，如有需要，还可根据客流的规律特征制定相应的票价浮动机制，使企业在提供不同水平服务时获得合理的回报。随着票价的上涨，企业会更加注重提高服务质量和控制成本，充分发挥知识和管理优势，收入也会相应增加，政府补贴自然会降低。

综上，价格机制设计主要是围绕政府补偿、企业效益、使用者付费三个方面的平衡展开的，在项目不同阶段有不同的定价策略（见图 4 - 7），定价的最终目的是实现轨道交通项目公益性与经营性的平衡。

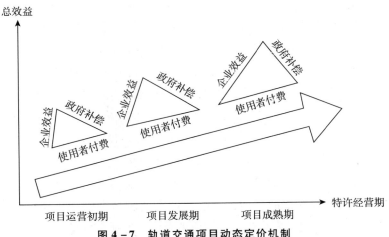

图 4 - 7　轨道交通项目动态定价机制

第二篇

公益性与经营性平衡机制的计量与设计

本篇以高速铁路为例，从 GDP、受益主体和土地增值的视角，对轨道交通的公益性与经营性进行计量，并据此通过外部补贴机制、内部补贴机制和价格机制的框架，设计公益性与经营性的平衡机制。

第五章

GDP 视角下轨道交通公益性计量

第一节 灰色预测的原理

灰色预测是一种根据过去已知的或非确知的灰色信息，寻找系统的内在规律，通过对动态信息的开发、利用和加工建立一个从过去引申到将来的 GM 模型，从而了解系统的动态行为和发展趋势，为事物的规划决策、系统的控制与状态的评估提供依据。灰色预测模型所需数据量较小，通常只要有 4 个以上数据即可建模，并且不必知道原始数据分布的先验特征，对无序序列或服从任何分布的光滑离散数据序列，通过有限次的生成即可满足建模条件。灰色预测模型的预测精度较高，可保持原系统的特征，能较好地反映系统的实际状况。

本书需要预测铁路对 GDP 的影响，铁路建设项目上的大量投资能够对经济产出、生产率和个体福利等方面带来显著的区域经济影响。但是这种影响极其复杂，既表现为产业间的联系，又涉及空间上的联结。而目前对铁路对经济影响的微观机理的研究尚不成熟，有些定量模型虽有扎实的理论基础但数据非常难以获得，很难应用于实践。铁路对经济的影响既有有形的又有无形的，既有已知的又有未知的，这种情况恰好符合灰色模型要处理的类型，所以本书选用灰色模型 G（1，1）来预测铁路对 GDP 的影响。

一 一阶累加生成 （1 – AGO）

设有变量为 $X^{(0)}$ 的原始非负数据序列：

$$X^{(0)} = \left[x^{(0)}(1), x^{(0)}(2), \cdots, x^{(0)}(n) \right] \tag{5-1}$$

则 $X^{(0)}$ 的一阶累加生成序列为：

$$X^{(1)} = [x^{(1)}(1), x^{(1)}(2), \cdots, x^{(1)}(n)] \tag{5-2}$$

式中，$X^{(1)}(k) = \sum_{i=1}^{k} x^{(0)}(i)$，$k = 1, 2, \cdots, n$。

二 对 $X^{(0)}$ 进行准光滑检验和对 $X^{(1)}$ 进行准指数规律检验

设

$$\rho(k) = \frac{x^{(0)}(k)}{x^{(1)}(k-1)}, \quad k = 2, 3, \cdots, n \tag{5-3}$$

若满足 $\rho(k) < 1$，$\rho(k) \in [0, \varepsilon]$（$\varepsilon < 0.5$），$\rho(k)$ 呈递减趋势，则称 $X^{(0)}$ 为准光滑序列，$X^{(1)}$ 具有准指数规律。否则，进行一阶弱化处理：

$$X'(0) = \frac{1}{n-k+1}[x(k) + x(k+1) + \cdots + x(n)], \quad k = 1, 2, \cdots, n \tag{5-4}$$

并且令 $x^{(0)}(k) = x'^{(0)}(k)$，即 $X^{(0)}$ 由 $X'^{(0)}$ 所替代。

三 构建相应的微分方程

由第 2 步可知，$X^{(1)}$ 具有近似的指数增长的规律，因此可以认为序列 $X^{(1)}$ 满足下述一阶线性微分方程：

$$\frac{\mathrm{d}x^{(1)}}{\mathrm{d}t} + ax^{(1)} = u \tag{5-5}$$

解得：

$$\begin{bmatrix} \hat{a} \\ \hat{u} \end{bmatrix} = (B^T B)^{-1} B^T Y_n \tag{5-6}$$

其中，

$$Y_n = \begin{bmatrix} x^{(0)}(2) \\ x^{(0)}(3) \\ \vdots \\ x^{(0)}(n) \end{bmatrix}, B = \begin{bmatrix} -\frac{1}{2}[x^{(1)}(1) + x^{(1)}(2)] & 1 \\ -\frac{1}{2}[x^{(1)}(2) + x^{(1)}(3)] & 1 \\ \vdots & \vdots \\ -\frac{1}{2}[x^{(1)}(n-1) + x^{(1)}(n)] & 1 \end{bmatrix}$$

将所求得的 $\hat{a}$、$\hat{u}$ 代入式（5 - 5），得：

$$\frac{\mathrm{d}x^{(1)}}{\mathrm{d}t} + \hat{a}x^{(1)} = \hat{u} \qquad (5-7)$$

四　建立灰色预测模型

由式（5 - 7）可得到累加数列 $X^{(1)}$ 的灰色预测模型为：

$$\hat{x}^{(1)}(k+1) = \left[x^{(1)}(0) - \frac{\hat{u}}{\hat{a}} \right] e^{-\hat{a}k} + \frac{\hat{u}}{\hat{a}}, \ k = 0,1,2,\cdots,n \qquad (5-8)$$

如果 $X^{(1)}$ 来自 $X^{(0)}$ 一阶弱化处理得到的数列，则由式（5 - 4）可知，一阶弱化还原后有：

$$\hat{X}^{(0)}(k+1) = \hat{X}^{(1)}(k+1) \qquad (5-9)$$

反之，则由式（5 - 8）再做累减还原，得到 $X^{(1)}$ 的灰色预测模型为：

$$\hat{X}'(k+1) = (e^{-a} - 1) \left[x^{(0)}(n) - \frac{\hat{u}}{\hat{a}} \right] e^{-ak}, \ k = 0,1,2,\cdots,n \qquad (5-10)$$

五　灰色预测模型的检验

1. 适用范围

当 $-\hat{a} \leqslant 0.3$ 时，可用于中长期预测；当 $0.3 < -\hat{a} \leqslant 0.5$ 时，可用于短期预测，中长期慎用；当 $0.5 < -\hat{a} \leqslant 0.8$ 时，短期预测需慎用；当 $0.8 < -\hat{a} \leqslant 1$ 时，应采月残差修正；当 $-\hat{a} > 1$ 时，不宜采用灰色系统预测模型。

2. 后验差检验

设残差序列为：

$$\varepsilon^{(0)} = \left[\varepsilon^{(1)}, \varepsilon^{(2)}, \cdots, \varepsilon^{(n)} \right]$$
$$= \left[x^{(0)}(1) - \hat{x}^{(0)}(1), x^{(0)}(2) - \hat{x}^{(0)}(2), \cdots, x^{(0)}(n) - \hat{x}^{(0)}(n) \right]$$

$\bar{\xi} = \dfrac{1}{n}\sum\limits_{k=1}^{n} \varepsilon(k)$ 和 $S_{\xi}^2 = \dfrac{1}{n}\sum\limits_{k=1}^{n} \left[\varepsilon(k) - \bar{\xi} \right]^2$ 分别为残差的均值和方差，

$\bar{x} = \dfrac{1}{n}\sum\limits_{k=1}^{n} x^{(0)}(k)$ 和 $S_x^2 = \dfrac{1}{n}\sum\limits_{k=1}^{n} \left[x^{(0)}(k) - \bar{x} \right]^2$ 分别为 $X^{(0)}$ 的均值和方差，

则后验差比值 $C = \dfrac{S_\varepsilon}{S_x}$，小误差概率 $P \mid \varepsilon(k) - \overline{\varepsilon} \mid < 0.6745 S_x$，其中 C 越小越好，P 越大越好。精度检验等级见表 5 - 1。

表 5 - 1　精度检验等级

等级	评价	C	P
一级	好	0.35	0.95
二级	合格	0.50	0.80
三级	勉强	0.65	0.70
四级	不合格	0.80	0.60

六　等维新信息递推

去掉 $X^{(0)}$ 的首值，增加 $\hat{x}^{(0)}(k+1)$ 为 $X^{(0)}$ 的末值，保持数列的等维，逐个预测，依次递补，直到完成预测的目标。

七　所需数据

①交通基础设施开通使用前若干年（至少 5 年）所经地区（省、市、县）的相关数据。②交通基础设施开通后所经地区（省、市、县）的相关数据。

第二节　评价案例：京沪高铁

利用第一节的方法，可以求出 2011 年下半年后京沪高铁对沿线地区 GDP 的影响（见表 5 - 2）。

表 5 - 2　2011 年下半年至 2015 年京沪高铁对沿线主要站点城市 GDP 的影响

单位：亿元

城市	"有无"高铁	2011 年下半年	2012 年	2013 年	2014 年	2015 年
北京	"有"	16251.90	17801.02	19500.60	21330.80	23014.59
	"无"	16113.09	18530.49	20052.92	22480.73	24049.71
	差值	138.81	-729.47	-552.32	-1149.93	-1035.12

续表

城市	"有无"高铁	2011 年下半年	2012 年	2013 年	2014 年	2015 年
天津	"有"	11190.99	12885.18	14370.16	15722.47	16538.19
	"无"	11150.83	12736.68	13556.00	14080.61	14977.51
	差值	40.16	148.50	814.16	1641.86	1560.68
上海	"有"	20101.33	21602.12	23560.94	23560.94	25123.00
	"无"	20018.40	21743.51	23660.81	24049.93	26476.20
	差值	82.93	-141.39	-99.87	-488.99	-353.20
德州	"有"	1950.71	2230.55	2460.59	2596.08	2750.94
	"无"	1875.15	2087.10	2215.13	2475.17	2630.06
	差值	75.56	143.45	245.46	120.91	120.88
济南	"有"	4406.29	4803.67	5230.20	5770.60	6100.23
	"无"	4353.73	4709.88	5089.63	5508.80	5866.82
	差值	52.56	93.79	140.57	261.80	233.41
泰安	"有"	2304.31	2547.01	2790.70	3002.20	3158.40
	"无"	2135.56	2257.26	2579.71	2798.71	2914.41
	差值	168.75	289.75	210.99	203.49	243.99
滕州	"有"	728.13	830.85	902.64	981.8	1005.05
	"无"	709.08	808.77	910.74	1021.08	1120.75
	差值	19.05	22.08	-8.10	-39.28	-115.70
枣庄	"有"	1561.68	1702.92	1830.60	1980.13	2031.00
	"无"	1541.20	1642.82	1771.69	1898.23	1977.66
	差值	20.48	60.10	58.91	81.90	53.34
沧州	"有"	2473.00	2811.89	3013.00	3133.38	3240.60
	"无"	2453.80	2793.80	3039.66	3208.21	3397.65
	差值	19.20	18.09	-26.66	-74.83	-157.05
廊坊	"有"	1612.00	1793.80	1943.10	2056.00	2473.90
	"无"	1539.84	1772.47	1891.71	2079.55	2388.49
	差值	72.16	21.33	51.39	-23.55	85.41
蚌埠	"有"	780.24	890.22	1007.85	1108.44	1253.05
	"无"	723.59	832.76	898.76	1029.93	1101.36
	差值	56.65	57.46	109.09	78.51	151.69

续表

城市	"有无"高铁	2011 年下半年	2012 年	2013 年	2014 年	2015 年
滁州	"有"	850.50	970.70	1086.17	1184.79	1305.70
	"无"	812.00	897.15	1018.36	1177.05	1297.44
	差值	38.50	73.55	67.81	7.74	8.26
南京	"有"	6145.52	7201.57	8011.78	8820.75	9720.77
	"无"	5819.71	6763.85	7634.43	8416.21	9333.65
	差值	325.81	437.72	377.35	404.54	387.12
无锡	"有"	6880.15	7568.15	8070.18	8205.31	8518.26
	"无"	6565.42	7491.54	7861.51	8010.56	8412.36
	差值	314.73	76.61	208.67	194.75	105.90
徐州	"有"	3551.65	4016.58	4435.82	4963.91	5319.88
	"无"	3453.90	3915.75	4420.77	4883.21	5227.66
	差值	97.75	100.83	15.05	80.70	92.22
常州	"有"	3580.40	3969.87	4360.90	4901.90	5273.20
	"无"	3495.71	3866.52	4265.17	4692.15	5072.13
	差值	84.69	103.35	95.73	209.75	201.07
苏州	"有"	10716.99	12011.65	13015.70	13760.89	14504.07
	"无"	10574.91	11904.42	12752.97	13606.33	14319.60
	差值	142.08	107.23	262.73	154.56	184.47
镇江	"有"	2310.40	2630.42	2927.10	3252.40	3502.48
	"无"	2286.32	2552.77	2900.71	3282.04	3598.59
	差值	24.08	77.65	26.39	-29.64	-96.11
昆山	"有"	2432.25	2725.32	2920.08	3001.02	3080.01
	"无"	2278.17	2439.15	2771.45	2951.68	3099.66
	差值	154.08	286.17	148.63	49.34	-19.65
丹阳	"有"	724.90	830.50	925.15	1008.96	1070.25
	"无"	702.79	791.33	908.25	1012.31	1135.66
	差值	22.11	39.17	16.90	-3.35	-65.41
差值合计		1931.09	1263.89	2170.98	1719.56	1701.90

注：由于滕州隶属枣庄市，因此在差值合计中仅考虑枣庄市。

资料来源：根据《中国统计年鉴》（1996～2016 年）、《中国城市统计年鉴》（1996～2016 年）及各地区年度政府公报相关数据计算得出。

从表 5－2 可以看出，京沪高铁对各个站点城市的影响并不相同。京沪高铁开通后，GDP 变化最大的是天津。而随着京津冀一体化政策的出台，天津逐步承接北京的高端产业转移，将带来知识、技术的转移效应与溢出效应，进一步促进天津的发展。周边廊坊、张家口、石家庄等城市也将受惠于高铁开通后城市之间的溢出效应与辐射效应，获得更大的发展空间。

自 2012 年开始我国经济整体进入新常态，经济增长的方式面临转型，一些城市的经济增长受到了影响。例如，昆山在京沪高铁开通运营之初经济增长较为显著，但从 2013 年开始，增长逐渐放缓，沧州、滕州、丹阳、镇江也面临同样的问题。然而，高速铁路的开通运营仍然为沿线一部分城市提供了发展的契机。济南、德州、常州、南京和无锡等城市受京沪高铁的影响显著，GDP 出现较大增量。而泰安则在京沪高铁开通之后，旅游业获得显著发展。根据泰安市旅游局的统计数据，2015 年泰安共接待游客 5311.8 万人次，实现旅游总收入 500.5 亿元，与 2014 年相比分别增长 10% 和 13.3%，旅游收入约占 GDP 的 15.8%。与之相似的是济南，济南不仅在旅游业上继续保持了良好的增长态势，诸如高新技术产业发展、内外贸易等也继续保持了良好的增长势头，因此保证了经济的稳定增长。

经济增长具有一定潜力的是枣庄。枣庄历史悠久，旅游资源丰富，是造车鼻祖奚仲的故里，是台儿庄古城、孟尝君封地、铁道游击队的故乡。为发展旅游业，薛城区先后投资近 2.7 亿元，建成并启用了一些文化活动中心，如奚仲文化广场、锦阳河文化休闲中心，还包括一些展览馆，如奚仲纪念馆、鲁南民俗博物馆等 8 个展馆。此外，重点建设了中华车祖苑、民国影视文化城、蟠龙河湿地公园、杨峪体育公园等九大产业园区，开展了 20 多个文化旅游业项目，总投资为 100 多亿元。枣庄因其旅游特色成为新一批高铁节点城市，在高铁承担客运、可能刺激旅游业的情况下，将迎来经济的持续稳定和内生增长。

北京、上海等原本经济较为发达的城市的计算结果出现较大负值，这符合近年来学者们研究的成果，即高速铁路对各个地区的影响并不都是正面的，对于一些交通基础设施已经非常完善、经济发展方式较为稳定的地区来说，高铁的开通可能并不会对经济产生显著的带动作用，而是产生扩散效应。

表 5－3 为京沪高铁对沿线三省 GDP 的影响，通过对差值进行加总求出对沿线三省的公益性计量。

表 5 - 3   2011～2015 年京沪高铁对沿线三省 GDP 的影响

单位：亿元

省份	"有无"高铁	2011 年	2012 年	2013 年	2014 年	2015 年
河北	"有"	24228.20	26575.01	28442.95	29421.15	29806.11
	"无"	23055.46	24907.01	27387.66	28685.43	29447.12
	差值	1172.74	1668.00	1055.29	735.72	358.99
安徽	"有"	15110.30	17212.05	19229.34	20848.75	22005.63
	"无"	14442.49	16377.55	18556.31	20550.24	21909.54
	差值	667.81	834.50	673.03	298.51	96.09
江苏	"有"	49110.27	54058.20	59753.37	65088.32	70116.38
	"无"	47927.16	50260.91	55653.71	61219.08	67349.98
	差值	1183.11	3797.29	4099.66	3869.24	2766.40
差值合计		3023.66	6299.79	5827.98	4903.47	3221.48

资料来源：根据《中国统计年鉴》（1996～2016 年）相关数据计算得出。

从表 5-3 可以看出，从省级的影响来看，京沪高铁对沿线影响显著，其中 2011～2015 年河北 GDP 增加值分别为 1172.74 亿元、1668.00 亿元、1055.29 亿元、735.72 亿元、358.99 亿元，安徽 GDP 增加值分别为 667.81 亿元、834.50 亿元、673.03 亿元、298.51 亿元、96.09 亿元，江苏 GDP 增加值分别为 1183.11 亿元、3797.29 亿元、4099.66 亿元、3869.24 亿元、2766.40 亿元。五年来，京沪高铁对沿线三省带来的公益性为 23276.38 亿元。

第三节   评价案例：武广高铁

武广高铁自开通后到 2012 年末对沿线主要站点城市 GDP 的影响见表 5-4。

表 5 - 4   2010～2015 年武广高铁对沿线主要站点城市 GDP 的影响

单位：亿元

城市	"有无"高铁	2010 年	2011 年	2012 年	2013 年	2014 年	2015 年
武汉	"有"	5515.76	6756.20	8003.82	9051.27	10068.48	10905.60
	"无"	5256.89	6205.61	7325.54	8242.23	9079.43	10083.57
	差值	258.87	550.59	678.28	809.04	989.05	822.03

续表

城市	"有无"高铁	2010 年	2011 年	2012 年	2013 年	2014 年	2015 年
咸宁	"有"	520.33	652.10	760.99	872.11	964.25	1030.07
	"无"	450.32	518.31	596.56	659.62	734.68	822.34
	差值	70.01	133.79	164.43	212.49	229.57	207.73
岳阳	"有"	1539.36	1899.49	2199.92	2435.50	2669.39	2886.30
	"无"	1470.84	1625.18	1923.49	2205.23	2520.88	2773.91
	差值	68.52	274.31	276.43	230.27	148.51	112.39
长沙	"有"	4547.06	5619.33	6399.91	7153.13	7824.81	8510.13
	"无"	4348.87	5496.21	6244.48	6993.82	7573.32	8390.76
	差值	198.19	123.12	155.43	159.31	251.49	119.37
株洲	"有"	1274.80	1563.90	1759.40	1948.00	2160.50	2335.10
	"无"	1209.02	1423.74	1676.60	1853.85	2062.04	2280.03
	差值	65.78	140.16	82.80	94.15	98.46	55.07
衡阳	"有"	1420.34	1746.44	1957.70	2169.44	2395.56	2601.57
	"无"	1344.76	1571.78	1837.13	2037.28	2308.78	2633.49
	差值	75.58	174.66	120.57	132.16	86.78	− 31.92
郴州	"有"	1081.80	1346.40	1517.30	1685.50	1872.60	2012.10
	"无"	974.68	1129.58	1289.10	1466.19	1632.47	1861.56
	差值	107.12	216.82	228.20	219.31	240.13	150.54
韶关	"有"	683.10	813.95	888.48	1010.10	1111.54	1150.00
	"无"	660.86	742.49	834.21	915.79	1007.36	1108.41
	差值	22.24	71.46	54.27	94.31	104.18	41.59
清远	"有"	837.35	1009.09	1033.17	1103.97	1197.74	1277.86
	"无"	856.89	960.12	1056.71	1195.33	1281.99	1360.19
	差值	− 19.54	48.97	− 23.54	− 91.36	− 84.25	− 82.33
广州	"有"	10748.28	12423.44	13551.21	15420.14	16706.87	18100.41
	"无"	10560.95	12068.24	13790.67	15667.04	17067.70	18265.39
	差值	187.33	355.20	− 239.46	− 246.90	− 360.83	− 164.98
差值合计		1034.1	2089.08	1497.41	1612.78	1703.09	1229.49

资料来源：根据《中国统计年鉴》（1996～2016 年）、《中国城市统计年鉴》（1996～2016 年）及各省市有关统计年鉴和政府公报相关数据计算得出。

从表 5-4 可以看出，武广高铁对各个站点城市的影响各不相同。韶关、郴州、衡阳、株洲、武又、长沙、咸宁和岳阳等城市受武广高铁影响较为显著，GDP 出现较大增量，但清远和广州的计算结果近年来为负。以上结果说明，武广高铁对各个地区的影响并不都是正面的，对于一些交通基础设施已经非常完善的地区，高铁的开通可能并不会对经济产生显著的带动作用，如广州。整体来看，广州的经济增长有所放缓，且高铁可能对广州产生了扩散效应；而清远作为交通基础比较落后的地区，高铁的开通极有可能引发虹吸效应，反而使得城市被边缘化。

表 5 - 5 为武广高铁对湖北 GDP 的影响，从相关数据可以看出武广高铁对湖北带来的公益性较为显著。与京沪高铁沿线三省相似，GDP 视角下武广高铁给湖北带来的公益性在 2012 年后逐渐降低，呈波动态势。

表 5 - 5   2010 ~ 2015 年京广高铁对湖北 GDP 的影响

单位：亿元

省份	"有无"高铁	2010 年	2011 年	2012 年	2013 年	2014 年	2015 年
湖北	"有"	15967. 61	19632. 26	22250. 45	24792. 00	27379. 00	29550. 19
	"无"	15905. 19	18002. 25	21026. 52	23998. 62	27160. 97	29063. 26
	差值	62. 42	1630. 01	1223. 93	793. 38	218. 03	486. 93

资料来源：根据《中国统计年鉴》（1996 ~ 2016 年）相关数据计算得出。

第四节   评价案例：京津城际

为进一步分析高速铁路对不同城市的影响，本节选取我国开通较早的高速铁路——京津城际，来考察其对北京、天津的影响，分析造成这种影响的可能原因。根据上文中的公式，求出 2008 年京津城际开通后到 2015 年年末，京津城际对京津两地 GDP 的影响（见表 5 - 6）。

表 5 - 6   2008 ~ 2015 年京津城际对京津两地 GDP 的影响

单位：亿元

城市	"有无"高铁	2008 年	2009 年	2010 年	2011 年
北京	"有"	10488. 03	12153. 03	14113. 58	16251. 90
	"无"	10022. 54	12111. 88	14636. 78	17688. 02
	差值	465. 49	41. 15	- 523. 20	- 1436. 12

续表

城市	"有无"高铁	2008 年	2009 年	2010 年	2011 年
天津	"有"	6354.38	7521.85	9224.46	11190.99
	"无"	5577.47	6521.11	7624.39	8914.34
	差值	776.91	1000.74	1600.07	2276.65
差值合计		1242.40	1041.89	1076.87	840.53
城市	"有无"高铁	2012 年	2013 年	2014 年	2015 年
北京	"有"	17801.02	19800.81	21330.83	23014.59
	"无"	18530.49	20052.92	22480.73	24049.71
	差值	-729.47	-252.11	-1149.90	-1035.12
天津	"有"	12885.18	14442.01	15726.93	16538.19
	"无"	12736.68	13556.00	14080.61	14977.51
	差值	148.50	886.01	1646.32	1560.68
差值合计		-580.97	633.90	496.42	525.56
公益性总计		5276.60			

资料来源：根据《中国统计年鉴》（1996～2016 年）相关数据计算得出。

从表 5-6 的数据可以分析出，京津城际的开通对天津的发展有一定的影响，但对北京的影响很小，2010～2015 年 GDP 增加值出现负值，说明京津城际开通后北京的各种资源更多、更快地产生了扩散效应，即出现了产业外迁现象，这与现实也是相符的，符合近年来北京的经济发展状况。相比之下，京津城际的开通运营对天津的公益性要大于北京。

第五节　小结

将三条线路开通运营后通过灰色预测得出的公益性与无高铁时沿线城市 GDP 进行对比，具体情况见表 5-7。

表 5-7　GDP 视角下三条高速铁路的公益性与 GDP 对比

线路	公益性合计（亿元）	无高铁时的 GDP 合计（亿元）	对 GDP 的贡献率（%）
京沪高铁（2011 年下半年至 2015 年）	8910.61	308153.62	2.89
武广高铁（2010～2015 年）	9165.95	231534.51	3.96
京津城际（2008～2015 年）	5276.60	223561.18	2.36

注：京沪高铁沿线除去北京、天津、上海三座特殊城市。

GDP 视角下，京沪高铁、武广高铁、京津城际三条高速铁路在运营期为沿线地区带来了可观的公益性，对沿线地区 GDP 的贡献率约为 3%。

总体来看，以 GDP 为评价标准的京沪高铁带来的公益性逐年下降，这与我国经济增速整体放缓有关。GDP 视角的评价方法处理起来较为简单，且结果直观，但会受宏观经济波动与个体城市的特殊性的影响。

第六章

受益主体视角下
轨道交通公益性与经营性计量

第一节 受益主体加总法的内涵

一 社会总福利增进——节能减排的效益

社会总福利体现在铁路相对于私家车的节能减排效益。这一部分测算采用铁路能够对其他交通方式起到分流作用的思想，具体思路是求出相对于长途客车而言，铁路在每个指标上节约的价值，再乘以每年铁路的客流量、每个旅客平均的出行距离，即可求出铁路的外部效益。选择长途客车是因为其节能减排的效益仅次于铁路，其他交通方式都需要消耗大量的能源并排放更多的尾气。

（一）节能效益

量化铁路在运营中的节能效益，可表示为：

$$B_1 = J \cdot Q \cdot P_j \tag{6-1}$$

其中，B_1 为铁路节约的能耗（万元），J 为轨道交通平均节约能耗 [千焦/（人·公里）]，Q 为铁路旅客周转量（人·公里），P_j 为能源价格（元/千焦）。

以每人每公里能耗计算，高速公路公交车的平均能耗是 583.8 焦耳/（人·公里），小汽车的平均能耗是 3309.6 焦耳/（人·公里），而普通铁路的能耗仅为 403.2 焦耳/（人·公里），高速铁路的能耗为 571.2 焦耳/（人·公里）。将铁

路与地面公共交通的能耗相比,得出铁路的平均节约能耗为:

$$J_{铁} = 高速公路公交车平均能耗 - 普通铁路平均能耗 = 180.6 \left[焦耳/(人·公里) \right]$$

同理得出高速铁路相对于高速公路的平均节约能耗为:

$$J_{高铁} = 高速公路公交车平均能耗 - 高速铁路平均能耗 = 12.6 \left[焦耳/(人·公里) \right]$$

路面机动车大多是汽油驱动,1 吨汽油能释放出约 46×10^6 焦耳的能量。在评价区间,即 2009 年 3 月底至 2012 年 9 月底,取各年内每次调整后价格的平均值,得出评价区间内的汽油价格。由此将每吨汽油的平均价格换算为其产生能量的平均价格,可得出能源价格:

$$P_j = P_{油} / (46 \times 10^9) (元/焦耳)$$

(二) 减排效益

减少废气污染的效益为:

$$B_2 = Q \cdot P_g \cdot Z \tag{6-2}$$

其中,B_2 为城市轨道交通改善城市大气环境的效益(万元),Q 为铁路旅客周转量(人·公里),P_g 为公交车的尾气排放量(克/公里),Z 为废气治理的单位费用(元/克)。

有调查显示,治理每单位大气污染的成本约为 0.14 元/克,我们使用这个标准作为估算公交车废气治理的单位费用,既 $Z = 0.14$ 元/克。

将一氧化碳、氮氧化物、碳氢化合物和二氧化硫作为最主要的尾气来计算,可以求出高速公路长途客车、普通铁路、高速铁路的废气排放综合系数 [克/(人·公里)] 分别为:

$$P_{g车} = P_{CO} + P_{NO_x} + P_{CH} + P_{SO_2} = 1.317$$

$$P_{g普铁} = 0.34$$

$$P_{g高铁} = 0.202$$

二 集聚效益——生产率模型

关于经济潜力的测定,可以采用生产率模型:

$$y_i = f(M_i, X_i)$$

其中，y_i 表示 i 地区工人人均小时收入或生产率的测定值；M_i 为 i 地区的经济潜力；X_i 表示一组控制变量，可以在理论上反映影响工人人均小时收入或生产率的具体特征，如资本投入、教育水平与产业构成等。

经济潜力可以测定任何既定位置上经济活动的市场准入水平。受铁路辐射效应的影响，当地的企业不仅产生相互影响，而且还与辐射范围内其他地区的企业产生影响，这取决于辐射范围内的交通条件。因此，一个地区的经济潜力，是指相关各地区的市场准入测定值总量除以区域之间的经济距离。也就是说，企业之间的相互影响强度（如信息共享、劳动力资源配置、市场竞争等）应受限于相关区域之间的运输成本。

模型首先计算 j 地区的经济潜力，包括辐射范围内其他地区 i 的就业岗位数 E_i（包括自由职业者，本文中选用就业率）以及由 i 地区到 j 地区的广义成本 g_{ij}。

$$M_j = \sum_i \frac{E_i}{g_{ij}^\alpha} \tag{6-3}$$

其中，α 为距离衰减系数，目前国际经验值采用 1，本次计算采用 1，今后可根据不同地区的数据进行重新设定。

对于每一种交通方式，广义成本 g_{ij}^m = 出行时间 + 出行成本/时间价值 + 方式罚因子[1]。以时间（分钟）为单位，与国际上采用单位一致。各种交通方式的综合广义成本为：

$$g_{ij} = -\frac{1}{\lambda} \ln \sum e^{-\lambda_{ij} g_{ij}^m}$$

也就是说，广义成本 g_{ij} 是各种交通方式出行成本的对数和。其中，λ_{ij} 为 OD 对 ij 间的离散选择参数，应通过标定离散选择模型获得。原则上，广义成本越高，λ_{ij} 值就越小。在本书中，对于小于 200 公里的 OD 对，λ_{ij} 取值为 0.0193；对于大于 1100 公里的 OD 对，λ_{ij} 取值为 0.00193。时间价值可以通过各地区的人均 GDP 除以每年工作时间来确定。

通过生产力模型测算出集聚效应产生的外部效益为：

---

[1] 出行时间与出行成本指的都是门到门的过程，包括到达和离开某种交通方式的部分。方式罚因子指的是未被出行时间和成本所包括的无法定量的那一部分额外的不方便/不舒适引起的成本。

$$W_j^{A/B} = \left[\left(\frac{M_j^A}{M_j^{B_0}} \right)^{\gamma_j} - \left(\frac{M_j^B}{M_j^{B_0}} \right)^{\gamma_j} \right] \times GDP_j^B \qquad (6-4)$$

其中，i、j 表示地区，如城市或其他行政区域；$W_j^{A/B}$ 表示集聚效应——有项目（A）相对于无项目（B）；M_j^A、M_j^B、$M_j^{B_0}$ 表示与有项目、无项目和无项目基年 B_0 对应的经济潜力；γ_j 表示地区 j 的经济潜力弹性系数，常采用现有研究测算值或对地区 j 进行特别测算；GDP_j^B 表示无项目时的 GDP 规模（如没有高铁项目）。

在所有计量学模型中，生产率弹性系数 γ 与经济潜力都显著相关。总体来看，当在经济潜力的计算中考虑了县市的行政层次结构，并在控制变量中考虑了本地区与离它最近的地区之间的联系时，取值为 0.075。

集聚效益需要累积。为计算方便，将在统计时间内将集聚效益按月或按年平均分配。

三　个体福利增进——消费者剩余测算

图 6-1 表示某商品在市场条件下，通过供需平衡产生消费者剩余的情况，供需平衡点 E（这里不讨论供给）决定该商品的市场价格 P_0 和消费数量 Q_0，根据消费者剩余的定义，A 图形的面积表示该商品在消费过程中的消费者剩余。

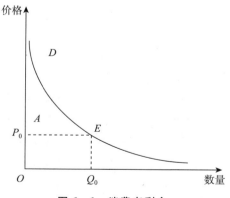

图 6-1　消费者剩余

如果要计算该商品的消费者剩余，必须先确定需求函数，然后通过积分法计算得出。假定该商品的价格需求函数为 $D(q)$，则该商品的消费者

剩余 CS 可通过下式求得：

$$CS = \int_0^{Q_0} D(q)\,\mathrm{d}q - P_0 \cdot Q_0$$

其中，$\int_0^{Q_0} D(q)\,\mathrm{d}q$ 表示消费者对数量为 Q_0 的该商品的总的支付意愿，$P_0 \cdot Q_0$ 为消费者实际支付，其差额即消费者剩余 CS。

在现实的研究中，群体大致的支付意愿可以通过大量的个体调查问卷，利用统计学，辅以数学方法求得。

表 6 - 1 总结了受益主体加总法的计算方法。

表 6 - 1　受益主体加总法

公益性	定量指标	计算方法
节能效益	耗能成本节约	节约能耗效益（万元）＝铁路平均节约能耗×旅客周转量×能源价格
减排效益	治理成本节约	减少废气排放效益（万元）＝旅客周转量×公交车尾气排放量×治理废气的单位成本
集聚效益	生产率提高带来的 GDP 增长	$W_j^{A/B} = \left[\left(\dfrac{M_j^A}{M_j^{B0}}\right)^{\gamma_j} - \left(\dfrac{M_j^B}{M_j^{B0}}\right)^{\gamma_j}\right] \times GDP_j^B, M_j = \sum_i \dfrac{E_i}{g_{ij}^\alpha}$
个体福利	消费者剩余	$CS = \int_0^{Q_0} D(q)\,\mathrm{d}q - P_0 \cdot Q_0$

第二节　评价案例：京沪高铁

一　社会总福利增进

旅客周转量数据由铁路公司提供（2011 年为下半年数据）。可以得出2011 年下半年至 2015 年京沪高铁沿线的社会总福利（见表 6 - 2）。

表 6 - 2　2011 年下半年至 2015 年京沪高铁沿线的社会总福利

年份	节能效益（万元）	铁路平均节能［焦耳/（人·公里）］	旅客周转量（百万人·公里）	能源价格（元/千焦）
2011（下半年）	3.37	12.6	14849	0.00018
2012	5.13	12.6	21846	0.0001862

续表

年份	节能效益 （万元）	铁路平均节能 [焦耳/（人·公里）]	旅客周转量 （百万人·公里）	能源价格 （元/千焦）
2013	10.57	12.6	45058	0.0001891
2014	13.41	12.6	56298	0.0001857
2015	14.87	12.6	63557	0.0001834

年份	减排效益 （万元）	尾气排放量 [克/（人·公里）]	旅客周转量 （百万人·公里）	治理废气单位成本 （元/克）
2011（下半年）	3350189.604	16.115	14849	0.14
2012	4928804.50	16.115	21846	0.14
2013	10165535.38	16.115	45058	0.14
2014	12701391.78	16.115	56298	0.14
2015	14339094.77	16.115	63557	0.14

对每年的效益加总可以得到，2011 年下半年至 2015 年，京沪高铁通过节能减排创造的公益性分别为 335.02 亿元、492.88 亿元、1016.55 亿元、1270.14 亿元、1433.91 亿元，合计达 4548.50 亿元。

二 集聚效益

以 2010 年为基准年，根据前文的理论和公式，可以求出京沪高铁开通后其集聚效应带来的生产率提高和公益性（见表 6-3）。

表 6-3 2011 年下半年至 2015 年京沪高铁沿线的集聚效益

地区	2010 年 GDP （亿元）	生产率提高 （百分点）	集聚效应带来的公益性 （亿元）
北京	14113.58	0.74	104.14
天津	9224.46	1.53	140.92
廊坊	1351.10	1.33	17.97
沧州	2203.12	1.53	33.76
德州	1657.82	1.22	20.25
济南	3190.53	0.95	30.26
泰安	2051.68	1.31	26.81
曲阜	235.29	4.18	9.85

续表

地区	2010 年 GDP （亿元）	生产率提高 （百分点）	集聚效应带来的公益性 （亿元）
滕州	633.92	1.70	10.78
枣庄	1362.04	1.48	20.14
宿州	650.30	1.15	7.49
蚌埠	636.90	1.10	7.03
定远	包含在滁州市内，不做统计		
滁州	695.65	1.18	8.20
徐州	2942.14	0.91	26.89
南京	5012.64	0.70	34.97
镇江	1987.64	0.88	17.50
丹阳	607.67	2.41	14.66
常州	3044.89	0.80	24.50
无锡	5793.30	0.44	25.60
苏州	9228.91	0.49	24.53
昆山	2100.28	0.60	12.62
上海	17165.98	0.54	92.79
合计			711.66

由表 6-3 可知，2011 年下半年至 2015 年，京沪高铁通过集聚效应对沿线城市带来的公益性合计为 711.66 亿元，平均每年 158.15 亿元。

三　个体福利增进

通过发放调查问卷的方式分析得出京沪高铁消费者的支付意愿，共发放 200 份问卷，回收 192 份问卷，其中一等座（含商务座）乘客 69 份，二等座乘客 123 份。与本研究相关的问题如下。

　　　　我将不再考虑乘坐京沪高铁，如果运行时间不变但票价上调。
　　　　□ 10%　　□ 20%　　□ 30%　　□ 40%　　□ 50%
　　　　我将不再考虑乘坐京沪高铁，如果票价不变但运行时间延长。
　　　　□ 10%　　□ 20%　　□ 30%　　□ 40%　　□ 50%

京沪高铁的方便快捷是其最大的优点，对于城市之间的旅行，选择乘坐高铁要比往返机场方便得多。《法制晚报》两名记者曾做过实验，分别采用陆路和航空的方式从北京赴上海，由于天气原因，航班延误，经全程对比发现，京沪高铁比飞机快37分钟。旅客选择乘坐京沪高铁的重要原因是其运行速度快、时间短。

对192份问卷做统计分析发现，若京沪高铁的运行时间延长30%以上（总体上比飞机慢），将有84%的乘客可能不再选择乘坐京沪高铁。但由于乘客对价格的判断不灵敏，有一部分乘客没有回答票价上调的问题。最终回收了113份有效问卷，符合大样本数据。调查发现，若京沪高铁的票价提高30%以上，将有77%的乘客可能不再选择乘坐京沪高铁，这说明京沪高铁的价格弹性约为2.68。京沪高铁票价上调后的消费者剩余见图6-2。

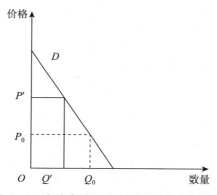

图6-2　京沪高铁票价上调后的消费者剩余

其中，P'为价格上调30%后京沪高铁的平均票价，Q'为票价上调后的消费者数量，其中$P' = 130\% P_0$，$Q' = 23\% Q_0$。通过消费者剩余相关理论，结合通车后京沪高铁每年旅客票款收入数据，求出个体福利增进的公益性如下：

$$B = \frac{(130\% - 1)P_0}{(1 - 23\%)} \cdot Q_0 = 0.3896 P_0 Q_0$$

显然，$P_0 Q_0$为客票收入，进而可以近似估算京沪高铁开通以来个体福利增进的公益性（见表6-4）。

表 6 - 4　2011 年下半年至 2015 年京沪高铁乘客个体福利增进

单位：亿元

年份	客票收入	个体福利增进的公益性
2011（下半年）	43.57	16.86
2012	105.42	40.79
2013	189.05	73.65
2014	236.21	92.03
2015	266.67	103.89
合计		327.22

注：客票收入根据高铁二等座票价/高铁建设长度×旅客周转量估算。例如，京沪高铁全长 1318 公里，北京至上海虹桥的二等座票价为 533 元，则票价率约为 0.40 元/（人·公里）。同理，可计算出武广高铁的票价率约为 0.38 元/（人·公里），京津城际的票价率约为 0.45 元/（人·公里）。

由表 6 - 4 可知，2011 年下半年至 2015 年，京沪高铁开通以来为旅客带来的消费者个体福利增进的公益性合计为 327.22 亿元。同时，说明京沪高铁的消费者剩余是客票收入的 0.4 倍左右。

消费者支付意愿的估计建立在群体消费者的需求曲线为直线的假设之上。尽管个体消费者的支付意愿会随着收入、职业，甚至心理预期的不同而不同，其需求曲线必然为间断的、不连续的，但本次研究对象数量足够多，可以认为需求曲线为直线。同时，在客票收入方面予以简化，近似认为总收入区域是矩形。京广、京津也采用相同的假设和计算过程，后文不再赘述。

第三节　评价案例：武广高铁

一　社会总福利增进

旅客周转量数据由铁路公司提供。可以得出 2010～2015 年武广高铁沿线的社会总福利（见表 6 - 5）。

表 6 - 5　2010～2015 年武广高铁沿线的社会总福利

年份	节能效益（万元）	铁路平均节能［焦耳/（人·公里）］	旅客周转量（百万人·公里）	能源价格（元/千焦）
2010	2.23	12.6	10577	0.0001671

续表

年份	节能效益 （万元）	铁路平均节能 ［焦耳/（人·公里）］	旅客周转量 （百万人·公里）	能源价格 （元/千焦）
2011	3.86	12.6	17018	0.00018
2012	5.13	12.6	21846	0.0001862
2013	6.91	12.6	28982	0.0001891
2014	8.11	12.6	34668	0.0001857
2015	9.70	12.6	41979	0.0001834

年份	减排效益 （万元）	尾气排放量 ［克/（人·公里）］	旅客周转量 （百万人·公里）	治理废气单位成本 （元/克）
2010	2386393.498	16.115	10577	0.14
2011	3839531.467	16.115	17018	0.14
2012	4928804.50	16.115	21846	0.14
2013	6538629.02	16.115	28982	0.14
2014	7821569.31	16.115	34668	0.14
2015	9470949.87	16.115	41979	0.14

对每年的效益加总可以得到，2010～2015 年，武广高铁通过节能减排创造的公益性分别为 238.64 亿元、383.95 亿元、492.88 亿元、653.86 亿元、782.16 亿元、947.09 亿元，合计达 3498.58 亿元。

二 集聚效益

用单位时间国内生产总值来间接表示工作活动的单位时间价值。由于数据获取方式的局限，武广高铁对区域工作活动的单位时间价值运用间接法获取。武广高铁地跨湖北、湖南、广东三省，途经 11 个地级城市。把 11 个城市的人均 GDP 作为分析计算的基础数据，按我国国内职工平均每天工作 8 小时计算，除去节假日，一年工作时间为 2000 小时。计算得出 2009～2015 年武广高铁沿线 11 个城市生产活动的时间价值（见表 6-6）。

表 6-6　2009～2015 年武广高铁沿线城市生产活动的时间价值

年份	11 个城市的人均 GDP（元）	单位劳动时间价值（元）
2009	34175	17.09
2010	38617	19.31

年份	11 个城市的人均 GDP（元）	单位劳动时间价值（元）
2011	43638	21.82
2012	49311	24.66
2013	54055	27.03
2014	58342	29.17
2015	62755	31.38

资料来源：根据湖北、湖南、广东三省相关年份统计年鉴及统计公报计算得出。

以 2009 年为基准年，根据前文的理论和公式，可以求出武广高铁开通后高铁的集聚效应带来的生产率提高和公益性（见表 6 - 7）。

表 6 - 7　2010～2015 年武广高铁沿线的集聚效益

地区	2009 年 GDP（亿元）	生产率提高（百分点）	集聚效应带来的公益性（亿元）
武汉	4560.62	1.11	50.60
咸宁	405.15	1.88	7.60
赤壁	包含在咸宁市内，不做统计		
长沙	4450	1.17	52.10
岳阳	1272.15	1.74	22.11
衡阳	1168.01	1.23	14.34
株洲	1024.89	1.22	12.54
郴州	843.23	0.92	7.79
耒阳	包含在衡阳市内，不做统计		
乐昌	包含在韶关市内，不做统计		
韶关	578.75	1.31	7.58
英德	包含在清远市内，不做统计		
清远	861.59	0.61	5.19
花都	包含在广州市内，不做统计		
广州	9138.21	0.86	78.29
合计			258.14

由表 6 - 7 可知，2010～2015 年武广高铁通过集聚效应对沿线城市带来的公益性合计为 258.13 亿元，平均每年 43.02 亿元。

三　个体福利增进

通过发放调查问卷的方式分析得出武广高铁消费者的支付意愿，共发放 202 份问卷，回收 199 份问卷，与本研究相关的问题如下。

您所购车票的价格为：＿＿＿＿＿＿元
在您乘坐的这段距离内，您能接受的高铁车票最高价格为：
A. 40 元　　B. 60 元　　C. 80 元　　D. 100 元　　E. 120 元
F. 150 元　　G. 200 元　　H. 250 元　　I. 300 元　　J. 400 元
K. 500 元　　L. 600 元
M. 其他＿＿＿＿＿＿元

共有 198 位乘客回答了这两个问题。调查发现，74 位乘客认为票价已经超过了个人的支付意愿，占调查总数的 37.4%。这可能是因为武广高铁线路较长，车票的绝对价格偏高。通过对数据的进一步统计发现，在这 74 位乘客中，有 44 位乘客所购车票超过了 300 元。本研究在充分尊重旅客意见的基础上，通过与京沪高铁同样的方式来计算消费者剩余。在被调查乘客中，支付意愿超过票价百分比的情况见表 6-8。

表 6-8　武广高铁乘客支付意愿超过票价百分比情况

指标	低于票价	[0，5%）	[5%，10%）	[10%，20%）	20% 及以上	合计
样本数量	74	41	29	33	21	198
占比（%）	37.4	20.7	14.6	16.7	10.6	100

消费者剩余 = 支付意愿 - 票价，其中支付意愿低于票价的消费者剩余为 0。对支付意愿进行统计，得出武广高铁的消费者剩余是票价的 0.071 倍，因此每年武广高铁在个体福利增进方面创造的外部效益约为当年客票总收入的 0.071 倍。

同时，分析京沪高铁与武广高铁调查问卷问题设计的不足之处。调查京沪高铁时采用的问题的优点在于可直接得到乘客对高铁的价格弹性，但缺点是可能会夸大乘客的支付意愿，因为选择"票价上调 30%"的乘客有可能在"票价上调10%"的情况下便选择不坐高铁，30%是他绝对不会乘坐高铁的票价上调幅度。有些乘客首先要确定自己最高的支付意愿，再经过计算，才能得到准确的票价上调幅度，增加了乘客的工作量。

调查武广高铁时采用的问题可以直接得到每位乘客的支付意愿，便于针对不同类别的乘客调整票价，但可能会降低乘客的支付意愿。例如，购买347元车票的乘客本次调查中选择的最高支付价格为350元，但他在票价提高到400元时仍有可能选择乘坐高铁。这就需要针对不同的目的来设计不同的问题，进而得到最合理的调查结果。

第四节　评价案例：京津城际

一　社会总福利增进

旅客周转量数据由铁路公司提供。可以得出2009～2015年京津城际沿线的社会总福利（见表6－9）。

表6－9　2009～2015年京津城际沿线的社会总福利

年分	节能效益 （万元）	铁路平均节能 ［焦耳/（人·公里）］	旅客周转量 （百万人·公里）	能源价格 （元/千焦）
2009	0.38	12.6	2141	0.0001417
2010	0.55	12.6	2621	0.0001671
2011	0.61	12.6	2689	0.00018
2012	0.61	12.6	2596	0.0001862
2013	0.69	12.6	2910	0.0001891
2014	0.77	12.6	3283	0.0001857
2015	0.76	12.6	3281	0.0001834
年分	减排效益 （万元）	尾气排放量 ［克/（人·公里）］	旅客周转量 （百万人·公里）	治理废气单位成本 （元/克）
2009	483205.72	16.115	2141	0.14
2010	591535.88	16.115	2621	0.14
2011	606831.97	16.115	2689	0.14

年份	减排效益 （万元）	尾气排放量 [克/（人·公里）]	旅客周转量 （百万人·公里）	治理废气单位成本 （元/克）
2012	585666.41	16.115	2596	0.14
2013	656481.78	16.115	2910	0.14
2014	740677.63	16.115	3283	0.14
2015	740226.41	16.115	3281	0.14

对每年的效益加总可以得到，2009~2015 年，京津城际通过节能减排创造的公益性分别为 48.32 亿元、59.15 亿元、60.68 亿元、58.57 亿元、65.65 亿元、74.07 亿元、74.02 亿元，合计达 440.46 亿元。

二 集聚效益

京津城际的集聚效益主要考虑北京和天津两个城市，以 2008 年为基准年，选取 2009~2015 年为研究区间。

把北京和天津的人均 GDP 作为分析计算的基础数据，按我国国内职工平均每天工作 8 小时计算，除去节假日，一年工作时间为 2000 小时。计算得出北京和天津生产活动的时间价值（见表 6-10）。

表 6-10　2009~2015 年北京和天津生产活动的时间价值

年份	北京和天津人均 GDP（元）	单位劳动时间价值（元）
2009	65200.77	32.6
2010	73512.87	36.76
2011	83080.07	41.54
2012	89520.97	44.76
2013	97376.52	48.69
2014	102613.08	51.31
2015	107228.53	53.61

资料来源：根据北京、天津相关年份统计年鉴及统计公报计算得出。

以 2008 年为基准年，根据前文公式及计算出的时间价值，可以得出京津城际开通后高铁的集聚效应带来的生产率提高和公益性（见表 6-11）。

表 6 - 11　2009 ~ 2015 年京津城际沿线的集聚效益

地区	2008 年 GDP（亿元）	生产率提高（百分点）	集聚效应带来的公益性（亿元）
北京	10488.03	1.07	112.22
天津	6354.38	2.89	183.64
合计			295.86

由表 6 - 11 可知，2009 ~ 2015 年，京津城际通过集聚效应对北京和天津带来的公益性为 295.86 亿元，平均每年 42.27 亿元。

三　个体福利增进

通过发放调查问卷的方式分析得出京津城际消费者的支付意愿，共发放 300 份问卷，全部针对二等座乘客，回收 292 份问卷，与本研究相关的问题如下。

目前京津城际的票价为 54.5 元（二等座）、65.5 元（一等座）、93.5 元（特等座），对于京津城际，您能接受的最高价格为：

A. 55 元　B. 58 元　C. 60 元　D. 65 元　E. 70 元　F. 75 元　G. 85 元　H. 95 元　I. 105 元　J. 120 元　K. 其他＿＿＿＿元

经统计，有 288 位乘客回答了这个问题，其中 273 位乘客的支付意愿高于京津城际的票价，占调查总数的 94.8%。这可能是因为北京与天津的收入水平较高、京津城际的绝对价格较低。被调查者可能会选择最低价格，因此有 129 位乘客选择了 55 元。表 6 - 12 为本次调查中京津城际乘客的支付意愿。

表 6 - 12　京津城际乘客支付意愿

指标	55 元	58 元	60 元	65 元	70 ~ 95 元	95 元以上	低于票价	合计
样本数量	129	18	63	22	32	9	15	288
占比（%）	44.8	6.3	21.9	7.6	11.1	3.1	5.2	100

消费者剩余 = 支付意愿 – 票价，其中支付意愿低于票价的消费者剩余为 0。对支付意愿进行统计，得出京津城际的消费者剩余是票价的 0.131 倍，因此每年京津城际在个体福利增进方面创造的外部效益约为当年客票总收入的 0.131 倍。

第五节 小结

将三条线路通过受益主体加总法得出的公益性与客票收入进行对比，以突出高速铁路的公益性，具体见表 6 – 13、表 6 – 14、表 6 – 15。

表 6 – 13 2011 年下半年至 2015 年京沪高铁公益性与客票收入

年份	客票收入（亿元）	不同受益主体的公益性（亿元）		公益性合计（亿元）	公益性与客票收入的比值
2011（下半年）	79.29	社会	335.02	432.53	5.46
		企业	80.65		
		消费者	16.86		
2012	183.56	社会	492.88	691.82	3.77
		企业	158.15		
		消费者	40.79		
2013	189.05	社会	1016.55	1248.35	6.60
		企业	158.15		
		消费者	73.65		
2014	236.21	社会	1270.13	1520.31	6.44
		企业	158.15		
		消费者	92.03		
2015	266.67	社会	1433.91	1695.95	6.36
		企业	158.15		
		消费者	103.89		
合计	954.78	社会	4548.49	5588.96	5.85
		企业	713.25		
		消费者	327.22		

表 6 – 14 2010～2015 年武广高铁公益性与客票收入

年份	客票收入（亿元）	不同受益主体的公益性（亿元）		公益性合计（亿元）	公益性与客票收入的比值
2010	39.07	社会	238.64	284.43	7.28
		企业	43.02		
		消费者	2.77		
2011	59.18	社会	383.95	431.17	7.29
		企业	43.02		
		消费者	4.20		
2012	91.43	社会	492.88	542.39	5.93
		企业	43.02		
		消费者	6.49		
2013	110.13	社会	653.86	704.70	6.40
		企业	43.02		
		消费者	7.82		
2014	131.74	社会	782.16	834.53	6.33
		企业	43.02		
		消费者	9.35		
2015	159.52	社会	947.10	1001.45	6.28
		企业	43.02		
		消费者	11.33		
合计	591.07	社会	3498.59	3798.68	6.43
		企业	258.12		
		消费者	41.97		

表 6 – 15 2009～2015 年京津城际公益性与客票收入

年份	客票收入（亿元）	不同受益主体的公益性（亿元）		公益性合计（亿元）	公益性与客票收入的比值
2009	9.42	社会	48.32	89.00	9.45
		企业	39.45		
		消费者	1.23		
2010	11.68	社会	59.15	100.00	8.56
		企业	39.45		
		消费者	1.40		

续表

年份	客票收入（亿元）	不同受益主体的公益性（亿元）		公益性合计（亿元）	公益性与客票收入的比值
2011	12.10	社会	60.68	101.85	8.42
		企业	39.45		
		消费者	1.72		
2012	11.68	社会	58.57	100.24	8.58
		企业	39.45		
		消费者	2.22		
2013	13.09	社会	65.65	106.82	8.16
		企业	39.45		
		消费者	1.72		
2014	14.77	社会	74.07	115.46	7.82
		企业	39.45		
		消费者	1.94		
2015	14.76	社会	74.02	115.40	7.82
		企业	39.45		
		消费者	1.93		
合计	87.50	社会	440.46	778.76	8.90
		企业	276.15		
		消费者	62.15		

将公益性量化后可见，京沪高铁、武广高铁、京津城际三条高速铁路为沿线地区带来的公益性是显著的。只考虑合计，根据受益主体加总法计算出的公益性最高可达到客票收入的9倍多，如京津城际。这也就意味着公益性是经营性的9倍。

对于各自的线路来说，减少污染物排放带来的公益性是最高的，且与线路长度呈正相关关系；企业受益的程度与地方经济的发展水平呈正相关关系；而消费者剩余的增加与车票价格呈负相关关系。

此外，通过高铁进行商务活动的人数在调查中占了很大比重。其中，商务出行的比例由高到低依次为京沪高铁80.0%、京津城际40.3%、北武高铁38.3%、合武高铁36.0%。仅从调查结果看，在京沪高铁、北武高铁、合武高铁、京津城际中，随着发达城市数量的减少，商务出行的占比降低（见表 6 – 16）。

表 6 – 16 　京沪、京津、北武、合武高铁沿途所经主要城市

高铁线路	途经主要城市	商务出行占比（%）
京沪高铁	北京、天津、济南、徐州、南京、无锡、苏州、上海	80.0
京津城际	北京、天津	40.3
北武高铁	北京、石家庄、邯郸、郑州、许昌、武汉	38.3
合武高铁	合肥、六安、金寨、麻城、武汉	36.0

第七章

轨道交通对沿线土地增值的影响

第一节　轨道交通与土地增值的本质关系

　　土地是具象空间利益结构的载体，在其上循环着利益的发生、扩散、转移、归属。轨道交通线路、站点建成通车以后，会给沿线地区带来利益，即缩短出行时间、降低出行费用、提高安全性能等，这些是直接利益。接着会产生利益的扩散，站点周边和沿线地区的经济活动会随之增加，由于各种经济活动之间的联系，土地开发的作用会进一步涉及相关行业，就会产生间接利益，即利益的扩散。继而在区域经济发展的作用下，在各主体以及各区域之间产生了利益的重新分配和调整，发生了利益的转移。最终呈现各主体之间的利益均衡状态，即发生了利益的归属。

　　以上分析实际上是理想化下的轨道交通周边开发利益分配思路，但是现实中交通利益的产生是一个极其复杂的过程。从理论上分析，过程中的利益扩散与转移是存在的，而且它们发生的时间的确有先后之分，但是实际情况是，在区域经济的作用下，两者的发生是结合在一起进行的。所以，从开发和建设的初期开始，直接利益就处于不断产生和不停扩散与转移的状态，各个主体的利益归属其实是一种动态变化。在现实情况中，往往在高铁站区建设规划阶段，由于宣传和市场预期的效果，政府土地出让和房地产利润在高铁建成通车之前就开始显现，乘客只能在通车之后才能享受到便捷的交通运输服务，沿线的商家也只有在建成通车之后，有了明显的客流量增长，才能得到商业人气的提升，从而获得更好的发展。

　　考虑到土地开发利益作用的复杂性与动态性，在进行开发利益分配时，其难点是如何把握其中的利益状态，但利益归属的状态可以客观反映各个主体享有利益的多少，因此按最终归属状态来分析开发利益是重要方法。利益归属状态在未来是一个相对均衡的状态，它决定了该区域内各获益对象的最终获益情况，这些收益来源于站区通车和土地开发，如果获益对象所获得的收益低于或高于他们为交通所承担的付出，都是不公平的。

轨道交通因提供运输服务而提高了周边地区的可达性，进而使地价增值，而轨道交通所产生的稳定客流和地价间的相互作用，也间接地改变了土地的利用方式，从而进一步改变了运输需求，继而运输需求与供给之间也产生了新矛盾，因此形成了运输设施建设与地价间的循环关系（见图7-1）。

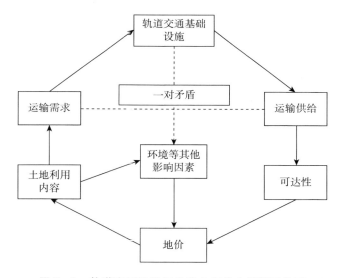

图 7-1 轨道交通建设与地价之间的本质循环关系

资料来源：陈有孝、林晓言：《铁路长大干线社会经济效益评价的地价函数法研究》，《经济地理》2006 年第 2 期，第 308～312 页。有改动。

传统对土地利用和轨道交通之间关系的认识过分强调了轨道交通（尤其是高速铁路和地铁），认为其是土地利用的派生产物，而较少重视轨道交通对土地开发所产生的反馈和刺激作用。这种认识应有所改进。轨道交通和土地利用在社会经济、技术发展的刺激下是一个相互反馈、不断作用的波动过程。纵观轨道交通干线建设及沿线城市发展历程可以发现，两者之间经历了由暂时平衡到平衡被打破又到新的暂时平衡这样的不断循环往复、螺旋上升的过程。在这个过程中，可达性和交易成本起着纽带作用。不平衡是长期的，平衡总是暂时的。轨道交通作为区域交通的骨干力量，同样与土地利用有密切的反馈作用。

　　轨道交通投资是长期的、动态的，且土地拥有者对土地增值有一定的可预见性。基于此，本书沿用城市经济理论分析方法及模型（Capozza and Helsley，1989；Ding et al.，1999），来构建轨道交通站点开发对城市土地价格影响的动态理论模型。

　　假定轨道交通沿线上某城市的站点位于一定圆形区域的几何中心，其半径为 R，而开发商或物业在该站点的外围进行开发。假定该站点周边的交通为均质分布，城市居民从居住地到轨道交通站点的费用只决定于距离，单位距离的交通通勤费用为 k，不考虑旅客乘坐轨道交通时的票价。进一步假定所有城市居民及旅客具有相同的收入（y）、相同的消费倾向和相同的效用函数（Utility Function）。城市居民的效用函数（U）包括两个要素——土地消费（L）和其他所有消费（C），即 $U（L，C）$，并假定人均土地消费为常数，土地地租为 l，其他所有消费的单价为 1。用 $v（t）$ 表示城市居民及在站点停留并消费的旅客随时间变化的效用函数值。最后假设该效用函数是齐次式，即 $U(mL,mC) = m \cdot U(L,C)$。于是有：

$$U(L,C) = L \cdot U(1,C/L) = u(C/L) \tag{7-1}$$

在时间 t 和空间 x 上，预算约束条件要求：

$$y = C + l \cdot L + kx \tag{7-2}$$

整理得：

$$\frac{C}{L} = \frac{y}{L} - \frac{kx}{L} - l \tag{7-3}$$

由式（7-1）可知，$\frac{C}{L}$ 可通过效用函数 U 的反函数表示，即

$$\frac{C}{L} = u^{-1}[v(t)] \tag{7-4}$$

将式（7-4）代入式（7-3），得：

$$l = \frac{y}{L} - \frac{kx}{L} - u^{-1}[v(t)] \tag{7-5}$$

将站点半径 R 引入模型，用 r 表示站区地租，由于站区地租会与非站区地租形成一定的数量关系，则式（7 - 5）可简记为 $l(r, x, u)$。

若土地在 t_0 时刻被开发为站区土地，记 i 为折旧，在 t 时间、区位 x 上，则已开发成站区的土地价值 $P_1(t, x)$ 为：

$$P_1(t, x) = \int_{t_0}^{\infty} l(r, x, u) e^{-i(r-t)} \, \mathrm{d}r , \ t \in [t_0, +\infty) \tag{7 - 6}$$

如果土地在时间 t 还没有开发成轨道交通站点用地，则该土地在区位 x 的土地价值 $P_2(t, x)$ 为：

$$P_2(t, x) = \int_0^{t_0} l(x, u) e^{-i(r-t)} \, \mathrm{d}r + \int_t^{\infty} l(r, x, u) e^{-i(r-t_0)} \, \mathrm{d}r - D e^{-i(t_0-t)} \tag{7 - 7}$$

其中，$t \in [0, t_0]$，D 代表土地开发总成本。

式（7 - 7）右边第一项代表站点土地开发前的土地价值，第二项代表站点土地开发后的土地价值，第三项代表土地开发成本，所有价值均折算成当期的价值。

若通过站点开发使土地升值，则开发时间是模型的自变量。为实现土地价值的最大化，对式（7 - 7）求极大值，可得：

$$l(t, x, u) = l^* + D' \tag{7 - 8}$$

其中，D' 表示开发成本每年的增值，l^* 表示非站区土地的地租。式（7 - 8）说明，当站区土地地租等于非站点土地地租加土地发展成本时，站点开发会使土地增值最大。

但事实上，由于轨道交通的修建涉及多个城市，地租、人口、收入各不相同，因此难以实现土地增值最大化。从式（7 - 7）可以看出，在修建高铁的情况下，由于高铁投资大，土地开发成本高，若地区人口和旅客数量少、消费水平低，则高铁站区的开发虽然会带来土地价值增值，但周边居民或企业无法负担相应的地租，实际效用减少，表现为土地价值"虚高"，实际价值不升反降。

轨道交通的初期阶段和后期管理成本都呈现投入巨大、高度集聚的状态，另外由于投资效益的外溢，除部分项目可以在一个较长时期内回收外，相当一部分项目的成本最终成为沉没成本，从而导致低回报或无直接回报。轨道交通投资成本的集聚沉淀主要表现在站点周边地区的土地上，外溢出的效益通过地价收益流向周边土地或土地物业的所有者手上，其流向主要有三部分：①政府部门；②该土地上已有物业的所有人；③将要在该土地上建造物业的开发商。这部分地价收益再通过物业市场上的租赁价格和房地产商品市场上的出售价格最终实现。这涉及外部效益内部化的问题，然而在思考如何将外部效益内部化的问题之前，如何正确衡量轨道交通对沿线城市地价的影响就成为这一问题解决的关键。

第二节　地价函数法及评价案例

一　轨道交通与沿线地价相关关系的研究综述

轨道交通与沿线地价相关关系的定量研究大多集中于城市交通规划。Rosen 于 1974 年给出了基于特征价格法（Hedonic Price Methods）评价郊区火车线路修建对地价影响的函数模型，之后有学者对这种方法不断进行修订（Gibbons，Machin，2003，2004），使特征价格法逐渐成熟，但其多应用于对城市规划的评估以及对线路方案进行比选等方面，而且在实际计算中存在数据很难确定等局限性。Fransoo 和 Bertrand（2000）将地价和城市铁路通过的速度与铁路周围建筑物的容积率联系起来创建了定量分析的模型。Crampton（2003）则指出城市铁路对地价的影响是阶段性的，不同开发程度地区的收益水平是不同的。

我国学者何宁、顾保南（1998）在吸收或修正日本学者研究经验的基础上构建了地价波动回归模型和轨道交通对房价影响的定量公式。郑捷奋、刘洪玉（2005）提出了改进的 HPM 模型，通过深圳地铁一期建设进行模型实证分析，发现轨道交通建设为周边房地产带来的增值效益为 335 亿元，是地铁一期总投资 115 亿元的 2.913 倍。潘海啸和钟宝华（2008）利用特征价格模型对上海地铁线路周边房地产的情况进行实证研究，发现站点本身的类型和周围产业的不同对土地的影响也会不同。

通过研究国内外的现状，可以分析得出：①铁路与沿线地价的相关关系是确定存在的，但是对这种关系的评估方法具有特殊性，没有统一的方法论；②理论研究和实证研究的对象多以一个城市或一个城市群为影响范围，缺乏对连接多个城市群的铁路的研究；③定量模型所选变量有明显的膨胀趋势，但普遍缺乏对评估变量重要性的排序。

鉴于铁路属于线状影响因素，因此对周围城市地价、房价影响力的测算应选用线状因素模型。铁路对沿线城市地价的影响适用于地价函数法的对数递增模型。

二 地价函数法的前提假设

由于铁路投资是长期的、动态的，且土地拥有者对土地增值有一定的可预见性，因此本书研究铁路对城市地价影响的前提假设如下。

（一）不同类型城市的地价变动趋势不同

在对铁路土地价值进行研究分析之前，首先就是要对其建设的城市进行分类。如表 7-1 所示，根据城市经济发展模式不同，将其主要分为七类。

表 7-1 交通设施对各类型城市发展的贡献

城市类型	城市发展对交通的依赖	交通设施对城市经济的贡献（以地价为例）
区域综合中心：省级政治、文化、经济中心	中	较小
次区域综合中心：地区级政治、文化、经济中心	较强	大
综合工业中心：有多种工业，亚区域经济中心	较强	大
矿业城市：以矿业及其加工业为基础	中	较小
交通枢纽：公路、铁路、港口枢纽	强	中
旅游城市：以旅游业为主	强	中
口岸城市：拥有对外开放口岸的城市	强	较小

由表 7-1 可以看出，铁路对 7 种不同等级和类型城市地价的影响是不一样的。如果一个城市的发展对交通的依赖强并且交通对城市经济发展的贡献也很大，那么在本书中可将经济发展水平类比成地价，这种情况下，

铁路对此类沿线城市的地价提升将有很大的带动作用。在现实中，同时满足这两个条件的城市类型是次区域综合中心和综合工业中心，所以在本书中将此类城市作为主要研究对象。

（二）地价由居住消费价格指数来代替

本书的城市地价指标采用地价指数系统。国内外在此方面的研究已经有所积累，如日本在 1936 年就推出"全国市街地价格指数"，我国的台湾和香港地区也分别在 1993 年和 1996 年推出房地产价格指数，并向社会发布价格水平，以促进房地产市场良性发展。近年来，越来越多的人开始关注地价指数问题。由于地价指数系统建立较晚，历史年度的数据难以获得，并且一些省份并没有自己的地价指数系统，所以在模型的研究中，采用国家统计局从 1995 年开始公布的各地区城市居民在居住方面的消费价格指数来确定房价的变动趋势。

（三）铁路干线对途经城市地价的影响波及面积超过城市范围

铁路干线是城市地价的线状影响因素，在该问题上，区域经济学认为，这种线状影响因素的规律是由于影响范围有限，并且影响程度随离铁路干线距离的增加而减弱。在轨道交通中，这种线状影响更加显著。在国外的研究中，通常将城市轨道交通车站区域内两公里的地区作为地价波动的主要研究对象（叶霞飞、蔡蔚，2002）。轨道交通有其自身的特性，在城市中，无论是旅客运输还是货物运输，通常都不会因考虑到居住地与火车站的距离而改变选择，所以通常情况下，铁路是大部分中国人长距离出行或运输的首选。本书认为铁路干线对途经城市地价的影响波及面积远远超过城市范围，因此，在城市内，地价并不会因车站距离的远近而有明显的波动。

三　评估模型的建立

鉴于铁路干线对周围地价的影响属于线状影响因素，因此对模型的选取应选用线状模型。现用的线状模型有多种，本书在验证多个模型的基础上，认为地价函数法的对数递增模型适合研究铁路干线对沿线城市地价的影响。地价函数法的基本思想是：铁路干线沿线区域选定若干个地点，分析并找出影响地价的几种重要因素，预先假设地价与影响因素间的关系不会随铁路干线的建设而发生变化，据此来推定沿线区域的地价函数，最后通过计算某地区在交通设施建设前后的地价差，来确定该地块因铁路干线的修建而带来的利益。地价函数通常取多元函数，通过自变量取值变化反映交通设施建设前后的土地属性，其形式一般取为对数形式，$p_i = \sum\limits_i a_i \ln x_{ij}$，其中自变量 x_{ij} 是不同土地属性的反映。

参照国外地价函数法的典型模型，建立地价差函数如下：

$$\Delta p_i = a_1 \ln x_{i1} + a_2 \ln x_{i2} + a_3 \ln x_{i3} + \cdots + a_m \ln x_{im}$$

其中，Δp_i 为铁路长大干线途经城市 i 在铁路建设前后的地价差（居住消费指数差）；x_{ij} 为铁路干线建设引致的影响地价变动的变量，$j = 1, 2, \cdots, m$；a_j 为参数，是指各个变量所带来影响的量化幅度，$j = 1, 2, \cdots, m$。

考虑三个变量。①沿线城市人口。沿线城市人口越多，铁路干线对城市地价的影响越显著，但是其影响的增幅在减小，符合对数递增的要求。采用国家统计局的数据，并以 10 万人为单位。由于计划生育政策，我国人口的增长幅度常年稳定在 4‰ 左右，变动较小。为了简化研究，我们假设在研究的年份中人口不变。②通车时间。一般来说从铁路竣工投入运营开始，地价呈对数递增变动的趋势，主要是由于在城市集聚效应的作用下，城市在其所属经济区内的地位稳步上升，其地价表现为随时间延长而升幅下降的趋势。③城市利用铁路干线的客货运密度。客货运密度是衡量一个城市对铁路干线运输能力依赖程度的指标，客货运密度的增加，对城市地价的影响呈现单调增加、增幅减小的趋势。由此得到铁路干线对沿线城市地价影响的回归函数为：

$$\begin{cases} \Delta p_i = a_0 + a_1 \ln x_{i1} + a_2 \ln x_{i2} + a_3 \ln x_{i3} + \varepsilon_i \\ \varepsilon_i \sim N(0, \sigma^2) \end{cases}$$

其中，Δp_i 为铁路干线途经城市 i 在铁路建设前后的地价差（居住消费指数差）；x_{i1} 为沿线城市 i 的人口数量，以 10 万人为单位；x_{i2} 为沿线城市 i 的通车时间，以年为单位；x_{i3} 为沿线城市 i 利用铁路干线的客货运密度；a_j 为参数，是指各个变量所带来影响的量化幅度，$j = 1, 2, 3$。

四 评价案例

(一) 京沪高铁

对于地价函数法，本书选取河北、山东、江苏、安徽四省的六城市为对象，预测京沪高铁的建设对城市地价的影响。由于不考虑人口随时间的变动，所以用 2010 年底的数据代替各期的人口数据。在铁路统计资料中，客运周转量 = 客运密度×运输距离。采用有无对比法和城乡对比研究的办法，采用城市的居住消费指数为有项目的房价指数，而农村的居住消费指数为无项目的房价指数，并且以京沪铁路通车的前一年 2010 年为基准年。按照设计年度及所得数据，选择研究期为 2020 年（通车时间为 10 年）。京沪高铁沿线六城市数据见表 7 - 2。

表 7 - 2　京沪高铁沿线六城市数据

铁路	选取途经省份	选取途经城市	人口（10 万人）	2020 年客运密度预测值（千人/公里）
京沪高铁	河北	沧州	73.089	6160
	山东	枣庄	39.104	4770
		德州	57.018	6320
		泰安	55.701	6110
	江苏	常州	45.919	8760
	安徽	宿州	64.207	5080

资料来源：《中国城市统计年鉴 2011》、《新建铁路京沪高速铁路可行性研究报告》、《中国价格及城市居民家庭收支调查统计年鉴》（2010～2012 年）。

根据相关数据得到三元回归模型如下：

$$\Delta p_i = -78.362 + 12.916\ln x_{i1} + 28.253\ln x_{i2} + C.401\ln x_{i3}$$

其中，$R^2 = 0.6672$。

可以得到 2020 年京沪高铁沿线六城市地价增幅的预测数据（见表 7 - 3）。

表 7 – 3　京沪高铁沿线六城市地价增幅预测值

铁路	选取途经省份	选取途经城市	2020 年地价增幅预测值（%）
京沪高铁	河北	沧州	14.55
	山东	枣庄	11.30
		德州	14.87
		泰安	14.44
	江苏	常州	19.02
	安徽	宿州	12.10

　　通过上述分析可知，京沪铁路建成以后到 2020 年，沿线城市的地价均有了一定的增长，通过有无对比法，京沪高铁的建成可使河北沧州的城市地价在 2020 年比没有修建京沪高铁时上升 14.55%；同理，山东枣庄的城市地价上升幅度为 11.30%，山东德州的城市地价上升幅度为 14.87%，山东泰安的城市地价上升幅度为 14.44%，江苏常州的城市地价上升幅度为 19.02%，安徽宿州的城市地价上升幅度为 12.10%。可见，京沪高铁的修建和运营，可以明显影响城市的土地价格。京沪高铁对沿线土地开发利用有着积极的作用，既提高了土地资源的利用效率，优化了当地土地资源，提高了资源利用率，也给地方政府带来了巨大的经济社会效益。随着公共基础设施以及商务办公物业的增多，土地价值将逐渐提升。这也正是轨道交通尤其是高速铁路公益性的体现。

　　轨道交通作为公益性基础设施承担着大量的国土开发和公益性运输任务，部分亏损属于政策性亏损，国家在建设资金和公益性亏损方面应承担政府责任，给予资金支持。同时，由于铁路建设投入大、运营成本高、投资可收期长，部分项目甚至难以回收投资，为保证项目可持续运营，可通过土地开发获取收益用于弥补部分建设成本和运营亏损。2014 年 7 月 29 日，国务院办公厅印发《关于支持铁路建设实施土地综合开发的意见》（国办发〔2014〕37 号）。该意见分为土地综合开发的基本原则、支持盘活现有铁路用地推动土地综合开发、鼓励新建铁路站场实施土地综合开发、完善土地综合开发配套政策、加强土地综合开发的监管和协调五部分，共 18 条。由此可以看出，铁路土地综合开发被寄予厚望。

（二） 北京地铁 4 号线

北京地铁 4 号线于 2009 年正式开通运营，收集的房地产项目交易数据包括时间序列数据（Time Series Data）与截面数据（Cross Sectional Data）。考虑到数据的可得性，收集的房地产项目交易数据的时间为 2009 ~ 2016 年，即北京地铁 4 号线的开通年和运营初期。同时，由于北京市 2009 ~ 2016 年二手房价格指数分别为 98.5、103.9、102.9、96.9、109.4、104.8、108.1、135.1。2016 年之前二手房价格指数比较平稳，价格指数的影响可以忽略不计，而 2016 年的二手房价格指数明显偏高，因此需要对 2016 年的数据进行标准化处理。在定量分析的过程中，将收集的样本数据作为截面数据进行处理。由于北京开通地铁 4 号线对南城的影响远远大于北城，因此为了得到平均数据，在地铁 4 号线北段和南段各选择 3 个站点，北段选取中关村站、海淀黄庄站和魏公村站，南段选取陶然亭站、角门西站和公益西桥站。根据国际研究的经验①，本书选取计算区域内距车站 2 公里圈内地块的多层住宅平均房价作为研究对象，用二手房的年均价做比较。本书所选项目经过统计，步行 10 分钟内均有学校，因此在进行回归分析的时候，将这一变量忽略。所取样本数据见表 7 - 4。

表 7 - 4　北京地铁 4 号线对沿线房地产价格影响的描述性统计

变量名称	样本量	最小值	最大值	平均值	标准差
P	11	14925	83152	37804	17185.12
$\ln p$	11	9.61	11.33	10.44	0.45
$dstation$	11	355	1400	733	351.99
$dCstation$	11	360	1440	998.18	368.33
$dmMarket$	11	0	1	0.55	0.50
$dmPark$	11	0	1	0.64	0.48
$Area$	11	0.26	112	17.70	30.93

---

① 叶霞飞、蔡蔚：《城市轨道交通开发利益的计算方法》，《同济大学学报》（自然科学版）2002 年第 4 期，第 431 ~ 436 页。

根据相关数据得到回归模型如下：

$$\Delta p_i = 7.175 - 0.358\ln x_1 - 0.397\ln x_2 - 0.022x_3 - 0.056x_4 + 0.029\ln x_5$$

其中，$R^2 = 0.7978$。

从回归模型可以看出，房地产项目房价变化百分比与最近轨道交通站点距离的回归系数为 -0.358，即在保持其他条件不变的情况下，房地产项目与轨道交通站点的距离越近，轨道交通项目对沿线房价的影响幅度越大。房地产项目与轨道交通站点的距离每靠近 1%，房价变化百分比相应地平均上升 0.358 个百分点，即房地产项目与轨道交通站点的距离每靠近 1 米，房地产项目每建筑平方米房价平均上升 0.00358%。通过对北京地铁 4 号线对沿线土地价值影响的回归模型分析可以得出，城市轨道交通对站点周围房价的影响表现为一种波及效应，即随着房地产项目与轨道交通站点距离半径的增大，轨道交通设施投资的辐射力逐渐变弱，给土地带来的级差收益逐渐变小。

（三）北京地铁 7 号线

北京地铁 7 号线于 2014 年正式开通运营，收集的房地产项目交易数据包括时间序列数据与截面数据。考虑到数据的可得性，收集的房地产项目交易数据的时间为 2010～2016 年，即北京地铁 7 号线的开通年和运营初期。同时，对 2016 年的数据进行标准化处理。在定量分析的过程中，将收集的样本数据作为截面数据进行处理。为了得到平均数据，在北京地铁 7 号线不同段位共选择 6 个站点，分别为湾子站、达官营站、磁器口站、广渠门外站、大郊亭站和欢乐谷景区站。根据国际研究的经验[①]，本书选取计算区域内距车站 2 公里圈内地块的多层住宅平均房价作为研究对象，用二手房的年均价做比较。所取样本数据见表 7 - 5。

表 7 - 5　北京地铁 7 号线对沿线房地产价格影响的描述性统计

变量名称	样本量	最小值	最大值	平均值	标准差
Δp	12	1.2567	1.8595	1.4828	0.24452

[①] 叶霞飞、蔡蔚：《城市轨道交通开发利益的计算方法》，《同济大学学报》（自然科学版）2002 年第 4 期，第 431～436 页。

续表

变量名称	样本量	最小值	最大值	平均值	标准差
dstation	12	317	1300	714.25	303.085
dCstation	12	420	1380	880.00	308.427
dmSchool	12	0	1	0.83	0.389
dmMarket	12	0	1	0.92	0.289
dmPark	12	0	1	0.58	0.515
Area	12	1.2	88	32.9782	33.5890

根据相关数据得到回归模型如下:

$$\Delta p = 7.443 - 0.385\ln x_1 - 0.506\ln x_2 - 0.080x_3 + 0.319x_4 - 0.162x_5 - 0.028\ln x_6$$

其中, $R^2 = 0.892$。

从回归模型可以看出,房地产项目房价变化百分比与最近轨道交通站点距离的回归系数为 -0.385。房地产项目与轨道交通站点的距离每靠近 1 米,房地产项目每建筑平方米房价平均上升 0.00385%。通过对北京地铁 7 号线对沿线土地价值影响的回归模型分析可以得出,城市轨道交通对站点周围房价的影响表现为一种波及效应,即随着房地产项目与轨道交通站点距离半径的增大,轨道交通设施投资的辐射力逐渐变弱。

对模型回归结果的分析可以发现,北京地铁 4 号线和 7 号线两条线路均会引起沿线土地的增值,4 号线的影响幅度比 7 号线略小,这可能与所选时间数据有关。因为轨道交通对沿线土地的影响在轨道交通开通之前就已经表现出来了,而北京地铁 4 号线是 2004 年开始建设、2009 年开通的,其对沿线土地的影响可能在其开工建设的时候就已经表现出来了,但由于数据的可得性,本书只能选择数据时间范围为 2009~2016 年。通过计算北京地铁 4 号线和北京地铁 7 号线对沿线土地增值的影响,可以得出城市轨道交通是公益性、经济外部性很强的大型公共基础设施,极高的可达性及其对站点周边物业开发的刺激作用,带来了显著的住宅增值。从对北京地铁 4 号线和北京地铁 7 号线对沿线土地价值影响的回归模型分析中可以得出,城市轨道交通对站点周围房价的影响表现为一种波及效应,即随着房地产项目与轨道交通站点距离半径的增大,轨道交通设施投资的辐射力逐渐变弱,给土地带来的级差收益逐渐变小。城市轨道交通沿线土地的所有者是城市轨道交通开发利益的主要受益对象，轨道交通的投资效益大部分流入了物业所有者和站点周围土地开发商的手中，并未由轨道交通的投资者获得，因此根据开发利益还原理论，在设计轨道交通公益性与经营性平衡机制时，应将轨道交通投资带来的土地溢价部分转化为轨道交通企业自身的利益，从而吸引社会投资者的投资，或者转化为政府的土地（财政）收益，用于轨道交通产业的专项投资资金。

第三节　京沪高铁沿线土地开发收益

由于辐射和波及效应，高铁影响的地区范围较为广泛，包括其沿线以及车站周边地区，但其主要影响还是集中于车站所在城市。具体以京沪高铁城市土地收益为例。

京沪高铁沿线有京、津、沪3个直辖市，穿越河北、山东、安徽、江苏4个省，经过10多个人口密集的城市，其中北京和上海是京沪线的终点站。京沪高铁北接环渤海地区，南衔长江三角洲，通道吸引区域人口占全国人口的比例超过1/4。京沪高铁沿线的城市利用高铁建设的契机，纷纷加大对站点所在区的土地规划和投资，希望由高铁带动该地区的经济社会发展。例如，京沪高铁南京南站所在地区为典型的城乡接合部，发展基础薄弱，经济总量较低，随着京沪高铁南京南站的建成投运，该地区迎来了前所未有的发展机遇，政府提出"切实抓住建设铁路枢纽的战略机遇"的要求。

近年来，高铁站点城市涌现了一股"以站建城"潮。高铁车站的建站地点一般由地方政府与铁道部门协商确定，由地方政府先行选址，然后建议铁道部门批准。出于拉动经济发展的考虑，很多车站选在了城市边缘区域，以此来顺应各地政府的城市扩张规划。客观上说，高铁运行速度比较快，加速和减速的距离稍长，要求车站的半径稍大一些，因此需要拆迁的范围可能较大。但从成本上考虑，又要求拆迁量尽可能少一些。因此，高铁的站区就不可避免地建在城市中人口相对稀少的一些地区，这样的选址策略为相关地区的城市化提供了机会。例如，无锡东站位于无锡城市规划中的无锡新城，而新城位于锡山区的几何中心，规划面积为128平方公里，其中高铁商务区占地45平方公里，高铁车站的建设顺应了整个无锡市城市东拓的计划。常州斥资打造高铁新城，核心区面积为 1.6 平方公里，面积虽小，但为常州构建"一体两翼"的空间格局提供了有力的支撑。苏州也高起点规划了高铁新城，将之作为"一城四核"城市总体规划的重要组成部分。

各地政府规划将高铁客站区打造成为集交通枢纽、生态、商务、居住"四位一体"的城市"副中心"。客站规划将以公共交通节点为中心，通过高密度的开发（结合商业、办公、住宅等综合用途进行集约型的开发），提升城市的魅力和城市的功能。徐州高铁站区总体规划面积为 26 平方公里。通过以轨道交通车站步行圈区域为中心进行重点开发，形成以公共交通为前提的城市中心。步行圈距商业、办公区约 500 米，距住宅区约 1000米。靠近车站的区域，将配备站前广场、公交车上客站、出租车上客站；距离车站 500 米以内的区域，将布局商业、办公高层大楼、高层住宅等；距离车站 1000 米以内的区域，将设置集客能力强的设施（如体育设施、公园、高校等）入口；距离车站 1500 米以内的区域，住宅区规划为低层，将配置需要宽阔场地的设施（如体育设施、公园、高校等）。可见，政府为站点新区的规划进行了详细的设计和定位。

虽然常州核心地区面积只有 1.6 平方公里，但其打造的高铁新城，定位高端，功能齐全，搭配合理，可以满足多方面的需求。济南规划出 55 平方公里的区域用于打造济南西站高铁新区，计划建成一个配套完善、交通便捷、生态宜居的西客站片区。西客站片区规划总人口为 35 万人，空间结构为"一站、两轴、两心、多组团"。高铁站前商业中心与城市 CBD 中心发展形成东西向产业经济轴；娱乐休闲区、中心商务休闲区、泉城特色休闲区形成生态人文景观轴；以居住区配套设施为核心形成多个城市大型居住组团。

京沪高铁的建设带来了沿线地区土地市场的繁荣。京沪高铁对沿线城市土地的影响范围远远大于近期出让的土地面积，出售土地获得的收益将会十分可观，因此每个城市基于京沪高铁进行的城市规划面积相对都很大。本书以上海和济南为例，估算其潜在的土地收入。

上海虹桥商务区依托虹桥综合交通枢纽建成了上海现代服务业的集聚区。虹桥商务区作为上海国际贸易中心建设的新平台，是面向国内外企业总部和贸易机构的汇集地，不仅服务长三角地区、长江流域，而且服务全国的高端商务中心。上海虹桥商务区未来将形成以总部经济为核心，以高端商业商贸和现代物流为重点，以会展、商业等为特色，其他配套服务业协调发展的产业格局。虹桥商务区总开发面积为 86.6 平方公里，其中主功能区面积约为 27 平方公里。

京沪高铁济南西站位于济南市主城区西部，是京沪高铁五个主要车站之一，建成后其与北京和上海—中国政治、经济发展的两个极地的时空距离极大缩短，北京到济南约 1.5 个小时，济南到上海约 3.5 小时。济南市以京沪高铁建设通车为带动，加快推进主要由西部新城、大学科技园和济西湿地公园三大功能板块组成的西部新区的开发建设，其中西客站片区占地 55 平方公里，其核心区占地 6 平方公里。西客站片区核心区由交通枢纽、商务会展、商业商贸、文娱旅游、居住、预留用地六大功能板块构成。除了基础的交通枢纽板块之外，西客站片区核心区被京沪高铁划分为站东、站西两个片区。其中，站东片区包括商务会展、商业商贸、文娱旅游、居住等板块；站西片区则定位为预留用地。

截至 2012 年 9 月，上海和济南分别售出核心区土地约 2.5 平方公里和 1.32 平方公里，并获得土地收入 201.9 亿元和 88.3 亿元，平均每平方米的土地成交价分别为 1.50 万元和 0.67 万元。根据目前两地高铁新区的开发现状，可以对上海和济南两地高铁开发新区的土地财政收入进行简单的估算。

计算土地出售的收益，需确定政府每年交易的土地面积和土地价格。政府每年交易的土地面积是由地方政府进行规划的，研究中可以进行简单的假设。预计上海和济南两地核心区土地均在 5 年内售出，外围商务开发区土地在 10 年内完成出售，则两地平均每年售出土地面积见表 7-6。

表 7-6　上海和济南平均每年售出土地面积

单位：平方公里

地区	2012~2015 年		2015~2021 年
	核心区	外围	外围
上海	6.12	5.90	5.90
济南	1.17	4.90	4.90

　　土地价格方面，国内关于土地价格的分析和预测都是通过统计和计量方法进行估计，这些方法虽然能够在一定程度上预测土地价格的未来动向，但是其忽略了影响土地价格的现实因素。如上节所述，一方面，影响土地价格的因素较多，且相对复杂。另一方面，我国土地价格未来的走势很难进行准确的估计。本书主要是对政府获得的土地财政收入进行简单的估计，不对土地价格的变动做更加深入的分析。如果对未来 10 年的土地价格进行预估，土地价格指数能够较为简单准确地反映土地交易价格的变动情况。由于上海和济南两地规划土地开发前基本为农业用地或者荒地，土地价格很低，若计算今后 10 年的土地价格，开发前的土地价格参考意义很小，无法计算土地价格指数。考虑到两地高速铁路所在区未来的发展前景，本书分别将上海和济南的房地产投资增长率作为替代变量，通过简单灰色预测模型，估算未来 10 年的土地价格增长率，同时假设外围土地价格为核心区土地价格的 90%。综合这些处理和假设，计算未来 10 年的土地价格，最终得出上海和济南每年通过土地交易可获得的土地财政收入。

　　上海和济南两地 2012～2021 年可获得的土地收入见表 7-7。初步计算，2012～2021 年通过转让土地，上海和济南两地分别可获得 30747 亿元和 16554 亿元的收益。进一步将未来可获得的财政收入折现到当前水平，以 3% 的贴现率进行计算，得出上海和济南两地可实现的土地财政收入的净现值分别为 26409 亿元和 13776 亿元。上海和济南两地高铁站点所在开发地区通过转让交易土地共可以实现 40185 亿元的财政收入。

表 7-7　2012～2021 年上海和济南两地出售土地所得收益

单位：亿元

	项目	2012 年	2013 年	2014 年	2015 年	2016 年	2017 年	2018 年	2019 年	2020 年	2021 年	合计
上海	核心区	1052	1230	1470	1803	—	—	—	—	—	—	5555
	外围	912	1066	1274	1563	1918	2353	2887	3542	4346	5331	25192
	合计	1964	2296	2744	3366	1918	2353	2887	3542	4346	5331	30747
	净现值	1964	2229	2587	3081	1704	2030	2418	2880	3430	4086	26409
济南	核心区	78	101	130	169	—	—	—	—	—	—	478
	外围	380	492	638	829	1077	1400	1820	2366	3076	3998	16076
	合计	458	593	768	998	1077	1400	1820	2366	3076	3998	16554
	净现值	458	575	724	913	957	1208	1525	1924	2428	3064	13776

　　从计算结果可以看出，上海虹桥商务区的土地收入约是济南西客站片区的2倍，这主要因为两地的土地价格差异较大，而且前者的规划面积总体要比后者大。根据目前上海虹桥商务区和济南西客站片区的土地出让情况，计算出上海的土地出让平均价格为150.21亿元/平方公里（1.50万元/平方米），济南为66.71亿元/平方公里（0.67万元/平方米），上海的土地出让价格为济南的2倍左右。上海作为我国的经济中心，是投资的热点地区，土地出让价格一直处在全国最高水平，虹桥商务区作为综合交通枢纽以及新兴服务业集聚区，发展潜力很大。济南作为山东省的省会城市，是近年来发展较快的新兴城市，济南西客站片区是未来济南城市重点发展的区域，商机无限。与上海相比，济南的经济总体水平较低，土地出让价格低，但是济南可挖掘的增长潜力要大于上海，土地价格的增长率大于上海。综合上面的分析，由于土地面积和出让价格较高，上海虹桥商务区通过出让土地获得的土地收入要高于济南西客站片区，但是从表7-7后五年的数据可以看出，济南西客站片区的土地收入已经逐步接近上海虹桥商务区，表现出了未来较大的增长潜力。

　　京沪高铁沿线土地开发的现状，也实证了第三节的评价。可见，京沪高铁的建设和运营，提高了土地资源的利用率，也给沿线各地政府带来了巨大的经济效益和社会效益。高铁站点周边土地利用模式将会发生渐次性变化，随着公共基础设施以及商务办公物业的增多，土地价值将逐渐提升，这也正是轨道交通尤其是高速铁路公益性的体现。

第八章

基于财政补贴和税费的平衡模式

　　根据理论框架设计，在城市轨道交通领域，由于其票价水平受到政府的严格监管和控制，同时又必须满足公众的出行需求，因此需要对城市轨道交通进行外部补贴，也就是政府依据轨道交通的外部性，通过税收政策和财政补贴手段，在兼顾公平与效率的前提下，实现对私营企业的激励，实现轨道交通公益性与经营性的平衡。本章主要从轨道交通财政补贴机制和税费分配机制设计两方面着手探讨轨道交通的外部补贴方案。

第一节　轨道交通财政补贴分配方案

　　在城市轨道交通领域，尽管其受到政府的严格调控和监管，但也必须满足公共交通的需要，因此从世界的角度看，城市轨道交通补贴是一种普遍的经济现象。补贴主要受三个因素影响，即公众、政府和轨道交通企业，也就是说，补贴的确定需要考虑公众对公共轨道交通票价的承受力、企业对补贴的依赖程度和政府的财政补贴支出负担能力。

　　城市轨道交通不能完全按照市场规则运作。因此，有必要建立一个激励补贴机制，以便在政府的监督下能够补偿运营商合理、必要的支出成本，在一定程度上维持简单再生产和扩大再生产的水平，以避免运营商继续增加成本，这些成本如果转嫁给乘客、政府和社会，会损害社会福利的总体水平。根据城市轨道交通的经济属性，城市轨道交通补贴的最低要求是保证轨道交通企业的持续运营，保证社会公共需求的满足。因此，补贴最根本的基础是铁路运输运营的成本补偿，即票价收入与成本之间的差额作为补贴的基础。在此基础上，将企业成本降低到补贴设计中，在符合社区利益的同时，保持高效的城市轨道交通业务运营。

　　作为公共交通的重要组成部分，轨道交通也具有双重性质。根据公共交通企业的二元性，公共交通企业的损失可分为政策补贴损失和经营损失。也就是说，对于公共交通所造成的福利损失，政府应该给予补贴；由于企业自身的原因所产生的商业损失，应该由企业自己承担。这种"二分法"似乎是解决城市轨道交通业务补贴的一个更好的办法，但定义具体的运营损失则很困难。在信息不足的情况下，产生了政府与城市轨道交通企业之间的委托代理问题。政府不了解企业的实际成本，很难确定平均成本是否偏高，补贴数额也就难以确定。为了获得更多的补贴，企业完全有可能制造虚假的成本，导致没有动力采取积极措施去降低成本。

　　目前，在城市轨道交通建设和运营完全为国有投资的情况下，更多的是采取一种定额补贴的方式。也就是说，根据以往的情况，政府要制定一个额度。这在一定程度上，可以鼓励运营商降低成本。

一　多元投资主体参与运营管理的补贴机制

　　多元化的投资主体参与经营管理的投资和融资模式，是企业和地方政府长期双赢的合作模式，不仅可以解决城市轨道交通的发展基金问题，而且能够借鉴相关投资实体的先进管理经验，是最典型和最常见的 PPP 模式。考虑到城市轨道交通的沉没成本、资产的特殊性以及其他特点，持续、稳定、具有激励效果的补贴计划已成为提高企业运营效率的重要外部手段之一。假设城市轨道交通总投资为 TI，地方政府投资比例为 φ，多元投资主体投资为 $(1-\varphi)TI$，合作运营期限为 n 年，由于城市轨道交通项目的实际价值可以看成对项目未来净值的预期折现，所以可以利用项目融资理论计算项目的实际价值，并得出项目合作运营期间的财政补贴额。

　　设轨道交通企业的补贴额为 S，则有：

$$S = C - B = C - \sum_x p_x q_x \tag{8-1}$$

　　其中，C 为轨道交通企业的成本；B 为轨道交通运营收益（根据我国现行的轨道交通运营政策，轨道交通运营的成本补偿来源主要为票款收入和政府的财政支持）；p_x 为第 x 个收费区段的票价；q_x 为第 x 个收费区段的客流量。

资产评估方法中贴现率的本质是一种投资收益率。因此，投资者同意的资本回报率，并由当地政府同意，可视为折现率的最低要求。在此基础上，对未来收益进行折现并加入初始投资，使净现值为零；计算出满足投资者最低资本回报率的经营收益；从营业收入中，可以得到明确的补偿价格。具体如下。

假设多元投资主体要求的且与地方政府协商同意的资本回报率 K_s 为资产 i 的收益率，L 为贷款利率的加权平均，贷款比例为 μ，多元投资主体投入资本比例为 α，则项目的加权资本成本为：

$$K_{wacc} = \alpha K_s + \mu L \qquad (8-2)$$

假设初始投资是一次性投入的，设第 t 年项目的运营收入为 CI_t，付现成本为 CO_t，由式（8-1）可知，第 t 年的净现金流 $NCF_t = CI_t - CO_t$，其中 $CI_t = B_t + S_t$。

选择加权资本成本 K_{wacc} 为折现率，令项目的净现值为零，有：

$$NPV = (1 - \varphi)TI + \sum_{t=1}^{n} \frac{NCF_t}{(1 + K_{wacc})^t}$$

$$= (1 - \varphi)TI + \sum_{t=1}^{n} \frac{CI_t - CO_t}{(1 + K_{wacc})^t} = 0 \qquad (8-3)$$

由式（8-2）可以倒推出 CI_t，即城市轨道交通的运营收入，并据此计算出每单位客运周转量的清分补偿价格 P_1^*，据此作为对轨道交通运营企业的补贴依据。城市轨道交通的运营收入主要由两部分组成，即车票收入和补贴收入。补偿价格考虑到资本的时间价值和固定价格。也就是说，地方政府与轨道交通运营企业按照该清分补偿价格 P_1^* 进行清算，为轨道交通运营企业提供一个提高资源配置效率、增进社会福利的激励补贴机制。按照补偿价格，如果轨道交通运营企业能够在补偿价格的基础上进一步降低运营成本，或者利用营销手段吸引更多的客流，运营企业就能获得相应的收益，因此为企业提供了一个长期的激励机制。

应该注意的是，从企业的角度来看，如果外部商业环境不变，可以承诺为企业提供一个长期稳定的激励机制；但如果外部商业环境发生变化，经营公司可能面临巨额利润或巨额亏损的情况。因此，有必要添加条件，在企业获得巨额利润时，适当地承诺应该严格约束；在企业面对巨额亏损时，可以适当做出放宽条件的承诺，目的是维持正常运营公司的盈利水平。

二　多元投资主体不参与轨道交通运营管理情况下的补贴模式

投资者还可以通过债券基金、资产证券化等金融工程，使轨道交通投资获得长期、稳定的回报，这一行为不涉及轨道交通的运营工作。运营商必须以公开、透明的方式，如特许经营权拍卖方式进行选择，在这种情况下，补贴方式与前者不同，只考虑对轨道交通运营企业的补贴，可以有以下两种选择。

（一）把合同期内总补贴额作为拍卖标的的补贴模式

假设运营商以公开、透明的特许经营权拍卖方式进行选择，可以以合同期内总补贴额 S_m 为拍卖标的来选择运营商，此时选取的折现率是基于资本资产定价模型（CAPM）的加权资本成本 K_{wacc}^*。依据资本资产定价模型，项目的资本回报率 K_s^* 为：

$$K_s^* = r_f + \beta_i(r_m - r_f) \tag{8-4}$$

其中，r_f 表示无风险资产收益率，为期末的国债加权平均数；r_m 表示市场整体收益率，为上证指数年度收益率；β_i 表示资产 i 对市场组合的贡献率，它代表资产 i 的市场风险的一个侧度，这种市场风险是不可分散的系统风险。设 X_i 为公用事业指数收益率，Y_i 为上证指数收益率，则项目的 β_i 为：

$$\beta_i = \frac{n\sum_{i=1}^{n} X_i Y_i - \sum_{i=1}^{n} X_i \cdot \sum_{i=1}^{n} Y_i}{n\sum_{i=1}^{n} X_i^2 - (\sum_{i=1}^{n} X_i^2)^2} \tag{8-5}$$

假设贷款比例为 μ，投入资本比例为 α，则项目的加权资本成本为：

$$K_{wacc}^* = \alpha K_s^* + \mu L \tag{8-6}$$

由式（8-1）、式（8-2）、式（8-3）可知，第 t 年的净现金流为：

$$NCF_t = B_t + S_t - (1-\varphi)TIK_{wacc}^* - CO_t \tag{8-7}$$

又假设合同期为 1 年，有：

$$NPV_t = (1 - \varphi)TI + \sum_{t=1}^{l} \frac{NCF_t}{(1 + K_{wacc}^*)^t} = 0 \qquad (8-8)$$

由式（8-6）和式（8-7）可以推导出城市轨道交通运营企业合同期内的总补贴额 S_m，以此作为特许经营权拍卖的标的，并将此作为对轨道交通运营企业的补贴依据。同样，此契约也需要在给定期限中加入修正条件，以防范环境变化带来的风险。

（二）以合同期内运营成本为拍卖标的的补贴模式

假设合同的运营成本是选择运营商的标的，在保证运营质量的前提下，拍卖中运营成本 C_t^* 低者为优，则此时的补贴模式为按照拍卖运营成本 C_t^* 进行补贴，补贴模型为：

$$S_t = C_t^* + D_t + (1 - \varphi)TIK_{wacc}^* - B_t \qquad (8-9)$$

其中，S_t 为第 t 年的补贴额，D_t 为第 t 年的固定资产折旧额，C_t^* 为第 t 年的拍卖运营成本。这个选择可以提供相对长期的稳定性，在规定的期限之外，可以进行拍卖或者对目标进行调整，所以这种合同的不完整性相对较弱，一些修正可以轻微地对抗风险，可以忽略。

第二节 轨道交通税收政策设计

轨道交通税收政策设计包括对轨道交通企业本身的税收优惠政策和对轨道交通站点周围企业的税收优惠政策。财政安排提供准公共产品，通常将税收作为政府收入的主要来源，准公共产品补偿问题，主要是研究如何获得更多的税收收入。然而，税收扭曲了纳税人的行为。因此，如何将这种扭曲最小化是在获得一定的税收收入之前需要解决的问题。然后，税收问题变成最优的税收制度设计问题。

一 城市准公共产品政府投资补偿理论

（一）税收与城市准公共产品补偿

传统理论认为，公共产品不能通过市场机制来实现，应该由政府（或公共部门）提供。政府要想提供足够的公共产品，必须筹措足够的资金，而税收是资金的重要来源。税收是由政府对消费者进行评估的，是一种补偿准公共产品成本的有效方式，不是消费者愿意支付的，而是由政府征收的。政府虽然能够通过很多方式获得充足的资金来提供准公共产品，但是一般认为税收是一种最佳的或最有效的方式。政府利用税收来产生收入，相当于纳税人将部分收入转移给政府。这种方式的有效性主要表现在以下三个方面：一是不会无端地增加社会购买力，造成严重的通货膨胀；二是政府不会直接支付，政府因此没有额外负担；三是由于被强制征税，政府在管理领域、组织或行为上制定相应的法律，可以避免"搭便车"问题，进而为政府支出提供足够的资金。因此，税收无疑是政府为公共产品提供资金的最佳方式。在具体的补偿理论和模型中，庇古均衡模型、维克赛尔－林达尔均衡、鲍温模型研究了税收补偿问题。

1. 庇古均衡模型

庇古指出，每个人通过使用准公共产品均能够获得不同的效用，每个人均应该为消费公共产品而纳税，因而出现了税收的负效用。这里的负效用就是因纳税而放弃消费私人产品所产生的机会成本。庇古就此认为，针对个人来说，公共产品最优供给量发生在公共产品的消费边际正效用与税收的边际负效用相等时。

庇古均衡理论提出了个人在准公共产品和私人产品消费之间的最佳分配，他虽然没有明确提出公共投资补偿的概念，但我们可以得出准公共产品的补偿标准，即从个人角度看，对准公共产品供给的税收补偿要使缴税的负效用等于消费准公共产品的正效用。

2. 维克赛尔－林达尔均衡

公共部门的资源和市场体系中配置的资源一样，准公共产品也需要有相应的补偿才可以得到提供，同时需要符合效用最大化原则。但是私人产品的个人偏好通过价格直接得到真实反映，如果不泄露其需求，将无法获得所需要的私人产品。对于市场上的准公共产品来说，人们很难阻止那些试图"搭便车"的人去消费，所以真正有需求的消费者就会避免按照他们真实的意愿去支付准公共产品。

针对这一现象，林达尔假设有足够理性的消费者会意识到，如果不按照真实的意愿支付，那么自己将无法获得该准公共产品，这种消费者会逐渐减少对真实意愿的隐藏，并会支付低于实际支付意愿的价格。因此，每个消费者的真正偏好会慢慢地反映出来，直到准公共产品的供应成为可能。

通过模型推导，得到准公共产品税收补偿的最优点，该点的税收价格即被称为林达尔价格。由于在模型中税收的均衡点由两个人的公共产品需求曲线，即准公共产品边际效用曲线的交点决定，因此林达尔价格正好等于模型中两个人各自从准公共产品的消费中得到的边际效用价值。这样，林达尔首次使用模型对准公共产品的需求以及税收补偿的分摊比例做了具体分析，求证了在理论上求得准公共产品的效率解问题。

林达尔使用模型求证了存在准公共产品的供需均衡，并且得出合理的差别税率能够通过自愿交易来实现的结论。该模型最大的特点是认为个人一定会表露出自己的真实偏好，并且自愿交易一定会达到均衡。

3. 鲍温模型

1948 年，鲍温（Baowen）提出了一种类似于林达尔模型的准公共产品平衡模型。鲍温首先确立了帕累托最优条件，并提出了反对通过市场机制才能实现帕累托最优的思想。鲍温认为，如果人们知道他们负担了与投票有关的准公共产品的成本补偿，几乎不可能指望他们在投票过程中反映出其偏好。鲍温指出，在一个税收补偿模式中，准公共产品由公众提供，形成公共收入和支出，此时准公共产品的供给水平是最优的。假定准公共产品的产出边际成本 MC 固定，且 MC 可以由全体社会成员一起承担，那么，每一个个体使用的产品单位成本等于 MC/N。假定 MRS_i 是个体 i 因公共产品而取得的边际收益，那么当 $\sum MRS_i = MC$ 或者 $\sum MRS_i/N = MC/N$ 时，也就是说，当 N 个个体的平均边际收益等于每一个个体实际承担的公共产品边际成本时，准公共产品就能够实现最优的产出水平。

（二）产权安排与城市准公共产品补偿

罗纳德·科斯在发表于 1960 年的《社会成本问题》一文中质疑了向产生负外部性的企业征收庇古税的做法，他指出传统的经济分析一直使用庇古在《福利经济学》一书中所提的观点，即排烟的企业主应该赔偿他人的损失，或者对其征收"庇古税"，或者促使其搬迁，这些方法只是单向对排污者进行惩罚，是不合理的。他认为这种做法掩盖了问题的实质，而这里的外部效应问题是有着相互性的，解决问题的重点是要减少更严重的损害，因而不可以只是让甲必须按量赔偿乙，要从总体的角度与边际的角度解决损害的赔偿问题。

为了进一步解释清楚这个问题，科斯用养牛者丢失的牛损坏附近土地上其他农民种植的庄稼的例子作为其分析的起点，假定了两种相反的情况，运用简化的数学例子，得出了这样的结论：有必要知道损害方是否对引起的损失负责，如果没有因对方造成损失而要求其负责的权利的界定，就不会有权利转让与权利重新组合的市场交易。同时，如果交易成本为零，那么制造损害的企业在不承担损害责任时和其在承担损害责任时的资源配置是一样的。

尽管科斯分析的例子是对负外部性的一个解决方案，但不论是负外部性还是正外部性，其在经济学上的意义是相同的，即外部性的影响不能通过市场价格得到反映，因此科斯对公共产品和服务的外部性分析仍然有效。在新制度经济学家看来，外部性似乎是由单边造成的。实际上，外部性（或社会资本）是由合同双方共同产生的，通过补偿手段来解决外部性，关键在于促进外部性的内部化或社会成本的最小化。

而新制度学派的其他经济学家认为，事实上，外部性是关于产权安排的问题，只要产权得到适当的安排，交易成本为零或降低，外部补偿问题就可以通过市场机制的作用来解决。

（三）国内外关于准公共产品投资补偿的实践

1. 发行彩票

强制性的政府税收并不是唯一的补偿方式，准公共产品的另一种补偿方式是彩票，它在许多情况下比政府的税收效果要好。

公共产品所具有的特点使人们倾向于"搭便车"，如果人们依靠自愿贡献，产出将低于最优水平，但如果依靠自愿贡献（公共）和私人生产，将极大地消除"搭便车"的动机。例如，在购买福利彩票的人群中，购买彩票主要是为了投机，以获得巨额奖金。但在购买彩票时，公共产品（现金）是自愿捐赠的。

发行福利彩票不仅可以为公共产品提供补偿资金，而且具有许多优势，如没有义务性，具有公共福利性和灵活性等特点，因此可以作为补偿。彩票机制比单纯的公共产品自愿捐赠模式更能提高公共产品的供给水平，可以改善人们的福利，而彩票奖金的增加可以使公共产品的提供接近最优水平。通过这种方式，政府和非政府组织（非营利性组织）可以补偿公共产品。在实践中，外国政府一般采用福利彩票的形式来补偿公共产品，并取得了良好的效果。而且，由于彩票的非强制性，一些非营利性组织或慈善组织可通过发行彩票获取资金，并用于提供公共产品，这部分解决了非营利性组织的财政困难。

2. 其他补偿方式

城市准公共产品的资金一部分是从地方财政预算内资金获得的，但现有的预算金额不符合准公共产品供给的要求。因此，在缺乏政府财政收入的前提下，通过税收之外的资金获取，将成为地方政府提供公共产品的首选。

（1）通过非正式的政府财政活动对准公共产品进行融资。因为存在较多的预算外资金，使用预算外资金对预算内财政资金进行补偿成为财政活动中的常态，预算外资金已经成为准公共产品补偿的重要来源。此外，采取债务（如发行债券）等手段也是对公共产品进行补偿的重要方式。

在西方一些发达国家，公共产品可以通过发行公共产品债券进行融资，如市政建设债券。在美国和加拿大，省级政府通过债券市场筹集到城市公共产品建设所需的资金，目前两国政府共发行了7.4万亿美元的债券。1991~1998年，拉美国家有52个省市政府的市政债券发行，亚洲国家的债券市场已经收到了4770亿美元的债券基金，在捷克共和国，人口超过10万人的城市就有资格发行市政债券，甚至在俄罗斯和波兰等国采用的也是市政债券融资。对投资者来说，购买市政债券的好处显而易见，尽管风险更大，市场流动性较低，但收益率更高，而且可以免税，因此对投资者具有很强的吸引力。

（2）通过土地开发和收入补偿城市准公共产品。在土地开发中，公共产品的收入补偿是补偿准公共产品的重要手段，地方政府可以利用土地收入提供准公共产品，也可以利用土地开发用于城市基础设施建设。

（3）通过银行贷款为准公共产品进行融资。银行贷款通常主要来自商业银行、政策性银行和世界银行。在东欧和中欧的一些转型国家，地方政府被允许向商业银行放贷。无论是在发达国家还是发展中国家，都建立了基础设施开发银行，主要用于城市基础设施项目的投资建设，并取得了一些成绩。此外，政府还利用国际贷款提供准公共产品，其中，世界银行是一种准公共产品，为城市提供基础设施贷款。

（4）通过适当的产权安排，私人资本受到准公共产品建设的吸引，尤其是基础设施的公共产品。私人资本进入准公共产品投资建设领域，扩大准公共产品投资渠道的补偿，同时增加准公共产品供给，也可以缓解政府基础设施支出的压力。

（5）政府可以为公共产品建设筹集资金，这些是合同性储蓄资金，诸如保险基金、养老基金等合同储蓄，因为它有相对稳定的现金流，适合为基础设施提供长期投资。菲律宾、智利和其他国家在为准公共产品的建设筹集资金方面采用了这种方法，而此类基金的股权资本占了很大比例，一般为 $1/10 \sim 1/3$。

（6）政府利用公共资产拍卖所得的收益来补偿对准公共产品的投资。20 世纪 70 年代，西方政府将许多国有资产私有化，并将所得款项用于准公共产品的建设投资。

（7）政府建立了市政工程发展基金，以补偿对准公共产品的投资。在欧洲国家，利用市政发展基金筹集建设基金的历史由来已久，最早出现的原因是私人资本市场不愿意为小城市提供长期贷款。在这种情况下，中央政府将以较低的价格筹集资金，利用自己的信贷作为抵押，然后利用市场发展基金将资金贷出去。除了特别的市政发展基金，还有基础设施建设基金用于所有基础设施项目。当前，发展中国家设立的基础设施基金主要包括政府所资助的基金与较多使用于经营性项目的私有基金两种，如泰国使用于环境基础设施的担保基金、巴基斯坦使用的能源开发基金、牙买加使用的能源基金等，其中牙买加的政府资金在其能源基金中的占比达 70%。

（四）基于庇古模型的城市准公共产品受益居民税赋补偿

总的来说，国内外关于城市准公共产品补偿机制的研究相对滞后，主要是基于供给的角度，地方政府提供的准公共产品投资支出，不是其收入的补偿，而是以卖地支撑的财政收入供给。针对这一点，下面从需求的角度，即从居民的需求角度出发，分析提供准公共产品以满足不同层次的居民的需求，引导居民消费更多的高质量公共产品，以补偿城市准公共产品带来的外部效应。

庇古模型从理论上证明了积极的正外部性应给予补偿，负外部性应通过税收和其他惩罚方式实现外部效应内部化机制，但现有的研究主要集中在外部环境影响，很少有研究扩展到其他外部效应补偿领域。经过理论上的分析，一般政府利用征收庇古税与实行补贴的方式就能够达到外部性最优化，但是这样的理论模型又需要有较多的前提假定条件来支撑，也就是需要满足完全竞争市场的条件，应该能根据每一个企业的边际外部性成本与边际私人收益制定不同的税收或者补贴标准。因为理论模型总是表现为完美的，但是完美的理论并不一定等同于现实也是这样，因而庇古税与补贴政策实施效果的好坏还需要由实践的结果来检验。庇古税正外部性的补偿主要包括政府的补偿和激励。作为研究对象的准公共产品，它本身就是政府的主要供给模式，且具有巨大的资金缺口，所以政府的激励似乎是失败的。但是换一种视角，可以将庇古模型中"政府与企业间的效应补偿"的关系转变成"城市与居民间的效应补偿"的关系。将激励主体设为居民，即居民生活水平的逐步提高，会使其对城市准公共产品的需求不断增加，而且相应地提高了消费水平，这使居民有了为达到自身效应的最大化而接受自己去缴纳部分税收补偿的动力。因此，在庇古模型中，有可能将外部效应内部化机制的激励主体改变为居民，并得到最佳的庇古税。

二 基于税费的外部效益分配思路

在轨道交通建设过程中，运输公司可以与政府积极协商，争取土地开发权，以开发主体的身份投入轨道交通项目和土地商业开发的运作中，并通过回收开发收益来弥补轨道交通项目建设的亏损，实现轨道交通企业的可持续性发展。但对于轨道交通企业无法获得开发权的那一部分土地，随着轨道交通项目的建设和周边土地的开发也会受到正外部性的影响。因公共部门的公共投资引起的地价上涨，应该由公共部门从土地开发受益者手中按其受益范围予以回收。对于这一部分的溢价回收可以通过设立专门税收与费用的方式实现，如土地价值税、特别征税区、交通设施费、开发影响费、公共设施配套费等。

通过政策手段征收税费可以实现转移支付，从而实现外部效益的分配，其中关键且可操作的因素都在于轨道交通客流量，即按照轨道交通客流量与土地价值增值之间的弹性关系来实现轨道交通外部效益分配。轨道交通的修建提高了区域可达性，其最显著的一个表现就是站点的客流量增加，然而站点周边房地产投资的增加、基础设施投资的增加以及土地价格的上涨在某种程度上可以说是由站点周边人口活动密度所决定的。

通过建立客流量、房地产价格等与土地开发收益之间关系的函数来实现外部效益的分配是可取的。一般的生产函数主要是确定生产要素投入量的组合与实际产量之间的依存关系，如果有 X_1、X_2、$\cdots$、X_n 共 n 个生产要素，Y 表示产出，则生产函数表述的一般形式为 $Y = f(X_1, X_2, \cdots, X_n, t)$，其中 t 是时间变量。

基于客流量、房地产价格以及效率参数的收益函数则可以写成：

$$Y = A_t C^\alpha P^\beta (\alpha > 0, \beta < 1)$$

其中，A_t 为常量，表示一定时期内的效率参数；C 为轨道交通站点的平均客流量；P 为站点周边收益范围内的平均房地产价格；α 为客流量的产出弹性，表示当客流量增加 1% 时，收益平均增长 $\alpha\%$；β 为房价的产出弹性，表示当房地产价格增加 1% 时，收益平均增长 $\beta\%$。

在此基础上，通过客流量来确定轨道交通主体的外部效益分配，最重要的是要确定客流量产出弹性指数。α 是客流量的边际产出与平均产出的比值，β 是房地产价格的边际产出与平均产出的比值。客流量的边际产出 $MP_C = \alpha A_t C^{\alpha-1} P^\beta$，平均产出 $AP_C = A_t C^\alpha P^\beta / C = A_t C^{\alpha-1} P^\beta$。客流量的边际产出与平均产出的比值 $MP_C / AP_C = \alpha A_t C^{\alpha-1} P^\beta / A_t C^{\alpha-1} P^\beta = \alpha$。

确定客流量产出弹性指数后，政府或者轨道交通企业即可以根据这个指数制定补贴政策，或者成立专项基金，围绕轨道交通站点的土地开发效益，按合理比例分配给铁路公司，以弥补运输收入。以客流量为土地溢价的计算筹码，通过税收等溢价增值回收的方式把外部效益内部化，是在研究交通和土地一体化开发以及交通综合枢纽周边土地溢价回收方面的一个具有创新性的思路。目前国际上比较成熟的基于税费的外部效益分配方式主要有以下几种（见表 8-1）。

表 8 - 1　基于税费的外部效益分配方式一览

主要手段	受益对象	衡量标准	效果
一般物业税（Conventional Tax Rate）	社会公众	税基增长幅度	不利于密集开发，导致区域衰退
分列税率制（或双轨税率制）土地税［Two-rate Land Value Tax（LVT）/Split-rate Tax］	业主	土地增值幅度	土地税上涨，物业税下降，总税收下降；鼓励物业开发，不鼓励长期持有未开发土地
特别收益估价区（Special Benefit Assessment Districts）	业主	特别收益	其税基决定溢价回收性质，需满足城市平衡和发展需求
税收增额融资［Tax Increment Financing（TIF）］	业主	物业增值幅度	提高公共投资的效率
一次性影响费（Once-only Impact Fee）	开发商	邻近地块的开发机会	向开发商收取，一次性缴纳，不具有可持续性

　　资料来源：Doherty Matthew，"Funding Public Transport Development through Land Value Capture Programs"，http：//ecotransit. org. au/ets/files/land_ value_ capture_ mdoherty2004. pdf。

三　基于税费的外部效益分配模式

（一）分列税率土地价值税

　　土地所有者通常采取两种方式来取得沿线土地增值：①物业开发，获得高房价或高租金；②土地开发，获得高土地价格或租金回报。这就意味着有两个主要的溢价来源需要被回收：物业开发和土地开发。一般物业税将土地和房产合并评估与征税，也就是说一部分以房产及其附着物的评估价值为税基，另一部分是将土地价值税作为基础。

1. 以房产价值为税基（Tax on Building Values）

　　除了传统意义上的房产外，空调和装修等都能促进房地产价格的上涨，包括可以持续带来收益的人力或物力的再投资，这些都在价值评估的范围内。根据净现值计算，在折旧年限内若征收 1% ~ 2% 的物业税，将等值于 9% ~ 17% 的一次性流转税（Rybeck，2004）。因此，物业税是一种可持续的税种，其累积税收负担超过了烟酒消费税，从而导致了低产出。如果对特别地区的溢价回收进行增税，将导致租金上涨，一些商业租户因无法继续负担租金而选择撤出该地区，甚至出现面临破产的情况。业主为了避免高税收，允许财产价值被降低，甚至是被关闭或拆除。开发商因此很沮丧，随着成本的上升，建筑、再投资和维护资金都在减少。最后，对房产价值征收更高的税将会加剧该地区的房价控制和失业率。

2. 以土地价值为税基 (Tax on Land Value)

物业税的另一部分是基于土地的价值。土地价值是由地块的公共设施和服务决定的，相对于该房产的价值而言，这是相对固定的。由于土地价值效益因素（公共设施和服务的改善）明确，易于区分和回收，所以土地税往往被视为"溢价回收税"，是溢价回收的重要工具。

但是提高税率，可能会导致土地价格下降。因为与房地产不同，土地不是所有者的产品，所以土地税与房产税不同，不是生产成本，而是保有土地的成本。土地的不动性和保有者对土地价值税的不可抗性，将会削弱土地所有者的土地使用权，从而导致土地价格的下降。因此，为了降低土地的成本，业主开始利用土地创造收益。

由于区域规划的局限性，如体积和容积率等，很难平衡高物业税和高强度的发展。如何保证轨道交通引进质量和良好的服务质量，同时不与土地所有者的发展相矛盾，解决方案是将一般物业税转化为分列税率物业税，前者将土地税和房产税合并征收、税率一致，后者采用土地和房产双轨税率制。

Di Masi（1987）研究认为，把一般物业税转换成分列税率土地价值税可以将城市化区域缩小。尽管 Rybeck 等（2012）证明，在实践中表明并不能够反映出缩小的趋势，但新的开发往往发生在已开发的城市内部，而不是外部。根据 Rybeck 等（2012）的描述，美国宾夕法尼亚州匹兹堡市从 1913 年开始实行该税，到 1990 年对建筑附着物的税率只有土地税率的 1/6，虽然这段时间的钢铁和相关行业经历了萧条，但房地产市场仍然乐观，与同均比大小和经济特征相似的同类城市相比，采用分列税率土地价值税的宾夕法尼亚州发展得更好。哈利斯堡市于 1975 年采用该税后，7 年内房屋空置率由 1800 栋下降到 700 栋。

（二）特别收益评估

这种经营思路的模式可以概括为，通过设立收益评估征税区（Benefit

Assessment Districts）将公共基础设施与服务设施的建设、运营与维护费用按照一定比例分摊，来达到回收投资之目的。

"特别收益"（Special Benefit）是相对于"普通收益"（General Benefit）而提出的。例如，社区公园的建设将会改善环境质量和提升物业价值。在整个城市中，由于人均娱乐水平的提高，城市居民都能获得福利。但这种特殊的收益仅仅是居住在公园附近的人们能获得的利益。可以看出，普通收益仅仅是把整体的收益进行均分整，因为城市居民人口的基数比较大，所以每个人分摊到的收益量是微乎其微的。然而，这种特别收益是不同的，而且范围仅限于较小的地区。居住在社区公园附近的居民能够获得比所有城市居民更多的特别收益（物业价值也会提升）。因此，不可避免的是，要对特别收益进行回收。

从理论上讲，只要在一个范围相对较小的地区，对于在这个范围内的公共基础设施，就可以利用特殊的收益评估方法来收回投资。例如，路灯和红绿灯的建设有助于提升当地居民的安全感，提高安全性，预防犯罪的发生，对破坏公共设施或公共财产的人起到震慑作用，可以减少财产损失。再如，地铁站点的交通可达性，有助于改善周边地区的环境，有助于吸引人们参与各种经济活动，为该地区的振兴做出贡献。因此，可以在以上地区相应地设立路灯特别收益评估征税区与地铁站点特别收益评估征税区，对部分受益区域的相关费用等进行相应的调整。

美国洛杉矶市是一个典型的例子，在理论上，这个城市的运作方式完全是基于特别收益评估征税区。洛杉矶市是在 20 世纪 80 年代后期开始修建地铁线路的。为了筹集地铁建设资金，当时曾经设立了两个特别收益评估征税区，对地铁站点 1/3 英里半径内的物业征收税费，征收额度基于地铁线路的建设能够引起的土地预期收益，并按照一定比例予以确定。在此基础上，福利机构与住宅的物业可以不缴纳费用，而宾馆、零售和写字楼等建筑用地的收费额度根据实际的建筑面积进行计算，对于其他用地则依据占地面积进行计算。两个特别收益评估征税区的收费时间从 1985 年到 2007 年，回收的总资金为 1.3 亿美元，约占地铁建设总成本的 9%。在此以美国加利福尼亚州 San Joaquin 县 Escalon 市编号为"06-1"的特别收益评估征税区为案例，说明它的成本分摊方法。为了确保当地的相关服务设施和基础设施正常运行，当地管理部门需要投入一定的维护和重建资金，具体包括景观设施与基础设施（电力、水、燃气管道、道路清扫、排水泵站维护等）的建设、运营、维护、服务费用。

为此，地方行政部门根据本地区的具体情况，特别划出了编号为"06 - 1"的特别收益评估征税区，并予以综合确定。

另外，需要提示的是，每一个地块分摊到的特别收益额度是不同的，根据其土地面积、土地使用因素的不同而有所不同。其中，每一个商业地块需要分摊 4 个标准当量（Equivalent Unit）的特别收益量，而每一个居住地块则只需要分摊 1 个，个别面积较大地块的换算系数另外进行微调。通过相关测算，该地区有 38 块住宅和商业用地，根据地块面积大小、土地用途等因素确定换算系数进行折算，共计对应 48.4 个标准当量的住宅单元。之后根据这一年的基础设施运行成本测算该年度需要征收的总税收额，然后再根据比例分摊各个地块相对应的标准当量。

（三）税收增额融资

这种思维方式的模式可以概括为，公共基础设施的建设可以带来一定的正外部性，清晰地显示出相邻区域的物业价值，利用对因公共投资而受益的群体征收的税收，对基础设施的巨额投资进行补贴。

所谓税收增额融资（Tax Increment Financing，TIF），指的是国家为了促使特别地区，尤其是一些经济落后的区域或较多集中存在社会问题的区域脱离发展的困境，利用发行债券的方式募集资金，从而促进该地区的社会经济发展并带来物业增值，然后抽取当地税收的增额部分，用来偿还债务的一种融资方式。其中的"税收增额"（Tax Increment），指的是经济落后地区对于其在项目建设基期存在的物业价值所应缴纳的税收和在项目建设末期拥有的物业价值所应缴纳的税收间的增加额。

一般来说，在项目的开发与建设期间，如果总税率保持固定不变，税收收入就会随该地区物业价值的提升而增加。如果某一地区被城市政府指定为"税收增额融资区"，那么该区域"调整后的物业评估价值"（Equalized Assessed Value，EAV）就该被冻结①，作为"基准税基"（Base）。也

---

① "Understanding Your Property Tax Bill: Can you Define the Terms Used on My Tax Bill?"，http：//www. revenue. state. il. us/localgovernment/PropertyTax/taxbill. htm，2014 - 07 - 12.

就是在未来较长的项目开发与建设时期内,城市的地方政府应根据税收增额融资项目成立初期(基准期)"被冻结了"的物业评估价值(Frozen Property Value)即"基准税基"来征税(Mike Quigley,2007),应根据税率的构成将基准税基所对应的税赋分配到所对应的管理地区。对于"税收增额"部分也就是超出基准税基的那一部分物业评估价值所对应的税收,应归到"税收增额融资区"管理局所有,将其用于税收增额区内特定项目的开发、投资和建设。也就是说,在所有地方政府的基准税收收入中,将税收增额部分当成专项资金,用于发展税收增量融资项目。具体来讲,在项目建设初期,城市地方政府原来所有的税基会被冻结,当成基准税收,这个时候并没有产生税收增额;在项目建设的过程中,税收增额部分会转移给"税收增额融资区"管理局,用于项目的开发。等到项目结束之后,"税收增额融资区"就会自动解散,之后的税收增额部分应重新归原地方政府所有。

如图 8-1 所示,将轨道交通站点周边划成"实施税收增额融资政策的区域"(Tax Increment Financing District,简称"TID 区"或"TIF 区")与"没有实施税收增额融资政策的区域"(简称"非 TIF 区")两大地块。两大地块所相对应基期年份(Base Year)的物业评估价值是"B"与"N"。然而在实施税收增额融资政策之后,区域的物业评估价值应出现增长,"I"与"G"分别是两大地块物业评估价值的增额部分。

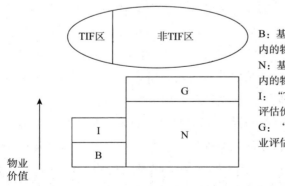

B:基期年"TIF区"内的物业评估价值

N:基期年非"TIF区"内的物业评估价值

I:"TIF区"物业评估价值的增额

G:"非TIF区"物业评估价值的增额

图 8-1 轨道交通站点周边区域划分及其物业评估价值构成

资料来源:Richard F. Dye and David F. Merriman,"Tax Increment Financing:A Tool for Local Economic Development",*Journal of Housing & Community Development*,2006(5-6),pp. 23-29,有更改。

图 8 - 2 显示了税收增额融资项目的阶段划分和税收分配情况。从图中可以看出，在没有施行税收增额融资政策的时候，城市地方政府的税基为"B+N"；但是在实施该政策之后，城市的总税基增长至"B-N+I+G"。这一大部分的总税基可以被分成两大块，其中一块即"B+N+G"，归入城市地方政府；另一块即"I"，被作为"TIF区"管理局的税基。简言之，税收增额融资政策就是将其中的"I"部分也就是"TIF区"物业评估价值的增加额从城市总税基中切割出来，将"I"对应的税收专门用于相关投资项目的开发以及债务偿还。

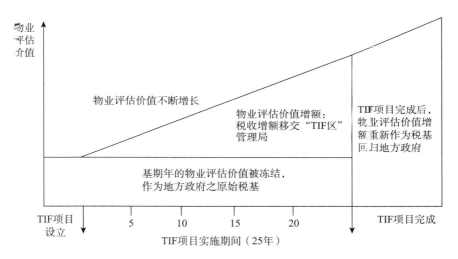

图 8 - 2　税收增额融资项目的阶段划分与税收分配

资料来源：Craig L. Johnson，"Tax Increment Financing"（Part One：TIF Primer），*National Association of Realtors*，2002，11，p6。

税收增额融资这一制度最大的优势就是，既能够保证"TIF区"管理局有相当一部分额外的收入用来实现公共投资项目的持续运转，又能够尽量维护地方政府的基本税基，保护其应有利益不受损失。其原因就是，"TIF区"的圈定有着较为严格的前提限定条件，即要能够满足"除非"（But for）原则，也就是说对于这样一个特定的经济发展区域或者经济发展衰退的区域，"除非"采取税收增额融资政策，否则难以实现当地的经济发展。所以，从理论上讲，税收增额融资项目获取的资金来源，并未侵占城市地方政府原有的税基，而只是来源于"TIF区"的物业评估价值增额那一部分的新增税收收入。

（四）物业税制度下增值效益返还措施构想

在传统的融资模式下，城市交通基础设施建设基金是财政补贴、金融机构贷款和向公众发行债券的主要来源。然而，这些方法远远落后于交通基础设施的发展。目前各地完善交通设施融资制度的总体方向是，如果一些项目有一定的经营收入，但是不能收回成本，这时就对其使用特许经营模式，也就是由政府给予资金引导，并进行一定的补偿政策支持，从而吸引社会投资者参与合作建设。这种做法具有一定的可行性，但仍有两个主要缺点：一是现有物业的持有者坐享收益，即增值效益费用产生不公平的现象，相当多的增值收入损失；二是如果政府决定赋予特许经营商特权以开发沿线物业，关于开发面积的合同是不确定的。

物业税属于财产税的分支，是政府和房地产业主之间的一种收入分配方式，它将现行的房产税、土地增值税与土地出让金等各种收费项目合并到一起，统一于房产保有阶段进行收取。这种方法的优点在于，可以很容易地调整房产税的税率，并将房产税与经济增长挂钩。因为物业税是从价计征，所以有关部门应定期对房地产市场价格进行评估，每年根据其评估价值向房地产所有者征税，居民负担的税金与其所拥有的物业价值成一定比例。比如随着轨道交通的逐步建设，导致沿线房产价格不断上涨，相应的，物业税也会提高。

现行交通设施增值效益返还的具体操作流程是，政府从已开发的交通设施周边房地产升值带来的物业税增值收益中划拨一部分组成一个资金池作为投资，用于当前项目的建设。使用资金池里的资金，能够使政府对特许经营者减少补贴，对该项目的实际投资比例有所提高。项目建成投产后，该项目能够以同样的方式将资金增值额增加到资金池中，作为下一个项目的提前投入资金，使增值效益形成良性循环。具体流程见图 8-3。

基于物业税制度的新方案相较于上述流程具有以下优点。

（1）物业税制度中所有享受到交通设施外部经济效益的业主都是赋税对象，分为新建物业和已有物业。政府有关部门定期对城市房地产价值进行评估，只要房地产价值的所有者改变，他们所享受的福利就可以体现在税收的支付上。这一解决方案既解决了税收不平等的问题，又使收入的收集更加科学。

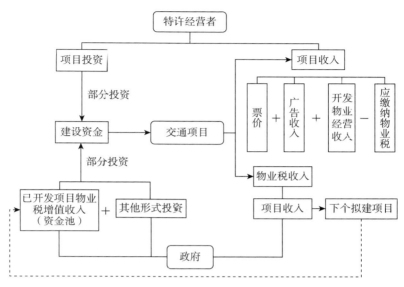

图 8 - 3　物业税下项目增值收益返还机制

（2）打破了专款专用的局限。在公共交通建设投资中，物业增值效益提前被收集起来，使政府能够对项目建设运营的税收分配要求进行统一。

（3）减少了与特许经营商前期的谈判工作。目前的交通设施增值收益回报运作过程，无论项目规模如何，政府在评估前都要对交通设施的绩效价值进行评估，然后与特许人进行几轮谈判，达成一致后，才可以使用这部分收益。这需要大量的时间和金钱。新方案的增值效益不需要这项工作，它可以直接用于评估城市房地产的价值。

物业税是定期征收的，能够为地方政府提供一个稳定可靠的收入来源，所以利用程度较高。但是由于土地增值的政策是比较复杂的，并且不存在任何一项完美的政策，很多学者认为物业税并不令人满意，其主要原因如下：①几乎所有的居民都必须缴税，而且不受公众欢迎；②对物业税进行的评估工作比较复杂，目前发展中国家的技术水平达不到要求；③对物业税的收取必须建立比较完善的地籍资料，并且需要进行定期更新，成本较高，如果物业税的税率相对比较低，则无法承担这些成本。

目前我国还没有实施物业税的具体细则，但是其基本框架已经确定，主要包括以下几个方面。①统一收取物业税。不再单独收取土地增值税、城市房地产税与土地税。②统一内外税制。不再对事业单位、内外资企业与个人区别对待，而是统一起来使用同一套税制。③物业税是针对房屋和土地等财产征收的。税收分为土地税收和建筑物税收，但不具有可操作性和科学性，因为土地和房屋价值密切相关，土地价值的变化相应导致了建筑物价值的改变，所以财产税的征收对象是房地产。④农村土地包括在物业税的征收范围中。⑤物业税的税收基础以房地产估价为准。根据房地产的评估值进行征税，可以相对客观地表现出房地产的价值与纳税人的真实承受能力，并且有利于解决现行房地产税制中存在的计税依据不合理问题，同时也体现了税收公平的原则。⑥对物业税进行课税的环节处于房地产保有的阶段。把课征环节调整至保有阶段，不仅能够促使收支结构进一步趋向合理，使房价在一定程度上有所降低，使我国的房地产市场更健康地发展，而且能够带动相关产业的良性发展。⑦物业税的税赋水平与目前实行的房地产税和进行房地产开发及建设环节收取的费用总体规模基本相当。⑧物业税按年缴纳。

物业税开征从操作性层面上需要考虑几个具体问题：①税基的合理确定；②税率的合理确定；③征税的成本；④税收的公平性。在税收计量的基础上，我们可以参考新加坡和中国台湾的处理方法，采用公告房价作为征税参考。在正常情况下，按照居民自己的经济条件，将房价分为若干个等级，为方便起见，在房价平均水平的基础上相应降低一个适当的比例，称为公告房价。公告房价不等于实际市场价格，通常低于市场价格，但可以作为房产税的参考，以避免对具体房价引起争议。当前存在的主要争议是物业税应该实行累进税率还是单一比例税率。

本书认为，以上两种形式都不妥当，更为适合的方式是实行固定比例税率。由于房屋占地面积是固定不变的，而房价的高低不等已表现出了地价的高低不同与地域的差异，无论是豪宅还是普通住宅，也无论是位于市中心还是位于郊区，一方面，价位相对较高的住宅依据同一税率征收，其缴纳的物业税相应也更高，这反映了公平原则；另一方面，物业税的税率不能简单地设计为单一比例税率，因为这样缴纳税额只是与不动产的面积存在关系，而与其价值无关，无法改变目前实行的房地产税和房地产实际价值相脱节的现状，所以不宜采用单一比例税率。累进税率也未必是征收物业税可供选择的适宜税率方式，这是由于在置业方面征收物业税的合理政策效果应该是鼓励置业，而不是限制置业与阻碍房地产市场发展，所以也不应该实行累进税率。

综上所述，我国物业税税率采取固定比例税率较为理想，而具体物业税税率有待继续研究，由于我国土地的公有制性质，购房者只拥有土地使用权，而不拥有土地所有权，这与国外土地政策不一样，因此不能完全照搬国外的政策。

第九章

基于开发的平衡模式

第一节　土地开发利益分配的相关理论

在某种程度上，土地开发的利益分配是决定开发模型的关键因素，开发商积极参与规划、建设和运营，原因是作为一个土地开发利益相关者可以得到合理的利润分配。以往文献中，研究轨道交通站区土地开发利益分配的较少，主要集中在轨道交通站区土地开发的时空研究方面。因此，有必要把土地开发的问题归结为经济学最关心的利益分配问题。发展权和土地收入分配领域的经济学是一组常见的因果关系，但两组的讨论问题更关注农业用地、农业用地转化为非农业用地、土地征用等。本书采用创新的思维将这组因果关系用于轨道交通站区发展问题上，使轨道交通站区发展的经济问题研究多了一个新的视角，并使土地权利问题研究多了一个新的实践领域，对我国土地制度的未来研究和发展提供了参考。

由于对土地开发原始权益的定义存在分歧，对土地发展权最终的归属也不明确，所以各个国家之间因铁路站点周边以及城市轨道交通运营而获得的收益也存在差别。正是缺乏明确的土地权利，导致土地经济利益分配不确定。因此，合理分配车站区域的初始权利，是决定各利益方之间分配收入的关键因素。站区开发模式和土地利益分配模式都可以与核心的土地开发权密切相关，也正是不明晰的土地权利导致了不明晰的土地经济利益分配，因此得出了站区开发初始权利的合理配置是平衡利益相关群体之间收益分配的关键的结论。轨道交通站区的开发模式以及开发后土地利益分配的探讨都可以而且应该是紧密围绕土地发展权归属这个核心而展开的。

每个国家对本国的土地发展权有不同的法律解释，每个国家的学者也对这一问题进行了广泛的探讨和深入的研究。一般来说，土地发展权定义为土地因实际需要而改变其性质和用途的权利。例如，靠近街边的住宅用地变更成商业性质，农业用地用来建造建筑物，等等。也就是说，土地发展权是一种独立于土地所有权的权利。土地所有者可以决定土地的用途，同时，拥有土地发展权的组织或个人也可以决定土地的用途。它不仅可以作为政府为提高土地利用价值而采取的一种手段，而且可以作为一种权利资源流转于市场中，为市场中的土地需求走向所调解，从而实现土地资源的优化配置，将"效率"和"公平"很好地结合，明确界定权利的归属，最终合理地分配因改变土地用途而产生的收益。

关于土地发展权权利结构的探讨，社会各界学者在权利来源问题上存在较多争议，有的学者认为土地发展权应是土地所有权权利束中的一项子权利，但是也有一些学者持相反意见，他们指出土地发展权是一种独立于所有权而存在的物权，这种权利具有明显的排他性。权利主体通过将土地性质进行合理的变更以获得更大的收益，使土地增值，这是对土地的合理利用和开发，这项权利也由此包含了一定的人权属性在里面。

在对土地开发权进行讨论之前，应首先分析土地开发权与所有权的关系。在某种程度上，在一定条件下，土地开发权应该是土地所有权的一个子项，如法律规定土地所有权者拥有土地开发的权利即土地发展权，当土地发展权作为一种具有可交易性质的权利流通于市场时，应注意到它是作为一项由土地所有权派生且独立于土地所有权之外的一项权利。应通过法律明确界定土地发展权的权利边界和范围，用它来规范对土地的开发和利用，合理分配获得的利益。因此，就要深入探讨以下几个问题（见图9-2）。

占有。物权指的是主体对客体的占有。不论什么物权，它们之间的这种关系都是具有排他性的。由于从财产权的角度来说，土地发展权是无形的，所以对其排他性的占有只能从法律上来加以界定，一般是通过产权登记这种手段来实现的。不过，假如主体同时拥有对土地的所有权和发展权，那么事实上他能直接决定土地的使用性质和用途。

处分。这一制度是对土地发展权以及在此权利上产生的收益的基本保障。土地发展权的处分（交易）包括以下内容。

（1）权利主体向土地开发者出让具体地块的土地发展权。

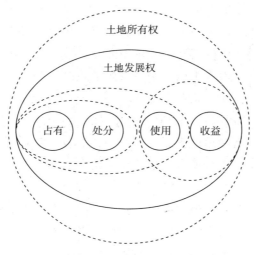

图 9 - 1　土地所有权内容

（2）权利主体按照法律的规定和限制转让土地发展权。

（3）主体按照法律的规定和限制将发展权进行抵押，获得融资，再对土地进行开发。

（4）权利主体将土地发展权收回。

转让的权利是土地发展权所有权能中最重要的方面。转让制度的设定最能体现土地发展权对经济的调节作用。

使用。法律规定权利主体享有的土地发展权具有排他性。主体基于这项权利而建造的各种建筑物或者设施，其产权也都被法律所肯定和保护，并且登记之后可以将这些产权进行交易。

收益。权利主体可以通过行使土地发展权来获取相关利益，所以这是一种财产权。主要获利的方式有以下三种：第一，出让土地的发展权从而获得一定的经济补偿；第二，转让获得的土地发展权从而获得经济利益；第三，享有土地发展权的主体通过对土地进行开发、利用、经营和运作，使得土地增值从而获得利益。

土地发展权中的占有、处分、使用和收益权作为土地发展权的核心内涵，是土地发展权的开发及分配模式研究的基础。就现阶段世界各国以及我国城市轨道交通的开发分配模式看，土地与交通一体化开发和分配模式是值得高速铁路借鉴的。国内外通常采取土地和交通一体化的方式来建设其城市轨道交通系统。我国上海的 11 号地铁线、深圳的 4 号地铁线、南京的 1 号地铁线、香港的地铁线以及日本的城市轨道线都是以这种模式来建设的，所以有关的经验是非常丰富和宝贵的。其中，香港地铁线的建设过程比较完善，在特区政府把建造地铁站所需要的土地和周边土地出让给地铁建设集团以后，由该集团负责整个规划和建设工程，这种模式效率高，责任明确。这种模式在日本的运用还有一个突出的特点，那就是以开发新城的形式建设铁路轨道。其政府承诺私营的铁路建设集团享有铁路周边地区因土地开发而带来的收益。所以，铁路建设集团在开发这一新城的时候，往往会把铁路要经过的线路上的土地一次性收购，再与别的集团成立联合公司，共同进行铁路和有关基础设施的建设。而这些建设的费用来源一部分是联合公司的资金，一部分是出卖剩余的土地所得。假如开发新城的主体并不是铁路建设集团，日本政府通常会使用相关行政手段促使这两方进行合作。例如，新城开发主体出让给铁路建设集团的土地，其报价只能以开发前的价格为基础，而且要出资一半来支援铁路建设集团的建设工作。要按照土地收益合理分配的原则来处理铁路沿线土地因开发和利用而带来的增值收益。

我国土地所有权归国家，所有者代表是城市政府，土地所有权与发展权分离，土地发展权一般通过土地市场上有偿有期地出让、转让或出租获得，具体情况下可通过划拨获得。这也正是综合土地开发中土地产权可协商的基础。

在对产权可协商的土地开发部分的城市土地收益做分析时，可将收益分为政府土地收益和使用者土地收益。政府土地收益指的是政府因有偿出让土地而获得的经济收入，如租金和地租等，其具体的形式主要有：土地出让金——使用者为了获得在特定年限里对土地发展权的占有而需要一次性支付给政府的资金；土地租赁收入——土地使用者假如以租赁的方式获得土地发展权，那么需要定时向政府缴纳的租金；土地使用费——土地使用者如果通过政府划拨的方式获得土地发展权，那么需要支付给政府土地使用的费用；土地入股收入——政府以一定年限的土地发展权作价入股进入企业获得股权收益；土地税费收入——政府征收与土地相关的土地增值税、占用税、使用税、契税、印花税及有关城市建设配套费用等。在目前的政府土地收益中，土地出让金和土地税费收入占总收益的大部分。

相对于政府土地收益，使用者土地收益一般有以下几种形式：土地转让金收入——土地使用者将土地发展权再转移获得的转让金收入；土地出租租金——承租人因使用土地发展权而需要向权利主体缴纳的租金；土地资源收入——使用者可以通过开发和利用土地而获得相关的收益。土地的开发和利用必然会带来土地收益的增值。土地增值的原因是多方面的，总的来说可以分成内因和外因。假如土地的增值是由内因引起的，那么权利的主体享有这部分收益；假如土地的增值是由外因引起的，那么这个外因的引发者享有这部分收益，以造福全社会。显而易见，轨道交通周边的土地之所以会增值，主要是因为轨道交通集团的建设工作，这是外因。所以，轨道交通建设集团应该主要享有这一部分增值收益。但是实际上，大部分由外部因素引起的土地增值收益仍旧被土地使用者所享有。如轨道交通沿线上的土地使用者，特别是房地产开发商，实际上享受着土地增值带来的收益。以上现象都说明，对于土地增值的收益分配是存在问题的，是不合理的。

在解决这一问题的过程中，土地所有权主体为国家，但国家的开发力度有限。为了更好地利用车站周围的土地，国家应当允许土地产权在法律范围内流通。特别是，国家可以鼓励其他组织、法人、自然人在对土地进行开发和利用过程中，使土地在市场上流通，发挥城市土地资源配置的市场作用。因此，在实际的层面上，土地开发的主体不仅仅是国家，还包括其他组织、法人和自然人。

轨道交通企业获得土地的方式主要有以下几种。

（1）出让取得。出让取得是获取土地发展权的主要方式。国家享有土地的所有权，但国家可以把一段时间内的土地发展权经招标、拍卖或者挂牌的方法转让给土地使用者，根据合同的有关规定，使用者应向国家支付一定的地下空间土地发展权出让金。对于大多数土地的开发和利用，如修建商场、停车场、住宅或其他基础设施等，都可以采用该种方式。这种转移方式可以充分发挥市场对土地开发的调节作用，有利于土地经济价值的提升。

（2）划拨取得。国家或者政府单位用地、城市基础设施用地、交通道路用地、公益公共设施用地以及诸如民防工程等的军事基础设施用地，可以采取划拨方式取得土地发展权。对于这种类型的项目，转移意味着可以降低发展成本，有利于提高社会组织、法人及自然人的公共福利，激发其进行城市基础设施建设的动力。

（3）租赁取得。土地所有权人或土地发展权人可以通过租赁方式将土地发展权租赁给他人，承租人向出租人支付一定的租金，获取土地发展权。

（4）作价出资或入股。国家或原土地发展权人可以将土地发展权作价出资入股，由新的土地产权法人或单位开发和利用，国家或原土地产权人依据订立的合同参与企业分红。

（5）其他方式取得。除以上方式外，当事人还可以通过借贷、产权交换等方式取得土地发展权。

为了更加充分合理地利用站点周边的土地，实现外部效益的合理分配，发挥市场的配置作用，使土地的发展和使用能够更加高效集约，国家应当允许土地发展权进行流转。要根据有关的法律来清晰界定发展权流转的方法、界限、前提、程序以及相关人员可以享受的权利和需要履行的义务。这些相关的法律有《土地管理法》和《城镇国有土地使用权出让和转让暂行条例》等。

在土地开发的过程中，土地开发收益可以按照主体不同分为三类。

（1）国家。国家拥有土地的所有权，所以可以通过出让土地的发展权来获得出让收益；通过对土地资源的管理及对周边环境的配套建设，获取土地管理和增值收益。

（2）开发商。开发商（包含可获得土地发展权的铁路企业）作为土地的开发者，通过向国家缴纳一定额度的土地出让金及其他相关税费，获取土地的发展权，并按照规划范围和用途，在对土地连续追加投资、开发，并通过出让土地或自己经营，在合理范围内获取相关的利润和收益。

（3）土地实际利用者。土地实际利用者是指土地开发的实际使用者或实际受益人。土地实际利用者要么是少数，要么是整个社会的公众。他们或者从开发商手中购买发达城市空间实体，实际上拥有使用权，并获得收益；或者通过对土地的直接使用，满足个人的需求。

《资本和收入的性质》是美国经济学专家欧文·费雪（Irving Fisher）在 20 世纪所著，他对收益的表现形式进行了深入的剖析，得出三种形式：第一，在精神上得到满足的精神收益；第二，实际物质上的收益；第三，资产的货币价值增值而获得的收益。在土地收益中，精神上的收获是对土地相对于公众的需求的满足；实际所得，可以看作开发商在土地开发后取得的物质财富，也可以是使用者实际拥有的地下空间；货币收益可以被认为是国家和开发商获得的土地收益。根据费雪的收益理论及开发利用主体的不同，可以将土地收益分为三类，即权属－管理型收益、利润型收益、实物占有型收益，对应的主体分别为国家、开发商和土地实际利用者（见图9－2）。

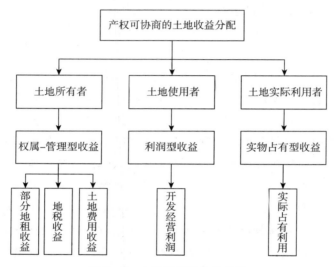

图9－2　土地开发的收益分配

车站周边产权可协商的土地，从某种程度上来说是具有准公共物品性质的土地，是介于公共物品和私人物品之间，兼具公共物品和私人物品的性质，即服务对象的半公共性（服务于特定的公共人群）以及消费的排他性。这部分土地产权主体同样包括土地所有者、土地使用者，以及可能情况下的土地实际利用者三种。国家拥有对土地的所有权。因土地的产权而带来的租金、税收等收益由国家获得，并以此来对土地进行管控。由于这类土地具有准公共物品性质，因此，其地租收益与私人物品性质的土地租金不同，一般来说国家会对这部分地租进行适当减免，以鼓励土地的开发和利用，帮助实现外部效益的合理分配。土地使用者通过从国家获取地下空间土地发展权，并对其进行投资经营，以获取适当的利润收益。土地实际利用者，即特定的公共人群，通过消费获取土地的实际发展权，满足其对土地资源的使用性需求，或者说是满足其精神上的需要。对于产权可协商的土地综合开发利益分配，基本思路是轨道交通企业成为土地使用者，甚至成为土地实际利用者，从而获得土地的开发经营利润和实际占有收益。这种土地开发的方式在轨道交通政策上已经有所体现。

为了对轨道交通投资和融资的机制进行改革，以使铁路的建设发展更快更健康，国务院在 2013 年给出了相关的指导意见，希望有关各方充分利用轨道交通用地资源，加大综合开发力度，支持车站和线路周边用地的综合开发。中铁集团是对铁路建设进行投资的国有企业。对于铁路建设用地的出让，要以授权经营的方式替代以往的经营性划拨方式，中铁集团要以城市的整体布局来合理规划其铁路及周边建设用地，适当加大开发力度。建设集团除了充分利用地上空间以外，要采用新技术和新手段，不断拓展对其地下空间的开发和利用。对于用于建设的在划拨范围内的土地，可以继续对其使用权进行划拨，如果要改变以授权经营方式获得的土地的用途，或者要将这块土地进行转让，必须根据有关土地出让的法律法规办理相关手续。对于铁路、车站以及周边地区的一体化建设，当地政府应给予大力的支持和协助，以市场化、效率化为原则来指导和监督建设工作，因铁路的开发而获得的收益，应该进一步回馈给铁路建设，使其得到更长远和健康的发展。土地资源是十分珍贵的，它无疑是国家和社会最重要的财富。此部分讨论的铁路土地发展权主要是其中参与多元化经营的土地发展权。盘活多元化经营土地发展权的目的是使土地发展权进入市场流通，使铁路企业能够引入竞争与合作机制，在出让、转让、出租、抵押等流通全过程中实行规范化管理，最终达到节约使用和合理配置土地资源的目的。同时，要体现土地所有者的土地收益，为铁路企业提供更多的资金积累。一方面，铁路要积极参与竞争市场上的土地开发；另一方面，铁路也应该在一些铁路垄断领域放开管制，进行多方合作，形成互利共赢的利益分配格局。

铁路企业在土地利用方面应遵循以下几个原则。

（1）将土地发展权置于有关部门的调控下参与竞争。土地资源稀缺且价格高，交易过程涉及的经济关系极为复杂，只有置于有关部门的调控之下，才能保证铁路企业的土地发展权盘活朝着国家政策的方向运行。另外，铁路用地相对于企业商业土地而言，具有较强的特殊性和战略性，更应该在调控之下有序竞争。

（2）加强产业规划和用途，有计划地进行土地发展权盘活。相较于国外尤其是日本铁路的多元化经营，我国铁路涉及的产业分散且经营管理水平普遍不高，土地利用方面也没有全面完整的规划。东日本铁路公司在酒店业和商业大楼经营方面的做法值得借鉴，许多酒店的大楼以及经营场所所在的土地，都是酒店从东日本铁路公司租赁来的。酒店经营设备的购置以及装修工作由运营公司来完成；东日本铁路公司负责房屋及外部装修，土地和资产归东日本铁路公司所有。通常情况下，运营公司和东日本铁路公司共同完成商业大楼的开发和经营工作，也可以把土地和大楼租赁给其他个人或组织。

（3）以合理配置资源，实现外部效益内部化为宗旨。我国目前土地资源紧缺，还存在严重浪费的现象，严格来说，低效率的土地利用本身也是一种浪费。土地发展权在国家调控下竞争、有偿、有期使用，势必促使土地使用者（经营者）千方百计优化土地利用结构，提高土地的使用效益，尽可能地节约用地，以减少因多占多用土地而产生的支出，从而降低成本。轨道交通企业在对多元化经营所涉及的土地进行盘活利用时，应秉持合理配置土地资源的理念，从用地入手，通过优化多元化经营发展模式来实现轨道交通企业的外部效益内部化。除了要在外部效益最明显的产业，如房地产业进行调整外，还应当多发掘新的方式，帮助轨道交通企业实现外部效益内部化的目标。

第二节　开发方式及利益分配

一　溢价回收

（一）溢价回收的概念与内涵

"溢价回收"（Value Capture）也称为"价值获取""价值捕捉"，它最早来源于土地价值领域的公平分配原则，是把受益者获得的收益，部分或全部作为基础设施项目投资和融资的来源，是公共利益减少概念的发展之一。我国有一些学者将"Value Capture"翻译或者理解为"增值收益分

配""增值收益管理"等。基础设施建设和公共政策制定的公共服务具有
一定的溢出效应，溢出效应既可能导致某一特定的土地升值，也不排除导
致某一特定土地贬值的可能性。"回收"二字较为形象，既可以反映投资
者在投入公共建设项目后获得部分回报以补贴巨额建设成本的客观要求，
也可以反映因相关公共政策制定的补偿措施而造成的损失。

　　土地的价值不仅取决于其固有的价值和私人投资，而且取决于其他外
部因素的影响，包括土地使用法规的变化、基础设施和地方服务的公共投
资，以及一般的人口和经济的增长，这些行为都会带来土地增值，形成
"溢价"。土地增值的类型见表 9 - 1。

表 9 - 1　土地增值的类型

土地增加值的创造者	土地增加值的获得者	
	公众或社区	私人土地所有者
公众或社区	海滩及其他公众可以进入的土地/公园	公路或公用设施的公共投资 提供学校等高质量的城市服务 城市功能分区的变化
私人土地所有者	美化大型私人花园 污染（负面影响） 名人迁入社区	精心设计的社区或购物中心 线式门控式（封闭式）社区

　　1871 年，Mill 在起草土地改革纲领时提出了溢价回收的思想雏形，即
"不劳而获的土地增值"应该归国家所有。1879 年，美国经济学家亨利·
乔治（Henry George）提出，土地增值的原因是人口的进一步集聚和生产
的进一步需求，并非个人的劳动或者投资，因此，土地溢价应该归全社会
所有。

　　基于"土地溢价回收"（LVC）的思想，对于轨道交通这种基础设施
投资所引起的土地增值收益应该进行合理回收。但是，土地资本投资的外
部效益是一种来源于不同主体的整体收益，不仅很难明确地划分出各种收
益的来源和归属，而且难以找到明确的量化标准来界定溢价回收的内部结
构，这两点成为溢价回收制度在实践中的主要难题。经济学理论提出，通
过收取"庇古税"的方法，可以在一定程度上解决溢价回收的问题，实现
公共投资的外部效益分配。"庇古税"为通过税收实现溢价回收和开发利
益公共还原提供了重要的理论支撑，西方发达国家从 20 世纪中期开始建立

土地增值税等现代土地税收制度。国内关于土地溢价回收可以追溯到孙中山先生"三民主义"中的"平均地权"思想，来自孙中山先生在"平均地权"论述中提出的"规定地价，照价征税，照价收买，涨价归公"。

1941 年英国著名的"厄斯沃特报告"（Uthwatt Report）指出，城市规划对土地开发利益进行空间再分配，从而影响土地的价值。在城市规划中，部分土地增值，其他土地可能在规划中贬值，从公平的原则出发，必须在两者之间建立补偿机制和利益平衡机制。在轨道交通建设中，负担原则应是"溢价回收"的一个更为准确的理论依据。在轨道交通建设以外的部分人群中，享受利益（土地溢价）者成为受益人，根据负担原则，受益人应当对轨道交通费用负担方进行补偿，即由负担者实现"溢价回收"的费用。1996 年诺贝尔经济学奖获得者威廉·维克瑞（William Vickrey）不仅提倡对沿线物业的部分增值进行课税，而且支持将回收利用的资金用于铁路交通建设和运营。

（二）溢价回收的模式：税收与土地开发

铁路需要巨大的投资和极高的运营成本，如果在运营过程中单纯依靠客运费用，则很难平衡运营成本，更不能回收建设投资。事实上，正如前文提到的，铁路作为一种典型的公共产品，其巨大的社会效益凝聚在周围城市土地的溢价上，形成了一个典型的外部效益（正外部性）。这部分溢价是公共投资创造的，在世界范围内，广泛应用税收和开发模式，将外部效应内部化，以弥补巨大的建设和运营成本。

第一种是以美国为代表的征收土地价值税的溢价回收模式。

美国在溢价回收的税收制定和实施方面较为成熟。美国的溢价回收机制主要通过税收来实现，表 9 - 2 归纳了美国常用的溢价回收工具。

表 9 - 2　美国土地税收机制一览

主要手段	实施效果
一般物业税	不利于密集开发，导致区域衰竭
分列税率制（或双轨税率制）土地税	土地税上涨而物业税下降，总税收下降 鼓励物业开发，不鼓励长期持有未开发土地
特别估价区	其税基决定溢价回收性质，需满足城市平衡和发展需求

续表

主要手段	实施效果
一次性影响费	向开发商收取，一次性缴纳，不具可持续性
增税融资	提高公共投资的效率
绿色税	拥堵费、尾气排放费和停车费等

以下就其中的三个主要手段加以介绍。

（1）分列税率制（或双轨税率制）土地税。需要对房地产开发和土地开发进行溢价回收，物业税也有两种形式：一种是结合土地和房地产税的评估；另一种是以土地增值税为基础。税收制度的激励因素是促进土地价值高的地区的高密度开发。在利益相关者分析的基础上，通过对土地征税，形成了促进溢价回收的动力环。

（2）特别估价区。每一个新的运输设施建成后，将建立一个"特别估价区"或"效益评估区"。人们普遍认为，该地区的房主受益于对交通设施的投资。因此，需要对该地区现有的税种征收新的附加税。特别估价区税直接反映了与税基有关的交通设施投资所获得的利润。也就是说，如果税基是土地的价值，那么特别估价区税是一种具有高附加值的回收性资产税。

（3）增税融资。对一个地区来说，税收的数额有一个参考值，当超过基准线时，额外的收入将被用于财政收入，并投资于新的基础设施。

美国的溢价回收模式建立在完善的法制基础之上，但在我国要通过这种大范围的征税来实现土地增值的溢价回收还有待法律和相关政策的进一步完善。因此，贯彻以基于客流量联合开发和收益分配为主，辅助以通过税收来实现一定程度上的外部效益内部化，应是铁路参与无产权土地开发利益分配的基本方向。印度等国家正在学习这种基于税收的溢价回收模式。

第二种是中国香港的联合开发模式。联合开发是指将轨道交通、轨道交通沿线物业统一开发，也就是在轨道交通、场地和周边土地的建设过程中，系统地进行了高密度的开发。这种开发模式充分利用轨道交通和反馈机制的性质，通过具有空间效应和时间效应的轨道交通建设，带动住宅地产和商业地产的繁荣发展。与此同时，房地产开发也可以分担轨道交通的建设成本和运营亏损，弥补损失。香港地铁公司在建设地铁之前，以区域可持续发展战略和审慎性商业原则为基础，在车站、车场、上盖或周边地区的地铁沿线取得了发展权，并与开发商签订了协议。开发商按照地铁的开发标准，向政府支付地租，在经营利润的分配上，双方按照"五五分成"。通过地铁沿线的高密度地产开发，香港地铁已成为少数不依赖政府补贴的地铁公司。

这两种模式都保证了铁路的土地溢价能够得到有效回收。相比之下，中国香港联合开发的溢价回收模式完全引入私营部门力量，简单有效，但该模式需要相匹配的土地制度，以确保私营部门可以得到轨道交通沿线土地的开发权；美国基于税收的溢价回收模式尽管不需要给予轨道交通建设运营企业任何土地开发权，但是需要依据轨道交通沿线及站点周边的实际溢价水平和溢价区域制定相应的税收政策。

具体来说，基于税收的溢价回收模式因交通可达性的提高而使土地增值，通过征收土地增值税可以回收部分土地增值收入。之所以开放税收增量融资渠道，是因为交通设施建设的加强有助于邻近地区房地产价值的提升和物业税的增长，可以划定税收增量融资领域，将物业税的增额部分用于回收投资或者偿还贷款。之所以征收特别收益税，是因为交通设施的改善会使得特定地域物业价值的提升幅度显著高于一般地区，可以通过划定特别收益评估征税区来进行识别。交通设施的费用主要根据物业的类型和其规模来确定。如果开发影响费由公共项目投资引起，那么邻近地块的开发机会就会显著。收取公共设施配套费实际上是让开发商承担一部分公共设施建设的责任，开发商享有邻近土地的开发权，但必须将其中部分土地用于建设公共服务设施。此外，联合开发指的是开发商与政府部门之间的合作，目的是改善交通基础设施和房地产开发。空间权也是一种有效的回收利用手段，政府允许开发商通过公共设施建设获得财政支持，或者从未来的物业税和营业税的回报中获得。

轨道交通对周边区域的影响是一个动态的过程，因此需要对其开发利益形成的过程进行动态分析。在确定不同受益群体的受益范围和利益形成过程的动态分析之下，才能有针对性地对轨道交通公益性对周边土地所产生的溢价制定合理的回收政策，以实现公益性与经营性的平衡。在开发利益形成的过程中，要按照各种现象在理论上的表现次序，对利益形成过程进行理想化的动态分析。在此，将开发利益产生过程划分为头尾两个状态和中间两个阶段，即利益发生状态和利益归属状态、利益扩散阶段和利益转移阶段。具体过程见图 9 - 3。

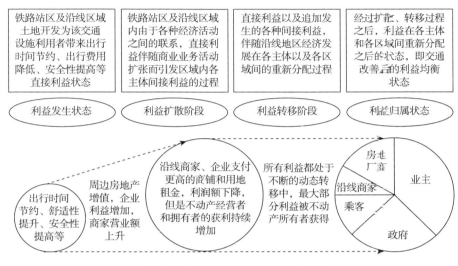

| 铁路站区及沿线区域土地开发为该交通设施利用者带来出行时间节约、出行费用降低、安全性提高等直接利益状态 | 铁路站区及沿线区域内由于各种经济活动之间的联系，直接利益伴随商业业务活动扩张而引发区域内各主体间接利益的过程 | 直接利益以及追加发生的各种间接利益，伴随沿线地区经济发展在各主体以及各区域间的重新分配过程 | 经过扩散、转移过程之后，利益在各主体和各区域间重新分配之后的状态，即交通改善后的利益均衡状态 |

利益发生状态　　利益扩散阶段　　利益转移阶段　　利益归属状态

图 9 - 3　轨道交通公益性产生过程

由于轨道交通公益性的受益者为业主、政府、房地产商、沿线商家和乘客，因此必须针对不同的受益主体采取不同的溢价回收模式。

（三）溢价回收的边界识别与空间界定

溢价回收的概念并不局限于铁路，也不局限于轨道交通建设。而且，并非所有的资本回收行为都被视为溢价回收，溢价回收有其特定的限定条件和适用范围。从理论上看，公共项目的投资规模越大，成本回收的客观需求就越迫切。不过，鉴于受益对象的类别不同，需要采取有针对性的回收策略。按照受益对象的性质与覆盖面大小，可以将其分为三种类型：社会公众、特定的非使用者、使用者。对于第一种类型，付费对象是社会公众，投资费用来源于公共财政；对于第三种类型，投资的回收渠道为使用者付费；而对于第二种类型，则需要进行识别与界定。表 9 - 3 以交通基础设施建设为例，依照受益对象的性质，对各种类型的投资回收渠道和方式进行总结。

表 9 - 3 公共项目融资及成本回收类型

融资类别	受益对象	衡量标准		融资工具	成本回收类型	
					预先支付	同步回收
财政收入	社会公众	税基增长幅度		资金统筹分配物业税、交通营业税	△	△
溢价回收	特定的非使用者（间接受益）	土地增值幅度	业主	土地价值税	△	△
		物业增值幅度		税收增额融资	△	
		特别收益		特别收益税	△	
		交通设施	开发商	交通设施费	△	
		邻近地块的开发机会		开发影响费	△	△
		邻近地块的可达性		公共设施配套费	△	
		开发权利		联合开发	△	△
		就地开发机会		空间开发权	△	△
使用者付费	使用者（直接受益）	汽车耗油量	车主	燃油税	△	△
		汽车行驶里程		里程收费	△	△
		汽车类型		汽车销售税	△	△
				汽车牌照费		
				养路费		
		通行权	乘客	通行费	△	△
		需求控制的通行权		交通拥挤收费	△	
		环境影响权		交通环境税/费	△	
		客流量		车票	△	

资料来源：马祖琦：《公共投资的溢价回收模式及其分配机制》，《城市问题》2011 年第 3 期，第 2 ~ 9 页。

由表 9 - 3 可以看出，对于特定的建设项目来说，最容易"搭便车"的是那些受益很多的人，但没有支付特定用户的相关费用，而这部分的额外回收是"最容易损失的，同时，界定收益也有一定难度"。公共服务设施的受益者（特指那些间接受益的非直接使用者）应支付一定的费用，受益越大，所需支付的费用就应该越高。也就是说，所征收的税费与受益者从公共投资项目建设中获得的特别收益之间应成正比。对社会公众收费时可选择"全覆盖"范围,对使用者的范围也容易划分。因此,如何界定"特定的非使用者"这一受益群体的范围,以及如何简便、有效地识别这部分受益群体,争取以较少的成本来识别尽可能多的受益群体,使其缴纳相应的费用,也就成为溢价回收的关键。

如图9-4所示,空间发展权的溢价回收策略适用于点状设施和线状设施领空的开发。公共设施配套策略则适用于点状设施和线状设施邻近地块的成本回收。轨道交通属于点状设施(车站)和现状设施(轨道交通线路)的组合。而对于开发影响费、特别收益税、税收增额融资等回收策略来说,对应的空间范围不仅仅限于单一地块,还可扩展到多个地块的影响范围。土地价值税、交通设施使用税很可能覆盖整个行政区域。

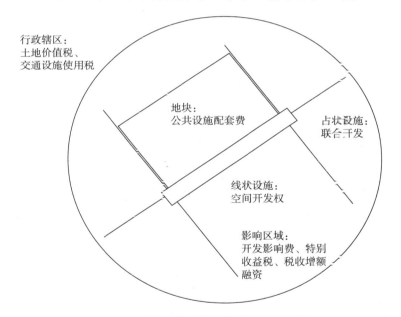

图9-4 溢价回收政策的类别及其空间效应

资料来源:马祖琦:《公共投资的溢价回收模式及其分配机制》,《城市问题》2011年第3期,第2~9页。

无论采取何种方式,也无论如何进行识别,轨道交通沿线及站点周边存在土地增值这一溢价效应是实现"溢价回收"的前提基础和必要条件。然而交通基础设施并不总是导致土地价格上涨。只有在一定的市场条件下,辅以相关公共政策的支持,使交通运输的公益性资本化,并最终落实于土地上，才有可能实现溢价回收。

（四）实现溢价回收的前提条件

1. 实现站区周边产生经济集聚效应

企业在城市的集聚或扩散是以市场机制为主导的结果，但政府的调控起到了辅助作用。随着经济的转型，以金融机构、企业总部、科技部门为主的服务业 CBD 将逐渐代替制造业的布局，这类企业强调低运输成本、高便捷度，依托枢纽节点以及货源点，且服务的频次较高。企业总部因强调专业性分工、个体之间的交流而主要选择集聚布局。

通过轨道交通枢纽的规划，吸引自身能够形成关联的或能与旧城产业形成关联的企业进驻；通过相互间的交流合作，产生集聚效应，在未来城市建设中能够有效提升轨道交通枢纽的功能，全面促进其发挥相应的作用。轨道交通枢纽由于其自身的发展优势，必然能够成为未来城市经济的主体，能够成为人群集散地，吸引大量的人口参与消费。然而，运输仍然是轨道交通的主要功能，而拉动消费的功能尚未完全发挥出来，未来应重点完善轨道交通站点的商贸功能，提升消费拉动作用。

2. 完善周边交通枢纽

对于一些规划较为密集的城市来说，由于中心地区本身人员活动就较为集中，新建轨道交通站点会进一步增加客流量，同时密集人流、车流，影响站点周边的交通环境。如果扩大站点开发区面积，又会造成可达性的下降，增大"站区—办公地"的点对点模式的时间成本。此外，轨道交通接近城市中心面临的问题还包括城市用地的规划、拆迁问题，并会对城市产生割裂。

轨道交通站点布局对城市产生的影响在高速铁路上表现得尤其突出。我国的高铁站区一般设置在远离城市中心的位置，也包含了铁路站点和铁路线的客观要求。现实的客观要求和主观期望决定了高铁站区需要设置在远离城市中心区的地方，必须完善站点周边的交通基础设施，通过降低时间成本来减弱距离带来的影响。而交通基础设施的完善需要大量的资金与时间，通常在高铁站建成后，周边依然没有快速便捷的公共交通来连接高铁站与城区。对于站区的企业来说，与城市中其他企业沟通交流的时间成本提高了，对周边地区的影响程度也随之下降。京沪高铁沿线的国土局负责人指出，由于德州高铁站建站选址与城区还有一定的距离，位置较为偏远，其影响力尚未显现，加之土地利用规划还需调整，实现与城区接轨这一目标还有一定的难度，也需要一些时间①。

由此可知，在新城开发与旧城改造方面应当秉承交通基础设施同步建设规划原则，尤其是大容量公共交通，其在土地综合利用开发与城市功能的引导上发挥着相当重要的作用，通过交通基础设施的完善能够实现交通快进快出，无缝对接；规划城市交通环线和城区"井"字形快速路，将老城、新城一起纳入城市交通网络，实现车流畅通，减少拥堵；研究轨道交通站区与老城区之间的交通快捷换乘规划，通过综合规划公交车、出租车、轻轨或地铁、社会车辆等，建设满足多样化交通方式需求的道路交通，达到公众"零换乘"出行的目标；围绕轨道交通建立综合性的交通枢纽，合理布局铁路客运、公路客运、城乡客运、航空候机等出行设施，实现城区与周边市县、乡镇的快速通达。

3. 创新融资模式

无论是轨道交通的修建还是站区的开发都需要大量资金，消耗巨大的成本。一方面，我国轨道交通为保持自身一定的公益性，在票价上大都不会做大幅调整，这就在一定程度上限制了轨道交通企业的资金来源。另一方面，尽管我国对轨道交通的融资模式已经进行了改革，以促进对民间资本的引进，但收效甚微。融资难、缺少必要的资金使征地补偿和基础设施配套等都受到影响。只有个体与政府之间建立良好的共赢合作关系，才能真正实现融资创新。此外，地方政府应制定相应的政策予以支持，通过实际的公共投入，建设高质量、高水平的公共设施，有效改善落后的基础设施，改善公共环境，从而产生投资吸引力，并引入优秀的人才资源，通过市场力量有深度、有广度地介入。同时，如何处理轨道交通枢纽的土地开发和利用，以及土地权利如何分配，仍然是相当热门的问题，因为这涉及政府、开发商以及民众的多层利益关系。因此，以可持续的方式指导土地利用并确保社会各阶层获得土地，需要一个负责任的公共部门。未来研究应更加注重如何处理交易成本，以及如何完善公私合作伙伴关系，而不仅仅是土地利用与规划的新方法。

---

① 《德州高铁新城窘境：千亿元潜在土地收益被浪费》，新浪网，2014 年 4 月 14 日，http://sd.sina.com.cn/news/gedi/2014-04-14/133160938.html。

二 基于开发的平衡方案设计

轨道交通建设和运营获得的收益主要有以下四种：①出售车票获得的直接收益；②在轨道交通沿线上设立的广告牌以及因此而获得的商家冠名收益，这些收益是以轨道交通自身为基础的，所以是一种附加收益；③沿线未出让土地、轨道交通站场及地下空间用地的增值；④轨道交通沿线出让的土地、站场和地下空间用地的增值。其中③和④是来自外部的收益。基于产权理论和"谁投资、谁受益"原则，这种外部效益应通过某种手段内部化为轨道交通企业和投资人的自身效益，而土地综合开发正是实现这一目的的有效手段。基于开发的轨道交通公益性与经营性平衡方案思路见图9－5。

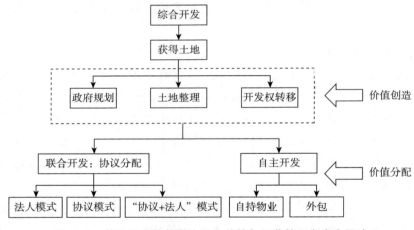

图9－5 基于开发的轨道交通公益性与经营性平衡方案思路

（一）土地利用的方案

1. 政府规划

根据我国铁路土地开发的法律法规及政策安排，铁路公司可以在进行红线外产权可协商的土地开发活动中抓住站点地区开发的有利时机，同政府、企业展开多方合作，参与到铁路站点地区及交通枢纽城市的开发建设中，打破完全由政府管制的界限，明确政府、铁路企业、土地专业开发主体等在土地开发过程中的角色定位，设计合理的综合开发模式，实现政府、铁路企业、土地专业开发主体合作共赢的长远发展目标是实现铁路企业可持续发展的重要途径。这种安排可以推广至其他轨道交通行业。

在轨道交通的建设过程中，为了使开发土地的行为获得更大的收益，要将土地开发和选择轨道交通线路二者很好地结合起来，国家出让轨道交通用地的模式应为"招拍挂"，并从法律立法层面利用"招拍挂"的模式保障轨道交通企业能够获得开发权，而不会因为经营性开发的招标竞争失去机会。

首先，规划和管理部门要在规划控制阶段合理安排线路上的车站，安排出成片的、集中的土地。确定建设用地的范围以及相关条件，调控好开发的力度，由国家发改委、国土资源部等有关部门对此部分土地做好储备控制；其次，政府在立项阶段，应把建设用地和铁路建设以及车站建设工程一同特批给建设单位，这样土地就不用再在市场上进行交易，使铁路企业同时取得捆绑土地的二级开发权；再次，这些用地在开发阶段可以借由市政建设用地的名义，对其上的建筑物进行拆迁，之后建设单位就能够根据建设的时间安排，按照不同的批次、不同的工期、不同的地块有条理地进行轨道交通的建设和经营，而且轨道交通企业还能享受沿线土地增值带来的收益；最后，在收益阶段，轨道交通及车站建设投资者因开发所获得的收益可以用于铁路工程建设和还本付息。土地开发流程见图 9 - 6。

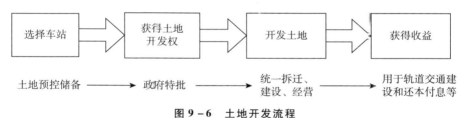

图 9 - 6　土地开发流程

轨道交通企业作为主体在进行开发时，往往会把经过的线路上的土地一次性收购，再与别的集团成立联合公司，共同进行轨道交通及有关基础设施的建设。而这些建设的费用一部分来自联合公司的资金，一部分来自出卖剩余的土地。假如，开发新城的主体并不是轨道交通企业，政府要使用相关行政手段促使轨道交通企业和开发商进行合作。再如，开发主体出让给轨道交通企业土地，其报价只能以开发前的价格为基础，而且要出资一半来支援轨道交通的建设工作。

2. 土地整理

土地整理是将土地从农业向城市住宅区转化，使得开发更加有效。在土地整理的过程中，一些基础设施，如道路、公园等公共设施同时开发，财务上的支出通过出售一部分作为商业用途的保留区域来收回。在项目开始前，业主拥有面积不同且没有足够基础设施的土地。在项目进行中，业主将得到重新划归的土地，这些土地已经重新划分但面积缩小，作为商业用途的保留区。虽然重新划分之后土地面积更小，但在基础设施配套以后其价值将更高。

土地整理有以下优点。

（1）土地整理为土地和基础设施网络的计划发展提供了机会，避免了所谓的"跨越式"发展，即不同类型和密集度的土地被混合利用，如出现"城中村"的情况。

（2）土地整理是影响城市时空发展的一个新的有吸引力的方法。

（3）土地整理为基础设施和服务提供者提供了一个收回费用以及拥有土地的机会。

（4）如果管理得当，土地整理可以使土地分配更加公平。

表9-4显示了基于土地整理项目的铁路建设流程。在项目建设之前，公共实体如地方政府在优先领域购买土地。由于土地调整项目实施之后，它们不必直接收购铁路设施区的土地，因此公共部门提前购买土地的难度降低。基于土地整理项目的授权，它们将重新购买土地以符合铁路设施区的要求。在这一过程中，法律规定，只有公共实体如公共/合资铁路、区域政府和公众开发者可以重新规划购买土地的轨道交通设施区。

表9-4 土地整理规划流程

阶段	说明
第一阶段	在已经规划好的站点周围指定"优先区域"； 在"优先区域"内指定"铁路设施区"； 公共实体，如地方政府、公共铁路公司和城市公共开发者提前购买优先领域内的部分土地

续表

阶段	说明
第二阶段	"土地整理计划"授权，优先区域内的土地使用也被确定； 将提前购买的土地重新规划，并合并成铁路设施区 重新规划、合并 铁路设施区 优先区域
第三阶段	建设铁路设施和公共设施； 建设其他建筑，如道路、公园等 公园 站区广场 铁路设施区 站区广场 公园 建设铁路设施和公共设施 优先区域

资料来源：Kurosaki Fumio, Ogura Michio, "Construction of Tsukuba Express and Urban Development Based on the Integrated Development Law", 13th World Conference on Transport Research, July 15 – 18, 2013, Lio de Janeiro, Brazil。

　　与轨道交通沿线有关的地区政府应做出以下地区规划：①轨道交通站点的位置以及线路的规划；②对居民区发展的基础计划；③综合发展的优先区域；④针对发展制订的计划；⑤其他与综合发展相关的方面。

　　为了制定这些地区规划，相关政府和轨道交通企业必须互相合作。例如，日本出台的《综合开发法》规定，相关的地区政府和公共实体必须在指定的优先区域大力发展居民区必不可少的公共设施，还必须制定一些应对可能出现的困难的方法，如假设一些私人实体试图不经过综合的地区规划而去开发一些项目，这将会影响地区的协调发展。因此，综合开发法允许地区政府指定观察区域，从而阻止土地价格的快速上升。当观察区域被指定以后，将使私人部门因特殊目的而提前购买土地变得困难。综合开发法的概念特别适合于大都市区周边大范围的居民区发展的情况。

联合国于 1995 年提出了 5 个成功实施土地整理的重要先决条件，具体如下。

（1）项目必须被国家、地区和市政府支持，国家提供法规和指南以确保系统的公平性。

（2）土地整理机构必须享有协调并获取各种部门帮助的权利。

（3）土地登记和地籍系统必须是行之有效的。

（4）必须在当地拥有数量充足的高技能和高度敬业的谈判师，同时需要客观且经验丰富的土地估价师。

（5）由于此模型基于公私合作伙伴关系，禁止强制征收土地。

3. 土地开发权转移

为了使土地的发展区域符合规划和实际需要，就要转移开发权。这一权利的实现需要两个基本组成部分，即发送区和接受区。在发送区，如果权利所有人无法最大限度地开发和利用这部分土地，使这个区域的建设达不到原先规划的要求，那么发送区的权利人可以把未能开发利用的土地发展权转让给接受区的权利人。这一操作模式的精髓是，将土地开发权从所有权中剥离出来，并对其赋予流动性，在法律的框架内可以对开发权进行交易，让有能力的开发者进行开发和利用，最大限度地利用宝贵的土地资源，从而带来更高的社会价值和经济价值。

美国对区域的开发通常还有一些公共利益和环境保护方面的评判指标，在这种情况下，为了保证开发的顺利进行，政府一般会对建设用地的用途、建设密度等因素进行调控。如法律规定，对于一些环境保护要求较严格和处于历史保护区的土地只可以进行较低程度的开发，甚至只可以进行农业开发。如此一来，一方面，这些土地不可能通过转变用途而获得更高的价值增值收益，这给土地所有人特别是农业用地所有人造成了实际上的经济损失，不利于社会的公平；另一方面，即使政府对一些用地的开发持鼓励和支持态度，但是相关的法律法规限制了开发商对其进行更深层次的开发和利用。

为了解决上述问题，开发权转移（Transfer of Development Rights）制度应运而生。这种制度希望以市场化的手段来平衡公共利益和私人利益，平衡农业用地所有人利益和开发商利益（见图 9 - 7）。

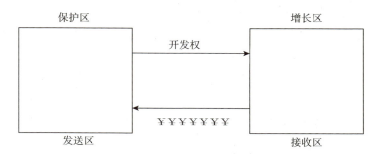

图 9 - 7　开发权转移的基本原理

资料来源："OSU Extension Fact Sheet, Transfer of Development Rights", Http：//www. co. geauga. oh. us/images/departments/planning/farmland/plan/figure18. gif, In "Transfer of Development Rights in the Huron River Watershed", http：//www. hrwc. org/program/land_tdr. htm。

从图 9 - 7 可以看出，增长区支付一定的资金，就可以得到从保护区转移而来的开发权。通过这种转让的方式，不论是政府、开发商还是农业用地所有者，都可以获得相应的利益。例如，政府保护环境的目标得以达成，开发商可以通过对土地的开发利用获得增值收益，而农业用地所有者虽然出售了土地的使用权，但是得到了一笔可观的收入。

开发权转移作为一种调节手段，是以行政干预的方式对土地开发的力度和建设的容量进行空间层面的把控。如果只在市场这一单一的条件下来对土地进行开发和利用，会引起一系列环境问题和资源浪费问题。为了改善这些状况，需要引导开发力量与空间发展重心进行转移。通过开发权的转移，政府可以在更广阔的空间上实现对土地资源的优化配置，使开发容量得到最大限度的提升。这种方式不仅满足了接收区强烈的开发需求，而且对发送区的自然环境起到了很好的保护作用。政府也因此减少了浪费，节约了资源，降低了财政开支。

（二）联合开发模式的协议分配途径

轨道交通企业可以采取协议型方式与其他开发商对铁路土地进行联合开发、增盖物业，如写字楼、酒店、商场。合作中，土地不流转，开发商与轨道交通企业通过协议来确定项目的投资及运作主体。协议分配途径主要有以下三种。

1. 法人模式

法人模式是指合作开发各方成立项目公司进行开发经营，土地权属转移至项目公司。在进行开发时，项目公司是开展一切工作的主体，如办理手续、组织建设活动等，它是一个有限责任公司，承担的责任以其注册时的资本为上限。在制定公司章程时，要把各方的职责、权利和义务界定清楚；出资各方以各自所占的股份比例为依据，承担风险，享受收益。在我国的地产领域，这种模式已经较为普及，运作也比较成熟。

股权结构亦即出资人各种出资形式的价值在项目法人资本金中所占的比重，也叫投资结构或投资比例。该分配方案的思路是铁路企业与地方政府、开发商以及其他投资方联合形成开发主体进行综合开发，对于所得收益，按照出资的比例予以分配（类似于股权分配制度）。出资可以有多种形式，包括土地（土地产权人、政府或者国有的铁路企业都可能是产权人）、资金、轨道交通建设集团（轨道交通施工以及开发大楼），并且能够尽量降低因取得建设用地、过路权或空权而给土地所有者带来的损失。这种合作模式与香港"地铁＋物业"中的法人型模式相同。

上海的申通地铁就是采用这种模式来建设的。首先，成立一个全资的公司来接收土地的开发使用权；其次，以股权转让的形式寻找合作方；最后，双方根据出资和有关标准划分各自的股权比例，按照这一比例来承担风险，分配收益。

2. 协议模式

协议模式不需要成立新的公司法人，土地所有者仍然享受土地的所有权利，但是合作方可以根据签订的合同条文来对土地进行合理的开发。在合同中明确规定了双方的责任和义务。双方可以共同出资，然后按照比例来承担风险和获得收益，当然，也可以采取土地所有者出地、开发方出资的形式，在这种情况下，就需要在协议中事先约定利益的分配方式。

香港就是采用这种协议模式来进行轨道交通建设和沿线物业开发运营的。在这种模式下，土地登记在港铁名下，而且是不能流转的。开发商只有向政府缴纳地价款之后才能进行开发建设，而且所有项目的投资全部由开发商承担。具体操作流程是，港铁和政府签订协议，把土地划归在港铁的名下，这时港铁成为开发的主体，有权以自身的名义与第三方签署所有的开发协议，而且港铁可以在这个协议中规定自身无须负担所有的开发风险；开发商支付地价款，负责全部投资和具体的操作，以获取相应的收益。港铁支付给政府的地价，比市场价格要低。在与开发商合作时，港铁的出资额度计算方式是，轨道建设以后地价的增值减去土地购买价。所有的开发工作完成以后，应该按照市场的评估价值来分配剩余的物业。

3. "协议+法人"模式

"协议+法人"模式基于协议的模式，由于项目开发的实际需要，合作各方共同出资成立一个法人公司来对项目的运营进行协调和管理。在这种情况下，土地所有者仍拥有土地的所有权利。合作方既要签署合作协议，又要与新成立的公司法人签署委托协议，将项目日常运营的管理交由公司法人来负责。其承担风险和享受收益的多少仍按照出资比例来确定，同时可以以土地拥有者的名义来对土地开发所需的资金进行融资。

当大部分物业为销售型项目，不存在建成物业的转让或少部分物业由铁路企业持有时，可采取协议模式或"协议+法人"模式合作，有利于税务筹划，提高合作的经济性，降低成本，但应注意防控风险，内部尽快建立适应开发要求的运作体系。对于项目属综合体且以持有型物业为主的综合开发，推荐采取法人模式进行合作，合作各方长期共同经营物业，实现物业增值，但仍要注意税务筹划。

第三节　轨道交通企业自主开发：自持物业与外包

一　自持物业

自持物业是指轨道交通企业对沿线站点的物业拥有持续的开发和经营权，主要包括自持物业完整产权与自持物业开发权。

（一）自持物业完整产权

在自持物业完整产权的模式下，轨道交通企业可依据相关法律法规自行开发，自负盈亏。典型案例是日本东京车站完整产权开发。日本通常以火车站为中心，在其周围建设相应的商业、娱乐和服务设施，使这个区域成为一个集交通枢纽和商业中心于一体的城市综合体。新干线在20世纪60年代开始投入使用，东京火车站的停靠车次明显增多，于是车站周边的土地开发利用开始向地下拓展，形成了立体化的发展模式（见图9-8）。

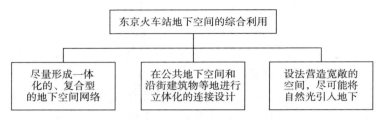

图9-8 东京火车站地下空间综合利用的特点

对客运站地下空间的综合利用主要体现在以下三个方面：①尽量形成一体化的、复合型的地下空间网络；②进行合理的交通设计以高效地连接地下车站、商业街以及广场；③通过合理的采光设计将车站建设得更广阔。八重洲地下商业街的面积达到7.3万平方米，离东京火车站不远。它由三层组成，上层是商业街，共有250多个商铺；中间层是停车场，可以停放520辆左右的汽车；下层是保证整条商业街正常供水用电的设备间。东京火车站周边有很多地铁站点，它们通过发达的地下交通体系和东京火车站的商业中心紧密地连接在一起。人们的出行、住宿、饮食、购物、娱乐等生活需求都可以在这个商业中心得到满足，而且发达的地下交通网络可以有效地疏散城市中的密集人群。

（二）自持物业开发权

在自持物业开发权模式下，土地归政府所有，轨道交通企业取得地上开发权。政府为轨道交通企业提供一定的使用年限，以供附属事业如旅馆、会议及工商展览中心、餐饮、休闲娱乐、百货零售、金融服务等商业使用其"事业发展用地"，并设置地上发展权的年限。典型案例是台湾的桃园高铁站。台湾的用地单位没有征收土地的权力。BOT运作方式在基础建设领域的广泛采用，使越来越多的民间资本涌入这一领域当中。台湾在其新颁布实施的《土地征收条例》中放宽了对"依法需要征收土地"的限制，于是私营企业和个人也能够申请对土地进行征收。台湾"立法院"最终通过《促参法》，在原法案的基础上，参考国外经验，决定授予参与台湾高铁BOT工程的业者土地优先开发权，规定以后所有涉及BOT的土地征收，都可以向政府申请，政府会根据利益评判来优化对土地的配置（见

表 9 - 5）。

表 9 - 5　台弯五大分区高铁站区开发规模状况

高铁站区	商业发展用地面积（公顷）				商业使用最大楼地面积	
	交通设施	附属事业	站区广场	小计	平方公尺	坪
桃园站	0.17	8.55	2.00	10.72	34200C	103455
新竹站	0.3	3.13	1.60	5.03	115500	34939
台中站	6.14	11.30	—	17.44	542400	164076
嘉义站	0	3.14	2.30	5.44	87920	26596
台南站	1.04	4.C2	2.80	7.86	112560	34049
合　计	7.65	30.14	8.70	46.49	1200380	363115

　　下面重点分析上述五个站区中的桃园站。政府依然是土地的所有人，但是台湾高铁集团有权对车站的地上空间进行开发，可以开展餐饮、娱乐、百货商场、会展中心、金融服务等一系列业务并且享有 35 年的使用权和 50 年的地上发展权，台湾高铁公司可以自行开发或合资开发，也可以由其他公司开发经营。桃园站的事业发展用地面积合计达 10.72 公顷，包括主要供商业开发使用的附属事业用地面积 8.55 公顷，建筑率达 60%，允许开发使用的项目包括旅馆、会议及工商展览中心、餐饮业、休闲娱乐业、百货零售业、金融服务业、一般服务业（不得经营特种服务业）、运输服务业、旅游服务业、办公室。高铁局在专区内以区段征收的方式统一取得车站旁边的土地，并在高铁施工的同时对站区的公共工程及附属事业一起进行规划。高铁车站附近的土地从价值不高的农业用地转换为建设用地和商业用地后，价格暴涨。

（三）小结

　　自持物业属于轨道交通多元化经营的新阶段。现在我国经济发展进入了新的阶段，轨道交通自营业务的开展应遵循以下三个原则：第一，经营业务的开展要与城镇化的政策相适应；第二，市场的创新要与政府的要求相适应；第三，轨道交通存量用地的建设要与已有的轨道交通场地相适应。轨道交通公司要正确规划轨道交通站点及周边土地的使用，充分发掘土地资源的潜力，提升经济效益；在利用轨道交通优势的同时，要大力发展其不动产，抓住机会整合资源，拓宽经营思路，完善经营手段，树立正确的服务理念，切实提高市场竞争力，最终创造优质品牌。

从管理原则看，轨道交通企业对自持物业应采取"统筹规划、共同开发、集中管理"的原则。"统筹规划、共同开发"的意思是，政府和轨道交通企业要事先对车站的建设和开发统一意见和想法，避免分歧以及短视行为的出现；"集中管理"是指车站大楼统一由持有物业的轨道交通企业进行管理。从组织结构看，轨道交通企业可以成立专门的物业管理部门，对不动产的资金流向、综合绩效进行分配和管理。"不动产—商业—利益回收"的模式是轨道交通主体自主开发、持续经营物业以实现外部效益分配的基本思路。

为了使管理更加高效，必须明确区分运输业务的经营和自持物业的经营，二者虽然有联系并且相互依存，但也是相互独立的，不可以相互干扰。运输业务的主要任务就是运输，除此之外的相关延伸服务全部归属自持物业的扩展业务。

二 外包

开发并非轨道交通企业的核心业务，因此可以通过外包的方式交给其他开发主体。外包权的获得可以通过竞争招标方式，一般会产生两种结果：一种结果是轨道交通企业胜出，即部门内部承包方式，可以理解为轨道交通企业的"自持物业"；另一种结果是轨道交通企业外的其他主体胜出，即外包方式。外包主要包括土地所有权外包与土地开发权外包，二者都属于人力资源外包，即企业把某些应由内部完成的人力资源职能交给外部供应商管理的行为。外包的前提是轨道交通企业拥有土地的完整产权。

(一) 土地所有权外包

在土地所有权外包模式下，轨道交通企业将土地交由承包方，政府在审批通过"土地利用规划"后，向承包方发放土地利用许可证书，之后土地交由承包方使用。典型的案例是法国里尔车站开发。对里尔车站的综合开发，法国国家铁路公司主要采取整体规划、同步推进的方式。里尔车站的开发主要分为两个阶段：第一阶段主要进行车站综合开发建设；第二阶段主要进行站区综合商业开发建设。自 1999 年起，里尔车站开发进入第二阶段，重点是在高铁附近增加了居民用地，实现了地区的功能混合。

法国政府成立了一个专门的部门全面负责里尔车站的规划和建设。车站的主要项目由这个机构进行开发，私营企业或者开发商有权参与剩余项目的建设，开发商完成开发以后有权把商业大楼出售给投资者，购得物业的业主可以自行决定是自用还是出租。在一个综合的商业中心，开发商一般既是投资方也是使用方。法国政府一开始拨给里尔车站的建设费用是3500万法郎，后来又追加至5000万法郎。地方政府依法享有对投资进行分配的权利。表9-6给出的是法国政府在1994年规定的各方投资的比重。

表9-6 法国政府规定的各方对里尔车站的投资比重

单位：%

投资方		投资比重
政府	市政当局	26.5
	首府政府	16.5
	行政区	3.5
	地区	3.5
私人	地区银行	15
	国家银行	21
	国际银行	2
SNCF		3
地方商会		3

注：里尔政府以土地资本方式的投资比重为3%。

（二）土地开发权外包

土地开发权外包是指除轨道交通企业外的其他行为主体利用其所拥有的人力、物力、技术等资源对铁路企业拥有产权的土地进行开发。采用这种模式时，通常是由公共机构和其他单位组建成立一个新的开发机构来实施车站的具体建设和开发工作，同时负责项目的日常运营、投资管理以及各方协调。当然，它也可以负责诸如停车场或者展览会等独立的项目。剩余的开发项目，可以依法转包给其他的公司或者开发商，开发商负责建造楼盘和售卖。投资者作为业主，可以将物业自用或者出租。典型的案例是英国国王十字车站。国王十字车站位于伦敦西区北部边缘，它的总规是欧洲最具挑战性的发展规划之一。针对如何对国王十字车站及其周边地区进行交通建设和土地规划，英国政府、地方政府、交通部门以及开发商四方展开了激烈的讨论和协商。

1976 年，国王十字地区第一次被大伦敦开发规划（GLDP）定义成一个集交通枢纽和商务办公于一体的综合区域。1984 年，有提案指出需要在这一规划中增加住宅以及工业厂房的建设，但是这一提案并没有得到通过。1987 年项目开始实施，当时这个地区最大的土地所有者（也是交通建设最重要的组织者）是英国铁路局，是它组织了这次项目的招标。

许多开发商一直在寻求能够进行车站建设和开发车站周边地区的机会，所以当这个项目公开招标的时候得到了热烈的响应。Rosehaugh – tan-hope 最终中标，承接了国王十字车站这个项目，英国铁路局通过这项工程也得到了丰厚的回报，使英国铁路局和开发商更加热衷于对铁路土地的开发和利用。地方政府的主要工作就是根据实际情况对建设方案予以批准或者否决。

总的来说，委托生产是工程外包的实质。根据合同有关规定，由轨道交通公司提供全部或者部分生产设备和资金，最终由承包商来完成建设任务。需要注意的是，在合约中也要规定双方的责任和义务，以及监督的手段和考核的机制。无论采用哪种外包方式，都要避免一次性出让土地或经营权，而应注意贯彻持续经营的理念，制定长期的战略性的概念规划。

第四节　铁路企业早期多元化经营典型实例

我国于 1984 年对铁路建设提出了"一业为主，多种经营"的指导方针，各部委和地方政府响应号召颁布了一系列优惠措施，创办了一批以运输延伸服务为主的铁路多种经营企业，铁路多元经济在市场诞生。30 多年来，铁路经营的发展和进步无疑是巨大的，在多元化经营的指导思想下，在铁路改革的具体实施下，我国铁路已经建立和形成了一个多元化的产业链，一改以往单调的经营思路，开辟了"以运为主，多元发展"的全新局面，为我国经济增长提供了强劲动力。铁路企业是生产服务型企业。中华人民共和国成立初期，用于铁路建设的土地是可以自由买卖的，也因此衍生了采伐树木、渔业种植、农业开垦、邮包运送、矿业开采等业务。以往一些地区的煤矿开采业务都与铁路运输有着千丝万缕的联系。表9-7为我国铁路企业早期多元化经营的典型案例。

表9-7 我国铁路企业早期多元化经营的典型案例

铁路企业	主要产业
济南铁路局	货物流通、建筑施工
长沙铁路局	客货服务、物流、旅游
昆明铁路局	煤焦、物流、旅游、贸易
柳州铁路局	快运、运输代理、旅游
广州铁路局	运输代理、仓储、商业
海南铁路局	水产养殖、物流、旅游等

从某种程度上说，铁路多元化经营是依托于铁路运输业务发展起来的附属业务，在铁路外部效益辐射范围内，根据前文外部效益受益主体部分的分析，铁路企业作为辐射范围内的生产企业之一也是铁路外部效益的受益主体之一。基于这个前提，通过优化铁路多元化经营模式来实现铁路外部效益内部化是研究铁路外部效益分配的一个不可缺失的部分。我国铁路的多元化经营能够拥有现在的规模，是有形资产、无形资产和国家政策三方面共同作用的结果。在这个发展过程中当然遇到过挫折和阻碍，但是通过不断努力和探索，现在的铁路行业欣欣向荣，而且创造了大量的就业岗位，在创造价值的同时，也为维护社会的稳定贡献了非常大的力量。

济南铁路局的业务涉及10多个不同行业，包括仓储物流、建筑施工、农林养殖、国际贸易、工业制造等。这些业务不仅覆盖了其管辖的全境，而且将触角延伸至东南沿海和内陆一带。虽然其整体的竞争力是比较强的，但是各个业务领域的强弱有所不同。例如，在工业制造领域，该局的产品科技含量不高，不能满足市场的需求；在农林养殖领域，充其量只能算是对荒废土地资源的利用，其产品缺乏市场认同，所以虽然业务范围涉及的领域较广，但是真正产生效益的部分并不多。实际上对内对外贸易的收入才是济南铁路局历年占比最高的部分，而且其发展势头也一直很强劲（见表9-8）。

表 9 – 8　2002 年济南铁路局各行业收入及利润情况统计

单位：万元，%

行业类别	收入			利润		
	数额	占比	增幅	数额	占比	增幅
工业制造业	29637	4.94	8.17	308	2.10	– 28.54
农林牧渔业	351	0.06	8.67	– 34	– 0.23	– 164.15
商品流通业	254204	42.35	24.62	1113	7.58	304.73
旅馆饮食业	17270	2.88	0.30	– 2071	– 14.10	– 29.03
建筑施工业	164423	27.39	12.07	4889	33.27	5.23
运输服务业	88436	14.73	11.85	8202	55.82	11.71
对外经贸业	1781	0.30	81.18	9	0.06	– 70.97
广告业	2083	0.35	8.04	211	1.44	– 19.77
旅游业	7916	1.32	11.12	4	0.03	– 98.49
租赁业	33014	5.50	13.95	1418	9.65	– 43.01
其他经营业	1097	0.18	0.18	644	4.38	– 47.64
合计	600212	100	16.59	14693	100	– 4.71

　　长沙铁路局早期处理的业务主要是旅客运输、货物运输以及由此衍生而来的包装、旅游、住宿等。经过多年的发展，长沙铁路局对其经营的业务范围进行了全面的拓展，现已涉及服务业、旅游业、物流业、建筑业、开采业、休闲娱乐业、餐饮业等 10 多个行业。2000 年 12 月，长沙铁路局还成立了一个中心专门协调管理其下不同行业的产业，使其生产和经营效率得到了大大的提升（见表 9 – 9）。

表 9 – 9　长沙铁路局多元化经营产业分类

产业类别	经营内容	主营部门
客货服务业	客运服务：旅行服务、雅座贵宾候车室、插座咖啡厅、休闲中心、送票服务、行李寄存	长铁旅行服务有限责任公司
	货运服务：行包取送、集装箱和仓储服务	长铁装卸有限公司、湘通物流有限责任公司、长铁树木岭物流配送有限公司
物流业	运输代理、包装、搬运、仓储、信息服务等 经营形式：物流基地、配送中心	湘通物流有限责任公司、长铁树木岭物流配送有限公司

续表

产业类别	经营内容	主营部门
旅游酒店业	旅游线路、旅游专列、旅游景点、旅馆、酒店、招待所、餐饮等	长沙铁路国际旅行社、长铁旅行服务有限公司
广告业	广告策划与发布、媒体广告代理、企业形象策划、装饰工程	长沙铁路广告装饰公司
房地产业	房地产开发、房屋建筑工程、装饰工程	长沙铁路房地产开发公司、各建筑段
铁道工程业	工程设计，线路和工程施工、修建、改造、桥梁、隧道工程	长沙铁路建设公司、各建筑段
物业管理业	铁路居民区物业管理、房屋修葺、小区建设	物业管理公司、长沙铁路经济技术开发有限公司
制造业	路料、装卸机械等路用产品生产，车、机、工、电、辆配件生产加工，新产品开发	路料公司、装机厂、长铁多元集团
商贸业	批发和零售、品牌代理、进出口贸易	株洲铁路物资公司、长铁鑫湘贸易公司
房建、生活服务业	铁路住宅、托儿所、铁路房屋维修	长沙、衡阳、株洲建筑段，长沙、衡阳生活段

表9-10为2005年柳州铁路局多元化经营情况统计。可见，柳州铁路局多元化经营业务领域较窄；一些行业的开发力度不够，如房地产业和旅游业；公司重叠，竞争无序；运输主业和多元化经营的关系有待进一步协调。

表9-10 2005年柳州铁路局多元化经营情况统计

单位：万元

企业名称	收入	利润
柳州铁路经济技术开发总公司	158693	10470
柳州南方物流有限责任公司	86756	347
柳州铁路局多元化经营集经企业	37060	544
新时速铁路旅行公司	15728	-2
柳州铁路局运输装卸管理中心	15408	-53
广西铁建工程有限责任公司	24592	-436
柳州铁路物资工业总公司	26248	191
柳州铁路生活服务总公司	23973	31

企业名称	收入	利润
柳州铁路建筑安装工程公司	42125	−161
柳州铁路林管所	2025	−21
柳州铁路建设监理公司	1436	22
其他产业	1690	−14
合　计	435734	10918

在收入和利润方面，多元化经营主要表现在以下几个方面。

（1）收入方面。铁路运输公司（柳州铁路经济技术开发总公司、柳州南方物流有限责任公司、柳州铁路局多元化经营集经企业、新时速铁路旅行公司、柳州铁路局运输装卸管理中心）共完成收入 313645 万元，占全局多元化经营总收入的 72.0%。铁路服务公司（广西铁建工程有限责任公司、柳州铁路物资工业总公司、柳州铁路生活服务总公司、柳州铁路建筑安装工程公司、柳州铁路林管所、柳州铁路建设监理公司）共完成收入 120399 万元，占全局多元化经营总收入的 27.6%。其他产业完成收入 1690 万元，占全局多元化经营总收入的 0.4%。

（2）利润方面。铁路运输公司（柳州铁路经济技术开发总公司、柳州南方物流有限责任公司、柳州铁路局多元化经营集经企业、新时速铁路旅行公司、柳州铁路局运输装卸管理中心）共完成利润 11306 万元，占全局多元化经营总利润的 103.6%。铁路服务公司（广西铁建工程有限责任公司、柳州铁路物资工业总公司、柳州铁路生活服务总公司、柳州铁路建筑安装工程公司、柳州铁路林管所、柳州铁路建设监理公司）共产生了 374 万元的亏损，其他产业亏损 14 万元。

铁路运输公司与铁路服务公司共完成收入 434044 万元，占全局多元化经营总收入的 99.6%；铁路运输公司与铁路服务公司共完成利润 10932 万元，占全局多元化经营总利润的 100.1%。经分析可知，柳州铁路局多元化经营收入、利润主要来源于铁路运输公司，铁路服务公司和其他产业处于亏损状态。因此，要重点发展与铁路运输有关的企业，这是铁路多元化经营发展的方向。对于亏损企业，要进一步分析研究，寻找对策，使之实现扭亏增盈。

长期以来，铁路运输属于基础性的服务行业，这使其难以得到财政上的有力支持。同时，由于其公益性属性，铁路运输服务收取的费用也难以提升。在这种情况下，只有在一定的框架和规定内，通过有序的多元化经营模式，拓宽收入来源，才能改善生产经营环境以获得更好的发展。首先，铁路公司要树立正确的服务理念，创新服务方式，提供高质量、高标准的服务。其次，在车站设计、建设和规划阶段，要明确其商业发展定位、整体策略和经营模式，并组织相关企业全面参与，盘活商铺的发展权，进行租赁与流转。为了达到方便旅客出行和铁路公司获得更高收益的目的，一定要保证车站的商业设施与车站同时开放使用，这样才能达到车站通过经营获利来维持自身日常运转的目的。最后，铁路公司要利用自身的发达网络，创建一个高效的货物运输和服务平台，加强不同站点之间的业务联系与合作，提升货运效率，加强对经营的管理，改善服务环境，规范收费标准，提高服务质量。不同的铁路局之间要建立和完善资源共享机制。这种模式下的土地开发收益分配应秉持"谁开发、谁受益"的原则，鼓励铁路各相关单位积极参与开发建设。对于铁路企业将发展权租赁给开发商进行开发的土地和物业，其收益应由铁路企业与开发商协商分配。

综合上述几个铁路局的情况来看，在多元化经营业务中占比较大的几个产业均与土地有关，包括房地产商业开发、房屋建筑工程、仓储服务、商品流通等。这些业务所涉及的土地发展权为铁路企业自身所有，且除路轨用地之外，这些多元化经营所使用的土地几乎占到了铁路产权明确的土地的80%。随着铁路运输业的发展，这些土地上现有的产业都会受到铁路正外部效益的影响，会随着铁路运输的发展而发生改变。铁路运输具有基础设施服务性和公益性，依靠运输收入和政府财政支持维系运营，但政府的财政支持往往仍使得铁路企业处于资不抵债的亏损状态，铁路企业自身也无法通过提高运价来实现外部效益内部化。从某种程度上来说，铁路企业发展多元化经营，通过铁路运输来带动和发展相关产业从而为铁路创造收入，是实现铁路公益性与经营性平衡的一种方式。

吴昊、李健伟（2021）指出，随着铁路多元化经营领域的扩大，市场化程度越来越高，受宏观经济的影响面也越来越广，而且这种经营的社会化程度越深，其面临的市场竞争和压力也相应越大。我国铁路企业多元化经营面临产业链条较短、附加值不高、获利能力较弱、企业的平均规模较小且分散、产业集中度较低等问题。铁路的现代化建设对其多元化经营提出了新的要求，所以为了长远健康的发展，有必要转变其经营模式，建立更加符合市场经济需求的体制机制，以一体化、专业化、流程化的标准来更新产业的组织，以集约化、精准化、高效化的要求来规范企业的管理，以多样化、高端化、精致化的标准来提供更好的服务。所以，国内铁路集团多元化应以自持物业为新的努力方向。

第十章

基于价格机制的平衡模式

　　轨道交通 PPP 项目定价的核心是，根据轨道交通项目的运行特点，在维护公共福利的同时确保私营部门的"合理利益"，即科学定价机制。本章顺承全文的理论架构，以激励性规制理论和外部性理论为出发点，从外部补贴价格机制和内部补贴价格机制两个层面来分析轨道交通 PPP 项目的定价机制。本章所讨论的内容并不是要确切提供一个定价方案，而是为轨道交通 PPP 项目的最优定价提供定价参考原则。首先，分析轨道交通 PPP 项目定价的理论基础，即激励性规制理论和外部性理论。激励性规制理论侧重于在政府为实现社会总福利最大化的情况下激励社会资本追求公益性，所采用的手段涉及数量、质量、价格以及进入/退出规制，因此，该理论侧重于 PPP 项目共同体的内部分析，以该理论为指导总原则进行内部补贴价格机制的设计。外部性理论侧重于如何将外部效益内部化，即使社会边际成本与私人边际成本相一致，所采用的手段主要涉及税收、补贴政策和产权界定，因此，外部性理论侧重于为外部补贴价格机制提供理论支持。其次，以社会总福利最大化为价格机制设计的总目标，分别讨论外部补贴价格机制和内部补贴价格机制。最后，对本章所研究的内容进行总结。

第一节　轨道交通 PPP 项目定价的理论分析

一　激励性规制理论分析

　　轨道交通项目是盈利的准公共产品，其票价不仅与运营企业的经济效益直接相关，而且与政府和公众的社会利益交织在一起（巴顿，2001）。目前，世界上许多国家的铁路运输项目的定价仍受到政府的完全监管，这可以被看作规制经济学。该理论认为，市场本身并不完美，必须纳入政府的公共权力干预。根据这一理论，发达国家在早期为公共产品市场建立了严格的政府价格调控模式。由于政府的完全监管存在缺陷，发达国家公共产品定价从严格的政府监管到优先考虑市场竞争规则（崔惠民、李文庆，2011）。1971 年，Stigler 提出规制俘获理论（Regulatory Capture Theory）。该理论指出，信息不对称造成了交易成本和道德风险等问题，政府监管仅仅满足了名义上的规制，称为"为规制而规制"，监管部门最终将被监管对象所俘获，政府规制最终改变的是企业利润而不是社会福利。1974 年，Krueger 认为，公共部门可以利用政府调控来追求个人利益，这可能会扭曲边际产出的最优价格（谢品杰等，2015）。进入 21 世纪后，为了促进企业提高公共产品的效率，使社会福利最大化，包括美国在内的许多发达国家开始放宽公共产品价格管制，适当引入市场竞争机制。同样，当前中国政府对轨道交通项目的全面监管定价模式也存在诸多不足，主要表现在以下几个方面。

第一，政府规制手段较为单一。受公共福利目标的限制，轨道交通企业的运输价格受到政府的严格规定，这种定价不能充分反映市场供求的实际状况。对经营企业而言，政府的做法往往是全额补贴建设和运营成本的差额，而不是鼓励企业优化结构、降低成本、提高激励机制效率等。

第二，运营成本缺乏真实性。由于缺乏科学的成本计量机制，政府与经营企业之间的信息不对称，因此经营企业采取各种手段虚报成本，以获得额外的补贴。

第三，社会福利水平非帕累托最优。严格的价格监管所要求的政府补贴本质上是对利益的再分配，对监管者来说同样是诱人的。由于缺乏严格的监督机制，价格调节部门与个体企业之间缺乏良好的合作关系，寻租现象不可避免地降低了整个社会的福利水平。

第四，缺乏有效的动态调价机制。现有的固定价格机制是一种静态价格机制，静态价格机制下的定价是长期的，并落后于经济的发展，不是基于市场供求关系，也不是在合理范围内积极调整乘客流量变化，而是过于被动地依赖政策补贴。这种价格机制没有实现公共资源的有效配置，因此需要研究更多的科学定价方法。

依据规制经济学理论，激励性规制的目标主要划分为四类。①资源有效配置。为了防止垄断企业滥用市场支配力量，对企业实行价格规制以实现资源有效配置，成为经济性规制的首要目标。②确保企业内部效率。为了防止垄断性市场结构条件下企业因遭受较小竞争压力而缺乏提高内部效率积极性现象的出现，有必要提高企业的技术效率、生产效率、配送效率和设备利用率等内部效率。③避免收入再分配。垄断价格、差别价格、交叉补贴及差别对待等都是以垄断的市场支配力为背景的，而且几乎都具有收入再分配的效果。因此，为了防止消费者的利益受到损害，避免收入再分配也是规制目标之一。④企业财务稳定。解决企业长期发展的投资、供给问题，让企业能够筹集到一定的内部资金（利润剩余和折旧）和外部资金以确保资本成本（股息、利息），以便实现适当投资。在构建价格体系方面，日本学者植草益还提出了其他一些目标，如收费体系要简单易行，能够保护低收入者、老年人和残疾人，能够反映竞争环境，等等。

二 外部性理论分析

本章基于外部性理论，即依据马歇尔的外部性定理、庇古税和科斯产权界定的基本思想，指导外部补贴价格机制的设计。外部补贴价格机制着眼于政府再分配领域，而政府在再分配领域的两个基本手段分别为税收和补贴，在外部效益内部化中采取的主要手段正是补贴和税收。

"外部性"源于马歇尔于1890年所著的《经济学原理》一书中提出的"外部经济"理念。在马歇尔的观点中，生产要素除了包括土地、劳动力和资本三个要素外，还有一个要素，那就是"工业组织"。工业组织要素有丰富的内容，包括劳动分工、机器的改进、工业的相对集中、大规模生产和企业管理。马歇尔使用"内部经济"和"外部经济"的概念来说明第四类要素的变化如何导致生产率的提高。在本章的外部补贴价格机制中，主要研究外部经济，即如何将外部经济内部化。

庇古是第一个用现代经济学的方法从福利经济学的角度系统研究外部性的，他关于外部性的研究从外部因素对效应的影响转向企业或居民对其他企业或其他居民的影响。这种转变恰好对应于两种外部效应的定义。庇古通过分析边际私人净产值与边际社会净产值之间的差异来解释外部性。

他指出，边际私人净产值是指个别企业在生产中追加一个单位生产要素所获得的产值，边际社会净产值是指从全社会角度来看在生产中追加一个单位生产要素所增加的产值。他认为，如果每一种生产要素在生产中的边际私人净产值与边际社会净产值相等，那么它在各种生产用途的边际社会净产值都相等，而当产品价格等于边际成本时，就意味着资源配置达到最优状态。庇古还认为，边际私人净产值与边际社会净产值之间存在下列关系：如果在边际私人净产值之外其他人还能得到利益，那么边际社会净产值就大于边际私人净产值；反之，如果其他人遭受损失，那么边际社会净产值就小于边际私人净产值。庇古把生产者的某种生产活动带给社会的有利影响称作"边际社会收益"，把生产者的某种生产活动带给社会的不利影响称作"边际社会成本"。

科斯是新制度经济学的创始人，因他"发现和澄清了交易成本和财产权对经济体制结构和运行的意义"而获得了 1991 年诺贝尔经济学奖。科斯获奖的成果在于两篇论文，其中之一就是《社会成本问题》。而《社会成本问题》的理论背景是"庇古税"，长期以来，外部性的内部化问题由庇古税主导。在《社会成本问题》一文中，科斯多次提到庇古税问题。在某种程度上，科斯理论是在批判庇古理论的过程中形成的。科斯对庇古税的批判主要集中在以下几个方面：第一，外部效应往往不是一方侵害另一方的单向问题，而是具有相互性的；第二，在零交易成本的情况下，是不需要庇古税的；第三，在非零交易成本的情况下，要通过各种成本效益均衡的政策工具解决外部效应的内部化问题。这种批评即所谓的科斯定理：如果交易成本为零，无论如何定义权利，都可以通过市场交易和自愿协商来实现资源的最优配置；如果交易成本不为零，那么制度安排和选择是很重要的。也就是说，解决外部性的问题可以以自愿谈判的形式进行，而不一定要用庇古税。

三 理论框架

PPP 模式在基础设施投资和运营中的迅速发展和广泛应用，重新激发了学者对公共经济学领域的理论与方法的研究热情。PPP 是由政府方和私人投资者合作经营的，政府的目标是使社会利益最大化，社会资本的目标是使私人利益最大化，而价格是影响社会福利或私人利益的关键因素，因此，定价是公共经济尤其是运输经济研究的热点问题。最近几十年，关于政府与私人投资者之间契约关系的问题——也是学者研究的热点，如激励理论。在拉丰和梯若尔（1993）的开创性工作之后，这些研究尤其侧重于合作契约的特殊性质，即委托代理关系。William Roy（2005）系统地阐述了在弱条件下 NPV/p 可以用于政府投资规划项目遴选的标准，以使社会总福利最大化。Roy 的理论框架具有一般性，并且很容易被应用于消费者消费离散商品的行为分析。因此，本章的理论框架建立在 William Roy 成果的基础之上。

本章假设政府决策者要在 n 个 PPP 项目中选择 i 个项目，ΔU_i 表示第 i 个项目的净现值，Sub_i 表示该项目所需的政府补贴，其中 $\Delta U_i > 0$，$Sub_i > 0$，$\forall i = 1, \ldots, n$。此时，将价格 p 认为是给定的，即 p 此时为外生变量。政府的目标函数是所有这些 PPP 项目所能产生的总剩余 W，约束条件为政府可支配的公共资金 B 的约束，即政府预算篮子的限制。因此，PPP 项目群的最优化问题可用下式表示：

$$\operatorname*{Max}_{x} W(x) = \sum_{i=1}^{n} x_i \Delta U_i \quad \forall i = 1, \ldots, n \qquad (10-1)$$

$$\text{s. t.} \begin{cases} B - \sum_{i=1}^{n} x_i \cdot Sub_i \geqslant 0 \\ x_i \geqslant 0 \\ 1 - x_i \geqslant 0 \end{cases}$$

其中，x_i 为 $[0, 1]$ 的连续变量。当 $x_i = 1$ 时，表示该 PPP 项目全部实施完成；当 $x_i = 0$ 时，表示该 PPP 项目未实施。假设某 PPP 项目正在实施时的连续变量为 x_k，$x_k \in (0, 1)$，该方程的解的表达式如下：

$$x^* = (\underbrace{1, \ldots, 1}_{\text{被接受的项目}}, x_r, \underbrace{(0, \ldots, 0)}_{\text{被拒绝的项目}})$$

上述最优化问题的解是一个关于 x 的向量，该向量由 0、1 和 x_k 组成。当 $x = 1$ 时，表示该 PPP 项目被政府选中，说明该项目可以正常实施。当 $x = 0$ 时，表示该 PPP 项目被政府拒绝，说明该项目不能实施。当 $x = x_k$ 时，说明该 PPP 项目处于可以实施和不可以实施的边界线。而该 PPP 项目最终能否成功启动取决于政府公共预算的灵活程度，若政府具有严格的公共预算，则该项目将会被拒绝；若政府预算比较灵活，则该项目将会被接受。

利用拉格朗日乘数法，最优求解问题可以表示如下：

$$L(x_1, \ldots, x_n, \varphi, \alpha_1, \ldots, \alpha_n, \beta_1, \ldots, \beta_n)$$

$$= \sum_{i=1}^{n} x_i \Delta U_i + \varphi\left(B - \sum_{i=1}^{n} x_i Sub_i\right) + \sum_{i=1}^{n} \alpha_i x_i + \sum_{i=1}^{n} \beta_i(1 - x_i) \qquad (10-2)$$

根据库恩 - 塔克尔条件，上述问题的解可表示为：

$$\Delta U_i - \varphi Sub_i + \alpha_i - \beta_i = 0 \qquad \forall i = 1, \ldots, n \qquad (10-3)$$

$$\varphi\left(B - \sum_{i=1}^{n} x_i Sub_i\right) = 0 \qquad (10-4)$$

$$\alpha_i x_i = 0, 且 \beta_i(1 - x_i) = 0 \qquad \forall i = 1, \ldots, n \qquad (10-5)$$

对该问题的经济学解释其实很简单：φ 其实是在宽松的公共财政预算限制下所产生的总剩余的变形。φ 等于每增加一单位公共资金所能产生的最大的社会总剩余，代表的是公共资金的机会成本。公共资金的机会成本有别于公共资金的影子成本，影子成本是每增加一单位税收所产生的征税及价格扭曲成本。因此，本章将描述公共资金机会成本的 φ 定义为公共资金稀缺系数，代表公共资金稀缺程度的一种价格信号。

对于被接受的项目，即 $x = 1$（标记为 j），库恩 - 塔克尔条件意味着：当 $x_i \geq 0$ 非饱和时，$\alpha_j = 0$；当 $1 - x_i \geq 0$ 饱和时，$\beta_j > 0$。因此，$\Delta U_j - \varphi Sub_j > 0$，即 $\dfrac{\Delta U_j}{Sub_j} > \varphi$。

所以，我们得出，对于被政府接受的 PPP 项目，其 $\dfrac{\Delta U_j}{Sub_j}$ 的值是要大于公共资金的机会成本 φ 的。而对于被拒绝或者推迟的项目，即 $x = 0$（标记为 I），库恩 - 塔克尔条件意味着：当 $x_i \geq 0$ 饱和时，$\alpha_I > 0$；当 $1 - x_i \geq 0$ 非饱和时，$\beta_I = 0$。因此，$\Delta U_I - \varphi Sub_I < 0$，即 $\dfrac{\Delta U_I}{Sub_I} < \varphi$。

所以，我们得出，对于被政府拒绝的 PPP 项目，其 $\dfrac{\Delta U_I}{Sub_I}$ 的值是要小于公共资金的机会成本 φ 的。因此，被政府接受的 PPP 项目 j 以及被拒绝或者推迟的 PPP 项目 I，其基本的关系为：

$$\frac{\Delta U_l}{Sub_l} < \varphi < \frac{\Delta U_j}{Sub_j} \qquad (10-6)$$

根据式（10-6），被政府接受的 PPP 项目的 $\Delta U/Sub$ 值要大于被拒绝或者推迟的 PPP 项目的 $\Delta U/Sub$ 值。这与我们之前所做的理论分析的结果相一致，即政府将优先选出每单位公共资金可以产生最大剩余的 PPP 项目（$\Delta U_i/Sub_i$）。因此，即使政府决策者不知道 φ 的值，仍能选择出可实施的 PPP 项目，评选的原则为：选择每单位公共资金投资（Sub）所能产生最大社会福利（ΔU）的 PPP 项目。

经上述分析得到一个重要概念，即公共资金稀缺系数 φ。在以上分析中，将价格假定为外生变量，但实际上 $\Delta U/Sub$ 的值取决于价格 p，即使用者付费。因为无论是该 PPP 项目的净现值 NPV，还是该项目所要求的政府补贴 Sub，都取决于使用者支付的费用，因此在内部补贴价格机制和外部补贴价格机制设计中，我们将引入价格，将其视为内生变量，分析价格是如何影响社会总福利水平的，并且探讨价格机制是如何在外部补贴机制和内部补贴机制下发挥作用的。

虽然轨道交通项目具有社会效益和市场运营的双重特质，但是严格受政府管控的现行票价政策只关注项目的公益目标，不能反映公共交通市场的实际情况，政府完全垄断导致运行效率和服务质量下降。将 PPP 模型引入轨道交通项目中，公共部门和私营部门在项目定价目标中会有不同的利益。PPP 轨道交通项目在策划期能否获得私营部门的"青睐"、其在运营期的表现能否达到各方预期、项目能否最终成功，关键在于如何在兼顾公共部门和私营部门利益的前提下根据轨道交通市场的特点科学合理定价。如果项目定价过高，公众就负担不起，而且可能导致交通流量下降；如果项目定价过低，该项目可能无法吸引私营部门或私营部门提前退出甚至破产。

党的十八届三中全会审议通过了《中共中央关于全面深化改革若干重大问题的决定》，明确指出"要完善主要由市场决定价格的机制"。凡是能由市场形成价格的都交给市场，政府不干预，促进水、石油、天然气、电力、交通、电信等领域的价格改革，开放竞争价格。如果 PPP 轨道交通项目的定价仍采用政府调控模式，不仅难以避免俘获和寻租，而且与鼓励和引导私营部门以 PPP 模式进入该领域的最初想法背道而驰。总而言之，若

PPP 轨道交通项目的定价完全效仿现行的轨道交通项目定价方式，则不仅不能充分发挥公私合作系统的优越性，而且可能导致项目不可持续，引发一系列的负面效应，不利于中国轨道交通行业的可持续发展。综上，尽管 PPP 轨道交通项目定价离不开政府的有效干预，但适当的市场运作也是必不可少的。

因此，基于理论分析以及我国的政策要求，价格机制设计的逻辑框架见图 10 - 1。

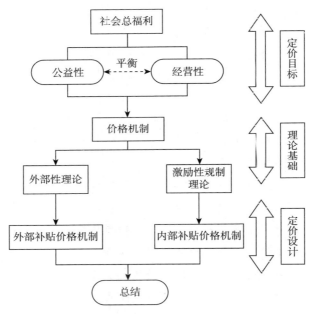

图 10 - 1　轨道交通 PPP 项目价格机制设计的逻辑框架

价格机制设计的总原则是使社会总福利最大化，社会总福利是生产者剩余和消费者剩余之和，而生产者剩余体现了经营性的特点，即社会资本在进行 PPP 项目投资时所获得的净利润，体现了社会资本生产经营的收益水平；而消费者剩余在 PPP 项目中即使用者剩余，则体现了公益性的方面，轨道交通自身具有的准公共产品属性，使其不能够像私人商品那样可以由企业自行定价，政府需要考虑对公众使用者利益的保护。因此，轨道交通 PPP 项目定价的总体目标是在公益性与经营性之间进行权衡，既要保证使用者的收益，又要充分调动社会资本方的积极性。轨道交通 PPP 项目定价要兼顾公益性与经营性，寻找二者之间的平衡点，在该平衡点下社会总福利达到最优。本章对价格机制的讨论分为两个层面，即外部补贴价格机制和内部补贴价格机制，其理论基础分别为外部性理论和激励性规制理论，两个层面的价格机制构建则为定价设计。因此，本逻辑框架共包含三部分内容：定价目标、理论基础和定价设计。

第二节 内部补贴价格机制设计

在内部补贴价格机制设计中，其最优的定价为使社会总剩余最大，即选择能够使该轨道交通 PPP 项目净现值最大的定价水平。内部补贴价格机制则重于考察某个轨道交通 PPP 项目各参与方的利益是否最大化，即项目共同体所产生的总的净现值。

一 内部补贴价格机制定价模型

定价问题是运输经济研究领域的核心问题，大量研究集中在对该主题的探讨上，内部补贴机制定价模型主要探讨单个 PPP 项目的定价问题。关于基础设施项目的定价问题是学术界广泛讨论的主题，学者们关于基础设施的定价方法基本上达成了共识，总结为：从短期来看，在最终可预测的假设条件下，边际社会成本定价将导致一阶最优。另外，当需求受生产水平的限制时，为了缓解拥挤以及限制拥挤所产生的社会成本，政府将加大对基础设施的投资，而这一行为从长期看，将会导致更高的边际成本，因此，价格水平也将上升。但是，如果该基础设施的固定成本较高，会导致更高的定价也不足以弥补平均成本，而这正是网络经济的一个突出特点（Bonnafous，2010）。

因此，为了提高社会投资者的收入水平，长期边际成本定价方式应该进行修改。最不偏离一阶最优的修改方案是尽量不改变需求结构，该修改方案的结果是 Ramsey-Boiteux 定价模型，即将需求进行分割，在需求与价格弹性成反比的部分提高价格（Boiteux，1956）。因此，在公共资金预算约束的条件下，福利函数的最优求解为二阶最优。在内部补贴价格机制和外部补贴价格机制模型的构建中，也将依循此思想，在福利函数中，公共资金被定义为稀缺系数 φ，φ 的来源和含义如上文所述，此处不再讨论关

于 φ 值的确定问题，φ 值的确定可以从公共资金机会成本的角度进行求解（Ponti and Zecca，2007），也可以通过政府实施有关的通行费用来大致确定 φ 的范围（Abraham，2008）。PPP 项目为基础设施项目，因此，本章对某一 PPP 项目的定价分析将依据 Boiteux 的方式进行模型构建。

在本模型中，我们假设影响边际社会成本的非货币因素全部包含在政府的税收之中。以交通运输领域的燃油税为例，假设燃油税的税收收入没有包含在交通运输系统中，未囊括边际使用者的边际成本，该假设使得本模型不需要考虑税收分配问题。

另外，假设对于轨道交通 PPP 项目，使用者所支付的费用只有票价（或者通行费），而且项目的收入来源也只有使用者所付费用。该假设意味着本模型不考虑环境成本，环境成本已经包含在税收中，且被内部化了，也不考虑拥挤所产生的外部效应。

通过以上的假设，我们可以构建一个比较简单的模型：有关轨道交通 PPP 项目的社会总福利（ΔU）只是关于补贴（Sub）和使用者剩余（S）的函数。其中，补贴可以定义为该项目全生命周期成本（C）和项目收入（R）的差值。另外，本模型所涉及的除价格外的所有变量的取值都为折现值，即 ΔU、Sub、S、C 和 R 都代表折现后的值。该函数可表示为：

$$\Delta U = -\varphi Sub + S = \varphi(R - C) + S \qquad (10-7)$$

本模型中我们假设轨道交通 PPP 项目的成本总是高于其收入，即 $R < C$，假设在计算期内项目的价格水平不变，即价格不进行折现。假设需求函数为线性需求函数，即

$$D = D_0 - \beta p \qquad (10-8)$$

轨道交通 PPP 项目的折现后票价收入为：

$$R = D_0 p - \beta p^2 \qquad (10-9)$$

在每一价格水平 p 下，折现后使用者剩余为

$$S = \frac{\beta}{2}\left(\frac{D_0}{\beta} - p\right)^2 \qquad (10-10)$$

式（10-8）、式（10-9）和式（10-10）的图形表示见图 10-2。当价格 $p = D_0/\beta$ 时，需求 $D = 0$，即图中需求曲线与横轴的交点，这是轨道交通

PPP 项目可能的最高定价水平；当价格 $p = 0$ 时，使用者剩余将达到最大值 $S_{max} = D_0^2/2\beta$，即图中使用者剩余曲线 S 与纵轴的交点；当价格 $p = D_0/2\beta$ 时，该项目的收入达到最大值 $R_{max} = D_0^2/4\beta$，即图中收入曲线的最高点。

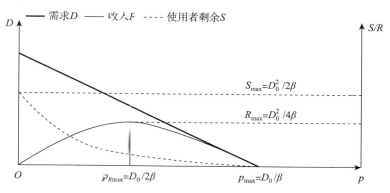

图 10 - 2 需求、收入和使用者剩余曲线

将式（10 - 9）、式（10 - 10）代入式（10 - 7）可得总福利函数为：

$$\Delta U = -\varphi C + \frac{D_0}{2\beta} + (\varphi - 1)D_0 p + \beta\left(\frac{1}{2} - \varphi\right)p^2 \qquad (10 - 11)$$

对上式求导得：

$$\Delta U' = (\varphi - 1)D_0 + \beta \cdot (1 - 2\varphi) \cdot p \qquad (10 - 12)$$

令 $\Delta U' = 0$，求解 p 为：

$$p_{Umax} = \frac{\varphi - 1}{2\varphi - 1} \cdot \frac{D_0}{\beta} \qquad (10 - 13)$$

二 结果解释

p_{Umax} 为使总福利最大化的价格水平。根据式（10 - 13），当 $\varphi = 0$ 时，$p_{Umax} = D_0/\beta$；当 $\varphi = 1$ 时 $p_{Umax} = 0$；当 $\varphi > 1$ 时，$p_{Umax} \in (0, D_0/2\beta)$。当 $\varphi = 1$ 时，根据式（10 - 7）得，$\Delta U = -Sub + S = R - C + S$，所以有：

$$\Delta U + C = R + S \qquad (10 - 14)$$

根据式（10 - 12），当 $\varphi = 1$ 时，$\partial\Delta U/\partial p < 0$，说明价格与社会总福利成反比，当价格上升时，社会总福利水平下降。朱尔·杜普特（Jules Dupuit）将这种机制描述为：价格上升所带来的消费者剩余的损失要大于价格上升所带来的收入的增加。根据假设，需求函数是线性的，且不存在价格歧视现象，则最大收入 $R_{\max} = D_0^2/4\beta$ 是最大使用者剩余 $S_{\max} = D_0^2/2\beta$ 的一半。因此，只有在完全价格歧视情况下，使用者剩余才能被完全内部化。

根据式（10-13），在 $\varphi > 1$ 的情况下，当 $0 < p_{U\max} < p_{R\max}$ 时，总福利最大化时的价格 $p_{U\max}$ 随公共资金稀缺系数 φ 的增大而上升，此时的价格水平总是低于使总收入最大化时的价格。根据该原理，在特许经营的轨道交通 PPP 项目中，政府部门应将 PPP 项目的定价权交给私人投资者，因为社会总福利最大化的价格水平总是低于使私人投资者自身收入最大化的价格水平。然而，公共资金稀缺系数越大，价格水平就越高。

第三节 外部补贴价格机制设计

在外部补贴价格机制设计中，其中最优的定价为使 $\Delta U/p$ 最大，即政府每单位公共资金产生的收益最大时的价格为最优的定价水平。外部补贴价格机制着眼于政府的项目群规划，是政府在财政预算年度内计划投资的轨道交通 PPP 项目的整体遴选原则，也是对整个项目群的优先级确定。轨道交通 PPP 项目的 $\Delta U/p$ 值越大，则该项目的评级就越高，政府应倾向于对此轨道交通 PPP 项目进行补贴或实行税收优惠。

一 外部补贴价格机制定价模型

外部补贴价格机制定价模型的基本原理为使政府每单位公共资金所产生的净现值最大化，即令 $\Delta U/Sub$ 最大，其中 Sub 为政府的财政补贴，ΔU 为轨道交通 PPP 项目的净现值。

根据式（10-9）可得：

$$Sub = C - R = C - D_o p + \beta p^2 \tag{10-15}$$

政府的目标函数为：

$$\frac{\Delta U}{Sub} = \frac{-\varphi C + \dfrac{D_0}{2\beta} + (\varphi - 1)D_o p + \beta\left(\dfrac{1}{2} - \varphi\right)p^2}{C - D_o p + \beta p^2} \tag{10-16}$$

一阶条件为：

$$\frac{\mathrm{d}\Delta U/Sub}{\mathrm{d}p} = \frac{D_0^{\ 3} - 2C\beta D_0 + 2(C\beta^2 - \beta D_0^2)p + \beta^2 D_0^2 p^2}{(C - D_0 p + \beta p^2)} \quad (10-17)$$

则最优的定价为：

$$p_{op} = \frac{D_0}{\beta}\left(1 - \frac{2C\beta}{D_0^{\ 2}}\right) \quad (10-18)$$

令 $R_{\max} = D_0^2/4\beta$ 为项目的最大收益，相应的最小政府补贴为 $S_{\min}$，因此，式（10-18）可表示为：

$$p_{op} = \frac{D_0}{2\beta}\left(1 - \frac{S_{\min}}{R_{\max}}\right) \quad (10-19)$$

由式（10-18）可知，在对轨道交通 PPP 项目群进行投资规划时，所确定的最优定价水平 p_{op} 与公共资金稀缺系数 φ 无关。规划投资的最优定价只取决于成本和需求函数的形式。式（10-19）体现出投资规划的 PPP 项目的财务效率：当 p_{op} 增大时，最高收入 $R_{\max}$ 能够负担大部分成本，此时的定价水平能够使私人投资者的收入与使用者剩余的差距缩小，是对社会有益的。

$\Delta U + C$ 表示社会福利水平，即总剩余的变形，如图 10-3 所示，随着公共资金稀缺系数的增大，$\Delta U + C$ 逐渐增大，当 $\varphi > 1$ 时，社会总福利最大化时的定价水平要低于私人投资者收入最大化时的价格水平。同理，根据该经济原理，在特许经营的轨道交通 PPP 项目中，政府部门应将 PPP 项目的定价权交给私人投资者，因为社会总福利最大化时的价格水平总是低

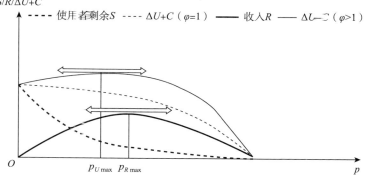

图 10-3 社会福利变形和公共资金稀缺系数

于私人投资者自身收入最大化时的价格水平。然而，公共资金稀缺系数越大，价格水平就越高。

二 结果分析

当对一个整体 PPP 项目群（这里是指政府财政预算年度内，基础设施投资规划的 PPP 项目群，视为一个整体）进行分析时，本章指出所求得的最优定价与净现值/补贴率（NSR）无关，而是取决于 PPP 项目群最大收入与总成本的相对值，具体如下。

（1）当无论定价水平在何范围内，PPP 项目群整体收入都不能覆盖总成本的一半时，不对 PPP 项目使用者收费是社会经济的。

（2）当对使用者收费能够覆盖 PPP 项目的全部成本时，在不考虑利润在政府与私人投资者之间分配的情况下，政府或许可以让私人投资者根据自身利益最大化进行定价。

（3）当 PPP 项目群整体收入落在 1/2 总成本和总成本之间时，最大化社会福利水平的价格水平将低于 PPP 项目群整体收入最大化时的价格水平，此时必须由政府对 PPP 项目进行定价。

因此，对于 PPP 项目的契约安排，必须对上述三种定价情况分别进行讨论。自朱尔·杜普特的研究之后，大部分关于公共投资规划（Public Investment Programming）和基础设施定价（Infrastructure Pricing）的研究都集中在交通运输领域，即便这些研究与其他基础设施紧密相关。

第四节 小结

当 PPP 项目收入来源为使用者付费和政府补贴时，以单位财政支出的净现值（Net Present Value，NPV）为基础的投资规划是具有社会经济性的，并且净现值/补贴率（NPV/Subsidy Ratio，NSR）必须显著高于公共资金短缺系数（Public-Funding Scarcity Coefficient，PFSC），否则 PPP 项目的损耗成本将大于其产出价值。提高 NSR 的方法之一是最优化定价水平。因为价格的提高将减少政府补贴，但同时也会让使用者剩余受损，致使社会总福利水平下降，因此确定最优的定价水平对 PPP 项目的社会福利衡量至关重要。当对一个 PPP 项目单独进行分析时，结果表明最优化的定价

（如高速铁路或高速公路的通行费）将取决于公共资金短缺系数。如果公共资金不存在短缺情况，最优的定价将为 0。公共资金越短缺，最优的定价水平将越趋近于私人投资者使 PPP 项目收入最大化的定价水平。

在外部补贴价格机制设计中，其中最优的定价为使 $\Delta U/p$ 的值最大，即政府每单位公共资金产生的收益最大时的价格为最优的定价水平。外部补贴价格机制着眼于政府的项目群规划，是政府在财政预算年度内计划投资的 PPP 项目的整体遴选原则，也是对整个项目群的优先级确定。对于 PPP 项目来说，$\Delta U/p$ 的值越大，则该项目的评级就越高，政府应倾向于对此项目进行补贴或实行税收优惠。在内部补贴价格机制设计中，其最优的定价为使 ΔU 最大，即选择能够使该项目净现值最大的定价水平。内部补贴价格机制着眼于项目共同体，而不是项目群的规划投资，侧重于考察该项目各参与方的利益最大化，即项目共同体所产生的总的净现值。

有别于传统的公共管理和市场管理，PPP 重新构建了包括轨道交通项目在内的准公共产权结构，它不仅可以缓解轨道交通项目发展时地方政府遇到的财政困境，而且能够在一定程度上完善公共产权制度和改善国有企业垄断的低效率问题。同时，内部治理结构的逐步完善，能够对轨道交通企业起到有效的激励和约束作用，充分提高项目的产出效益。然而，目前受政府严格控制的静态型轨道交通定价机制忽略了市场在价格形成过程中的基本作用，致使 PPP 模式的轨道交通发展很难发挥公私合作的优势。

一般性的轨道交通 PPP 项目在进行定价时都应以上述原则为指导。关于轨道交通 PPP 项目的定价原则，总的来说就是：政府要在轨道交通 PPP 项目中实现社会利益与私人投资者利益之间的平衡，即本书所述的公益性与经营性之间的平衡。在政府制度、市场以及社会环境良好运行的情况下，PPP 项目价格机制的设计应兼顾社会资本与公共使用者之间的利益，在社会资本能够获得合理回报的情况下，保证使用者利益不受损害，最终使社会总福利最大化。

本章所研究的内容虽然也是用来解决运输经济问题的，但同样适用于对其他基础设施的研究。如以使用者的观看费和政府补贴为收入来源的国家大剧院的定价问题，与本章所探讨的高速通行费的定价是相似的。本章对公共投资和定价问题的探讨可以为政府提供一些参考，也可以为政府进行 PPP 项目定价提供一些新的想法。

第三篇

公益性与经营性平衡机制的保障与实施

本篇的内容为轨道交通 PPP 公益性与经营性平衡机制的保障与实施，首先提出 PPP 内部制度环境优化与外部制度环境优化，为平衡机制提供了前提保障；其次依据前文提出的三个机制维度，从外部补贴机制实践、内部补贴机制实践和价格机制实践三个方面进行详细的案例分析和专题介绍。

第十一章

轨道交通 PPP 制度环境优化

世界各国 PPP 的具体目标可以归纳为以下几项（罗晴，2014；王艳伟等，2016）：①减轻政府财政压力；②通过创建市场法则和促进竞争应对公共部门绩效的无效率和缺乏自生能力；③使政府干预最小化；④提高国家储蓄率，促进增长，提高投资的配置效率；⑤发展资本市场；⑥消除与私人部门之间的不公平竞争；⑦从那些更适合于私人部门，特别是那些最初目标已经完成或者不太可行的活动中撤离；⑧改善收入分配以及消除不公平的补贴；⑨减轻政府的行政负担。

其中有两个最基本的目标：一是改变公共基础设施项目原有的投融资模式，以引入民间资本的方式缓解政府财政压力；二是借助企业的高效经营管理，提高项目建设与运营效率。财政部政府和社会资本合作综合信息平台统计数据显示，截至 2016 年 9 月末，PPP 入库项目有 10471 个，项目总投资为 12.46 万亿元；进入建设阶段的项目有 946 个，所涉及的总投资额达 1.56 万亿元，按项目数量计算的落地率为 9.03%。财政部第一批和第二批示范项目合计有 232 个，总投资为 7866.3 亿元；进入执行阶段的示范项目有 128 个，总投资为 3456 亿元，示范项目的落地率较高，按项目数量计算的落地率为 55.17%。从我国 PPP 项目实施情况来看，目前实现了在公共基础项目上引入民间资本，这在一定程度上缓解了政府财政压力，但是与政府的预期目标存在差距。

在我国现行 PPP 制度环境和经营环境下，一些项目的经营状况并不理想。例如，采用 PPP 模式的深圳轨道交通二期工程，由于受人口结构、城市布局、前期规划等的影响，该项目自运营以来一直处于亏损状态。再如杭州湾跨海大桥，在项目可行性研究阶段对项目未来的经营效益过于乐观估计，而建成后通车数量不足预计的70%，项目收益也远低于预期，而且项目建设过程中多次追加投资，民间投资者被严重套牢，而嘉绍大桥和杭州湾第三跨海工程钱江通道的通车，以及未来舟山—上海跨海高速、杭州湾铁路大桥等项目建成后，将会使杭州湾跨海大桥的经营情况愈加惨淡（任倩，2016）。

世界银行曾于2014年对中国、俄罗斯、巴西、印度的PPP项目质量进行统计，数据显示中国PPP项目的实施质量低于其余金砖国家。按照世界银行的统计口径，1990～2012年中国基础设施PPP项目有1064个，按项目投资额计算，被取消项目或不良项目的投资额占比为4%，同期巴西为1%，印度为2%，金砖国家中俄罗斯的基础设施PPP项目质量较高，被取消项目或不良项目的投资额占比趋近0。

在我国现行PPP制度环境下，无论是基于引入民间资本缓解政府财政压力的目标，还是基于提高公共产品提供效率的目标，都没有完全实现，有的项目实施过程中甚至出现失败。如深圳轨道交通二期工程，该项目借鉴港铁TOD开发模式，但是实际经营情况并未达到投资方预期。统计数据和具体案例均佐证了我国PPP模式在实践中存在一定的问题，为进一步推动轨道交通PPP融资模式的发展，本书认为PPP项目所面临的制度需要优化与完善，良好的制度环境可为项目实施提供基本保障。

第一节　参与方利益目标分解

在轨道交通PPP项目融资与运营过程中，主要参与方为政府和私人部门，还包括金融机构（多边贷款人）、社会公众、承包商和建设商等，各参与方在PPP项目中扮演着不同的角色，不同的项目角色选择各自的利益取向，所对应的目标与需求也各不相同。

一　政府目标

以北京市城市轨道交通建设与运营为例，在传统建设模式中，政府作为项目的实际出资方，通过自身财政或银行贷款对项目进行投资。而在北京轨道交通4号线PPP项目的实施过程中，政府委托国有企业北京市基础设施投资有限公司负责政府投资部分，运营交由北京京港地铁有限公司负责，以上两家公司皆为北京市国资委独资所有，因此北京市政府扮演了项目决策者、实际投资者、建设方和运营方等多种角色。在城市轨道交通PPP 项目中，政府与私人部门通过合作的方式完成项目建设，政府扮演着投资者、项目发起者、合作者和监管者的角色。在新的项目角色中，政府的工作与任务也随之不同，政府利益要求包括：基础设施服务提供的可持续性；项目产品或服务的适当价格；对客户、用户的非歧视与公平对待；符合环境保护、健康安全以及质量标准；项目适应现在及未来发展的需要。

基于政府利益视角，在轨道交通项目中采用 PPP 模式，其主要目标是引入民间资本缓解自身财政支出压力，以及借助企业的自负盈亏机制提高项目建设与运营效率。当企业作为项目运作主体时，政府需要发挥监管和规制的作用，其目的是确保轨道交通项目按期建设和正常运营，满足社会公众的出行需求，对此政府需要制定完善的合同条款和健全的监管流程。

政府与私人部门合作，共同建设、运营轨道交通，应当实现风险分担、利益共享。由于轨道交通 PPP 项目是一项多方参与、结构复杂、专业性强的制度安排，在项目融资、建设和运营全过程隐含诸多风险，风险识别、风险分担和风险处理关系到项目各参与方的实际利益，对风险的提前把控也是保障项目实施的关键，风险识别是风险分担的前提条件，风险分担是明确项目各参与方的权责关系，风险处理要求在风险发生后相关责任方能够准确、及时地制订解决方案。在 PPP 项目的前期设计中，各参与方应通过专业的分析，同时参考相关案例，充分识别项目的潜在风险，并在合同中明确划分风险承担主体，在划分双方的权利和义务时，应充分考虑各类风险，做出符合项目实际情况的评估。

轨道交通 PPP 项目进入运营阶段后，政府部门应该在质量、安全和服务等领域对项目主体进行监督与规制，当发生危害公共安全的重大事件时，如恐怖袭击、战争冲突、重大安全事故，政府要及时介入，以保护社会公众的生命、财产安全；如果项目运营不符合社会的要求，运营方没有尽到合同中规定的义务，政府要采取干预措施和制裁措施，如处罚运营方、收回项目、政府接管、更换运营方。

在项目建设中，政府资金可以作为政府的股权投入，也可以引导民间资本的介入。近年来，从中央部门到地方政府层面推出了各级政府投资基金，政府资金以投资基金的形式介入项目建设中，起到了资金杠杆的作用。政府投资基金要实现预期的投资目标和引导目标，也需要进行制度规范与科学管理。

二 私人部门目标

轨道交通 PPP 项目具有投资周期长、投资金额大的特点，私人部门是项目的主要参与方，通过提供项目资金来满足项目建设需求。此外，私人部门追求利益最大化，在项目建设与运营过程中，会通过提高建设与运营效率，以降低成本和增加收入。私人投资者的目标包括：完善的法律法规；对私人投资的保护；项目审批与进展流程的及时性；协议与合同的公平性；良好的冲突解决机制。

社会资本具有明显的逐利性，对于社会资本来说，最重要的是能够收回投资额、获得投资收益。社会资本介入之前，需要准确估算项目未来的收益。社会资本介入之后，应通过合同与法律的形式保障其权益。私人部门在投资轨道交通 PPP 项目时对政策稳定性、持续性有较高的要求，政府换届可能对其造成一定影响。在轨道交通 PPP 项目中，私人部门是项目的重要参与方，私人部门在获得经营收益的同时也承担了相应的风险，风险识别、风险分担与风险处理对政府和私人部门同样重要，私人部门的抗风险能力弱于前者，为保障私人部门的合法权益以及项目的正常实施与运营，项目合同应详细设计出风险分担机制。此外，轨道交通 PPP 项目审核周期和建设周期较长，政府的审批效率将直接影响项目进展。

三 其他参与者目标

轨道交通 PPP 项目中除了政府和私人部门外，还涉及金融机构（多边贷款人）、社会公众、承包商和建设商等其他参与者。

金融机构如银行、信托公司、基金公司等，为项目建设提供资金支持，金融机构参与合作的目的是按期回收本利，获得未来合作机会。轨道交通建设项目贷款期限长、金额大，使金融机构面临潜在的本利回收风险，资金的回收有赖于项目的运营情况以及政府的信用担保，金融机构参与轨道交通 PPP 项目，同样需要完善的合同框架和法律法规体系等制度安排。

社会公众作为项目的最终使用者，通过税收和直接付费的方式与项目相联系，社会公众在承担付费义务的同时，也拥有相应的权利。为保障社会公众的利益，在项目的建设和运营阶段，社会公众要发挥外部监督职能，确保项目达到预期目标。

第二节　PPP 内部制度优化与外部制度优化

一　利益目标与制度梳理

根据轨道交通 PPP 项目各参与方的需求与目标，可以提炼出对应的制度模式。政府目标包括项目的正常建设与运营、产品或服务的质量与数量等，私人部门目标包括政策具有可持续性、权责明晰与利益保障等，各参与方目标与制度模式见表 11 - 1。

表 11 - 1　参与方目标与制度模式

参与方	目标	制度模式关键词
政府	项目的正常建设与运营	监管
	产品或服务的数量与质量	合同的完善、监管
	风险与收益匹配	风险合理分担
	特殊情况下的干预措施和制裁	治理水平
	提高财政资金使用效率	政府投资基金
私人部门	政策具有可持续性	政策稳定性
	权责明晰与利益保障	
	风险与收益匹配	风险合理分担
	项目审批效率与审批时间	政府效率
金融机构	本利按期收回	合同的完善、法律保障
社会公众	产品与服务的高效提供、信息平台	监管（外部监督）

根据表 11 - 1，制度模式关键词可以划分为轨道交通 PPP 项目的外部制度和内部制度，外部制度包括监管、治理水平、政策稳定性、法律保障、政府效率；内部制度与具体项目的关联性较大，包括政府投资基金、风险合理分担、合同的完善。

二　外部制度优化

（一）法律的制定与完善

轨道交通 PPP 项目投资大、风险高、期限长，一套完善的 PPP 法律体系，是私人部门进入的重要保障。据统计，目前至少有 50 个国家已经颁布了 PPP 法律，可以将其进一步划分为特许经营法、政府采购法和公私合营法等。实施 PPP 较早的国家如英国，颁布了一系列法律法规来促进 PPP 模式在公共基础设施中的应用，英国财政部于 2003 年颁布了《应对投资风险》，2006 年颁布了《强化长期伙伴关系》，2012 年颁布了《PPP 的新途径》，等等。日本早在 1999 年就制定了 PFI 法，其后在 2001 年、2005 年、2011 年和 2013 年对该法进行了四次修订。此外，日本还出台了《物有所值评价（VFM）指南》《PFI 项目实施程序指南》《PFI 项目风险分担分析指南》《PPP 合同编制指南》《PPP 项目实施监管指南》等具体引导规则。加拿大的 PPP 立法较为完善，包括全国性立法 [《加拿大战略基础设施资金法案（2002）》] 和各省立法。

我国 PPP 项目缺乏统一的法律框架，目前只有国家发改委、财政部和地方部门发布的一系列规章及规范性文件，如财政部《关于规范政府和社会资本合作合同管理工作的通知》《政府和社会资本合作项目政府采购管理办法》，政府文件在保护投资者投资安全以及对 PPP 的规范和引导方面具有局限性，为促进实现基础设施项目的长期性融资，我国应加快完善特许经营法律框架，国家发改委、财政部以及各级政府应尽快推动特许经营法、政府与社会资本合作法的出台。

（二）治理水平

由于轨道交通 PPP 项目的上报和审批周期较长，项目前期的时间成本对后期工作的开展尤为重要，政府部门的审批流程是否顺畅、办事效率是否高效、是否存在各种官僚主义和腐败问题都非常重要。

政府要保证社会利益最大化，在项目出现特殊情况时有必要采取干预措施。以北京地铁 4 号线为例，北京市政府与京港地铁公司以合同约定，在项目运营过程中，北京市政府将对地铁 4 号线的服务质量和安全进行监管，为确保社会公众的生命、财产安全，发生重大安全事故时政府将强制介入。此外，京港地铁公司如果没有履行《特许协议》所涉及的义务，北京市政府将对其采取惩罚措施，包括收回京港地铁公司的特许经营权。

（三）监管

轨道交通 PPP 项目在移交前由特许经营企业负责运营和维护，为了保证项目的正常运营和社会效益，监管部门要对项目立项、特许经营者选择、产品/服务的质量和数量、价格制定与价格调节等进行有效监管，除了政府部门履行监管职责外，第三方机构和社会公众也应履行相应的监管职责。

轨道交通 PPP 项目中，政府既是项目的实际参与者，也是行政监管部门。在 PPP 项目招标、建设、运营和移交等各阶段，政府部门应积极参与到项目中，以确保服务质量、数量和安全等问题，为社会提供满意、高效的轨道交通服务。监管不仅仅是政府一方的责任，设立第三方机构监管，可以有效避免暗箱操作，防止出现项目腐败现象。通过 PPP 项目信息化平台，将 PPP 入库作为完善外部监管的重要手段，定期发布统计数据和典型案例，进行准确、及时、完善的信息披露，让社会公众高度参与项目监管，有利于全面完善项目监管体系。

各种监管方式所对应的监管主体及其监管职责划分见图 11－1。本书将监管职责划分为准入监管和绩效监管。准入监管主要是对项目立项审核和特许经营者资质审核的监管，前者主要考察项目是否适合采用 PPP 模式，后者主要考察特许经营者是否能够满足项目需求，为项目提供资金并提高效率；准入监管的主体是政府。绩效监管主要是对产品/服务质量、产品/服务数量以及价格制定与价格调节进行监管，其监管主体应为政府、第三方机构及社会公众。

监管应具备独立性、合法性、广泛性、专业性与公正性等特征。独立性是指监管规则的制定、执行不被项目利益相关者干涉；合法性是指监管主体的权利、责任应当以立法形式予以明确；广泛性是指监管主体所监管的内容涵盖项目的整个生命周期，涉及产品/服务的质量、数量与安全等；专业性是指监管机构具有科学、合理的监管方法论与流程，监管人员应在特定领域具有深厚的知识积累；公正性是指监管机构应当保证监管过程与结果客观、不偏私。

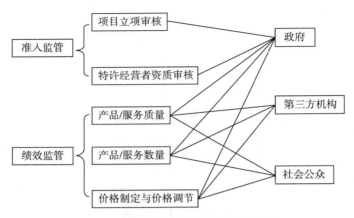

图 11 – 1　监管主体及其监管职责划分

（四）PPP 项目治理机制

PPP 项目产权框架设计是项目治理机制的重要内容，依据项目区分理论，纯公益性项目应当由政府财政进行投资，此类项目为公有产权结构；纯经营性项目由私人部门进行投资，此类项目为私有产权结构；轨道交通这类具备一定公益性，又可以通过票价收入实现经营性的项目适合采用PPP 模式进行投资，政府和私人部门均为项目出资方，此类项目为混合产权结构。PPP 模式下的混合产权设计能够发挥政府与私人部门各自的优势，政府有提供公共产品或准公共产品的责任与义务，而私人部门具有逐利性，因而会提高项目运作效率。

在 PPP 模式下，债权人的目标是实现本利的按期回收，即债权人为项目提供资金，债权到期之后，债权人收回初始投入资金和利息收益，项目的现金流量和利润盈余是履行债务的最大保障，因此债权人也会监管企业管理层，防止其做出损害自身利益的机会主义行为。股东以其出资额为限对项目负责，承担项目风险并获得与风险相匹配的收益。股东关心的是项目收益，通过机制设计激励管理层努力经营、提高盈利水平，同时也规范与约束管理层以防止其选择机会主义行为，避免股东权益受到损害。

不同的 PPP 项目可以依据其实际情况选择合理的治理结构，通常情况下 PPP 项目的股权结构和债权结构相对复杂，其治理结构中包含项目公司、股权投资者、债权投资者和监管部门等多个主体。轨道交通 PPP 项目治理结构一般框架见图11-2。

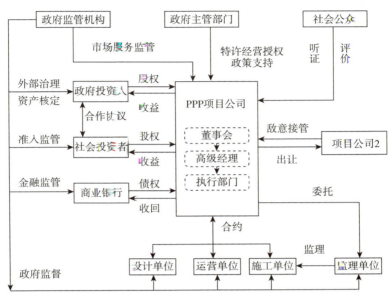

图 11-2　轨道交通 PPP 项目治理结构一般框架

政府和私人部门作为项目投资者，签订合同并且成立项目公司，双方作为股权投资者共同承担项目风险，并拥有项目的剩余索取权。项目设计和施工等工作通常采用协议外包或招标形式，由专门的设计单位和施工单位负责完成。社会公众、工程监理单位、政府部门等主体各自承担相应的监管责任。在传统的轨道交通项目中，政府扮演了项目投资者角色，而在 PPP 项目中，政府由投资者转换为参与者和监管者，政府需要制定支持政策和服务质量标准，并对项目进行全程监管，拟订危害社会公共安全的重大事件应急预案，以满足公众出行需求和社会经济发展要求。基于轨道交通准公益性属性，在经营轨道交通项目过程中，项目公司需同时承担经营责任和社会责任，其服务价格机制设计应当平衡轨道交通项目的公益性与经营性，价格调整一般采用价格听证并报有关部门审核通过。

轨道交通 PPP 项目治理结构一般框架首先反映出公共部门和私人部门在项目中具有明确的产权比重，产权的具体比重依据具体项目的合作协议加以确定。其次，股权投资者所获得的控制权与剩余索取权相对应，公共部门和私人部门都对项目拥有一定的控制权，也能在项目中发挥优势；公共部门与私人部门权责明确，双方共同组建的项目公司监事会能够对项目公司形成有效的监管和约束。

（五）政策稳定性

轨道交通 PPP 项目建设和运营周期长，如北京地铁 4 号线建设周期近 5 年，项目公司运营周期为 30 年，项目建设与运营会经历数届政府，各届政府出于当期政绩考虑，各阶段都制定了不同的发展战略，甚至出现了违背合同的情况，政策不稳定将损害轨道交通 PPP 项目私人投资者的利益。

政策稳定性和持续性是保障项目正常运营的重要外部条件。首先，政府应加强自身约束，建立自身信用机制，保证其政策的持续性；其次，社会公众应监督政府行为，以此保障政府政策的稳定性；最后，要依靠法律制度保障政策的稳定性，针对政府违约行为，畅通私人部门行政救济和司法救济渠道。

三 内部制度优化

（一）政府投资基金

政府投资基金是由各级政府通过财政预算安排，由政府单独出资或与社会资本共同出资设立的基金，旨在引导社会各类资本投资经济社会发展的重点领域和薄弱环节。根据财政部印发的《政府投资基金暂行管理办法》，成立政府投资基金，推动公共基础设施供给侧结构性改革，以新的投融资模式鼓励和引导社会资本进入基础设施和公共服务领域。成立政府投资基金，首先有利于提高政府财政资金的使用效率，将有限的财政资源投入国民经济最需要的领域；其次发挥了基金杠杆作用，具有政府财政背景的基金能够有效撬动民间资本参与基础设施建设和运营。

以加拿大 PPP 项目投资实践为例，2007 年加拿大政府设立 PPP 基金和 PPP 局（PPP Canada），前者是国家层面的 PPP 政府投资基金，后者负责基金的投资管理。在该基金成立后的五轮招标项目中，PPP 局在 6 省 13 市开展了 20 个项目，基金总投入 12.5 亿加元，带动私人投资逾 60 亿加元。2013 年，加拿大政府成立新的政府投资基金——建设加拿大基金，依据新的政府规划，该国计划在 2013～2023 年撬动 140 亿加元社会资本投资，以满足社会经济发展对公共基础设施的需求（裴俊巍、包倩宇，2015）。

政府投资基金的优势在于以下两个方面。第一，有利于降低投资风险。政府投资基金可以通过提供分散化投资机会和专业的投资管理来降低基金所面临的整体投资风险，投资基金拥有专业的投资团队，以专业化的投资管理，可以较好地控制投资风险。第二，提高项目透明度。投资基金可以外聘专家对基础设施项目进行监管，并提供有关项目和投资组合表现的报告，以此提高基础设施项目的透明度，降低投资者所面临的潜在风险。

（二）风险合理分担

PPP 项目强调项目参与方共同分担风险，而不是将风险从公共部门转移到私人部门。在项目所涉及的各项合同条款中，通常会明确划分各参与方的权利与责任，权责的明确划分也即实现了风险划分。依据经济学中对经济个体的风险分析，通常情况下项目参与方属于风险厌恶型，参与者都倾向于规避风险以及试图将风险转移给其他参与者，但是依据风险与收益相匹配的原则，承担高风险的参与方自然也会获得较高的期望报酬，客观地评价风险并制定相应的风险分担原则，关系到各参与方的切身利益（李丽红等，2013）。

为公平、客观、合理地划分各参与方风险分担的比例，应依据以下原则设计风险分担机制：第一，风险由最有控制力的一方承担；第二，承担的风险要有上限；第三，风险分担与期望报酬相对应；第四，有承担风险的意愿。依据上述四条风险分担原则，本书将轨道交通 PPP 项目的风险要素和风险承担主体进行划分（见表 11－2）。

表 11－2　风险承担主体及风险要素

风险承担主体	风险要素
政府	审批获得/延误；项目唯一性（没有竞争项目）；政治决策失误/冗长；政府信用；法律和监管体系不完善；配套基础设施不到位；设计变更；政府腐败；法律变更
私人部门	融资风险；建造成本超支；完工风险（工期延误）；移交后项目/设备状况；材料费变化；原材料供给；技术不过关；特许经营者能力不足

续表

风险承担主体	风险要素
政府、私人部门、金融机构共同承担	收益不足；市场需求变化；运营效率低；运营成本超支；设计不合理；收费变更；沟通、组织、协调风险；维护成本高；政策变化；利率变化；重大经济事件；通货膨胀；天气/环境恶劣

资料来源：根据亓霞等（2009），李静华、李启明（2007），何涛（2001），Xu et al.（2010），Song et al.（2013）相关内容整理。

（三）合同的完善

轨道交通 PPP 合同可以分为 PPP 合同（特许经营合同）和 PPP 外围合同，后者包括股东协议、项目融资合同、建设合同、保险合同以及运营协议和维修协议等各阶段项目合同。特许经营合同是最核心的内容，在整个项目实施过程中起着主导作用，也会对 PPP 外围合同的拟订产生影响。

PPP 项目期限较长，其间市场、政策等存在诸多不确定因素，为保障轨道交通项目各参与方的权利，明确各参与方的责任与义务，需要拟订一系列完善的项目合同，项目合同应涵盖融资方式、各方投资比例、风险分担、利益分配、价格调整机制、收入保障机制、违约惩罚等。

项目合同的履行与法律的规范是 PPP 项目得以运作的前提条件，在项目实施过程中，法律起到外部规范与约束的作用，合同起到内部监管与约束的作用。PPP 项目全生命周期内各合同的拟订与执行至关重要，完善的项目合同能够明确各方权利、义务，保证项目各环节正常运作。

四　完善 PPP 项目股东治理机制的思路

PPP 项目的核心治理问题主要表现在政府与民营企业的利益平衡、管理层的约束激励、投资人之间的股权制衡、国有股权的规范行使、民营企业中小股东的利益保护以及项目公共利益保护等方面。由于 PPP 模式在目前我国交通基础设施领域内的应用尚处于起步阶段，民营企业在 PPP 项目股权中所占份额一般较小，在这种背景下，民营企业在 PPP 项目中的利益保护问题显得比较突出，因此，轨道交通 PPP 项目治理机制的形成首先需要从民营企业基本利益保障的角度出发，为其提供参与项目合作的前提条件，在此基础上，进一步平衡政府与民营企业之间的关系，从而完善 PPP

项目的股东治理机制。

（一）为民营企业提供参与 PPP 项目合作的条件

PPP 模式与传统的交通基础设施项目建设模式的主要区别在于利用了民营企业的资金和能力来参与项目合作。但是，民营企业参与项目合作是有条件的，如果民营企业的利益得不到保障，它们是不会参与项目合作的。目前在我国交通基础设施建设领域的 PPP 项目中较为典型的股权结构有高度集中型的股权结构（由国家绝对控股，国有股一股独大，且受其他股东的制衡力度小，项目以政府为主导，民营企业发挥的作用较小）和适度集中型的股权结构（国有股虽然没有形成绝对控股，但由于其他民营企业的股权配置相对分散，民营企业股权对国有股权的制衡作用很小），这在理论上决定了民营企业的利益保护问题必然成为轨道交通 PPP 模式的应用和发展所面临的一个关键问题，并且，在实践中这个问题也已经有所表现。因此，探讨民营企业参与轨道交通 PPP 项目合作的前提条件是研究 PPP 项目股东治理机制的首要问题，吸引民营企业参与项目合作，发挥民营企业的治理功能，从而完善项目治理机制，提高合作效率。

（二）平衡政府与民营企业之间的利益

总体而言，民营企业与政府的股权制衡和利益平衡是表现最为突出的项目治理问题。无论 PPP 项目公司采用何种形式的股权结构，均不同程度地存在这个问题。由于适度分散的项目股权所形成的相互制衡的股权结构是 PPP 项目股东治理机制形成的一个最有利的因素，因此应当成为现阶段北京轨道交通基础设施建设领域 PPP 项目股权结构改革的一个发展方向，需要对该问题进行重点研究。此外，由政府代为行使的国有股权的规范性也是平衡政府与民营企业之间利益的一个前提条件。

（三）加强对项目管理层的约束和激励

对管理层的约束和激励是另一个较为普遍的 PPP 项目治理问题。这是因为投资主体的多元化和分散化必然引起 PPP 项目所有权与管理权相分离，从而使对项目的管理层即项目经理的约束和激励不可避免地成为 PPP 项目治理的一个核心内容。而在这种情况下，项目股东对项目经理的约束和激励也是多元化和全方位的，在传统的政府投资基础设施的项目管理模式中，项目的所有权一般由政府或政府官员行使，但政府官员本身不是项目的所有者，真正的所有者是全体人民，作为所有者的全体人民与政府官员之间的关系不像股东与董事之间的关系那样明确、紧密。政府官员根本不可能像股东或董事那样行事，这样既不可能保证他的行为符合项目本身的利益，也不可能保证他对管理层的制约是所有权式的。因此，在传统的政府投资项目管理模式下，项目所有者缺位的问题是不可避免的，所有权约束是无效的。而 PPP 模式下的轨道交通基础设施项目投资主体是多元化的，所有者对管理层的约束和激励也是多元化，所以相对于传统模式有了实质性的改善。

五　政府与民营企业之间的利益平衡

（一）政府与民营企业之间的利益冲突

轨道交通 PPP 项目资金来源于政府和民营企业。作为投资者，虽然它们追求的都是投资收益，却是两种不同性质的投资者，其利益要求不仅会有差异，而且很可能会产生冲突，这是因为政府和民营企业往往都是站在自身利益需求的角度提出要求的，希望 PPP 项目组织履行更多与己方利益一致的项目契约。政府与民营企业之间的利益冲突主要表现在目标的不一致和权力的越位上。

利益目标不一致。政府与民营企业的利益目标是不一致的，轨道交通PPP 项目公司中国有股权的真正权利主体是国家，因此政府的利益体现的是国家的利益。国家除了是经济参与者外，还是经济管理者，担负着除国有财产保值增值之外的更多的职能和使命，当政府在公共利益和项目利益之间进行衡量的时候，公共利益往往优先被考虑。而对于普通的投资者来说，获得高额的投资回报是他们的投资动机，PPP 项目的利润最大化是民营企业的目标。因此，在轨道交通 PPP 项目的建设和运营过程中，可能发生公共利益与项目利益的冲突。

政府在股权行使中越位。政府与民营企业的利益冲突还体现为政府将国家公权力用于其股权行使过程中，以行政手段干涉轨道交通 PPP 项目的管理和运营，享有高于其他民营企业的特权。

政府具有不同的职能，在不同的社会关系中具有不同的身份。它是国家主权主体，具有至高无上的权力；它也是经济管理者，能够调整市场经济；它还是经济参与者，追求国有财产的保值和增值。在不同的社会关系中，政府具有不同的角色定位。但是，这并不意味着在代表国家公权力的政府之外另设其他主体，而是多种主体身份集于一身，这样，即使政府参与了具体的经济活动，仍然不妨碍它同时又是公权力的所有者。

在轨道交通 PPP 项目组织中，作为国有股权代表的政府具有双重身份。从契约的角度来看，政府与项目公司有两个主要契约关系：一个是融资契约，政府的身份是项目投资人，享有同其他投资人性质相同的股权；另一个是特许经营协议关系，在这里政府代表的是国家公权和公共利益，与民营企业身份不同。如果政府在轨道交通 PPP 项目股权行使过程中运用了国家公权力，则混淆了国家在不同法律关系中的身份，这不仅会造成对 PPP 项目建设的不正当干涉，损害项目公司的独立主体资格和利益，而且对其他投资人也欠缺公平，因为政府借助国家公权力享有了特权，不符合股权平等原则。

在传统的公共基础设施建设模式中，政府在资金投入上一直占有主导地位，所以政府权力混淆的问题并不突出。随着经济的发展和国家对基础设施项目的逐渐放开，民间资本在我国基础设施建设资金中的比重将越来越大，特别是在 PPP 模式下的轨道交通项目中，民营企业资本可以占据主导地位。在这种情况下，政府如果仍然采取过去的管理模式，则必然会混淆自身的定位，在权力行使中有所越位。

（二）政府与民营企业之间的股权制衡

合理的股权结构是 PPP 项目股东相互制衡的基本条件，只有在一个相对合理的股权结构下，PPP 项目股东才有可能达到一个以股权份额为基础的相互制衡的状态，也才有可能进一步建立起以融资契约为基础的轨道交通 PPP 项目的股东治理机制。其中，股权的集中度对 PPP 项目治理机制的发挥有着重要的影响，就目前我国轨道交通基础设施领域内 PPP 项目的股权结构而言，适度集中的股权结构是最有效率的，过于分散或过于集中的股权结构都有可能导致治理绩效的降低。

第一，股权分散是股权制衡的基本条件。多元化的投资主体是 PPP 项目与传统政府投资项目的根本区别，而由此带来的相对分散的股权结构是项目治理机制形成的基础。对于轨道交通 PPP 项目来说，股权的分散具有重要的意义，一方面，正是由于股权比较分散，所以无论是政府还是民营企业持股人对项目的直接控制和管理能力都非常有限，任何一个投资者都不可能对轨道交通 PPP 项目具有完全的控制权，使项目控制权从一个个投资人手中脱离出来，从而使以所有权与控制权相分离为特征的现代项目专业化管理模式在 PPP 项目中得以形成。所有权与控制权的分离产生了专业的项目经理和专业的投资人，也适应了市场经济环境下生产社会化、资本社会化、经营管理社会化、风险社会化的要求。

另一方面，当股权分散到一定程度，任何一个股东若要直接控制 PPP 项目既没有必要也没有可能时，轨道交通 PPP 项目的产权制度才能真正地确立起来。而且随着项目股权的分散化和多元化，项目的监督主体也实现了多元化，这在一定程度上起到了减少信息不对称的作用，有利于建立起有效的约束和监督机制，从而提高公共基础设施项目的建设和运营效率。因此，股权的分散化应成为城市轨道交通 PPP 项目最基本的制度安排。

然而，过于分散的股权结构也不利于轨道交通 PPP 项目的治理，这是因为在这种情况下，项目小股东实际上无法实现其对项目的决策、管理以及对执行人员的有效监督，必然会降低项目治理绩效。

第二，股权过于集中不利于项目治理。当政府对城市轨道交通 PPP 项目形成绝对控股或一股独大时，这就为政府在实质上控制项目提供了条件，传统政府投资项目中的政资合一、政企不分的现象便难以发生实质性的变化，同时也不利于项目在更大范围内接受股东的监督，因为 PPP 项目股权高度集中于国有资本，势必使民营企业中小股东持股非常有限，使PPP 项目活动的民主化和科学化程度不高，必然会影响中小股东权益的实现，影响民营企业参与项目合作的效果。

反之，如果是一家民营企业完全控制了整个轨道交通 PPP 项目，则民营企业有可能采取利用优越的地位为自己谋取利益而牺牲其他股东利益的行为。而且，采用 PPP 模式的轨道交通基础设施项目具有一定的社会公益性，因此，股权过于集中于一家民营企业还有可能损害社会公共利益。对此，也应该充分利用项目股权的相互制衡机制加以防范。

第三，适度集中的股权结构最有效率。股权适度集中，即股权较为集中，但集中程度又不太高，并且又有若干个可以相互制衡的大股东，这种股权结构常常是最有效率的，也是最有利于项目管理者在经营不佳的情况下能迅速更换项目，从而降低项目风险的一种股权结构。可以借鉴公司治理领域的研究成果。股权结构与公司治理绩效相关性的实证研究结果表明，公司所有权的集中度与公司绩效是相关的，大股东在公司治理中发挥着不可替代的重要作用。根据统计学的研究结果，持股比例低于 50% 时，持股比例和治理效率成正相关变化关系；当持股比例高于这一比例，即第一大股东绝对控股时，两者之间又呈负相关变化关系。该结论表明，当股东中既存在相对控股的股东，又存在其他大股东的情况下，公司的治理效率是最高的。这是因为在这种股权结构中，一方面，由于股东拥有的股份数量较大，所以有动力也有能力发现经理在经营中存在的问题，股东的监督成本与可获得的收益是比较对称的，因而能对管理者进行有效的监督，不会像小股东那样产生"搭便车"动机；另一方面，在股东集中程度有限的情况下，相对控股股东的地位容易动摇，因此股东之间的相互制衡机制更容易形成。

就轨道交通 PPP 项目而言，根据目前北京的实际情况，北京也适合采取适度集中型的股权结构。这种股权结构可由少数几个大股东和较多的中小股东组成。大股东可以相对控股，但不能绝对控股，其合理性在于通过改变股权过度集中的状态，合理地分散股权，从而推动有效率的治理结构的形成，因此有利于提高北京市轨道交通 PPP 项目治理效率。

第三节　内部制度优化与外部制度优化的关联

基于各方目标，本章归纳出的外部制度优化包括法律的制定与完善、治理水平的提升、监管制度的完善、政策稳定性的提高；内部制度优化包括发挥政府投资基金的引导作用、设计合理的风险分担机制、完善并严格执行项目合同。PPF 制度优化涉及外部制度优化与内部制度优化，而内部制度优化与外部制度优化之间不是独立的，其相互作用关系见图 11 - 3。

内部制度优化与外部制度优化之间相互关联、共同作用，随着项目的建设与运营，外部制度会改变内部制度，而内部制度的优化也会促进外部制度的进一步完善。制度的完善与优化，旨在规范项目运作流程，促使项

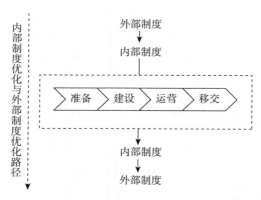

图 11 – 3　内部制度优化与外部制度优化的关联

目正常运行，明晰项目各方的权、责、利关系，并起到保障项目各方的权、责、利的作用。

本书第二篇提出外部补贴价格机制与内部补贴价格机制，其中涉及的税收政策、补贴政策、票价收入、广告收入、土地一体化开发等，亦可归纳为政府与民营资本之间的权利、责任与利益关系。以补贴政策为例，政府给予轨道交通运营主体财政补贴，既涉及政府权力与政府责任，又涉及企业利益，各补贴机制与权、责、利的主要对应关系见图 11 – 4。

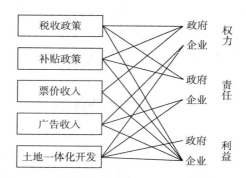

图 11 – 4　各补贴机制与权、责、利的对应关系

PPP 内部制度环境和外部制度环境的完善与优化，即明晰与保障各方的权利、责任与利益，对项目各环节进行约束与规范，为项目公益性与经营性平衡框架的实施提供了重要的外部保障。回顾北京城市轨道交通 PPP 的演进历程，为破解建设资金筹集以及运营效率和服务效率提高等多方面难题，2006 年北京地铁 4 号线首次引入社会资本，拉开了北京城市轨道交通 P2P 融资与制度改革的推荐；2013 年北京市政府发布《关于印发引进社会资本推动市政基础设施领域建设试点项目实施方案的通知》，北京地铁规划 "十二五" 期间通过 PPP 等方式引入社会资本 700 亿元左右，传统 PPP 和 BT 方案的引资规模、效率和效果已经不能满足当下的需求，复合型 PPP 方案出现，与之前的轨道交通 PPP 模式相比，其股权结构更灵活，资金限制进一步放宽，特许经营方式愈加多样，机制设计逐步完善，法律法规框架日趋成型。

自北京地铁 4 号线首次采用 PPP 模式至今已有 10 多年，从理论到实践，从传统 BOT 方案到复合型 PPP 方案，PPP 模式所涉及的机制设计、资本引入、服务提供、股权结构、法律保障、政策稳定性等内部制度环境与外部制度环境都在逐步优化和完善。

第十二章
外部补贴机制实践

第一节　英国伦敦地铁 PPP 模式的外部补贴机理

一　PPP 模式在英国轨道交通中的应用

英国作为世界上 PPP 模式较为完善的发达国家之一，一直是许多国家发展 PPP 模式的借鉴对象。自 20 世纪 90 年代英国政府第一次采用 PPP 模式以来，该模式在英国得到了不断发展，配套的法律政策也在不断完善。英国 PPP 模式的应用主要集中在交通、医疗和教育等领域。

截至 2015 年，英国共有 722 个 PPP 项目，项目总资金高达 577 亿英镑，其中 679 个项目仍在运营中。英国 PPP 项目在各领域的资金比重见图 12 −1。

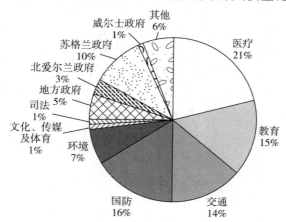

图 12 −1　英国 PPP 项目在各领域的资金比重

资料来源："Private Finance Initiative and Private Finance 2 Projects：2015 Summary Data"，HM Treasury，2015。

截至 2015 年，英国交通领域的 PPP 项目有 61 个，资金比重达 14%，深受政府重视。在英国交通领域的 PPP 项目中，英法海底隧道和伦敦地铁最为出名。英国 PPP 项目在各领域的数量见图 12 - 2。

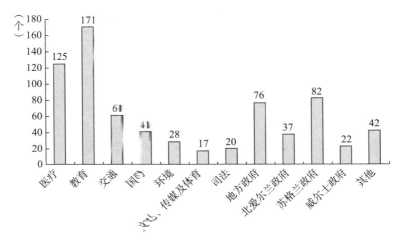

图 12 - 2　英国 PPP 项目在各领域的数量

资料来源："Private Finance Initiative and Private Finance 2 Projects：2015 Summary Data"，HM Treasury，2015。

二　英国伦敦地铁的 PPP 模式——经营性的引入

伦敦是地铁的发祥地，是目前全球最大也是最早的轨道交通运输网络。1863 年英国伦敦投入运营的首条城市地铁和 20 世纪初投资建成的 8 条地铁都是个人营运的。伦敦地铁承担着大伦敦市巨大的交通客流量，拥有 270 个站点、全长 402 公里的轨道，是继首尔地铁、上海地铁、北京地铁之后的第四大地铁系统，也是目前世界上第一个 PPP 项目。

英国主要的路网结构在 20 世纪 40 年代实现了国有化，伦敦旅客运输公司在 1933 年被授予管理地铁、公共汽车和电车的权利；'二战'期间，整个地铁系统全部国有化，控制权被迫转移给伦敦市政府；1984 年，权力交还给国家政府。由于伦敦地铁建设较早，在 20 世纪下半叶就开始表现出种种问题，如列车晚点率高、地铁车厢闷热不堪、进出车站没有扶梯等。但是受"二战"及金融危机的影响，英国经济形势不景气，政府财政预算逐年下降，因此要想解决这一难题必须考虑引进新的融资模式。但是地铁具有特殊性，是准公共产品，具有社会公共基础设施的特性，因此政府非常喜欢引入私人部门对整个地铁进行升级和改造。撒切尔夫人在担任英国首相后推行的"私有化"也为 PPP 模式提供了空间。而英国伦敦地铁实行 PFI 模式大多是基于以下考虑的：获得私营部门的投资，引进专业化的知识和技术来修缮地铁系统，缓解财政短缺的困境，促使伦敦地铁系统更加高效，为地铁系统注入新的活力；确保纳税人和乘客认为物有所值；保证公众的利益以及地铁系统的安全。1997 年，英国财政部的一个内部工作组提出了可以达到政府目标的 PPP 模式，而在同年 12 月，财政部工作组对 PPP 模式中私营部门的职责进行了深入分析，考虑到伦敦地铁长期以来的良好运营记录，这部分业务应该留在公共部门，而地铁基础设施的维护、升级、翻新工作需要大量的资金，单一的私人公司很难承受巨大的财务压力，引入两个或三个私营部门较为合适，因此最后选择水平分割业务模式（见图 12 - 3），即公共部门负责地铁的运营，私人部门主要承担基础设施的保护、升级和翻新工作。

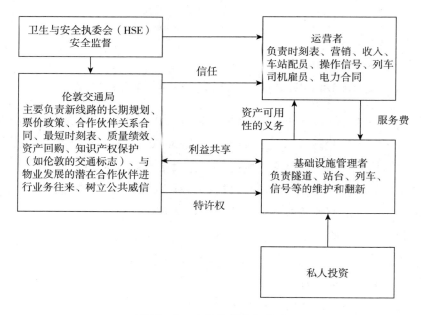

图 12 - 3　水平分割业务模式

资料来源："London Underground PPP: Were They Good Deals?", Auditor National Audit Office, 2004。

2002 年 2 月 7 日，英国交通部（Secretary of State for Transport，全面负责运输部的政策制定）允许伦敦交通委员会参与伦敦地铁基础设施建设的三个 PPP 项目，地铁的运营仍然由公共部门伦敦地铁有限公司（LUL）负责，同时管理参与 PPP 的三个基础设施公司。2003 年 7 月，LUL 并入 2000 年 7 月成立的伦敦交通局（Transport for London，TFL），并向伦敦市长提交了 PPP 项目的报告。根据英国出具的物有所值理论，英国伦敦政府分别在 2003 年 12 月和 2003 年 4 月与 SSL、BCV 及 JNP 签订了为期 30 年的 PFI 合约。

三家大型公司实质上分别由两大联合体控制，Metronet 联合体控制了 SSL 和 BCV 两家公司，其成员包含全球最大的地铁建造商加拿大庞巴迪公司，英国大型咨询公司阿特金斯集团、EDF 能源公司、泰晤士水利以及英国最强的保富比迪建筑公司，BCV 基础设施公司负责 Bakerloo、Central、Victoria 和 Waterloo & City 线，SSL 基础设施公司负责 District、Circle、Metropolitan、Hammersmith & City 和东伦敦线。JNP 的母公司为 Tube Line 联合体，该联合体包括美国柏克德（Bechtel）工程公司和英国最大的公众服务提供商 Amey 公司，JNP 基础设施公司负责银禧线（Jubilee）与 Piccadilly 线。

三 英国伦敦地铁 PPP 项目退出规制研究

在伦敦地铁项目中，伦敦政府引入的社会资本方为两大联合体，资金充足，融资实力较强，都具有一定的专业素养和宝贵的经验。

PFI 合同约定，三家私营公司主要负责不同地铁线路的维护和翻新。伦敦地铁总投资约 160 亿英镑，政府不直接出资，由三家基础设施公司进行融资，采用债务与股权相结合的方式，在合同中，三家基础设施公司分别给出了第一个 7.5 年的融资解决方案，具体财政资金来源见表 12-1。

表 12-1 第一个 7.5 年的财政资金来源

单位：百万英镑

资金来源	Tube Line		Metronet-BCV		Metronet-SSL	
	权益（Equity）	负债（Debt）	权益（Equity）	负债（Debt）	权益（Equity）	负债（Debt）
股权（Equity）	45		75		75	

续表

资金来源		Tube Line		Metronet-BCV		Metronet-SSL	
		权益 （Equity）	负债 （Debt）	权益 （Equity）	负债 （Debt）	权益 （Equity）	负债 （Debt）
或有权益 （Contingent Equity）		45		30		30	
股东贷款 （Shareholder Loans）		90		100		100	
夹层债务 （Mezzanine Debt）		135					
优先 债务 （Senior Debt）	银行		630		330		330
	保险信贷		600		515		515
	欧洲投资 银行		300		300		300
优先备用贷款（Senior Standby Loans）			273		180		180
总计		315	1803	205	1325	205	1325

注：夹层债务是次级债的一种，处于股权和普通债务之间；或有权益包括优先认股权、可转换债券、可转换票据。

资料来源：根据 "London Underground PPP：Were They Good Deals？"整理。

从表 12 - 1 可知，项目资金大部分来自贷款，其中优先债务和优先备用贷款占项目第一阶段总投资的 86%，由项目的私营公司作为股东购入股权的部分大约占项目第一阶段总投资的 14%。由于伦敦地铁是第一次进行大规模的维护和翻新，相关资产的现状究竟怎样各方都没有一个明确的了解，成本核算方面也存在风险，而且金融机构认为基础设施公司的借款人比政府的风险更大，为了解决伦敦地铁 PPP 项目所需的总体资金问题，PPP 投标人说服伦敦地铁公司将贷款担保提高至 95%（见图 12 - 4）。

伦敦地铁项目融资结构主要是政府担保债务融资 + 股权融资，从第一个 7.5 年的财政资金来源看，负债和权益的比例达到 6∶1，其中为了保证资金及时到位，政府承担了 95% 的债务担保，如果合作项目宣告破产，意味着政府将要偿还 95% 的负债，而私营企业的损失并不大，项目风险分担不合理。因此，整体而言，伦敦地铁项目虽然解决了资金问题，但未能处

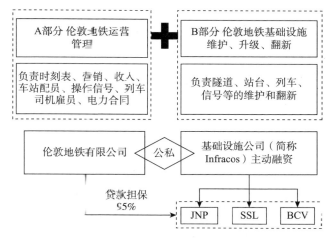

图 12 - 4 伦敦地铁公私融资结构

理好项目的风险分担问题，使项目在遇到困难时，私营部门更容易退出。最终伦敦地铁 PPP 项目在运营不到 7 年就宣布破产。

四 PPP 项目公益性与经营性平衡机制分析

轨道交通作为基础设施项目具有强大的公益性，需要政府采取规制手段来实现项目公益性与经营性的平衡。激励性规制理论本质上是在保持原来规制结构的条件下，给予受规制企业以竞争压力和提高生产效率或营运效率的积极诱因。本部分主要是在激励性规制理论框架下，分析伦敦地铁 PPP 项目激励性规制的手段和成效。

伦敦地铁项目的运营也是以 PPP 模式运作的，为了平衡 PPP 模式的公益性与经营性，伦敦政府的激励性规制方法主要是外部补贴机制，即政府补贴，采用的补贴方式是政府付费 + 绩效考核，具体的激励手段包括主要权利和义务的约定、政府付费机制、独立仲裁机构的设立三个方面。

（一）主要权利和义务的约定

社会资本通过招投标方式进入，按合同规定成立特许经营公司，负责地铁线路的维护和基础设施的供应，在享受政府优惠政策的同时履行合同义务。政府由投资者、决策者转变为监督者、协调者。在项目合同中，首先，政府负责伦敦地铁的售票定价，保证公共服务质量。其次，政府要对伦敦地铁的运营过程及运营安全标准体系进行监督，保障公共安全。再次，对于地铁经营过程中出现的公共突发事件，政府有责任及时处理，维护公共利益。最后，根据 PFI 合同，政府有权对特许经营公司的绩效进行考核并提出异议，必要时可以收回特许经营权。

（二）政府付费机制

政府对参与地铁服务的私营基础设施公司采取财务管理收支不同的运行方法：收入主要归地方政府所有，地方政府对其财务进行监管；支出由私人公司前来支付，届时由地方政府负责审核，并通过地方政府补贴来确保私人公司要求的最低投资回报率。政府补贴包括两个部分，即政府付费部分和绩效考核部分，此时政府的转移支付 t 可以表示为 $t = S + C$，其中 S 是政府支付给基础设施公司的绩效服务费，C 是基础设施公司的全生命周期成本。伦敦交通部每年拨给伦敦运输交通局 10 亿~11 亿英镑的交通补贴，伦敦运输交通局作为合同项目的政府方实施主体，将补贴款项拨给伦敦地铁公司并监督伦敦地铁公司和私营公司的效率，考核其服务水平。

对于基础设施公司的服务费，政府的考核标准不仅包括对基础设施公司每年应该完成的服务数量的考核，而且包括对其服务质量的考核。伦敦地铁为每个基础设施公司合同设计的付款制度是基于在采购期间向基础设施公司每月支付的费用，这涉及相关基础设施的维护、更新和升级。根据基础设施的绩效，每月调整基础设施服务费用（ISC）。衡量基础设施绩效的指标主要如下。

能力。基础设施支持列车服务能力的绩效衡量标准。绩效衡量标准基于每位乘客的平均旅行时间，对于一天中的特定时间，以及特定线路或者部分线路，衡量标准包括旅行时间能力、服务连贯性和服务可控性。旅行时间能力计算的是乘客从进入车站到到达最终目的地的运行时间。

可用性。衡量由基础设施维护公司引起的突发事件造成乘客总共增加的行车时间。它测量并评估了机车车辆、信号、轨道和车站设备的可靠性对乘客"损失客户时间"的影响。根据时间和地点计算影响。发生事故要天天记录，依据三个月移动平均值来打分。

环境。评估提供给乘客的火车和车站环境质量的措施。调查由"神秘购物者"专业承担，分数按车站和线路加权，以获得基础设施公司的平均分。每个评分记录至少每季一次。如果达不到基准水平，惩罚金额设置为该项目应得奖金的 2 倍（如果分数达到不可接受的水平，则为 3 倍）。

故障整改。激励故障定位的速度和质量的措施。例如，火车、照明、泵和排水沟故障必须在标准间隙时间内固定并完成；垃圾和泄露物必须在 1 小时内清除；火车车辆故障必须在 15 天内纠正。

在成本方面，伦敦地铁公司在每个 7.5 年根据基础设施公司完成任务量所需的成本进行核算，并向其支付维护所需的成本费用（见图 12－5）。

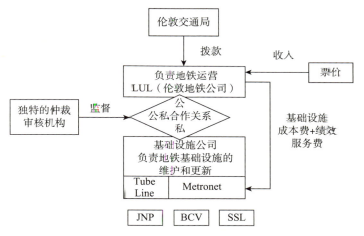

图 12－5 伦敦地铁 PPP 模式

在图 12－5 中，独特的仲裁审核机构是独立于政府和私营公司的，其责任主要是：每 7.5 年进行定期审查，协调合同双方关于应支付金额达成一致意见以及新增条款的审核；对一些不可避免的不良事件的成本做出审核，并对伦敦地铁公司做出补偿；等等（王灏，2005）。

（三）独立仲裁机构的设立

伦敦地铁特许经营期限比较长，相应的，PPP 公司的绩效考核标准和运营标准、PPP 合同的履行方式等都会随着时间的推移而发生变化，这些因素在签约时不能完全预见。为此，伦敦地铁 PPP 模式在其结构中嵌入了一种定期审查机制，该机制允许缔约方在 PPP 框架内每 7.5 年重新签订合同条款。为确保合同审查的独立性及权威性，伦敦地铁 PPP 模式设计了一种专门的仲裁机制，以帮助双方建立相互信任关系，并确保合同的有效及时运行。

1. 仲裁机构的审核内容

伦敦地铁 PPP 是由交通部部长任命的独立机构，负责重新定义 PPP 的财务状况和相关成本，其核心任务是确定 PPP 公司提出的投资回报率的合同价格水平。审核是阶段性的，审核内容主要包括三个方面：价格、工作范围和融资安排。

价格。每笔交易的价格将由所有合伙人每 7.5 年审核一次。如果双方未能就未来 7.5 年的价格达成一致，该问题将提交给仲裁人。

工作范围。已经签订的合同规定了 PPP 公司现有工作范围在一定程度上的变化。如果在阶段审查中，LUL 所提出的新要求与原合同没有太大的关系，那么就应该与 PPP 公司进行谈判。

融资安排。在第一次审核期间，PPP 公司保证了自身的融资义务。在审核中，投资者没有义务继续投资，但如果 LUL 没有改变工作范围或风险分担计划，将在一定程度上激励投资者继续投资。除了这一仲裁审核，交通部还将与伦敦交通局评估 PPP 的可行性，并同意将地铁的维护和更新工作交由 PPP 公司负责。

2. 仲裁风险

仲裁机构的出现给每个人都带来了风险。从理论上讲，仲裁机构可以确定一个不利于 PPP 的价格水平，或者给出不利于 LUL 的定价指导。仲裁机构必须考虑到 PPP 可能需要长期的投资，并允许 PPP 获得合同中约定的投资回报，同时确保 PPP 符合经济、有效运作的标准。

五 伦敦地铁 PPP 项目合同履行情况分析

关于 PPP 协议的问题，仲裁机构应提供合理、及时的指导和指示，并分别与各方签署 PPP 协议，以实现"以安全、高效、经济的方式向公众提供现代可靠的地铁服务"这一 PPP 运作的主要目标。

2003～2010 年，私营公司拥有完善的轨道总里程 55169.1 万公里，计划修缮轨道里程 58096.3 万公里，完成率达到 95%，基本上达到合同要求。BCV、JNP 和 SSL 三家公司对站点进行现代化改造的数量分别是 31 个、85 个和 30 个，与计划完成量相比，完成率分别为 58%、87% 和 40%，其中 BCV 和 SSL 的完成率相对较低，而尽管合同期间伦敦地铁经常施工，但总体来看，顾客满意度虽然不高但并没有下降，在项目期间票价收入呈逐年上升趋势（见图 12－6、图 12－7）。

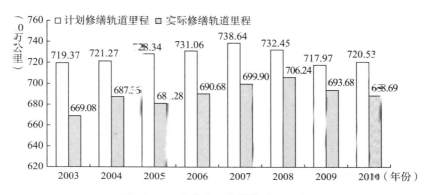

图 12－6 私营公司修缮轨道里程数

资料来源：根据"Transport for London Annual Report"整理。

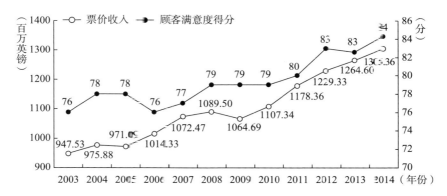

图 12－7 伦敦地铁绩效

资料来源：根据"Transport for London Annual Report"整理。

从总体上看，伦敦地铁项目在合作期间，私营公司项目进度没有达到政府要求，但其整体完成任务量在可接受范围内。在合同履行期间，Metronet 联合体在选择供应商方面没有充分引入市场竞争机制，采用内部供应链方式使得整个联合体公司无法管控成本，政府更是不可能通过激励的方式促使供应商提供最好的产品和服务，导致成本大幅度超支，2008 年不得不宣布破产。Tube Line 联合体通过招投标的方式选择供应商，在三家私营公司中效率是最高的，完成的工作量也是最多的，但由于政府结算的时候双方没有达成一致意见，虽然政府设立了审核仲裁机构，但它没有从该地方获得必要的信息和成本数据，因此不可能监控成本的变化或了解该公司的实际操作，最后该公司在 2010 年宣布破产。

根据激励性规制理论，伦敦地铁项目中，PPP 合同属于弱激励性合同，企业承担的成本比例 $K = 0$，属于成本加成规制（见图 12 - 8）。私营企业的收入来源主要是政府付费，私营企业对成本变动不太敏感，企业的成本可以得到全部补偿。同时，企业可以降低成本，但收益不全部归企业所有，其中一部分将转移给政府及消费者，这对私营企业的激励程度不高。

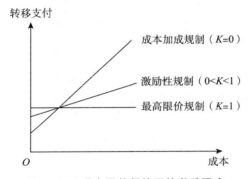

图 12 - 8   成本调整契约下的激励强度

在合同履行方面，由于伦敦地铁的基础设施过于陈旧，第一次进行大规模的维修和翻新，对于洞体、隧道、站台等基础设施的现状和需要翻新的程度双方并没有一个全面的认识，许多实际操作困难无法获知，项目实施的不确定性大，再加上没有经验，所以政府和社会资本的物有所值评价标准也不一样。虽然有仲裁机构的存在，但是它只是扮演协调者的角色，与社会资本之间存在严重的信息不对称，不能很好地监督社会资本的成本，在双方都不愿意妥协的情况下，仲裁机构也没有采取强制手段。在缺乏有效的激励和监督机制的情况下，伦敦地铁社会资本参与过多，利益出发点各异，再加上管理者的更换，导致管理混乱、创新不足。

2010 年，由于政府和社会资本的物有所值评价标准不一样，在项目结算时，Tube Line 下属基础设施公司与政府没有达成一致意见，私营企业最终宣布破产。而 Metronet 联合体在选择供应商和承包商时没有引入市场机制，而是采用内部供应链形式，激励性不足，经营性效率低下，没有很好地控制成本，导致成本严重超支，这是项目破产的主要原因。

六　建议

通过对伦敦地铁 PPP 项目的实例进行分析，从项目进入/退出规制、激励性规制和合同履行方面总结 PPP 项目运行中的经验和不足，提出以下几点建议，旨在对未来 PPP 项目实践起到一定的指导作用。

在进入/退出规制方面，要优化投融资的结构比例，制定合理的风险分担机制。通过调整政府投资比重、降低项目资产和负债率，按照互利共赢的理念，根据各自的风险分担能力，形成合理的风险分担机制。对于不可抗力，根据风险的实际情况，由政府和私营部门共同承担；对于一般风险，可以制定风险控制表。在激励性规制方面，要引入强激励性规制，使私营企业承担部分成本，企业与政府之间要实现成本分享和利润分享，这种监管方式既具有法律约束力，又具有灵活性。同时，政府部门应调整自身的定位，扮演好监督者的角色，建立绩效考核机制，防止私营部门为了追求最大利益而放松安全标准，维护公共利益。在合同履行方面，社会资本在享受政府的优惠政策时，要积极履行合同义务，提供更优的服务、更高的效率，促进项目的顺利进行。

在比较竞争中引入竞争机制，项目公司以市场为导向，以保证项目管理的效率。建立标准化的 PPP 操作流程，使谈判过程透明化。建立良性的投资运营机制，不断引入新的供应商及承办商，降低项目成本，打造高素质的管理团队，建立并完善激励机制，调动私营部门的积极性。

第二节　北京地铁 4 号线公益性与经营性平衡机制

随着社会经济的快速发展，巨大的交通需求与政府有限的资金之间的矛盾日益突出。从长远来看，PPP 模式将有助于缓解政府财政支出的压力，为城市轨道交通可持续发展提供有力的资本保障，同时可以进一步改善公共产品或服务的质量和效率，这将是一个具有广阔发展空间的平台（周正祥等，2015）。北京地铁 4 号线是我国轨道交通行业第一条采用 PPP 项目融资模式建设的运营线路，于 2004 年开始动工，2009 年正式投入运营，项目至今运营良好，客流量不断增加，取得了阶段性的成功。北京市政府引入了香港铁路有限公司作为社会资本，该公司财务实力雄厚，具备建设和运营的专业能力，而且积累了丰富的运营经验。

一 项目进入/退出规制分析

北京地铁 4 号线工程共需要投资 153 亿元，投资分成 A 和 B 两部分，A 部分主要为土建工程，投资额约为 107 亿元，占项目投资总额的 70%，由北京基础设施投资有限公司（以下简称京投公司）全资子公司——4 号线运营公司全权负责项目的投资建设，属于政府投资部分。B 部分主要为车辆、信号、自动售检票系统等机电设备，投资额约为 46 亿元，占项目投资总额的 30%，由北京京港地铁有限公司（以下简称京港地铁）即特许经营公司全权负责项目的投资建设。京港地铁于 2006 年 1 月成立，注册资本为 13.8 亿元，由京投公司、香港地铁公司和首创集团按照 2∶49∶49 的出资比例组建。京投公司作为本单位的业主和项目的实际运作单位，负责项目的设计、投资、谈判等。北京地铁 4 号线融资结构见图 12 - 9。

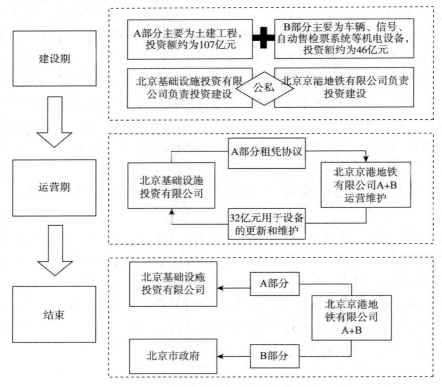

图 12 - 9 北京地铁 4 号线融资结构

该项目建成后，北京地铁 4 号线与京港地铁签订了"资产租赁协议"，获得了一部分对资产的使用权，在特许经营期 30 年期间，地铁将被追加投资 32 亿元用于设备的更新和维护，并支付大约 15 亿元的租车费用。京港地铁负责运营管理以及地铁 4 号线所有设施（A、B 两部分）资产的维护和更新，通过地铁票价收入即车站营业收入回收投资。在特许经营期结束后，香港地铁公司将 B 部分项目设施无偿交给北京市政府来运营，然后将 A 部分工程设施归还给北京地铁 4 号线公司。

北京地铁 4 号线的融资结构为政府投资＋股权融资，政府和社会资本的投资比例为 7：3，政府是项目的直接参与方，但并不对地铁公司的日常运营进行干涉，而是让其独立运营，保证了运营公司的效率。京港地铁 2：49：49 的股权结构，没有绝对的控股方。这样能够发挥各方优势，调动股东的积极性，各方合作组建的管理层也有利于发挥各自资源与经验优势（武树礼，2014）。

二　公益性与经营性平衡机制

在保持原有监管结构的前提下，要鼓励受监管企业提高内部效率。也就是说，鼓励受监管的企业勇敢面对竞争压力，提高生产效率和经营效率。在激励规制理论的框架下，要关注企业的产出绩效和外部效应，减少对企业具体行为的控制，企业在生产经营中具有更大的自主权。本部分通过对北京地铁 4 号线 PEP 项目激励性规制的分析，说明要平衡该项目公益性与经营性之间的矛盾。

北京地铁 4 号线是以 PPP 的模式运营建设的，4 号线作为基础设施项目具有公益性，而 PPP 模式中京港地铁作为私人投资者，其经济活动以营利为主要目的，为了平衡北京地铁 4 号线 PPP 项目公益性与经营性的矛盾，北京市政府的激励性规制方法包括外部补贴机制和内部补贴机制。其中，外部补贴机制主要是北京市政府对北京地铁 4 号线及其股东京投公司进行财政补贴，内部补贴机制则是在项目运营期内给予北京地铁 4 号线的客运服务收入以外的额外收入，如利用项目设施从事广告、通信及其他业务获得的相关收入。北京地铁 4 号线的运营票价实行政府定价管理，除国家政策、市场、不可抗力等系统性风险因素外，在非系统性风险中，对北京地铁 4 号线 PPP 项目中私营企业的收入具有显著和直接影响的主要因素是运营期间的客流风险和票价风险。为了提高北京城市轨道交通的管理质量和服务效率，北京市政府已建立相应的激励和费用补偿机制。下面主要介绍乘客补偿机制包括的权利和义务。

（一）主要权利和义务的约定

经北京市政府批准，北京市交通委员会代表北京市政府签订了《北京地铁4号线特许经营协议》（以下简称《特许协议》）。在北京市政府监督的项目中，为确保项目的顺利完成，根据质量和安全运行的标准，对于涉及公共安全的紧急事件，北京市政府有权进行干预，以保护公共利益；特许经营公司如果违反了《特许协议》规定的义务，北京市政府有权收回项目，而且可以采取制裁手段。

（二）票价补偿机制

北京地铁4号线的票价由北京市政府管制，实际的票价不能完全反映地铁线路本身的运营成本和合理收入，因此，项目选择"度量费用"作为确定投资者营运收入的基础，同时建立了计算费用的调整机制（见图12 - 10）。

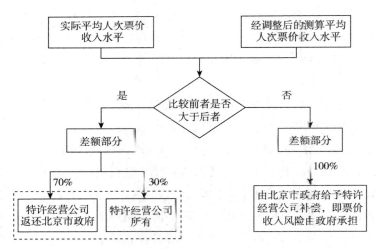

图 12 - 10　票价补偿和返还机制

在《特许协议》中，根据风险分担原则，在计算票价的基础上，构建了票价差异补偿和收益分摊机制。对于地铁公司，其项目实际年收入低于预期收入水平的，北京市政府将根据利润率进行补偿；如果高于估计的水平，地铁公司要将高出部分 70% 的利润返还给政府。

（三）客流补偿机制

票价收入是北京地铁 4 号线收入的主要来源，政府定价已经成为影响收入的一个主要因素。客流不仅受到特许经营公司服务质量的影响，而且受到政府和城市规划的影响。因此，有必要建立一种风险分担和利益共享的客运机制。

客流风险是由京港地铁和北京市政府一起承担的，当连续三年达不到预计交通客流量的 80% 时，特许经营企业可以申请赔偿，或放弃该项目，补贴的金额需经双方同意，当事人未能在两年内达成协议的，北京市政府有权终止协议。当实际客流量大于预计客流量时，政府有权分享超过预计客流量 10% 以内票款的 50% 的利润，对于超过预计客流量 10% 的部分，政府有权分享票款的 60% 的利润。

在客流量的预测方面，项目组特意聘请了国际著名的客流量预测机构 MVA 公司对客流量进行预测，预测结果见表 12 - 2。

表 12 - 2　北京地铁 4 号线预测客流量

指标	2010 年	2017 年	2032 年
高峰小时单向最大断面客流量（万人次）	2.81	3.31	4.04
高峰月日均客流量（万人次）	76.13	87.27	103.11
全年客流量（亿人次）	2.42	2.77	3.27

资料来源：京港地铁公司。

净现值的计算公式为：

$$NPV = \sum_{i=1}^{n} \frac{p_i Q_i + \pi_i}{(1 + 8\%)^i}$$

其中，p_i 为第 i 年的票价，Q_i 为第 i 年的预测客流量，π_i 为第 i 年的其他收入（附属产业收入以及政府补贴的收入等）。$NPV = 46$ 亿元，特许经营期是依据客流量预测、票价预测、附属产业预测和补贴收入预测等要素全面决定的。最终确定特许经营期为 30 年。

在地铁正式运营后，实际的客流量和预测值有很大的偏差，北京地铁 4 号线在运营第三年客流量已达到 3.5 亿人次，高于 2017 年预测的 2300 万人次。北京地铁 4 号线自运行以来，客流量呈现上升趋势，截至 2014 年累计客流量达到 17.82 亿人次。北京地铁 4 号线客流量的增长率高于预期，地铁实际收入远高于预期值。香港地铁公司的年度报告显示，北京地铁 4 号线在 2010 年亏损 500 万港元，但在 2011 年后开始盈利。

三 小结

通过对北京地铁 4 号线 PPP 项目的实例研究，发现此项目具备外部补贴机制和内部补贴机制的双重性质，北京市政府对北京地铁 4 号线的财政补贴、对北京市基础设施投资有限公司的资金补贴都属于本书所指出的外部补贴机制的设立问题，北京地铁 4 号线的票价收入、广告收入都属于本书所指出的内部补贴机制问题。

通过对北京地铁 4 号线 PPP 项目激励性规制的分析，可以发现北京地铁 4 号线 PPP 项目合同属于强激励性合同，私营企业承担的成本比例 $0 < K < 1$，属于激励性规制。实际上企业承担较高比例的成本，企业利润与企业成本密切相关。随着企业实际成本的变化，企业的总利润也发生了变化。成本越高，企业的净收入就越低，利润也就相应越低。这类合同对企业的激励程度较高，能很好地提高私营企业的效率，调动企业的积极性。在公益性与经营性的平衡方面，北京地铁 4 号线的票价机制和客流机制都体现了风险共担原则，降低了投资风险，使社会资本有利可图，保证了社会资本的投资回报率，很好地平衡了项目的经营性与公益性之间的矛盾。

第三节 北京城市公交外部补贴机制

北京市自 20 世纪 50 年代以来就对公共交通提供了大量补贴，但当时由于公交票价补贴机制不完善，公交公司的收入低于成本，所以政府需要按月支付损失。月票制度一直延续到 2007 年，从 2007 年开始，实行公交一卡通四折优惠、学生公交一卡通两折优惠，政府努力提高折扣，进一步加剧了公交公司的亏损，公交补贴的力度随之加大，每年政府的财政负担迅速增大。

一　北京市公交外部补贴机制的发展进程

具体来说，北京市公交补贴可以划分成以下五个阶段。

第一阶段，1950～1999年。中华人民共和国成立后，北京市政府大力发展公共交通，努力从城市扩展到乡村。最初，北京市公共交通局负责本市公共交通的运营。1980年，为了适应北京市公共交通的新发展，北京市公共交通局更名为公共交通公司。由于当时月票制度的存在，公共交通公司的运营失去了平衡。因此，北京市政府自中华人民共和国成立之初就对北京市公共汽车运营企业进行了补贴。

第二阶段，1999～2003年。1999年，北京公交股份有限公司成立，并发起成立了北京城市公共交通公司、北京市城建集团有限公司、北京北辰实业集团公司、北京华讯集团、北京城市公共交通公司持有99%的股份，2001年北京巴士股份有限公司股票在上海证券交易所上市。在这个阶段，北京的公共交通补贴仅限于公交集团公司运营的固定公交线路，而补贴的范围相对较小。2001年，北京市政府为北京公交公司购买了200辆天然气巴士，这是政府补贴的一种形式。

第三阶段，2003～2006年。2003年，北京公交公司运营出现亏损，北京市政府投入正常运行的资金来支持北京巴士公司；2006年，北京公交公司也推出了自己的客运业务；北京八方达公司和其他公交公司还通过北京市政府补贴来运营。

第四阶段，2007～2009年。为了迎接2008年北京奥运会，北京市政府的应对策略是优先发展公共交通，提高公共交通出行的吸引力。公交集团调整票价是在2007年1月1日，废除了50多年来通过IC卡降低票价的手段，取消了学生享受两折IC卡的折扣优惠和成人享受四折IC卡的折扣优惠。北京市政府根据公交公司的成本和收入对其进行补贴。现阶段，由于政府的补贴，公共交通企业从政策和资金两方面入手，鼓励旅客选择公交出行，此时私家车的增速比2007年还慢，城市交通拥堵状况得到缓解。

第五阶段，2010年至今。以2009年的补贴金额为基础，补贴批准的基数是一样的。如果燃料和其他因素导致损失增加，成本就会上升，则所需补贴量就会增加，导致补贴总量相应增加，财政局将会加大补贴的力度。

二 北京市公交外部补贴机制改革的新机遇

北京市公交外部补贴机制改革正面临票价调整的新机遇。2014 年 12 月 28 日，北京公交票价全面上涨，传言了一年的价格波动终于尘埃落定。地面公交起步价从 1 元上升到 2 元，超出里程 10 公里的部分，每公里增加 1 元，普通一卡通可以享受五折优惠，学生刷卡享受 75% 的优惠。根据目前北京市民的出行情况，票价上涨后，车票的平均价格从 0.53 元/人上升到 1.31 元/人。2013 年，北京公交客运量为 48.43 亿人次，仅票价上涨就可为公交集团增加收入 37.29 亿元，即减少近 1/3 的公交财政补贴。

从 2007 年至 2014 年 12 月 27 日，北京公共交通实施单一票价制，只有少数线路根据旅行距离收取车费。单一票价制不仅是导致公交企业亏损的重要因素，而且增大了北京城市交通压力和北京市政府支出的压力。此次票价调整不仅有政府参与，而且企业和市民也参加了公开听证会。公众参与票价调整，不仅有利于引导市民更加理性地看待公交票价和补贴问题，而且有利于政府制定更理性的价格。因此，北京公交票价的调整对北京市公交外部补贴机制改革产生了深刻而长远的影响。

更加具体地说，此次北京市公交外部补贴机制改革的票价调整体现在以下几个方面。

（1）票价体制改革是未来北京实施动态单程票价的一个重要步骤，可以学习香港的动态定价系统，以 5 年为 1 个周期，公共交通价格的制定和价格调整公式的评估交给发展和改革部门，金融和交通管理部门具体来做，并考虑乘坐公交的居民的收入和其他因素，逐渐形成了一个相对合理的公交票价机制。票价也是影响并决定公交外部补贴机制的一个重要因素，合理的票价体系的制定与实施有益于合理的外部补贴机制的形成。

（2）票价调整是北京市公交外部补贴机制改革的信号，北京市将逐步建立和完善合理的公共交通外部补贴机制。

（3）公交票价改革后会带来更多的收入，促进更好更快地发展公共交通，可以把乘客地面运输的平均成本从 0.53 元升至 1.31 元，票价收入将增加约 1.5 倍，大大减少了对公共交通需求的补贴。

（4）票价调整不仅可以使乘客更加全面地了解地面运输企业的运营成本，减少因地面公交票价的提高而对乘客吸引力不足的现象，而且有助于评估地面公交公司，帮助北京市形成基于地面运输补贴激励机制的评价体系。

三　北京市公交现行外部补贴机制

因公共交通具有一定的准公共性和公益性，因此公交公司往往不能够实现盈利目标，需要政府提供补贴来使公司继续运营下去。北京市自实行公交优先战略和公交低票价制度后，政府逐年加大了对公交公司的补贴力度。

北京市政府对北京公交运营公司的补贴可分为两类，即显性补贴和隐性补贴（见表12－3）。显性补贴是指政府以财政资金的方式对公交企业直接拨付资金，显性补贴可分为基础建设补贴和运营补贴。其中，基础建设补贴是指政府直接将资金投资于公交设备的建设、车辆的购买和新技术设备的引进等；运营补贴是指政府对公交运营公司在日常公交运营上的亏损进行补贴，可分为票价补贴、燃油补贴和亏损补贴。隐性补贴是指政府不直接进行资金上的资助，而是从非金钱的方面间接给予一定优惠，如税费的削减、政策的支持和规划上的优先考虑等。

表 12 - 3　北京公交补贴方式

类别			说明
显性补贴	基础建设补贴		补贴基础设施建设，以及车辆、场地和新技术设备投入等
	运营补贴	票价补贴	车公里补贴、人公里补贴
		燃油补贴	对公交企业的生产要素给予补贴
		亏损补贴	根据企业申报的上年度财务决算和本年度运营计划确定补贴额，包死基数
隐性补贴	营业税率优惠		政府不直接资助，而是从税费、政策、规划等方面予以支持。通过非金钱补贴方式改善公交企业的经营环境，增强公交企业在市场上的竞争力
	公交场站使用		
	贷款利率优惠		

北京作为一个特大城市，公共交通需求量极大，且低票价策略的实行

使北京公交的补贴金额大幅度提升，表 12 - 4 展示了北京市政府近年来对北京公交的补贴情况。

表 12 - 4 2008～2015 年北京公交补贴情况

年份	路面交通补贴（亿元）	轨道交通补贴（亿元）	公共交通补贴总额（亿元）	占公共财政收入比例（%）	占公共财政支出比例（%）
2008	91.5	7.9	99.4	6 66	6.03
2009	104.2	19.7	123.9	6.74	6.32
2010	110.9	24.4	135.3	6.68	5.83
2011	125.2	31.7	156.9	6.67	5.77
2012	138.2	36.8	175.0	5.82	5.39
2013	150.0	50.1	200.1	6.04	5.43
2014	100.9	53.0	153.9	4.21	3.69
2015	83.7	58.8	142.5	3.54	3.15

资料来源：根据北京市公交总公司财务数据整理。

从表 12 - 4 可以看出，北京公交补贴自 2008 年以来逐年升高，在 2013 年达到了最高点 200.1 亿元，虽然 2014 年和 2015 年政府补贴有所下降，但始终未低于 140 亿元。北京公共交通补贴总额在 2008～2013 年占公共财政收入的比例持续高达 6% 左右，2014 年占比有所下降，2015 年占比下降到 3.54%。北京公共交通补贴总额占公共财政支出的比例与之类似。

2010 年以前，北京市公共交通补贴采用"政府 - 企业"双方协定的方式，由企业计算出自身的亏损额，再由企业与政府进行讨价还价，最终确定政府对公交公司的补贴金额。然后以此为基准，逐年减少公交公司的亏损。然而，虽然补贴额居高不下，但是公交公司的亏损状况始终未曾改变。

2010 年至今，北京市实行了新的补贴方案。国资委、交通委员会、财政局、巴士集团共同签订了为期 3 年的四方协议。协议规定，在 2009 年的人员、车辆、运营公里数的基础上，根据工资、燃料价格、固定资产折旧、价格上涨等因素适当增加补贴。在这个框架下，公交公司可以根据计划安排运营，年底增加的成本也很容易计算。2010～2012 年，第一份为期三年的合同是有效的，第二个三年合同协议于 2013 年签署。

补贴的计算基础是北京市实际实行的会计方法，即根据票价收入、广告收入、车辆租赁服务收入统计总收入，根据劳动成本、燃料成本计算总成本，普通汽车购买费用由公司承担。但是对于这部分费用，政府会有补贴。购买信息技术设施、车站、清洁能源车辆，以及设备更新和转换成本都由政府进行补贴。

因此，采用实际核算法计算补贴的公式如下：

补贴 = ｜收入 – 支出｜

收入 = 票价收入 + 广告宣传收入 + 车辆使用收入

    = （乘客刷卡收入 + 现金收入）+ 广告宣传收入 + 车辆使用收入

    = ［∑（普通卡刷卡不同金额 × 相对应的刷卡次数）+ ∑（学生卡刷卡不同金额 × 相对应的刷卡次数）］+ 广告宣传收入 + 车辆使用收入

支出 = 含各种福利、补贴、保险等的总职工工资 + 所有的燃料动力成本 + 机车的电力成本及线网的费用 + 车辆维修费 + 车辆折旧费 – 管理费用 + 财务费用 + 行车事故费及安全奖励费 + 维护站点成本

    = 职工数量 × 职工平均工资 + ∑（不同类型车辆的耗油量 × 相对应车型的总运营数 × 油价）+ 机车的电力成本及线网的费用 + 车辆维修费 + 车辆折旧费 + 管理费用 + 财务费用 + 行车事故费及安全奖励费 +（需保养站点数量 × 维护站点平均成本 + 维护线路开支）

第四节 首尔公交外部补贴机制改革

一 首尔城市公共交通外部补贴机制及其发展历程

第一阶段，政府放松管制，对私人公共交通公司进行补贴，结果导致市场恶性竞争。

1953 年，在首尔首条公共交通线路开通后，私人运营商提供了几十年的公共交通服务。这些私人运营商有权决定经营者的设立、经营安排、服务标准等事项。政府只保留定价权利，但承担对私人公共运输公司的补贴，以防止公共运输服务减少和供应公司破产。在这种模式下，政府放松管制，公共交通服务很差，出现了两个明显的问题：一是对乘客的竞争造

成了严重的恶性市场竞争；二是网络整合较差，公共交通的网络功能难以发挥。

第二阶段，政府强化干预，进行线网整合，结果导致市场趋于萎缩。

20 世纪 80 年代中期，随着地铁的发展、私家车的增加和道路交通拥挤的加剧，公共汽车的准时性难以保证，服务质量显著下降，越来越多的人选择乘坐地铁和私家车出行。2002 年，在地铁、公共汽电车、小汽车、出租车 4 种出行方式中，乘坐公共汽电车的比例由 1980 年的 68% 下降到 27.8%。政府对既有线路进行了整合，这在一定程度上影响了公共汽电车的出行占比，但是目前导致公共汽电车不景气的最主要原因是市场萎缩。因此，一些运营商别无选择，只能退出公共汽电车服务领域。与此同时，首尔财政补贴从 1999 年的 900 万美元增加到 2002 年的 1.1 亿美元。

第三阶段，政府宏观调控，进行整合性改革，结果形成市场有序竞争的格局。

2004 年 7 月 1 日，首尔开始实施公共交通改革综合体系，并引入可持续交通发展理念，努力实现管理创新。这一改革是一项深刻而全面的改革。在改革的过程中，政府恢复了公共交通线路、服务标准和运营计划的决策权，并保留了私营公共交通公司，实现了公共交通政策的重大调整。建设公共交通系统支线连接，将主要城市内外各区域的分支进行连接，形成了连接高效和便捷的 4 级传输枢纽网络结构。同时，还建立了一个新的公共交通管理信息系统，并为每一辆公共汽车配备了全球定位系统（GPS）。

现在，首尔的"半官方运行"模式是一套完整的系统，包括运行机制、线路网络规划、收费和支付系统、补贴机制和信息支持。

二　政府对首尔公交改革进行外部补贴的背景与动因

（一）持续增长的社会成本：交通拥挤与环境污染

2002 年，首尔交通问题日益严重，当公交改革被提上日程时，首尔的交通状况（尽管基础设施在不断建造供应，如道路和地铁建设）已经持续恶化。车辆注册量的暴涨以及人均机动车保有量的迅速增加，整个首尔市停车难、道路交通秩序混乱、公共交通利用率逐步下降、公交公司之间的恶意竞争等问题暴露无遗。首尔机动车注册量见图 12-11。

图 12-11 首尔机动车注册量

资料来源：根据首尔政府与首尔发展研究院统计数据整理。

改革前，私家车被认为是造成地面交通挤塞的主要原因，因为它们占据了约 72% 的道路，并且其中的 79% 是一人一车。由于私家车的剧增和郊区城镇化速度的加快，不仅仅是在首尔市内，就连许多连接郊区与市中心的放射型主干线路上也经常发生严重的交通拥堵现象。严重的交通拥堵给首尔带来了负的社会效益，造成了严重的社会损失。经测算，首尔公交改革前的年拥堵成本达到 5 兆韩元，汽车运行能耗达到 4.1 兆亿韩元，约占当年国民生产总值的 4%。同时，汽车的增加使空气受到严重污染，城市噪声严重，交通事故多发，道路和停车设施过度占用土地，土地资源越来越稀缺。首尔各交通方式市场保有量见图 12-12。

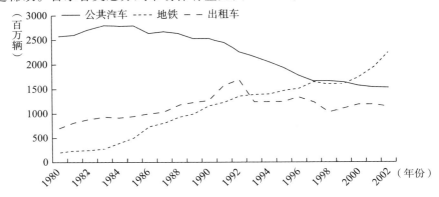

图 12-12 首尔各交通方式市场保有量

资料来源：国家建设和交通部以及韩国数据库。

（二）地面公交系统运作的恶性循环

由于首尔的公共交通体系运行机制不完善，加之财务实力有限，巴士公司的利益和公共利益交织在一起，双方都不愿意做出革命性的改变。因此，对当时形势做出根本改变是很难的。

随着首尔8条地铁线路的开通和私家车时代的到来，公交乘客不断减少。2003年，首尔市政府推进交通运输改革，那时首尔市的公交运营无疑是夕阳产业，巴士公司数量相较于1997年的103家下降至57家，为了生存，巴士经营者之间过度竞争，每一家都在争抢有利可图的巴士线路，不愿在无利可图的地区经营，导致公交线路大量重叠，一些地方巴士争抢客源，一些地方又无车可搭。在这个过程中，巴士公司的行为已经与"为公民出行提供优质便利的服务"这个主要目标产生了矛盾。巴士公司财务状况的持续恶化，以及当时松散的管理制度，导致巴士司机经常为了让车内能挤下尽可能多的乘客而拒绝老人或残疾乘客乘车，为了增加运量以及提高运行速度，危险驾驶、鲁莽驾驶的行为也逐渐增加，造成交通秩序混乱，甩站行为也快速增加。

由于巴士服务质量低下，人们便把预算转移到购买自己的汽车上。汽车数量的剧增，造成了较为严重的交通拥堵。道路拥堵进一步降低了巴士的服务质量，由于巴士运行速度降低，不能及时到达，民众逐渐不愿意乘坐巴士，巴士的交通份额逐年下降，从1996年的30.7%下降至2002年的26.7%。巴士公司财政困难导致重复加价，再加上节约成本导致硬件和服务质量进一步降低，最终形成了恶性循环（见图12-13）。

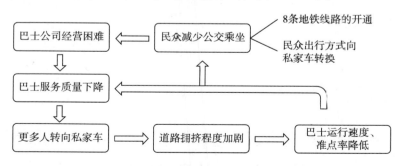

图12-13 地面公交系统形成恶性循环

（三）民众生活水平的变化和更高的交通服务需求

随着收入水平和民众素质的提高，人们开始要求更好的公共服务，特别是对交通服务部门跨区域流动性和可达性的要求逐年提高。此外，2000年前后，经济发展愈加成熟的韩国开始崇尚包容和平等，认为公共交通部门必须平等地以相对低廉的价格为乘客提供高品质的运输服务这一心理层面的需求开始获得普遍认同，并成为一种隐含的社会共识。具体而言，对弱势群体，如老年人、青少年、残疾人、孕妇等特殊群体的品质化服务成为巴士公司另一个亟待解决的难题。

（四）渐进式改革无法改善超大型城市的公共交通状况

首尔过去曾做出尝试改革公共交通系统的举措（自20世纪50年代开始），这些措施往往是临时的、妥协的且辐射范围较小。但事实证明，这种传统、低效、小规模的改革完全无法应对超大城市的交通难题。1997年，首尔市政府提出了城市公交系统的综合对策，但因国际货币基金组织的金融危机而搁浅。2000年，首尔市也曾努力通过引入公交线路报价和服务质量评价系统来监督和规范巴士公司的管理，提高巴士公司的服务水平，但其影响还是不尽如人意。所以，类似首尔这种超大型城市，为了改进庞大的公共交通运输系统，必须进行彻底的改革，其中最重要的就是重塑整个城市地面公共交通的管理机构和运作模式，这对首尔来说是一个巨大的考验。

以上问题的存在，注定首尔市要改变当时的状况，必须进行破釜沉舟式的大规模改革，而大规模改革的关键，正是要改变造成现状的元凶——低效的地面公交组织管理模式。在改革前，首尔市的地面公共交通是高度竞争的，巴士公司只需办理执照，就可以比较自由地经营，自由制定线路，这在初期是很好的，有利于行业的资源分配，优胜劣汰。但在后期，社会的快速进步以及产业大规模增长至接近饱和状态时，过少的约束以及有限的资源只能造成恶性竞争，最后形成社会性的恶性循环。原有体制的变更是困难的，将其废弃再重新塑造更加困难，但为了打破这种循环，这是最根本的也是最有效的途径。

三 首尔地面公交进行外部补贴和经营管理体制改革的措施

2002 年，首尔大都会政府表示要进行一项彻底的公共交通系统改革，并准备了详细的改革行动计划。首尔将要为其他城市的交通系统提供好的榜样，即从重视车转变为关注人，从重视私家车转向关注公交车，从重视新建交通设施转向关注管理现在的交通设施。其中，公共交通经营管理体制改革是最为基础的一环，若这方面的改革失败，整个公交改革也将大概率失败。

（一） 准公共交通系统 （Quasi-public Bus System） 的引入

首尔市政府对公共交通改革的最大的困难在于如何改变现有公共交通经营管理系统的框架。经过思考和调查研究，首尔市政府最终确定了引入准公共交通系统并对巴士进行一定程度的补贴。因为这种管理系统可以有效确保公共利益最大化，同时也可以最大限度地保持目前的巴士运营系统，即仍由私人部门运营。

1. 传统巴士运营的行政管理体制存在严重缺陷

2004 年以前，每一条巴士线路都是由单家私人巴士公司根据其自身持有的运营许可证并按照较为宽松的相关制度自行制定的。因此可以说，对任何一条公交运行线路制定或取消的决策工作，都由巴士公司行使自主制定权。

这种实质上的巴士线路的私有化，使得外力（政府政策）很难调整地面公交的服务线路，导致有利可图的线路和无利可图的线路之间存在难以消除的稳定的地面公交服务差距。此外，由于运营商之间的过度竞争，在有利可图的领域，不同公司的巴士线路高度重叠，甚至不惜做出违规行为，以吸引、争抢更多的乘客，这种行为在当时普遍存在，导致地面公共交通服务质量整体下降。根据传统的改革思想，若想避免巴士公司争抢线路，就要实施特许经营，线路由选定的公司独家经营，但这又会导致竞争的缺乏，对私人巴士公司合理化经营以及提升服务质量并没有激励作用，只会使其继续实行松懈的管理和保持低下的运营效率。此外，恶性的行业竞争也直接导致了巴士业的财政状况日益恶化，大量的补贴也逐步加重了首尔市的财政负担。

2. 引入准公共交通系统

准公共交通系统，也有文章译为半官方公交管理体系。简要来讲，是指一种将公共部门与私人部门有机结合，各取所长的混合型经营管理系统，其核心理念是通过公共部门的统筹规划来优化制定公交线路，以及通过私人部门的竞争来提升服务质量，二者相结合，能够优化整体地面公交经营管理体制，使其更好地为公共利益服务。在新系统下，首尔市政府将有权调整公交运行线路，追求公交服务的公益性和注重整体服务水平的提高。

3. 准公共交通系统的组织结构

准公共交通系统主要有四个有机组成部分，即公共管理、私人部门经营、经营性基础设施和辅助运营的第三方机构。

公共管理。公共管理意味着首尔市政府将收回巴士线路的制定和调整权，以适应人们普遍的交通需求。同时，首尔市政府还建立了一系列评价体系，用以检查私人部门的经营业绩、服务水平和合同履行情况，再根据车公里数以及绩效考核指标为私人部门分配利润。

私人部门经营。私人部门经营意味着现有及新巴士公司将通过新的开支以及收入结算分配方式自行管理车辆、设施及雇员，控制实际运作，提供服务。

经营性基础设施。经营性基础设施主要包含两大基本要素：一是公共汽车方面的日常基础设施，如公共车库、中央公交车道系统和中央控制室、公共汽车信号优先系统等。二是基础设施建设所产生的相关费用，这些费用都要由市政府的财政承担。

辅助运营的第三方机构。为了保障首尔市政府推出的公交行业竞争策略的顺利实施，首尔市政府公开招标，引入科技企业（如首尔智能公交卡公司KSCC）进入地面公共交通服务行业，辅助进行票价结算、数据统计，为巴士公司提供数据，并将巴士公司的运行数据统计给公共部门（见图 12-14）。

此外，首尔市还成立了公交改革公民委员会来进行地面公交组织内部的协调，并通过政策制定，增加巴士公司员工的福利。根据独立第三方机构收集的巴士公司运营数据，定期进行评估，奖励优秀的运营商，淘汰服务质量差的企业，以维持行业内的有序竞争（竞争的重点在于服务质量和乘客的满意度）。

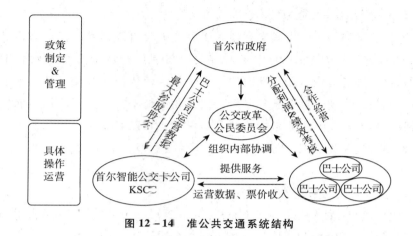

图 12 - 14   准公共交通系统结构

(二) 首尔市政府设三公共交通管理中心

首尔市政府为了导入准公共交通系统，特别成立了"公共交通促进工作组"，由首尔市政府官员和政府研究所的研究人员（首尔市政府智囊团）负责。2003 年 4 月，首尔市政府在编制改革草案时，又相继成立了"交通政策协作组织"，并聘请了私营部门的专家，以促进改革的创新。此外，也由该组织各专责小组积极处理改革准备过程中出现的种种问题。2004 年 7 月，首尔市交通运输相关部门的全体员工参与了改革方案的编制工作。

2004 年以后，改革在一定程度上稳定下来，首尔市政府又对该组织进行了重组，按照不同的任务类别，对组织结构进行了重新调整，主要分为负责处理一般交通问题以及对改革的补充与深化两种功能组织。

(三) 成立公交改革公民委员会

为了协调改革后各方的利益，避免产生冲突，此次改革需要一个多方利益代表共同出席的组织。在改革初期首尔曾做过试点，但因各方未能达成一致而搁浅，而出乎意料的是，先前成立的改革委员会试点失败，使得对公交改革的支持意见开始在市民之间形成。因为人们担心，万一公交改革停止了，首尔的交通状况就再也没有解决方案了。于是，一个由公民团体组织并管理的公交改革公民委员会因此成立。该组织承诺要充分合作，收集民意，让公交改革成为社会共识。针对这一问题，首尔市政府和公交行业也宣布携手努力，最终，一个正式的由多方共同参与的公交改革公民委员会于 2003 年 8 月 26 日成立了。

公交改革公民委员会包括市民组织 4 席、专家学者 8 席、公交行业 4 席、政府机构 4 席。该委员会汇集了所有参与公交改革的利益相关方，其中巴士公司、公交司机工会和公民组织发挥了举足轻重的作用，对协调各方之间的冲突产生了积极影响，从而促使改革成为共识（见表 12－5）。

表 12－5　公交改革公民委员会席位设置

单位：席

类别	席位设置	席位数
政府机构	首尔市政府	1
	首尔警察厅	1
	首尔市议会	2
市民组织	绿色公交网络	1
	YMCA	1
	韩国绿色消费者网络	1
	经济正义公民联盟	1
公交行业	首尔公交协会	2
	首尔社区公交协会	1
	首尔公交工会	1
专家学者	交通专家	6
	会计师	1
	律师	1

资料来源：根据首尔市政府与首尔发展研究院统计数据整理。

（四）成立辅助运营的第三方机构：交通一卡通公司

公交改革以前，首尔早在 1966 年就有了交通卡，但已备受诟病，如其有限的数据处理能力、公交卡公司昂贵的佣金和老式机器设备每年高达 224 亿韩元的维修费用。最重要的是，这种传统的交通卡不能支持多种交通方式之间的相互转移（如巴士转乘地铁），而这种多种交通方式之间的联动将是城市新交通系统的骨干力量。

为此，首尔市政府决定开发一个新的交通一卡通系统来解决这些问题，为新的公交系统提供服务。同时，该计划的另一个目的是吸引私人资本为公交改革项目融资，由市政府和承包商共同出资组建公司，然后从持有的股份中分配经营收入。新公司的股份，31% 由市政府拥有，以更好地代表公共利益在制定公交政策时的优先级。通过公开招标，LG CNS 财团最终被选定为出资方，根据约定，LG CNS 财团将持有新公司 35% 的股份。据此，首尔市政府和 LG CNS 财团于 2003 年 10 月 6 日成立了韩国智能卡有限公司，并开始开发卡与读卡器，为首尔建立了一个新的、统一的公共交通一卡通服务及管理系统，并且实现了全市范围内公共交通方式间的无缝衔接，实现了自由和免费换乘。

（五）相关法律的修订

制定新的制度，如准公共交通系统制度、统一票价制度、新的智能交通系统和线路制定招标制度，以及建立新的设施，如中央公交专用道，都需要相关法律的配套才能保障相关产权界限分明。所以，新的立法和执法结构的更新都是必要的。对此，首尔大都会政府修改了以往的法律，成立了相关机构，并达成协议，支持交通改革。

1. 修订《客运服务法》

该法案旨在支持通过准公共交通系统计算标准公交运行成本和进行收入再分配。

联合收益管理是准公共交通系统的必要前提，为此，要解决地面公交联营成本问题，在此基础上的收入可以被重新分配。根据该法案，每个巴士承运人（法人）所支出的运营成本将用于确定其运营保证金的数额和补贴数额。

一开始，首尔市政府和公交办会分别估算了公交运营成本，并试图通过协商的方式达成协议，结果证明这是很困难的，最终采用了根据这次公交改革公民委员会确定的标准成本，收集所有公交收入作为"收入池"的收入分配方式，也正是得益于此，巴士公司不必固守盈利线路。

2. 限定时间的临时许可证和招标制度

首尔市拟通过实行招标投标制度，在 4 个有利可图的地区（10 个主要走廊和 19 条线路）制造竞争。巴士经营者强烈反对这项计划，后来双方达成一致，招投标特许经营制度只适用于新的线路，并确保现有的经营权范围不变。首尔市政府将授予中标的承运人规定期限内的临时运营许可证。在改革前，这种限定时间的临时许可证只有在机场巴士、旅游巴士、无轨公交线路上才能获得批准。首尔市通过修改《客运服务法》，使得这种受时间限制的许可证也可以在新成立的巴士线路上获得批准，保障了市民出行的便利，增加了地面公共交通的客流量。

3. 巴士运营贷款

首尔市政府建立了特殊的贷款支持体系，以改善公交企业的财务状况，提高员工福利。为此，首尔市政府修订了《关于中小企业促进基金的设立和管理条例》，将巴士公司列入条例的支持名单中。

4. 除经营管理体制改革之外的改革措施

除经营管理体制改革之外，首尔公交改革还进行了多方面的创新，如引进铰链式清洁能源公交车；加装和完善无障碍设施；全面铺设路中央专用公交车道以减少公交车与私家车运行之间的摩擦，缓解交通拥堵；引进先进的科学技术；利用 GPS 全球卫星定位系统实行所有汽车的调配；采用管理信息系统进行信息处理；等等。在经营管理体制改革的基础上，这一系列改变也奠定了首尔公交改革成功的基础。

四　首尔地面公交外部补贴和经营管理体制改革的成效

（一）公共交通服务质量得到显著改善

1. 地面轨道交通运营转向服务公共利益

准公共交通系统的启用使得首尔市巴士的运营线路得到调整，以在更多线路上满足市民的需要，而非先前的只考虑公司自己的利益。在过去，公交线路很难调整，巴士运营商会强烈反对，因为它们已经获得了盈利线路的运营许可，是既得利益者。即使必须调整线路，巴士经营者也只会选择利润高的线路，市民的便利对其而言不是一个优先选项。改革后，从前漫长而迂回的线路被废除，政府设立了干线和支线分营的公交线路。这些措施使公交线路多样化，区域之间的连接更紧密，为乘客出行提供了更多的线路选择，使巴士服务更便民。

公共福利的增加保障了巴士服务的稳定性（包括先前无利可图的线路），并反过来提高了公共交通服务的公平性。另外，通过领先的智能公交管理系统如 BMS，可以将科学线路调整得更加科学合理。

2. 通过准公共交通系统提高了巴士的安全性和舒适性

收入池管理系统的引入使得巴士公司的收入分配更加合理，也改善了公交司机的工作条件，缓解了公交运营商之间的过度竞争，为提高服务质量创造了条件。

曾经的鲁莽驾驶行为消失了，司机对乘客的态度明显改善。在交通安全方面，安全驾驶得到保障，交通事故快速下降。在改革前一年（2003年），涉及市内巴士的交通意外数量为 654 起，但在改革后的一年内这一数据变为 478 起，下降了 26.9%（见表 12 - 6）。

表 12 - 6　改革前后事故数量及受伤人数对比

年份	事故数量（起）	受伤人数（人）			
		轻伤	重伤	死亡	合计
2003	654	916	49	6	971
2004	478	704	36	0	740
降幅（%）	26.9	23.1	26.5	100	23.8

资料来源：根据首尔市政府与首尔发展研究院统计数据整理。

3. 地面公交运行速度加快，准点率提升

通过建成中央公交专用车道以及进行合理的线路调整，巴士在高峰时间的速度平均提高了 30% 左右（见表 12 - 7 所示）。这种运营速度的提升是普遍的，不仅发生在建设了中央专用道的路段，一般线路的平均通过时间也变短了。这得益于准公共交通系统去除了恶性竞争路段，以及中央专用车道减少了公交与社会车辆交叉的综合作用。

表 12 - 7　主要走廊车辆平均行驶速度增速对比

主要走廊	总长度（公里）	小汽车行驶速度（公里/小时）	公交车行驶速度（公里/小时）	增长率（%）
Dobong-Mia	15.8	11.0	22.0	100
Susak-Songsan	6.8	13.1	21.5	64.1
Kangnamdero	5.9	13.0	17.3	33.1

资料来源：根据首尔市政府与首尔发展研究院统计数据整理。

（二）地面公共交通的载客量增加、促进了经济结构优化

改革后，得益于地铁与巴士之间的链接，城市巴士乘客激增，综合收费系统（提供折扣）大大激励了邻近地铁站和公交站的人们选择城市公共交通而不是私家车出行。增加的载客量，使地面公交行业收入增长10.3%。改革前，城市公交驾驶员工资水平普遍低于同行业的其他职工，首尔市内公交司机工资分别比公交司机平均工资和地铁司机平均工资低37%和50%，如此低的工资导致人力短缺和服务质量下降。通过准公共交通系统，首尔市政府在保证巴士公司合理利润水平的同时，也在客车行业提高了公交司机的工资水平。这些变化进一步提高了巴士的服务质量以及司机的就业稳定性。同时，首尔的经济增长率也明显提高。这表明，地面公共交通较低的运输成本，使乘客选择公交车这种最合理的交通工具出行。

（三）环境得到改善

2012年，首尔的可吸入颗粒物平均超过75微克/立方米，2013年跌至平均44微克/立方米，低于整个韩国的空气质量标准（50微克/立方米）（见表12-8）。

表12-8　改革前后污染状况对比

指标	2003年（改革前）	2004年（改革后）
安全（交通事故）（起）	3949	3094
每天事故数量（起）	21.9	17.2
空气污染物（一氧化碳：吨）	1798.8	1526.4
空气污染物（氮氧化物：吨）	6889.8	5846.2
空气污染物（碳氢化合物：吨）	390.5	331.4
空气污染物（颗粒物：吨）	302.2	245.6
能源消耗（压缩天然气：1000立方米）	147064	126485
能源消耗（柴油：1000立方米）	34413	41731

资料来源：根据首尔市政府与首尔发展研究院统计数据整理。

第五节　世界典型国家对铁路发展的支持政策

一　加拿大解决铁路公益性问题的支持政策

（一）立法概况

加拿大领土面积约为 990 万平方公里，在如此广袤的国土上，铁路运输有着无与伦比的优势，因此成为加拿大经济发展中最重要的运输工具，但随着内河运输、公路运输、航空运输的兴起，至 20 世纪中期，加拿大铁路运输的垄断地位开始动摇，各种运输方式之间产生了激烈的竞争。为了规制市场秩序，促进有序竞争，1967 年加拿大议会通过了《国家运输法》（NTA. 1967），这是加拿大第一部对运输业市场进行规制的法律。1987 年，加拿大议会又对《国家运输法》（NTA. 1967）进行了修订，也就是现在的 NTA. 1987。

（二）特点

1. 引入竞争机制，充分发挥市场作用

NTA. 1967 结束了政府参与制定费率的方式，建立了铁路线废弃制度，鼓励铁路与其他运输方式竞争，但不提倡铁路运输方式内部的竞争，因此，NTA. 1967 最大的贡献是引入了市场竞争机制。而 NTA. 1987 不仅鼓励各种运输方式之间的良性竞争，而且鼓励同一运输方式中不同承运人之间的竞争，以促使其根据市场需求提供更优质的服务和合理的价格，满足货主和旅客的需要。修订后的 NTA. 1987 极大地优化了市场竞争环境，标志着加拿大运输业走向成熟。

2. 补贴政策

虽然加拿大的国家运输政策是引入市场机制、鼓励公平竞争，但政府仍对公益性运输方式及承运人提供一定的补贴。NTA. 1987 是在 NTA. 1967 的基础上修订而成的，其对公益性运输进行财政补贴的内容做了如下规定："每种运输方式或者每个承运人都要承担一定合理比例的设施、资源

和服务等公益性费用，当其必须为公共事业服务时，它将得到政府公平合理的补贴。"基于此，加拿大交通运输部制定了一系列补贴政策，典型的有西部谷物运输补贴、铁路客运补贴、北部民航客运补贴等。

二 美国解决铁路公益性问题的支持政策

（一）立法概况

美国是一个传统的判例法国家，但在铁路立法上则采取了以成文法为主的模式，关于铁路公益性问题的立法可参见各个时期的法律。美国铁路立法经过100多年的发展，大致可以分为三类：第一类是运价管制法律，以1887年的《州际商务法》为代表，包括《赫伯恩法》《曼－埃尔金斯法》等；第二类是反垄断管制法律，以《谢尔曼法》《克莱顿法》为代表；第三类是铁路改革与复兴法律，以1970年的《铁路客运服务法》为代表，包括1990年的《斯塔格斯铁路法》。美国的铁路公益性运输主要是客运业务，因此《铁路客运服务法》的颁布实施对解决美国铁路公益性问题起到了关键作用。

（二）美国铁路公益性运输的特点

美国的铁路客运连年亏损，发展到只能依靠联邦政府的财政补贴度日，但铁路货运凭借其运营收入和外部融资，基本上具备生存和发展的能力，因此，美国的铁路公益性运输主要是客运业务。

（三）《铁路客运服务法》的作用

1. 成立美国国家铁路客运公司

1970年，美国国会通过了《铁路客运服务法》，联邦政府按照该法将各铁路公司面临崩溃的客运业务收归一起，成立了美国国家铁路客运公司（AMTRAK）。该公司属于半私人半国有的企业，董事会为最高决策机构，成员由美国总统提名并经参议院任命。AMTRAK的运营覆盖美国46个州和加拿大3个省，运营里程约为33920公里，实际拥有的线路却只有1200公里，其中大部分位于东北走廊（波士顿－华盛顿）和芝加哥地区，其他地区的客运业务租用相关货运公司的线路。

2. 联邦政府补贴 AMTRAK

AMTRAK 每年的维护修理资金和基建投资都需要联邦政府支持，国会每年都会批准 AMTRAK 的专项预算。1979 年，美国国会通过法令规定了 AMTRAK 的亏损标准，由政府承担其成本的 50%。联邦政府为 AMTRAK 提供的营运、投资、开发等资金由美国铁路业监管机构——联邦铁路管理局（FRA）具体执行。AMTRAK 平均每年接受约 10 亿美元的联邦政府补贴，而它每年大约有 12 亿美元的亏损（例如，2009 年，AMTRAK 的实际收入为 23.5 亿美元，支出为 35.1 亿美元；2010 年，AMTRAK 的实际收入为 25.1 亿美元，支出为 37.4 亿美元），因此，10 亿美元的联邦政府补贴比例是非常高的。

3. 地方州政府补贴 AMTRAK 公司

某些城市之间的客运线路上座率很低，但当地城市要求维持该线路，由此产生的亏损，按照法令规定，AMTRAK 自身承担 30%，当地城市的政府承担 70%。有些州政府若要维持某些亏损严重的客运线路，就必须为 AMTRAK 提供一定的补贴。

（四）对我国铁路公益性问题的启示

美国、加拿大与中国国土面积相当，铁路对国家的经济发展都具有举足轻重的作用，而且两国都曾经历了铁路运输的兴起、衰落再到复兴的过程，最后跻身于世界铁路运输先进国家行列，这实属不易。这些国家解决公益性问题的经验，对我国具有重要的借鉴意义。

1. 立法先行

美加两国解决铁路公益性问题的方法不尽相同，但是两国都是立法先行。两国国会都是通过颁布法律来明确政府对铁路公益性运输的责任、标准及相关程序的，并以法律为指导，两国政府都很好地解决了铁路公益性问题。我国现行的《铁路法》制定于 1991 年，是计划经济后期的产物，已经不适应当前政企分开、市场化改革的要求，其他有效的规范性文件大多属于行政法规，甚至有些规定尚未做到规范化、体系化，出现了法律上的空白。因此，我国必须对《铁路法》做出重大修订，或者废除现行《铁路法》，颁布新的《铁路法》，同时要完善运价管制法律体系，从法律上明确规定公益性运输产品价格管制的标准、范围、方式及程序。

2. 突出和完善补贴政策

综观世界铁路运输先进国家，不仅仅是美国和加拿大，还有一些国家如德国、法国、日本等都依照法律规定对铁路公益性运输实施补贴政策，形成了长期有效的补贴制度。我国在修改《铁路法》和制定相关法律法规时，应借鉴其经验，制定符合国情和路情的补贴政策，具体可以包括以下几个方面。

（1）明确界定我国铁路公益性运输和非公益性运输的边界，规定铁路和监管机构的权责以及中央和地方政府应承担的责任。

（2）以市场为导向，实行严格的政企分开，建立现代化的企业管理制度。

（3）明确补贴的主体及对象。由谁来补？怎么补？是补给铁路总公司还是直接补给下属各路局？对于这些问题，必须进行科学的调查和研究。

（4）补贴资金纳入中央和地方财政预算，由中央财政补贴因政策性低价和无偿运输而造成的损失，由中央和地方财政共同补贴因维持区域开发而造成的损失。

（5）明确补贴形式，采取明补，取消交叉补贴，分类制定公益性运输的补贴政策，形成长效合理的补贴机制。

（6）建立健全核算制度，控制铁路亏损，多渠道融资 引进民间资本，设立铁路发展基金，促进铁路基础设施建设良性发展。

三 英国铁路改革中的公益性支持政策

（一）英国铁路改革中的公益性问题

第二次世界大战前，英国铁路在自由竞争中发展为多头垄断，最后以全行业亏损而终结。第二次世界大战后，英国工党政府建立了国有化铁路管理体系，国家财政的负担同样沉重。1993 年，铁路运输业占客货运输总量的比例仅为 10% 左右。国家铁路重外部效益轻内部管理，工资缺乏弹性，成本居高不下，亏损增加，铁路成为财政的沉重包袱。为了进一步解决铁路亏损问题，1993～1997 年，英国国铁（Britain Railway）私有化，实施网运分离改革，铁路相关业务分拆为 120 多家公司，包括路网公司（Railtrack，1996 年上市）、25 家客运公司、6 家货运公司、3 家机车车辆租赁公司等。实施铁路私有化改革后，公益性问题突出，基础设施建设和服务水平饱受质疑，铁路运营亏损依旧严重。一是各公司只看重短期利益和股东权益，基础设施投资严重不足；二是路网公司为节约成本，路网建设和铁路服务水平低下，罢工、停运、大面积晚点等现象频繁发生，甚至事故频发。1997~2002年，短短5年时间，接连发生13起严重事故，其中造成重大伤亡的事故有7起，共导致59人死亡、数百人受伤。由于分拆过细、竞争过度、管理不善，以及对路网公司Railtrack的支持不足等原因，Railtrack于2001年10月宣告破产，英国政府不得不重新接管。2002年3月，英国政府对Railtrack进行再重组，成立新的路网公司Network Rail。考虑到铁路运输所带来的巨大社会效益，英国政府通过对铁路公益性运输进行公开补贴、特许经营等多种途径有效解决铁路公益性运输问题。例如，通过公开招标引入了特许权竞争机制，英国政府通过特许经营协议，规定对特许运营商的要求，制定一系列服务规范和票价政策，并明确其他需要加强的地方。同时，规定铁路公司必须通过缴纳特许经营费与政府分享利润。特许经营协议由英国政府监督和执行。

（二）英国政府对铁路的补贴

铁路本身具有公益性和自然垄断性，如果让私人部门拥有和管理，其营利目标和纯公益目标则无法协调。为了加强铁路路网建设，提高铁路服务水平，英国政府对铁路公益性运输进行补贴。1974年出台的《铁路法案》规定，铁路客运服务应作为公共服务职责，即使亏损也应该维持，由政府给予补贴。特别是在2000年哈特菲尔德铁路重大事故之后，英国政府提高了补贴金额，用于路网的维修和更新。

1. 补贴构成

英国政府对铁路的补贴分为两部分：一部分是对铁路路网的补贴；另一部分是对特许铁路运营公司的补贴。对铁路路网的补贴由政府支付给路网公司，用以补贴固定的线路使用费。由于路网公司的特殊作用与地位，线路的投资与建设、线路质量的提升、线路安全性的保障等受政府直接管制，并通过立法强制路网公司投入资金对基础设施（包括车站）进行更新改造。铁路管制办公室（Office of the Rail Regulator, ORR）负责发放路网运营许可证，评估、批准并监管线路使用费，确保路网公司的经营符合公共利益需要。对于铁路公司来说，为避免私有化盲目追求利益，英国政府会给予铁路公司补贴，要求其承担社会公益责任。对于明显无法获利但具有公益性的项目，政府都会进行补贴。从实际运作情况看，虽然企业和政府在承包合同签订之初就约定了每年的绩效标准，但是一些得到承包权的企业无法有效兑现承诺。

2. 补贴原则

英国政府对铁路补贴的原则是，在补贴总额一定的情况下，优先满足对基础设施网络的补贴。2001～2011 年，英国政府对路网公司的补贴额度呈上升趋势，从 2001 年的 11.4 亿英镑增加至 2011 年的 38.1 亿英镑。2012 年，政府对铁路路网公司的补贴总额仍达到 37.8 亿英镑，另外每年还发放 20 亿英镑的政府债券以维护和升级铁路网。预计到 2034 年，英国铁路网公司的债务将增加至 620 亿英镑。为了解决未来 20 年英国铁路行业的资金问题，2013 年 7 月，ORR 向英国政府建议出售铁路网与依靠长期特许经营权产生利润的部分，最有可能出让路网特许经营权的是位于东英吉利（East Anglia）和肯特（Kent）的铁路网。这种举措体现了英国政府在补贴总额有限的情况下，更加重视铁路路网基础设施安全。当然，政府通过对路网进行补贴也给客运公司间接带来了线路使用费的减少，即如果没有政府对路网的补贴，客运公司支付的线路使用费比现在要高得多。因此，就整个铁路行业而言，政府给予了大量的补贴支持。

特许铁路客运公司的补贴金额随客运公司经营状况的变化而调整，如果公司亏损严重，补贴金额就高；如果公司实现赢利，补贴金额就缩减。2001～2008 年，英国政府对客运公司的补贴增速明显。2008 年以后，英国政府对客运公司的直接补贴呈下降趋势，2011 年的补贴额度为 0.2 亿英镑。2010 年以前，英国铁路客运公司的总收入一直低于总成本，2008 年总成本高出总收入 18.4 亿英镑，这也是政府要对特许经营铁路公司进行补贴的原因之一；2008 年以后，总成本与总收入差额逐渐缩小，2010 年起实现盈利，政府对其补贴金额也随之缩减。

（三）补贴政策对英国铁路的影响

2002 年以来，英国铁路客运量逐年上升，从 2002 年的 9.76 亿人次增加到 2012 年的 15.02 亿人次，增长 53.9%。铁路客运量上升的主要原因之一是英国政府对铁路路网公司和客运公司实行补贴后，路网公司加大了对路网的投资与建设力度，提升了线路质量，提高了线路的安全性。同时，客运公司也加大了对旅客服务质量的关注，公众对铁路的信心逐步提高，其表现就是客运量的逐步增加。

（四）对我国铁路公益性运输的启示

1. 建立铁路公益性运输补贴机制

公益性运输涉及面广，运量大，折扣率高。根据我国铁路运输的实际情况，目前至少有9项公益性特征非常明显的铁路运输可以界定为公益性运输，即抢险、救灾物资运输，支农物资运输，军运物资运输，学生、伤残军人运输，军运客运，市郊旅客运输，铁路支线运输，公益性铁路建设并交付运营的项目，特定物资运输。

我国对铁路公益性运输问题的处理方式与英国差异很大。通常，国家财政不对铁路公益性运输进行补贴，铁路部门承担了公益性运输所带来的损失，通过内部统一清算的方式对其进行了交叉补贴。随着铁路建设的推进和市场竞争形势的不断变化，铁路部门越来越难以负担这种"暗补"。铁路政企分开后，中国铁路总公司作为一个自主经营、自负盈亏的市场主体，不仅关注社会效益，而且关注经营效益。目前铁路公益性运输问题的处理方式既不利于铁路改革的深入推进，长期来看也无法减轻国家的总体财政负担，公益性运输已经成为铁路改革与发展中必须面对和妥善解决的一大难题。因此，有必要借鉴英国解决公益性运输问题的经验，尽早建立我国铁路公益性运输补贴机制。尽管我国铁路公益性运输项目因体制上的差别而与英国不尽相同，但其所面对的公益性运输问题是一致的。

（1）符合我国国情，政策上可行。《国务院关于组建中国铁路总公司有关问题的批复》（国函〔2013〕47号）明确提出，要建立铁路公益性运输补贴机制。对于铁路承担的学生、伤残军人、涉农物资等公益性运输任务，以及青藏线、南疆线等有关公益性铁路的经营亏损，要研究建立铁路公益性运输补贴机制，采取财政补贴等方式，对铁路公益性运输亏损给予适当补偿。

（2）国家和地方政府具备相应的财政负担能力。政府的购买资金主要来源于企业的税收，二者互为条件，良性循环。政府补贴企业的公益性运输，使铁路企业的运输收入大于运输成本，是符合我国国情的补贴方式。

2. 我国建立铁路公益性运输补贴机制的建议

（1）清晰界定政府与中国铁路总公司的产权关系。中央政府担当公益性运输的责任主体，铁路企业公益性运输的损失由政府补偿，逐步建立合理的补偿制度，采用财政补贴、政府购买公共服务、减免税收、发放政府债券等方式给予补偿。由第三方审计部门独立核算，确保补贴金额落到实处，保证补贴的公正与透明。

（2）明确公益性运输和经营性运输方式，对公益性运输进行认定，并结合铁路体制改革实行政府公开补贴，确定补贴对象和补贴量。如对伤残军人和学生的运输，铁路实行半价优惠政策，统计出这两类运输的实际收入，可以得到因此而减少的收入。市郊旅客运输客票的价格水平比较低，难以弥补铁路成本，通过客票的差价及全年的运量可以计算得出铁路承受的损失。南疆铁路、青藏铁路等公益性铁路交付运营后形成的亏损应认定为是因承担公益性运输而造成的政策性亏损。对于支农物资运输，可以根据化肥、农药、磷矿石等品类的货物周转量及应调未调的运价，计算得出铁路运输企业为此减少的收入。

四　德国铁路股份公司实施多元化经营的政策支持

德国铁路股份公司（Deutsche Bahn AG，DBAG）的多元化经营在利用铁路现有资源提高企业盈利水平，以及满足铁路自身可持续发展和市场多元化需求方面取得的成功离不开政府政策的支持。政府对 DBAG 实施多元化经营的政策支持主要体现在以下三个方面。

（一）以法律做保障，确立了企业的市场主体地位

1993 年，德国修订了《德国基本法》（*Basic Law for the Federal Republic of Germany*）。《德国基本法》作为德国的宪法，处于最重要的地位。修订后的《德国基本法》规定，政府放弃对德国铁路的运营，变成监管部门，主要负责制定铁路发展的长期或短期发展战略、接受转移过来的公共服务的义务等。新成立的德国铁路股份公司采用公司结构运营，明确了法人主体。

1993 年，《联邦铁路合并与重组法》（*The Railway Restructuring Act*）通

过并开始生效，具体包括两部法律。①《通用铁路法》（*The General Railway Act*）。该法是德国总铁路法，为德国铁路改革规定了目标、任务和实施步骤。②《德国铁路股份公司组建法》（*The Act to Establish the German Railway Joint Stock Company*）。该法对铁路的重组、建设投资的财政保证、线路维修的财政来源、旧债务的处理、公务员和退休人员的安置、铁路管理机构及铁路公司的权限等一系列问题做出规定。法律的出台明确了政府和企业之间的责任和义务，确立了企业的市场主体地位，是企业走向市场、顺利实现经营机制转换的关键。

（二）帮助企业减轻债务负担

大量的债务既是促进铁路重组改革的原因，也成为制约铁路转换经营机制的瓶颈，不利于企业融资和扩大规模。在 DBAG 成立之初，政府为企业减轻债务负担，帮助企业顺利走向市场。

联邦政府在减轻企业债务负担方面所采取的配套措施主要包括以下几个方面：①以 75% 的比例进行资产减值；②向新成立的德国铁路股份公司转让 56 亿欧元资产用于企业运营；③成立专门的管理机构——联邦铁路资产管理局（BEV），由其接管债务，进行债务处理。

（三）加大财政补贴力度，支持基础设施建设

政府在 DBAG 转换经营机制过程中加大路网基础设施补贴力度，支持企业改造路网，增强铁路运输方式的吸引力。2005 年以来，政府在铁路路网建设中承担了主要责任。例如，2005 年，DBAG 路网基础设施建设的出资数额为 15.5 亿欧元，政府方面则承担 32.25 亿欧元。2005～2010 年，政府财政支持在路网基础设施建设中大约占 75%。另外，政府对企业发展的支持不仅体现在对路网的投资上，而且表现在车站开发上。车站开发融资均纳入车站建设或改造总体预算中，由国家出资。

总之，自 DBAG 成立以来，铁路管理体制实现了政企分离，企业市场主体地位得以确立。在政府政策的支持下，DBAG 以多样化的市场需求为目标，在核心运输业务领域，客运业务实行灵活的票价结构，在推动货运发展的同时，积极开展多式联运的物流服务，并以为奥运会提供物流服务为特色；在非核心业务领域，满足立体换乘和商业活动需求的车站开发、

境外旅客运输等都已成为总收入的重要来源，多元化经营逐渐成为德国铁路发展的新趋势。

五　法国高速铁路的运营政策

（一）法国政府对法国国家铁路公司的直接支持减少

法国政府对法国国家铁路公司（SNCF）的支持政策由来已久。早在1969 年，法国政府就与法国国家铁路公司签订合同来约定双方义务。根据这些合同，国家给予 SNCF 的财政拨款主要用于协调与各种运输方式的竞争条件、退休职工的养老保证金、提供社会必需的运输并补偿由此造成的经营亏损、为保证国家安全需要而必须进行的线路或设备的维修和建设、地区旅客运输等。到 2011 年底，法国政府依然每年为 SNCF 提供大量的财政补贴。

法国政府对 SNCF 的资金补贴主要体现为运营补贴和投资补贴两种形式，且政府补贴总额由 2005 年的 13.77 亿欧元下降到 2011 年的 3.74 亿欧元，呈现明显的下降趋势，这表明法国政府对铁路运营的直接资金补贴在减少。

法国政府对 SNCF 的支持除了进行直接的资金补贴以外，还有另一种支持方式，即向 SNCF 提供大量的公共服务订单（Public Service Orders），如基础设施管理、区域价格补偿（Compensation for Regional Rates）等，这种订单具有补偿性。SNCF 每年承接的公共服务订单总额由 2007 年的 75.27 亿欧元上升到 2011 年的 92.84 亿欧元，增长 23.3%，呈现稳定上升的趋势。此外，地方政府的订单总额从 2007 年的 34.42 亿欧元增加到 2011 年的 42.1 亿欧元，而中央政府的订单总额则从 2007 年的 2.49 亿欧元增加到 2011 年的 4.43 亿欧元，这表明地方政府公共服务订单的绝对量和增长量都远高于中央政府。这可以反映出 2002 年法国铁路客运实施全面地区化改革，地方政府开始承担地区客运的财政支持责任之后，地方政府与铁路运营公司之间的业务关系密切，地方政府对铁路运营支持的积极性有了很大提高。

直接的财政补贴和以公共服务订单为表现形式的间接支持都是法国政府对 SNCF 的基本支持方式，但是这两种支持方式呈现不同的发展趋势。

通过法国在 2007~2011 年对 SNCF 两种补贴形式的对比情况可以得出两个结论：一是以公共服务订单的形式体现的间接补贴规模大于政府直接给予 SNCF 的资金补贴规模；二是公共服务订单规模稳步扩大，而政府补贴在 2008 年以后呈现逐年下降的趋势。

（二）放松运价管制，票价灵活多样

在很长的一段历史时期内，法国政府对铁路运价实行政府定价的运价管理模式。1982 年，法国颁布的《国内运输指导法》明确规定价格政策由运输主管部门确定，法国政府对价格制定保留总的权利。但是随着铁路事业的发展，尤其是高速铁路的发展，法国政府开始实行政府指导价，逐步放松运价管制。法国政府允许铁路运营公司通过专业的旅客市场服务需求调查，对旅客进行不同的分类，针对不同客流制定满足各类群体需求的票价。年龄、职业、出行时间等都是 SNCF 制定票价时的参考标准。

此外，SNCF 还通过价格折扣的方式鼓励乘客选择火车作为出行时的交通工具，乘客可以通过各种形式的优惠票、铁路卡等享受服务。SNCF 发行青年卡（Rail Card）、成人卡（Escapades Rail Card）、老年卡（Senior Rail Card）、残疾人卡（Disability Card）、军人卡（Militarize Card）、军人家庭卡（Family Militarize Card）等多种类型的铁路卡，使得乘客在使用这些铁路卡出行时可以享受不同程度的优惠。例如，12~25 岁的青年人可以购买青年卡，使用该卡可以在不同时段乘坐不同车型的列车时享受 25%~60% 的优惠；残疾人可以申请残疾人铁路卡，凭卡可以享受五折以上优惠，有时甚至可以免费乘车。通过这种方式，SNCF 增加了高速铁路的客流量，从而提高了客运收入。

SNCF 在经营 TGV 列车时，还专门为国外游客设计了一种新型的客票形式即火车通票，这种客票形式有效地促进了国外游客将 TGV 列车作为他们出行时的首选交通工具。

TGV 通票根据国外游客的乘车时间、年龄、服务等级等内容对票价进行了细分，充分体现了 TGV 客票形式和客票价格灵活多样的特点。SNCF 根据车厢等级（一等车厢、二等车厢）、有效期间（旅行天数为 3~9 天，有效期为 1 个月）、旅客年龄（4~11 岁为儿童、12~25 岁为青年、26~59 岁为成人、60 岁及以上为老人）、同行人数等制定出了不同的 TGV 火车

通票票价。例如，旅行天数为 4 天的个人一等车厢的火车通票，其成人票的价格为 234 欧元，儿童票的价格为 117 欧元，老人票的价格为 203 欧元，青年票的价格为 143 欧元。

（三）多方面税收优惠

法国高速铁路在发展过程中享受许多税收优惠政策。例如，法国对一般商品和服务的增值税税率为 19.6%，而根据公共交通运输增值税税率为 5.5% 的规定，法国高速铁路一直享受这一较低的优惠税率。此外，SNCF 和 RFF 对高速铁路的研发投入可用于税收抵免，抵扣所得税。

2007～2010 年，法国的理论税率应为 34.43%，但是在实际的税收缴纳时，最终的实际有效税率均远低于理论税率。这主要是由于存在部分收入免税、亏损的资本化、企业亏损结转或转回、税收减免等原因。由此可见，法国国营铁路公司在税收方面一直享受着国家大量的税收优惠，而法国的高速铁路是由法国国营铁路公司负责运营的，这间接体现了法国政府对高速铁路发展的税收支持。

（四）小结与启示

法国是欧洲最早建设高速铁路的国家，自法国第一条高速铁路于 1981 年开通以来，至今已有 30 多年。法国政府为其提供了建设融资、运营、票价制定、税收优惠等方面的政策支持，使法国高速铁路实现了又好又快的发展。从法国政府支持高速铁路发展的过程中可以看出，高速铁路的建设与发展要求中央政府与地方政府各尽其责，高速铁路的可持续运营要求政府放松票价管制，实现政府作用与市场作用的有机结合。通过研究法国高速铁路的发展背景和发展现状，详细分析法国政府对高速铁路的融资支持、财政税收支持和运营支持政策，从中可以得出以下四点启示。

（1）中央政府应在高速铁路建设中承担主要融资责任，这有利于高速铁路建设的持续发展。高速铁路项目投资规模大，回收期长，依靠单一的投资主体往往会给其带来沉重的资金压力，这样很难实现高速铁路的可持续发展。同时，高速铁路项目一般都具有很强的公益性。在法国高速铁路发展初期，政府补贴规模普遍较小，一般为总投资规模的 4%。这一时期，高速铁路主要依靠铁路公司自身筹资建设，这种较为单一的高速铁路建设融资模式使铁路公司负债累累、经营困难。1997年法国铁路改革以后，高速铁路建设的融资模式随之改变，以政府为主的多元化融资模式逐渐建立起来，在这10多年的运作过程中，高速铁路建设稳步推进，而铁路运营公司也实现了更有效率的发展。从实际结果来看，政府承担高速铁路建设主要的融资工作，高速铁路目前仍在健康运行，这为高速铁路建设的可持续发展提供了有力的保障。

（2）地方政府也应在高速铁路建设和发展方面承担重要责任。国家在支持高速铁路建设和发展时应特别强调地方政府的作用。根据运输发展理论，交通运输业的发展能够有效促进人员流动和货物运输，能够加强不发达地区与发达地区之间的联系，扩大地方经济中的市场边界，为地方发展注入新的活力，从而带动当地经济的发展。因此，地方经济或者说是地方政府往往是高速铁路建设的最大受益者之一。按照"谁受益谁付费"的经济原则，地方政府理应承担高速铁路建设的部分责任。1997年改革之后，法国强调了地方政府支持高速铁路建设的责任，如LGV欧洲东部线一期建设中，地方政府出资额占总出资额的23%，是第二大出资主体。

（3）高速铁路运营的政府支持政策需适时调整，与市场作用相适应。从法国的支持政策来看，国家对高速铁路运营的支持政策在高速铁路运营的不同时期呈现不同的特点。在高速铁路运营之初，由于购置车辆、修建站台等需要大量投资，高速铁路运营公司很难独立承担，因此国家通过大量的资金补贴等方式对其进行运营支持，这样可以有效地缓解其早期运营压力，使高速铁路运营可以更快地步入良性发展的轨道。但随着法国高速铁路的进一步发展，法国政府对SNCF运营的支持政策由直接提供资金补贴逐渐向通过市场化手段进行补贴转变，目的是使其增强市场适应能力。因此，本书认为在高速铁路运营早期政府进行资金支持或许有益，但是随着高速铁路运营的发展，需适时调整支持政策，与市场作用相适应。

（4）放松票价管制使票价灵活多样，能够有效吸引旅客，更好地适应市场竞争。1982年，法国颁布的《国内运输指导法》明确规定，价格政策由运输主管部门确定，法国政府对价格制定保留总的权利。但随着铁路事业的发展，尤其是高速铁路的发展，法国政府开始实行政府指导价，逐步放松运价管制，以使高速铁路更能适应市场发展、满足市场需求。随着价格管制的放松，法国铁路票价趋于多样化。在高速铁路票价方面，SNCF

制定出了灵活多样的高速铁路票价，如国内旅客可以根据年龄、职业、出行时间、乘车人数、运输距离等自身需求办理相应的铁路卡，而国外旅客则可以根据旅行时间、乘车人数等购买相应的 TGV 火车通票。票价的灵活多样，可以有效地吸引旅客乘坐高速列车，提高高速铁路服务的市场竞争力，使其更好地适应市场竞争。

六 韩国高铁发展的支持政策

（一）韩国高铁的投融资模式

1. 法律规定韩国高铁拥有多种融资途径

1991 年，韩国颁布了《韩国高速铁路建设公团法》。该法第 19 条规定了韩国高速铁路建设公团（以下简称公团）筹措资金的方式，主要包括：政府或政府以外人员的捐款；发行高速铁路建设债券的资金；资产运营收益金；贷款（国外贷款和投资）；其他收入。公团在为发行高速铁路建设债券而筹措所需资金时，要得到交通部部长的认可，并与相关中央行政机关进行协商。政府可以保证偿还公团发行债券的本利，也可以补助公团发行债券利息支付中所需费用的一部分。关于铁路建设的贷款问题，该法规定公团在根据规定开展业务时，得到交通部部长的认可后才可进行贷款（包括国外贷款和物资）。交通部部长准许贷款时，应事先与中央行政机关进行协商。

2. 京釜高铁采取政府主导投资模式

由于高铁对国家经济发展的促进作用、民众出行便捷性的改善程度以及区域经济的协调性均无法用经济数据进行简单衡量，因此对于高铁这一具有社会公益基础设施性质的产业来说，其初期高额的建设资金以政府为主予以承担是合乎情理的。韩国高速铁路（Korea Train Express，KTX）就采取了政府主导的投资模式。作为韩国历史上最大的投资项目，京釜高速铁路一期工程投资 12.738 万亿韩元（按 1998 年汇率约合 92.3 亿美元）。在京釜线一期建设资金中，45% 由政府承担，包括 35% 的政府补贴与 10% 的政府贷款；55% 由韩国高速铁路建设公团（KHRC）承担，主要来自国外借款、发行国内债券及私人投资。项目初期投资计划包括：59.9% 的资金用于路基、轨道和建筑物，14.4% 的资金用于建设接触网导线和列车控

制系统，11.3%的资金用于购置 46 列高速列车，8.3%的资金用于征地
1709.7 万平方米，其余 6.1%的资金用于建设首尔和釜山的车辆维修基地。
二期工程为从大邱到釜山的高速新线，1998 年的预算投资额为 56981 亿韩
元，各方投资比例与一期相同。到 2010 年 11 月二期工程通车之际，实际
投资额为 79454 亿韩元，比预算投资增加部分由政府承担。

3. 吸引民间资本进行站区建设

为减轻政府财政负担，韩国高铁站的建设采取吸引民间资本的形式，
力争将站区建设成集商场购物、休闲娱乐和车站候车于一体的现代交通枢
纽。以首尔站为例，该站产权属多元投资体制，在车站建设初期，通过吸
纳民间资本拓宽了融资渠道，加快了车站建设速度，其商业设施面积占到
了总建筑面积的一半。民间资本在整个车站资产中占比较大，如在首尔站
的车站资产中，民间资本占 70%的股份，同时可获得 30 年的经营权，但
是由于民间资本占比过大，要求开设的商铺过多，站区用于客运服务的面
积较小，在为站区商业繁荣创造条件的同时，限制了车站本身的作用。

（二）韩国高铁的运营模式

1. 制定灵活票价

韩国铁道公社（Korail）为实现公司利润最大化，引进收益管理系统
制定普铁和高铁票价，遵循价格的可变性、可接受性和合理性原则。Korail
针对不同客户群体、不同出行时间制定了可变票价，满足了不同客户的不
同出行需求。在票价制定过程中，Korail 会进行消费者调查研究，听取公
众对高铁票价的意见，每年年底 Korail 还会针对公司过去一年的运营情况
对消费者进行满意度调查，以保证高铁票价的可接受性和合理性。韩国高
铁价格遵循递远递减原则，为与航空业竞争，Korail 坚持将高铁票价维持
在低于机票价格至少 30%的水平。

韩国高铁（KTX）为与航空客运竞争，在保证收回成本实现盈利的基
础上，大幅度压低票价。在首尔至大邱段，KTX 票价仅为飞机经济舱票价
的 56%，即便在属于长途客运线的首尔至釜山段，原本乘坐飞机出行在时
间上是有优势的，KTX 票价却降至只有机票的 64%，而 KTX 的旅行时间
与飞机只差了一个多小时，这无疑对航空运输造成了极大的压力。

Korail 根据 KTX 的不同座席、不同群体制定不同的票价。KTX 列车席

别分为一等座、标准座和自由座。一等座和标准座均需对号入座，自由座不指定座位，视当时情况而定。在标准座和自由座中，儿童座价格在成人座价格的基础上打五折，一等座则打六折。在韩国，4 岁以下儿童乘车免票，4~12 岁可购买儿童票，13 岁及以上则需要购买成人票；而韩国老年人、残疾人以及对国家有特殊贡献的人则享受有限次免票待遇。为提高上座率，Korail 在工作日推出首次乘坐 KTX 体验优惠计划，该项计划在 2010年创造了 10 万人次的额外客流量及 9 亿韩元的收入。为吸引乘客，Korail推出了各种优惠折扣，如提前预订可享受 3.5%~20% 的优惠；通勤票优惠 15%~30%；10 人以上团体优惠 10%。除了针对不同客户群实行不同的票价优惠外，Korail 还推出了旅行套票，根据旅行天数采取不同的票价。

Korail 通过采用收益管理系统，制定灵活的可变票价，针对不同出行群体和不同出行时间推行不同的高铁票价，使高铁客流量最大化。KTX 将客户群细分成五大类，包括老年人、残疾人、儿童、婴儿和获得特殊国家荣誉的人，不同的群体享受不同的优惠票价，如获得特殊国家荣誉的人除乘坐 KTX 优惠 50% 外，还可不限车次和车型免票乘坐 6 次。根据出行时间不同，如出行 2 天、3 天或 5 天，不同群体的高铁票价也是有区别的。这样 Korail 就能保证对高铁票价有不同承担能力的群体可以在自己能承受的价格范围内购买高铁服务，扩大了高铁服务的覆盖面，同时还可通过提高高铁上座率增加客运收入。

2. 政府对公共服务订单及低碳运输补贴力度大

韩国政府对 Korail 的补贴主要用于购买特定资产上，如运输工具采购、抵消既得资产折旧、发展提升铁路技术及弥补政府采购或因政府价格控制而产生的损失等。为弥补政府采购或因政府价格控制而产生的损失，政府通常会通过提供公共服务订单（PSO）补贴进行弥补。自 2004 年高铁开通运营以来，政府每年都会向 Korail 提供大量公共服务订单补贴，年补贴额均在 2500 亿韩元以上，而这部分补贴也成为 Korail 总收入的重要组成部分。

在政府向 Korail 提供的所有补贴中，公共服务订单补贴是占比最大的一项。2011 年，政府共向 Korail 补贴 6915 亿韩元，其中仅公共服务订单补贴就占了 40.85%，其次是用于列车设备和运输工具改善的补贴，其他补贴主要包括车站换乘线路改善补贴、支持铁路运输方式补贴、列车舒适度提升补贴、列车工程师培训补贴、自主创新补贴、列车部件更换补贴等。

除了对列车运营、维护、技术开发甚至人员培训进行补贴外，韩国政府还向 Korail 提供低碳铁路运营补贴，促进 Korail 积极开展环保的铁路运输，推出以铁路货运为导向的绿色环保运输方式，同时倡导韩国本土企业选择铁路进行货物运输。2010 年，Korail 为韩国国内采用铁路取代公路进行货物运输的企业提供补贴，补贴金额共计 25 亿韩元，而在这项补贴中，政府提供了 17.5 亿韩元，Korail 只提供了 7.5 亿韩元。

3. Korail 享受所得税、增值税等不同优惠政策

Korail 需遵循韩国一般企业所得税法，根据自身收入情况向政府缴纳一定所得税，包括 10% 的韩国住民税（按企业税附征）。当企业收入低于 1 亿韩元时，所得税税率为 14.3%；当企业收入超过 1 亿韩元时，对 1 亿韩元以下的部分按 14.3% 的税率缴纳，超过 1 亿韩元的部分按 27.5% 的税率缴纳。目前 Korail 在所得税方面不享受税收优惠。

由于 Korail 的前身是韩国政府的一部分，因此其采购的产品不需缴纳增值税，也就不能获得韩国税务局相应的增值税返还。韩国铁路公司改革后，Korail 虽然仍是国有企业，但实行市场化运营，相关法规经修改后开始对 Korail 进行增值税返还。2005 年和 2006 年 Korail 收到的增值税返还金额分别是 42.8 亿韩元和 629.24 亿韩元，该部分作为 Korail 的额外收入计入总收入中。

4. Korail 自筹资金进行土地开发利用

韩国铁路车站、车站周边区域及铁路沿线区域的开发由 Korail 负责，Korail 可以对其进行商业利用，如开发房地产、提供商业服务和旅游服务等，这些多元化经营收入在 Korail 的总收入中占重要地位。Korail 制订的车站周边区域开发项目计划，重点就是在车站及周边区域进行土地开发，发展餐饮业，提供文化服务，建造大型购物中心、写字楼等。但是 Korail 无论在铁路建设用地还是站区开发用地上均无相关政府补贴项目，土地投资均出自 Korail 自筹资金，政府补贴项目主要集中在技术投资、固定资产购置及公共服务订单等方面，这也使得 Korail 在进行站区开发时多采取紧凑、高强度的商业开发模式。所有的 KTX 车站都遵循多元化利用原则设计，由 2~8 层的建筑物构成，地上和地下均设有不同的楼层，充分利用了地下空间，形成了一体化、复合式的地下空间网络。

（三）小结

KTX 的顺利开通和运营离不开韩国政府在 KTX 建设和运营过程中给予的多方面政策支持，通过对韩国高铁投融资模式、运营模式、税收和土地开发利用的深入分析，可以得出以下结论。

（1）高铁作为一种基础的公共服务设施，其建设具有初期投资大、投资回收期长的特点。高铁对促进国民经济和人民生活质量的改善具有积极意义，其建设资金理应由政府为主予以承担。韩国将高铁视为一项高新技术集成的国家战略性产业，由政府主导，协同企业和民间投资，发挥多方力量，推动高铁建设和技术研发，逐渐提升韩国高铁的实力和水准。

（2）高铁票价是体现竞争性和市场性的一个重要指标。为促进高铁运营公司自主根据市场供需情况调节票价，政府应放松运价管制，为高铁的市场化运营创造条件，而在高铁承担的公益性运营部分，政府应给予补贴，弥补高铁公司因此而产生的损失。韩国政府放松对铁路运输价格的管制，使得 Korail 在制定运价时，充分考虑市场需求，借助收益管理系统制定灵活的客运票价，以满足不同客户群体的出行需求，提高高铁上座率，增加运营收入。同时，韩国政府为弥补 Korail 因政府采购或价格控制而产生的损失，为其提供多种补贴，其中公共服务订单补贴已成为 Korail 运营收入的重要组成部分。

（3）给予高铁公司一定的税收优惠。高铁具有公益性，其高昂的前期投入需要较长时间才能回收，进而实现盈利，因此征税原则应为"合理征收、适当优惠"。Korail 在所得税上同韩国国内普通企业一样，遵循韩国一般企业所得税法纳税，并不享受特别税收优惠，但是在增值税上，在韩国铁路改革后，Korail 享受增值税返还政策，返还部分作为额外收入计入公司总收入。

（4）重视高铁站场开发。高铁建设初期面临的重大问题之一便是土地开发利用问题，土地征用成本在整个高铁建设成本中占比较大，政府应在土地购买方面给予企业一定补贴，减轻企业的财政压力。而韩国高铁沿线及站区土地开发不享受任何政府补贴，开发资金完全由 Korail 自行筹措，体现了政府对提高企业土地利用效率的激励机制，因此 Korail 在进行站区开发时多采取紧凑、高强度的商业开发模式，充分利用地下空间，促进土地节约利用。

七 欧盟铁路运输政策

（一）欧盟高度重视铁路运输

欧盟共同运输政策更多地关注环境、安全与社会公平等问题，铁路在这些方面的优势得到了欧洲决策者们的高度重视，铁路作为跨欧运输网络的骨干，成为可持续运输和公共交通的重点，在共同运输政策中的地位日益提高。欧盟专门设有负责"能源与运输"问题的委员，欧盟副主席也会兼任，以协调欧盟运输发展过程中产生的问题。欧洲运输部长会议（EC-MT）和欧洲铁路共同体（CER）对协调欧洲运输政策起着至关重要的作用，两个组织的协调发展加快了欧盟铁路改革的进程。在统一运输政策指导下，欧盟各成员形成了相对统一的经营体制和运营管理模式，共同运输政策是欧盟运输产业协调发展的基石。

ECMT 是欧盟各成员根据 1953 年 10 月 17 日在布鲁塞尔签署的议定书而建立的政府间组织，负责欧盟运输相关事宜，成为内陆国家运输部长进行商洽合作的论坛。在合作论坛上，各国部长可以开诚布公地讨论共同关心的问题，制定相关政策和措施，改进和完善欧洲交通运输体系，其主要作用是建立经济效益好、符合安全标准和环境标准，并充分考虑社会影响的欧洲一体化交通运输体系，即综合交通运输体系；在政治层面上，加强欧盟与欧洲大陆其他国家间的沟通与协调，为参与国提供一个分析和讨论前瞻性运输政策的平台。ECMT 拥有自己的研究机构——运输研究中心，为制定运输政策提供支持。这不仅表明 ECMT 在政策研究、技术创新等方面具有较大的需求，而且说明欧洲社会对运输问题的关注程度在进一步提高，为欧盟运输政策创新、运输经济理论与方法创新、运输相关技术创新提供了保证。

CER 成立于 1988 年，机构设在比利时首都布鲁塞尔。加入欧洲铁路共同体的国家共有 25 个，除欧盟 15 国外，还包括挪威、瑞士、罗马尼亚、保加利亚、匈牙利、捷克、斯洛伐克、波兰、斯洛文尼亚和爱沙尼亚。CER 致力于欧洲铁路的研究、发展与政策协调，还参与环境、区域发展及研究与开发等领域。CER 与国际铁路联盟（UIC）之间有着密切的合作，CER 主要负责欧洲政策方面的问题，国际铁路联盟主要提供技术方面的支持。

（二）通过立法明确有关铁路运输政策

欧盟长期的政策都以法律的形式固定下来。欧盟主要的立法机构是欧盟委员会和欧盟理事会，欧盟委员会在行政实践中了解到立法的需要，并向理事会提出立法建议。因此，欧盟的政策或者立法产生于对这种政策或法律的需求。在 CER 的立法工具中，"指令"（Directives）是其中的一种。它是 CER 立法的原则，但要由各成员国通过本国的法律程序转变为可在本国实施的法律。各成员国必须在 3 年内完成这个转变程序。指令转变的形式和方法由各成员国自行决定，但要求在各成员国中具有相同的约束性，并达到相同的实施效果。指令的优点是它既考虑到了各成员国的国情和结构的多样性，又考虑到了 CER 法律的一致性。该指令的主要弱点是可能在实施阶段出现"政策流失"。主要铁路政策如下。

（1）EEC/1191/69 指令。该指令是对铁路、公路及内陆水运义务性公共服务的规定，提出限制义务性公共服务，并决定由主管当局对公益性服务进行补贴。

（2）95/19/EC 指令（现被 2001/14 指令取代）。该指令要求欧盟各成员建立专门的基础设施管理机构，在公平、公正的基础上进行铁路基础设施运输能力的分配。在基础设施使用收费方面，必须保证基础设施使用费收入与政府的补助和对基础设施的支出保持平衡，必须确保收取的费用根据市场价格确定。

（3）1996 年白皮书。1996 年白皮书提出了复兴铁路的具体措施：一是改善铁路财务状况，并对政府补贴做出规定，以确保铁路像商业组织那样运行；二是更多地运用市场力量，逐步引入通路权；三是利用合同替代无目标的公共服务补贴；四是通过通用性和技术协调，实现各国铁路系统的一体化；五是缓解改革所带来的社会与就业问题。

（4）2001 年白皮书。2001 年 9 月，欧盟委员会公布了《面向 2010 年的欧洲运输政策》白皮书。与铁路有关的重点内容有：一是为了把公路货物运输所占市场份额限制在目前的 44%，必须大力加强铁路运输和船舶运输；二是欧盟将支持建立铁路货运专线，在国际铁路货物运输中实行自由化运输，通过开展竞争改进铁路对用户的服务质量；三是欧盟对交通设施工程进行横向补贴，即从公路使用费的收入中拿出经费补贴铁路大型工程。欧盟还准备将泛欧交通网工程的融资比例从目前的 10% 提高到 20%，投资将集中用于消除交通瓶颈。

（三）欧洲铁路主要融资渠道

实施欧洲铁路基础设施项目的主要障碍仍然是筹集资金。关于基础设施融资，欧洲委员会提出改变泛欧路网的融资原则，对于跨越自然障碍的过境项目和在候选成员国边境的项目，将 CER 的最大资助比例提高到 20%；建立起 CER 的融资体系，将竞争线路的收费收入分流，用于新基础设施建设，特别是铁路建设。CER 的主要融资渠道有以下几种。

1. 公共预算

欧洲绝大多数铁路项目是建立在公共投资基础之上的，采取公共预算的模式。

（1）财政支持。欧盟将运输建设作为一个整体给予资金支持。在成员国范围内，公共投资优先给予高速铁路项目。例如，里昂—都灵连线为高速铁路和联合运输的混合线路，于 1994 年得到欧盟理事会的批准，被确定为意大利在建高速路网与法国高速路网的联络线。1994~2000 年，新线建设获得 CER 6000 万欧元的财政资助，约占新线建设总支出的 50%，CER 是该项目的最大投资者。另外，CER 对巴黎—斯特拉斯堡的 TGV 线、穿越阿尔卑斯山的跨境国际货运项目都给予了优先支持。但是，CER 承担的资金不足，因此，项目方希望调整相关运输政策，将资助比例提高到 20%。欧盟希望利用高质量的基础设施将各成员国连接到泛欧路网上，吸引社会资本，力争在 2010 年使铁路运输在各成员国国内的市场份额不低于 35%。CER 的财政计划拟为新成员国的基础设施安排公共资金资助。此外，欧盟对有利于促进联合运输和环境友好的交通基础设施优先给予资助，但只限于穿越环境脆弱地区的基础设施。

（2）CER 资金（结构基金、联合基金和泛欧路网预算）。采用共同体资金，以直接补贴的方式进行项目研究和工程建设，以弥补国家投资的不足。在泛欧路网的预算中，主要提供贴息和贷款担保，其资助不超过总投资的 10%，主要目的是推进项目的联合投资和立项前的可行性研究、动员和联合可能的投资者，创新融资方案。如欧洲委员会设置了指导计划，保证 CER 给予项目持续的财政支持。2000～2006 年，泛欧铁路网可利用的预算为 41.7 亿欧元，仅占所需资金的很小一部分，主要分配给重点优先项目。虽然对符合结构基金要求的项目来说，欧共体投资数量的多少是决定因素，但在应用联合基金的情况下，CER 的支持力度能达到总成本的 80%。

2. 私人投资

欧洲委员会希望在基础设施建设投资中吸引更多的私人资金。欧盟公共合同规定（77/62/EEC）的修正案提出，私人投资应在项目计划阶段尽早介入。自 1995 年起，欧洲委员会鼓励发展 PPP 模式。

（1）厄勒海峡桥梁/隧道采用 PPP 模式进行融资，但几乎所有的风险都由国家来承担。

（2）2006 年 1 月 5 日，法国政府批准有关运输安全和发展的 PPP 法案。法国铁路允许将公共运输业务委托给私人部门，以优化投资和建设成本，更好地实现建设、运营和维护工作一体化，从而共同承担铁路项目投资风险和铁路运输责任，共享投资收益，提高了项目的运作效率。法国路网建设得以快速发展，增强了铁路运输方式的竞争力。

（3）英吉利海峡隧道由私人投资建设，尽管在技术上获得了成功，但由于投资回报仅限于运营期，这种盈利模式大大地降低了投资者的兴趣。

3. 公路运输收费

繁忙公路上收取费用产生的收入，为在资本市场上以优惠条件迅速获得贷款提供了足够的保证。这种制度促进了公路和铁路基础设施管理者共同承担风险。高速公路的特许经营者与铁路连接线的建设和管理进行全面合作，通过铁路缓解公路运输的拥堵状况，其财务负担将由用户承担。这种筹集资金的方法已经在很多国家应用，其基本原则是对从现有基础设施收费中获得的部分盈余收入进行分摊，为路网建设项目筹集资金。

瑞士铁路基础设施建设项目资金有一半以上来自对公路运输的收费，并将今后 20 年的主要铁路项目融资办法写入联邦宪法中的专门条款，对铁路基础设施包括铁路线的现代化改造和跨越阿尔卑斯山的铁路新线建设的融资进行了规定。瑞士铁路在 20 年内共需投资 190 亿欧元，资金的主要来源有：①设立专项基金，主要来自瑞士公路网上行驶的重载货物卡车所支付的费用（应当占计划基础设施建设总投资的一半），以及来自第三国公路承运人所支付的通过瑞士的中转费；②石油税收。

德国采用基于公里数的使用权体系，该体系带来的收入将用于为其他交通基础设施建设提供资金，并以逐案审议的方式进行。法国 1995 年就设置了陆路运输和内河水运投资基金，陆路和水运的特许经营者要增缴 0. 69 欧分/公里的土地规划税，一半以上基金用于铁路。

（四） 小结

欧盟的财政补偿机制对新成员融入欧盟经济政策体系发挥了重要作用，特别是欧盟地区政策通过财政援助和建设项目安排，促进各成员之间的经济结构调整，加快了经济一体化进程。其中，结构基金和联合基金是最重要的财政资源，为欧洲交通基础设施领域提供了大量支持。欧盟的共同运输政策旨在消除各种限制，协调各国运输。欧洲委员会在 《面向 2010 年的欧洲运输政策》 白皮书中指出，振兴铁路是实现各种运输方式平衡发展的一个关键因素。在共同运输政策中，铁路运输日益受到重视。欧洲运输部长会议和欧洲铁路共同体对协调欧盟以及欧洲运输政策起着至关重要的作用，铁路运输政策以指令立法的形式确定，然后由成员国转变为适合自身实际情况的法律。多年来，欧盟围绕建立欧洲铁路统一市场的目标，提高了欧盟铁路的通用性，进一步开放了铁路运输市场，努力建立起统一的欧洲铁路体系。但是，筹集资金仍然是落实欧洲铁路基础设施项目的主要障碍，欧洲铁路共同体主要通过公共预算、私人投资、公路运输收费、外部成本内部化等方式进行融资，从而实现运输业的利益最大化。

第一节　日本轨道交通多元化经营模式分析

日本的铁路商业管理模式被称为"日式铁路经营"。日本大都市的轨道交通网络发达，就业圈和生活圈扩大到该地区半径 100 公里的范围，大大促进了区域发展和大都市区的形成。特别是在东京都市，民营铁路在城市建设和综合发展中发挥了积极和重要的作用。其商业线路与市中心地铁相连，通往城际，特别是城市郊区。城市交通系统是东京发展不可或缺的重要组成部分。

一　经营主体多元化

日本国内有很多城市轨道交通经营管理主体，它们之间形成了互补与竞争的关系。经营管理主体从资本持有者角度可以划分为民间资本、民间资本与国家或地方公共团体的组合、国家或地方公共团体；从法律角度可以划分为私有法人、特殊法人、地方公共团体（见表 13 - 1）。

表 13 - 1　日本城市轨道交通经营主体分类说明

经营主体	概要		资本所有者
私有法人	私铁公司	民间出资的轨道交通经营主体	民间
	第三经济部门	由地方公共团体等公营部门和私营部门共同出资的轨道交通经营主体	民间、国家及地方公共团体

经营主体		概要	资本所有者
特殊法人	日本铁道建设公团	以转让或完全供其他企业使用为目的设立的专门从事铁路建设的特殊法人	国家
	帝都高速交通营团（2004年变更为东京地铁株式会社）	经营东京都市区及周围地区地铁的公益法人	国家及地方公共团体
	JR 集团	根据《日本国有铁道改革法》（1986 年 12 月 14 日颁布），1987年 4 月 1 日以国家全额出资的株式会社等形式成立的国铁继承法人	国家
地方公共团体	公营地铁	地方公共团体是地铁的经营主体	地方公共团体

注：特殊法人是依据专门立法而设立的法人，日本铁道建设公团是依据《日本铁道建设公团法》设立的。一般来说，特殊法人从事公益性很强的工作，且被置于国家的强力保护和监督之下。设立特殊法人的目的在于有些事务不适于国家直接插手，但也不适合直接交给私营企业去运营。

东京经济繁荣、人口密集，为了解决拥堵，东京大力建设城市轨道交通。东京主要有地铁、JR 铁路和私铁，分别由不同的经营主体建设和运营。其中，地铁共有 12 条，由两家公司运营，分别是东京地下铁公司和东京都营地下铁；JR 地铁由 JR 集团负责运营，主要负责国铁民营化后的区域性铁路和部分市郊铁路；私铁由私铁公司负责，主要运营的则是市郊铁路（见表 13 - 2）。

表 13 - 2　东京城市轨道交通运营主体情况

轨道交通类型	运营方	资本构成或资本所有者	运营里程（公里）
地铁（12 条）	东京地下铁公司（8 条）	合资公司，日本政府占53.42%，东京都占 46.58%	192.1
	东京都营地下铁（4 条）	地方公营	109
JR 铁路	JR East，JR Central	国家	1106.1
私铁	8 家大型私铁公司	民间	1170.50

资料来源：应江黔：《国家铁路在城市交通发展及城市开发中主体作用的探讨》，《铁道经济研究》2014 年第 3 期。

东京的地铁线路不多，承担区域铁路功能的 JR 铁路和私铁在东京城市轨道交通中占据重要地位。虽然东京的城市轨道交通有公营与民营之分，但是为了方便市郊与中心的乘客来往，为私铁进入市中心提供条件，保证地铁的客运量需求，地铁、JR 铁路和私铁之间实现了互联互通。"二战"以前，市区居民坚决反对郊区线路延伸至市区，同时也为了保证地铁公司的垄断经营，私铁公司所经营的市郊线路被禁止进入市区。20 世纪 50~60 年代，随着东京经济的快速发展，市区成为经济、科教、政治的聚集地，出现了严重的职住分离情况，此时对外围铁路进入市区，实现与地铁互联互通的需求愈加迫切。目前，除轨距不统一和采用直线电机系统的两条线路外，东京其余 10 条地铁线路均实现了互联互通运营（贺鹏，2016）。

二　主动创造交通需求

日本用超前的轨道交通建设思路带动了城市的发展，这是有别于一般铁路建设思路的。一般的铁路是在两个经济活力需求既存的地点进行修建，是滞后的交通建设，往往形成的是"交通追随型"。日本则采取逆向模式，用交通建设来带动发展，通过先行建设轨道交通设施进行沿线开发和多元化经营，从而创造需求、保证客源。以东京为例，1868 年东京正式成为日本首都时的面积仅为如今山手线东半环为轴线的区域，而山手线西半环则为丘陵地带。1885 年，为了发展生丝贸易建设了穿越山手区的一条铁路，铁路建成之后，周围的校园、民居和军营明显增多了。1916 年开通了山手线电车，内藤新宿町、品川町、涩谷町等原本属于东京外围的市镇发展成市民居住区，周围的商业也随之发展起来。1923 年 9 月 1 日关东大地震之后，东京、横滨烧毁房屋 464900 户，而目黑蒲田电铁沿线的 40 余所住宅完好无损，一种铁路沿线可以安稳居住的社会风潮迅速高涨，由重灾区市中心向铁路沿线转移的居民数量激增。1925 年，随着山手线形成环形轨道交通，沿线周围的人口迅速增加。1932 年，市区外居住人口已经是 12 年前的 2 倍多，为此东京进行了市制改革，原属于近郊农村的郡和町村被纳入东京市，东京也由原来的 15 个区扩大至 35 个，成为世界第二大都市。

随着东京市区的不断扩张，城市出现人口过密现象，受当时伦敦对其周边进行卫星城市建设的启发，日本财界巨头涩泽荣一开始计划在东京郊外建设田园城市。在建设过程中，项目发起人认识到建设连接郊外与市区交通设施的重要性，因此积极展开郊区铁路的建设，东急大井町线、东急目黑线就是在这个时期建成的。随后，为了增加客源保证收入，铁路建设方积极进行土地开发创造需求。为了吸引学校入驻，私铁公司把铁路沿线土地捐赠给学校，从而沿线地区很快发展成住宅区。以东横线为例，1930 年下半年的客运量为 550 万人次，在学校完成迁移后，1935 年下半年的客运量达到 1000 万人次。而本来位于东京西南的丘陵荒地则围绕铁路沿线建设住宅区和校区，在较短时间内就发展成为都市地区。

三　土地综合开发与主兼业经营模式

整体来讲，日本轨道交通的营利性较好，在世界其他国家轨道交通连年亏损的情况下，日本几家大型轨道交通的运营商仍可赚取利润，这与日本采用主兼业经营模式的策略密不可分。私铁企业主要负责城市郊区至市中心的短距离铁路网，这些私铁企业在日本铁路沿线商圈的形成过程中具有重要地位。其经营范围除交通运输外，还包括土地和商业房地产的开发，以及公共汽车、计程车、旅游观光、饭店设施、大型百货公司的经营（土屋仁志，2014）。阪急电铁公司正是将土地综合开发与主兼业经营模式的策略完美实现的例子。原本的阪急电铁并没有占据优质线路，因此想到要首先解决客源问题，于是在铁路沿线进行土地住宅开发以吸引住户，主动创造了交通需求，这一做法还疏解了市中心过高的人口密度。只有住宅显然不能带来更多的持续稳定的客源，因此，在开发住宅的同时也建造沿线的娱乐休闲场所，如动物园、运动场、温泉等，之后又提出在起始站建立百货商店。这些发展策略在吸引更多观光乘客的同时也带动了周围商业区的发展，保证了客源的充足，提高了营业收入，方便了沿线居民的出行和生活，同时也为城市开发做出了贡献，实现了多赢。综合来看，早期日本私铁的这种经营发展模式可分为五个步骤：①购买铁路建设用地；②购买车站周边的储备用地；③铺设铁轨并建设车站；④开发车站周边的土地、住宅等不动产；⑤在铁路车站设置百货公司等大型零售设施。私铁通过获取土地并加以开发，带动了沿线经济的发展，创造客流并发展兼业，从而保证了稳定的收益来源，以此来弥补铁路经营造成的损失。这种不动产的开发，从人口密集的市中心带走了一部分居民，随着住宅和商业圈的形成，以轨道交通发展为依托的郊区新城随之出现，因此形成了轨道交通带动新城发展的模式（见图13-1）。

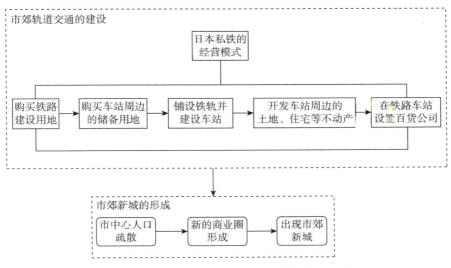

图13-1 日本市郊轨道交通建设与新城发展的关系

四 对北京市的借鉴

（一）新城建设与轨道交通建设应同步发展

新城的建设必然会导致与中心城之间产生大量的出行需求，而且主要以通勤、通学为主，因此其轨道交通具有潮汐现象。目前，通过建立发达的城市公共交通网络体系来支持北京这个国际大都市的发展，在中心城和郊区新城之间建立大规模的市郊铁路系统是迫在眉睫的重要规划之一。截至目前，北京仅开通了唯一一条市郊铁路S2线，而且这条市郊铁路也并不是传统意义上的以通勤、通学为主的市郊运输系统，而是作为奥运会的献礼工程，以旅游客流为主。东京的市郊铁路规模为2350公里，地铁只有304公里，北京则是相反模式。由于北京已经先行一步建设了大规模的地铁网络，而市郊铁路则仅限于郊区新城，其客流量和规模远不如市内地铁。目前已经运营的S2线实际客流以旅游客流为主、通勤客流为辅，由于客流原因并未实现满图运营。为了保证市郊铁路稳定的客流量和长期的运营绩效，要重视新城开发和市郊铁路建设的时序。如果新城开发超前于市郊铁路建设，则轨道交通所带来的土地升值等利益就会落入私人开发商和业主手中，不利于为城市公共交通建设筹集资金；如果市郊铁路建设超前于新城开发，市郊铁路建成后则难以投入运营或在运营初期就因缺乏足够的客流量而无法取得较好的经济效益（赵坚，2008）。北京目前的新城开发还处于起步阶段，此时应将市郊铁路的建设提上日程，适当超前于新城开发或者与其保持同步发展，避免发展成为交通追随型模式，要将新城开发与轨道交通建设有机结合。新区的土地增值空间很大，要利用好土地与轨道交通在价值方面的相互影响机制，通过开发郊区主动创造交通需求。

（二）市郊铁路建设要实现投资运营主体多元化

北京市规划建设的市郊铁路面临较大的投融资压力，由于存在巨大的经营亏损，不得不靠市政府的补贴来维持运营。市郊铁路盈利能力弱，如果仅依靠运输收入作为投资回报则很难吸引社会资本。虽然 2013 年颁布的国发 33 号文提出了向社会资本开放市域（郊）铁路的所有权、经营权，大力鼓励社会资本投资建设铁路，但是以营利为首要目的的民营企业面临普遍亏损的市郊铁路运营，很难有参与意愿。

市郊铁路具有明显的准公共产品属性，这一特点决定了政府并不是唯一的参与主体。东京的市郊铁路主要有两大主体：私铁公司和 JR 集团。其中以私铁公司为代表的民间资本力量在市郊铁路中具有重要地位，且实现了营利目的。鉴于我国的体制与国情，完全效仿日本由私人建设并经营轨道交通是无法实现的。现阶段，在我国的具体实践中，可以顺应政府大力推进的 PPP 政策趋势，实现投资运营主体多元化。目前我国市郊铁路是政府决策、政府投资、政府提供的典型代表，尚未引入其他公共产品投融资模式（甄小燕、臧文义，2015）。这种最传统的投融资模式增大了政府投融资的压力，且其采用的政府购买服务机制缺乏激励作用，无法起到促进运营主体提高服务质量的作用。因此，首先要扩充投资主体来源，估算市郊铁路的预期盈利，选择出盈利条件好的线路，并将评估结果向社会公示，采用招投标方式选择综合能力强的企业，利用股权融资模式招募投资者。以私人参股、政府控股的投资主体多元化来保证市郊铁路公益性与经营性之间的平衡。在运营方面尝试网运分离，将市郊线路固定资产的经营和维护以及运输服务交由不同主体。固定资产的经营和维护通常由政府补贴，运输服务可以划分成多个路段，按照一定的出资比例由不同为私人公司承担，彼此之间形成竞争，若某段运输服务质量不佳，则可以更换新的提供者。

（三）准动土地综合开发模式

在市郊铁路投资运营主体多元化的前提下，给予相关投资企业沿线和场站的土地综合开发权。市郊铁路的建设会带动新城的经济增长和土地增值，这是铁路外部效益的一个重要来源。社会资本参与轨道交通建设的动力是可得利益，这也是推进公私合作在该领域迈出实质性步伐所要解决的首要问题。使参与市郊铁路投资的社会资本通过土地开发进行多元化经营，以此作为投资回报机制来回收初期的投资建设成本。因此，日本轨道交通的运营单位充分利用政府给予的优惠政策，将市郊铁路沿线用地和站场周围用地通过划拨或协议出让的方式交给参与建设的社会资本进行综合开发，在进行土地综合开发之前，涉及另一个重要问题即土地开发权的利益分配。在土地收益分配过程中，将土地发展权区分为市地发展权和建设发展权两个层次，其中市地发展权归政府所有，其价值应由政府回收作为公共资产使用；建设发展权的价值应补偿给建设开发投资者（林晓言、王慧云，2015）。政府和社会资本共同合作建设市郊铁路，首先应明确划分土地开发权的归属，然后再按照各投资方的出资比例来划分土地收益。私人企业则可以在获得开发权的土地上进行住宅、商业、娱乐的开发，一方面可以为市郊铁路带来稳定的客流，从而提高票价收入；另一方面可以促进新城的发展，带动相关产业的转移，缓解市中心的人口压力。市郊铁路的土地综合开发能让社会各界实现多赢，应抓住市郊铁路建设和土地综合开发同步进行的好时机。

第二节　北京公交内部补贴机制的应用

一　北京市公交运营公司概况

目前北京地面公交的运营公司主要有北京公共交通控股（集团）有限公司（以下简称北京公交集团公司）和北京祥龙公交客运有限公司，其中北京公交集团公司运营了北京公交的绝大多数线路，北京祥龙公交客运有限公司仅运营了北京公交线路的一小部分。

北京公交集团公司以经营地面公共交通客运为主要业务，同时开展多元化投资、综合开发等其他业务。北京公交集团公司开展汽车修理、旅游服务、汽车租赁、广告租赁等业务，实行多元化经营。其前身为北京市公共交通局，于1980年进行改革，由事业单位改制为股份制公司。

北京公交集团公司目前运营公交线路1020条，承担着北京地面公共交通客运的主体任务，即除运通线以外的公交线路均由北京公交集团公司运营。北京公交集团公司目前有二级企事业单位24家，其中市场化企业8家、国有企业14家、事业单位2家。北京公交集团公司拥有客运企业10家，分别为北京八方达客运有限责任公司、电车客运分公司和第一至第八客运分公司（见图13-2）。各个分公司分别负责北京地面公交不同线路的运营。截至2016年底，北京公交集团公司拥有运营车辆29515辆，其中公

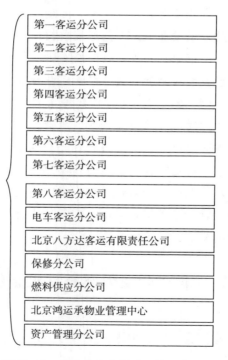

第一客运分公司
第二客运分公司
第三客运分公司
第四客运分公司
第五客运分公司
第六客运分公司
第七客运分公司

第八客运分公司
电车客运分公司
北京八方达客运有限责任公司
保修分公司
燃料供应分公司
北京鸿运承物业管理中心
资产管理分公司

图13-2　北京公交集团公司旗下分公司
资料来源：《北京公交集团公司2015年企业社会责任报告》。

共电汽车 21651 辆（含八方运）、出租车 6583 辆、长途车 229 辆、旅游车
1052 辆；运营线路有 1020 条，其中长途线路 171 条、公共电汽车线路 846
条、旅游观光线路 3 条，在这 1020 条运营线路中有 352 条属于多样化服务
线路。另外，北京公交集团公司的公共电汽车年行驶里程为 12.76 亿公里，
日均行驶里程为 348.56 万公里，年客运总量达到 35.27 亿人次，日均客运
量为 963.56 万人次，最高日曾达到 1104.61 万人次。由此可见，北京公交
集团公司承担着北京地面公共交通客运的主体任务[①]。

　　除北京公交集团公司外，北京祥龙公交客运有限公司也是北京地面公
共交通运输的重要运营单位。该公司成立于 1999 年，是国有独资企业，其
拥有 7 个分公司，经营公交线路 30 条，主要负责运行北京公交的运通
线路。

二　北京公交集团公司的起源与发展

　　北京公交集团公司始建于 1921 年，至今已有 97 年的历史。1980 年 8
月，北京市公共交通局改为北京市公共交通总公司，于 2005 年更名为北京
公共交通控股（集团）有限公司。中华人民共和国成立后，北京交通体系
的发展经历了四个阶段，分别为恢复发展期、创业发展期、持续发展期和
快速发展期。

　　北京公交集团公司始终以运营服务为中心，不断调整业务结构，积极
落实北京市政府公交惠民工程计划，承担着合理规划北京市公交线网布局
的任务，以"配合地铁的快捷性，加强和完善地面公交的便捷性"为优化
思路，形成了以公共汽电车线路为主，长途线路、快速公交、旅游线路、
郊区线路等为辅的北京市公共交通体系，形成了东西南北 4 条连接中心城
区的 BRT 快速公交线路。乘客换乘的枢纽站、快速公交线路基础设施建设
取得突破性进展，停车场、中心场站、加油站、保修厂、加气站和中途站
台的建设和改造也取得了一定的成绩，为北京市民的出行带来了极大的
便利。

　　1997 年前，小汽车数量增加带来的路源紧张问题，以及随之而来的拥
堵问题，越来越受到北京市政府的关注。为解决路源紧张、道路拥堵以及

---

① http://www.bjbus.com/home/index.php.

环境污染问题，北京市政府从政府层面和市场层面对北京市公交系统进行整改。

国家计委宏观经济研究院课题组撰写的《垄断性产业价格改革》指出，北京城市交通发展战略与公交价格改革的思路是：必须彻底改变过分依赖以政府财政补贴为特点的公交价格体系，要求公共交通票价弥补运营成本并使运营企业获得正常利润。

1997年，北京市开始尝试公交市场化改革，具体措施为对原有的北京公交公司进行整合重组并上市，该举措得到了民众的广泛支持，但是在原有公交公司的整合上市过程中也产生了许多问题。

1998年，北京公交系统开始进行最大规模的重组，北京市政府希望通过这种重组来解决北京市路面拥堵问题。

1998年6月，北京公交系统进行了大规模的重组，原来的公汽一公司、二公司和电车公司被拆分，重新组建了第一至第七客运分公司、电车客运分公司和保修一分公司、保修二分公司、保修三分公司11个专业分公司。

1998年8月，巴士客运分公司成立，整合了八个客运分公司的旅游线路、专线和小公共线路。次年，北京市政府批准由北京城市开发集团有限责任公司、北京华讯集团、北京市公共交通总公司、北京北辰实业集团公司、北京城建集团有限责任公司作为发起人成立北京巴士股份有限公司。北京公交总公司以99%的绝对多数实现对北京巴士股份有限公司的控股。

此后，由于北京市政府的大力支持，巴士公司得到迅速发展，截至2000年底，巴士公司已经拥有运营线路114条、运营车辆2835辆，其中双层线路6条、空调专线线路52条、旅游线路16条，2015年实现客运收入约39188万元。

三　北京公交集团公司的多元化经营

1999年6月18日，北京巴士传媒股份有限公司（原名北京巴士股份有限公司，以下简称北巴传媒）正式成立。2001年1月4日，北巴传媒在上海证券交易所成功发行人民币普通股股票（A股）8000万股。2001年2月16日成功上市，其股票代码为600386。

目前北巴传媒主要经营北京公交集团公司现有的全部公交广告媒体及相关传媒业务，包括 7000 余个候车厅灯箱媒体、19000 余部公交车车身媒体、移动电视媒体以及车厢、站牌等其他公交媒体资源。

北巴传媒拥有 8 个分公司和子公司，分别为北京巴士传媒股份有限公司广告分公司、北京巴士海依捷汽车服务有限责任公司、北京公交广告有限责任公司、北京巴士汽车租赁有限责任公司、北京市公共汽车驾校有限公司、北京隆源工贸有限责任公司、北京天交报废汽车回收处理有限责任公司以及北京北巴传媒投资有限公司。

北巴传媒的成立对北京市公交系统的改革具有里程碑意义，为便利北京市民出行、构建现代化公共交通服务体系做出了重要贡献。2006 年，根据北京市委、市政府关于对公共交通进行体制、机制和票制改革的决策，北巴传媒先后进行了三次重大资产重组，使公司的主营业务从以城市公交客运为主，转型为以公交广告、汽车服务和投资公司等为主营业务，由此，北巴传媒步入多元化经营之路。2009 年 12 月 23 日，经第四届董事会第十次会议审议通过，公司投资 1000 万元设立北京北巴传媒投资有限公司，持股比例为 100%[①]。

2010 年 1 月 6 日，北京北巴传媒投资有限公司与科伦比亚户外传媒以及海南白马传媒广告有限公司签署《广告媒体合作经营协议》，合作期限从 2010 年 1 月 1 日到 2016 年底。该协议得到了董事会的批准，主要任务是在运营车身媒体的广告分公司中设立三个业务部门，各合作方以"整体劳务输入"的方式与北巴传媒开展合作，在该分公司中计入车身媒体的成本以及销售利润。

2005 年和 2006 年，公司都发生了一定的亏损，2007 年 4 月，上交所对北京北巴传媒投资有限公司发出了警告。2006～2009 年，北京北巴传媒投资有限公司先后实施 3 次重大的资金重组，重组使该公司的核心业务、战略方向以及管理方式都发生了很大的变化。为增加营业利润，公司积极尝试主营业务转型，并取得了良好的效果，公司财务结构明显优化，盈利能力得以显著提高。2007 年北京北巴传媒投资有限公司扭亏为盈，尤其是 2009 年最后一次资产重组完成以后，公司长期维持平稳发展，运营业绩逐

---

① 《北巴传媒第四届董事会第十次会议决议公告》，编号：临 2009－014，第 2 页。

渐提高。

2014 年底，北巴传媒资产总额为 264697.95 万元，总负债金额为 84058.81 万元，净资产为 180646.22 万元，总股本为 40320 万股①。累计营业收入约为 30 亿元，归属母公司的净利润约为 2 亿元，每股收益约为 0.47 元。

第三节　国际城市轨道交通土地一体化开发案例

一　印度德里地铁

针对地铁站区的一体化开发和溢价回收，德里采用政府引导的传统方式。德里在其广泛的辖区内，在多层政府与其经办商之间，政策制定与利益分享的关系复杂。尽管政府对地铁系统给予了极大的支持，同时地铁站区的一体化开发也曾获得运营上的成功，但是德里当地政府及其运输公司仍然无法完全将溢价回收计划当作基建融资与城市发展的战略性手段来利用。主要问题表现在地铁站周边土地利用不充分，原因在于利益相关者之间的政策前后不一，管理框架前后不一，且缺乏协调。

（一）区域划分与土地管理

德里的区域划分方案旨在对主方案的政策进行详细说明，从而引导平面图的实施。德里的城市区域被划分为 A 到 P 的规划区，其人口密度以及供房能力将通过再开发的方式得到提高，轨道交通沿线的规划区是受益最大的区域。

与印度其他的大城市一样，德里中央商务区的容积率比发达国家的国际性大都市要低得多。另外，德里地铁有限公司（Delhi Metro Rail Corporation Limited，DMRC）地铁站处地产的容积率被限制在 1.0。这样，DMRC 便无法将物业开发的收益最大化。

---

① 《北巴传媒 2014 年年报》，第 5 页。

1995 年，通过国家政府与德里政府享有同等合作关系的方式 德里地铁有限公司创立，当时是国有公司，专为建造及运营国家首都辖区及其他地区的地铁而服务。在轨道交通商务实践中，DMRC 享有决定权。然而，土地发展权的执行权仍然归政府机构所有，城市发展部经常利用房地产发展项目来干涉 DMRC 的站区规划。

DMRC 从一开始就在公共基建以及城市交通服务方面占据举足轻重的地位。由于其初期操作中面临财政困境，DMRC 被准许实施房地产发展项目并有权从其站区设施中国家政府批准的地点获取不动产收入。早些年时，德里开发局（Delhi Development Authority，DDA）以及其他的市政部门批准进行这些开发活动，以支持 DMRC 轨道项目的实施。然而，DMRC 同样被批准免缴国家政府以及德里政府征收的最高额税费，这造成了 DDA 与 DMRC 之间的冲突。最终，DDA 拒绝批准 DMRC 在获批土地上进行商务发展的一部分计划，因为 DMRC 在这些项目上免缴物业税，但这些项目与地铁的运营并不直接相关。

（二）德里地铁一体化开发的资金安排

目前计划的德里地铁联合网络长约 293 公里，包含三个项目阶段。在这三个阶段中，国家政府得到了日本国际合作机构（Japan International Co-operation Agency，JICA）的日元优惠贷款（30 年，包括 10 年的宽限期，利率约为 1.8%）。印度政府对地铁周边的土地进行了重新规划，德里政府主要负责使公共项目获取私有土地，然后将这些土地转让给 DMRC。DMRC 以远低于市场价的价格收购了以前属于政府部门、其他企业和市民的土地。在部分地区，DDA 也会向 DMRC 免费提供土地。获取土地的费用作为 25 年无息次级债务包含在资金分配计划中。

2006~2012 年，德里地铁每日的客流量约提升了 285% 2011/2012 财政年的运营成本回收率达到了 247%。尽管税费免缴、优惠电费以及低成本劳动力均可解释这一超常收入，但地铁运营的常规收入才是 DMRC 偿还低息外贷的主要资金源，如 2011~2012 年的地铁运营收入占了公司当年财政收入总额的 57%。2004~2012 年 DMRC 各业务收入比重见图 13-3。

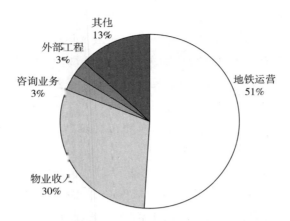

图 13 - 3　2004 ~ 2012 年 DMRC 各业务收入比重

资料来源：Delhi Development Authority，"Draft Master Plan for Delhi - 2021"，Delhi，2013，http：//www. dda. org in/planning/draft_ master_ plans. htm。

（三）一体化开发过程中遇到的问题

1996 年，联合内阁批准 DMRC 通过资产开发的方式将地铁项目第一阶段的总成本提高 7% 。政府在城市规划中并没有考虑地铁，其中一个原因是自从"二战"后德里的规划理念就以机动车为导向。国家的政治和金融支持仅仅在一系列总体规划启动后才起到作用。

因此，1999 年 7 月，政府对地铁站周边的土地进行了重划，以处理地铁内部规模较小的商务资产，保留邻近地铁站的可发展地块以及规模较大的居住及商务房地产项目，这些项目位于最初为建造客运站与维修工房而获取的地点。

开发权的销售分两步进行。在从多个政府机构处获得土地转让权之后，DMRC 通常会邀请经筛选通过的投标人来与已成功竞标的投标人就发展权进行特许协定。只有 DMRC 可以挑选开发商并规定租期。

然而德里地铁的土地开发效率不足。起初，DMRC 在地铁站内的物业开发规模非常小，因为 DDA 担心这种额外的商业活动会造成地铁站内的拥挤。

为此，DMRC 提供了包括中国香港在内的成功案例，努力想从 DDA 手中获得更多的开发权。但 DDA 认为，相对于 DDA 在站外的物业开发，

DMRC 在地铁站内的物业会更具吸引力。

事实也证明了这一点，大多数 90 年租期的位于客运站或独立地块的住宅开发项目会带来大量首笔支付费用，然而租期较短的（6～12 年）地铁站建筑内的商务房地产以及位于地铁站外大型地块上租期中等（20 年）的商务房地产却会产生更多的常规收入流。因此，DMRC 提出的所有有关物业开发、站区建筑物使用、土地规划的提议都会被搁置很长时间。当 DDA 在 MPD－2021 草案中提出要增加地铁影响区域的财政收入时，DDA 依然将 DMRC 的物业容积率限制在 1.0。除了出于避免站内拥挤的考虑外，在地铁影响区域土地增值的分配上没有同 DMRC 等利益相关者达成一致，也是 DDA 控制站内物业开发的原因。

为了解决利益冲突，地铁站的物业开发项目应由 DDA 和 DMRC 共同进行，然而二者工作的文化差异和方法差异很大。作为一个交通企业，DMRC 注重地铁运营的效率，并享有印度铁路法案提供的一定特权，这种特权不能被 DDA 和其他市政机构共享。与香港地铁和东京一些铁路公司不同，DMRC 地铁项目的主要资金已由国家政府提供，包括日元贷款，因此 DMRC 的属性界定不清，至今未拥有商业权利，无法进行其他业务。客运服务在最近几年产生了实质性的企业利润，同时由于在房地产和城市规划中缺乏足够的专业知识。DMRC 与 DDA 及其他利益相关者一起探索合作机会、创造更多价值的兴致不高。

DMRC 从不动产获取的常规收入占其近七年总收入的 30%。可是，在最后的几年里，不动产方面带来的财政份额却降低了（如 2011～2012 年仅为 6%）。

二　印度海德拉巴地铁

作为南亚跨国公司的中心，海德拉巴开发了 PPP 地铁项目，并将基于发展的 LVC 计划作为融资与城市发展的手段融合其中。在清晰透明的机构性管理框架下，这种新型的私有轨道线路将重新配置城市的商业区以及道路环境，同时将刺激地铁通道旁不动产的发展以及通过人行天桥与地铁站相连的商业物业或商务办公地铁管辖区的发展。

（一）资金安排

在当地商业创新的氛围下，海德拉巴地铁这一世界上最大的地铁 PPP

计划涉及多个市政机构和跨国企业。地铁轨道系统的第一阶段仍在施工中。三条地铁轨道线路的长度为 71.16 公里，包括 66 个站点，每个站点间均相隔约 1 公里，位于道路偏右的位置，该网络将覆盖前海德拉巴市政公司的大部分区域。由于地下地基岩石太多，不能建造地铁结构，因此整个地铁系统的位置被提高。

该项目进展顺利，各方的权利和义务在特许权协议中规定得非常明确：政府负责收购城市三要干道沿线的土地，私人企业负责建设桥梁支柱、线路和仓库。与投标条件相一致，政府满足了项目成本 40% 的需求，其中一半来自国家政府，另一半来自州政府，其余 60% 由 L&T 地铁轨道有限公司（L&T Metro Rail Ltd.，以下简称 L&T）提供。由印度国家银行领头的 10 家银行所组成的财团联盟提供融资。该轨道项目的负债和产权比为 2∶1。据 L&T 预测，旅客带来的企业财政收入约占 50%，物业开发所得约占 45%，广告和停车费所得约占 5%。

由此，L&T 物业收入所占份额比 DMRC 要高得多。项目总成本为 30.7 亿美元，其中包括地铁轨道沿线物业开发的 4.1 亿美元。

（二）房地产开发

根据海德拉巴的 PPP 规划，L&T 正在推动车辆段与地铁站处几个物业开发项目的实施。开发的三处车辆段占地近 86 公顷，其中面积最大的约为 1161000 平方米，可在第一层或第一层以上建造，将 70% ~ 80% 的底层面积用作列车及其他车辆段设施的维护与保养。

另外，每个地铁站建筑面积的 20% 均会被用作物业开发（轨道地区不计入面积）。L&T 被授权可使用地铁站规划中的 25 处停车场及交通点来进行物业开发，共计 23 公顷，其中面积最大的为 557000 平方米。许多可开发的地点是政府在规划中就准备在地铁站处用作非住宅建设，包括政府办公楼、医院以及高校。如果被标记的地块中有不可用的，政府将提供规模相当的备用地点。

政府希望 L&T 能提供公共设施，尤其是在地铁通道 300 米宽处计划的高密度客运交通导向发展地段。在客运交通导向发展方案中，同样需要提供良好的支线公交服务，并在新的地铁站周围建造连接良好的步行与非机动车通行道路网络。然而，这些基础建设以及服务的成本不包括在原有的特许协议中。出于综合联合运输的考虑，额外的项目资金需要从其他交通源获取，如 JnNURM。

但是，海德拉巴的地铁规划也存在一定问题。最新规划的海得拉巴都市圈不包括具体发展战略，海得拉巴中心区的地铁沿线也没有严格的土地使用限制。政府为了配合基于 PPP 的地铁项目，仅在沿线设置了 300 米的 TOD 规划区，土地的征收也比较草率，TOD 原则尚未被纳入地铁的规划中。这种宽松的本地化政策以及由此带来的短期和中期发展结果，能否满足大都市区规划内城市发展的长远目标，还需要进一步检验。

三　台湾捷运交通

（一）台湾捷运联合开发收益现状

由于台北市的土地成本较高，因此台湾捷运交通公司（以下简称台湾捷运）要取得建设用地较为困难。台湾捷运为获得建设用地，选择与其他运营商联合开发的方式以降低成本。以台湾捷运为主带动其他运营商合理开发轨道交通沿线土地，能够获得土地增加值，引导土地合理规划和开发，并且尽量降低因开发给土地所有者带来的损失。截至 2006 年底，台湾捷运通过这种联合开发方式获得 67 万平方米的建筑开发权，共节约建设用地成本约 185 亿元，净收益约为 180 亿元。台湾捷运共获得政府奖励 29 万平方米的建筑开发面积，净收益约为 120 亿元，开发后的容积率是开发前的两倍之多。

（二）联合开发合作方式

台湾捷运的联合开发合作方式，其组成要素为土地（私人、政府）、资金（私人投资人）、捷运局（规划设计、场站施工）、捷运公司（受理投资人申请，对场站及联合开发大楼进行监督、管理），以台北捷运为例，其合作模式及权利和义务关系见图 13 - 4。

台北捷运系统联合开发场站物业的类型，以集合式住宅、写字楼、商场及其他复合用途为主。

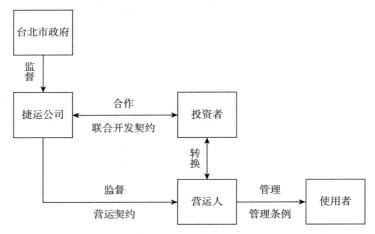

图 13 - 4　台北捷运联合开发模式中利益相关人之间的权利和义务关系

（三）联合开发的权益分配

根据《台北大众捷运系统土地联合开发须知》中对台湾捷运联合开发权益解释为，根据台北市政府与土地所有权人签订的联合开发契约书的有关规定，联合开发大楼的楼层、区位及坪数的分配，应有投资土地所有权人及主管机关以建造执照申请图议定各楼层区位的价格，再计算各方应分配的价值，以便依照议定各楼层区位的价格将各人应分得部分计算分配于集中的楼层内，并根据这些确定建造执照起造人名义，土地的持有和分配也应该按照实际分得的建筑物面积比例重新计算调整。其实简单地说就是各投资人依各个投资比例来分配等比例的联合开发大楼面积，而分配计算的依据则是依联合开发基地、捷运场站、联合开发大楼以及奖励面积所构成的组合而定。

四　新加坡地铁

（一）新加坡地铁概况

新加坡地铁全称为 Singapore Mass Rapid Transit，简称为 SMRT。新加坡地铁线路成环状网络，截至 2014 年 12 月，新加坡地铁已开通线路的总长度超过 150 公里，包括南北线、东西线、东北线、环线和滨海市区线第一期工程。其中，南北线（North South Line）和东西线（East West Line）已通车线路总长94.5公里，纵横穿越新加坡岛全境，是地铁网络中最主要的干线。这两条线路于1987年通车，是新加坡地铁最早开通的线路，全国超过一半的人口居住和工作在这两条线路两侧1公里范围内。东西线还有一条直通樟宜机场的支线长约2公里。东北线于2013年建成，是一条主要的地铁放射线，总长度约20公里。2012年1月14日，环线全线通车，使用无人驾驶列车，共31个车站。除了这4条地铁线外，汤申—东海岸线、滨海市区线二至四期工程、裕廊区域线、东西线大士西延长线、大士南支线以及跨岛线等线路正在规划建设中。

（二）新加坡地铁联合开发合作方式

新加坡轨道交通系统采取了典型的国有民营形式。1983年，新加坡地铁公司成立，接管了原新加坡地铁管理局的职责。新加坡政府先后通过特许经营协议的方式将经营权交给新加坡地铁总公司（SMRT CORP）和新加坡新捷运（SBS）公司。此后，新加坡的整个公共交通系统（包括公共汽车、出租车和轨道交通）主要由这两家全方位经营的运营公司负责。

新加坡政府和新加坡地铁公司的关系是政企分开、职责明确、各司其职。新加坡国土的70%以上属于政府所有，约30%属于私人所有。城市土地的开发利用基本上由政府控制，但政府只负责轨道交通的规划与投资建设、票价管制。新加坡铁路公司自负盈亏，政府不对其进行补贴，新加坡政府给予铁路公司较大的权限，为企业配备优秀的经营人才，营造良好的市场环境，建立相应的政策法规予以支持和约束，加强监督和安全管理。政府与地铁公司的合作关系见图13－5。

（三）联合开发的保障机制

新加坡通过实施性的概念规划和战略性的开发指导来规划城市的空间布局。新加坡的经验在于制定长期的发展战略，并保持战略的延续性，强化交通需求管理的重要性。新加坡交通和土地利用一体化规划与管理时间对照见图13－6。

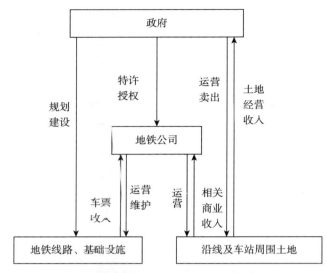

图 13 - 5　新加坡联合开发模式中政府与地铁公司的关系

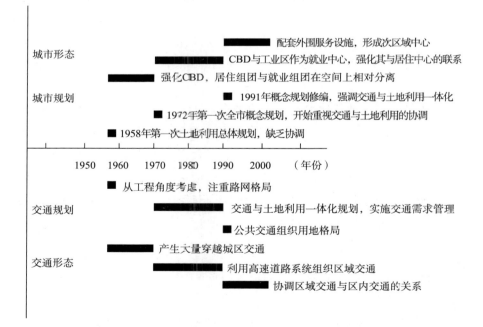

图 13 - 6　新加坡交通和土地利用一体化规划与管理时间对照

从 1975 年开始，新加坡政府不断出台多种交通政策来限制私家车的出行以及民众对交通的需求，大力倡导使用公共交通出行。1995 年，新加坡交通部成立"陆路交通管理局"，负责处理与陆上交通有关的规划、监督、实施、管理等各种事项，但地铁的规范管理和票价由公共交通委员会负责批准。陆路交通管理局负责筹划整个新加坡远期的交通发展策略，其中的四个主要关键策略是：①土地利用与交通综合开发；②道路使用需求管理；③形成高品质的公共交通体系；④提供一个全面的道路网络系统，并使其通行能力最大化。这些举措以提供世界级的城市交通系统为宗旨，设定了对轨道交通站点周围的土地进行高密度的集住宅、工业、商业等多功能于一体的综合开发目标，新加坡逐渐形成了在轨道交通站点周围进行高密度、多功能开发的局面。新加坡政府十分重视土地多元化利用和交通一体化综合开发。车站站点是具有较强吸引力的城市交通枢纽，对车站步行区域进行商业开发对于土地附加值的提升具有重要作用，因此，新加坡政府十分重视车站空间的多元利用，商业开发充分，取得了显著的成就。

（四）新加坡地铁联合开发的收益分配

新加坡的地铁建设由政府全额投资，政府通过获得土地增值部分的收益来弥补轨道交通建设的投资资金，从而实现社会经济效益的最大化。一种方法是地铁附近的商业用地暂不开发，待新市镇形成一定规模，土地价值上升后，再有计划地通过拍卖招标方式逐步交由私人开发商进行开发，吸引高密度投资，使新市镇中心的潜力得到充分发挥。另一种方法是在站点周边圈一大块绿地作为预留地，等周边地区发展起来后，预留地的价值就会大幅提升，政府从中获得收益。两种方法从交通需求引导的角度出发，使交通和土地利用有效结合，这是将交通外部性内部化的一种方式，作为投资方的政府通过这种方式从沿线特别是站点土地升值中获得补偿。

新加坡地铁的收益来源有客票收入、商业性收入和其他交通方式的补贴。从新加坡地铁的情况来看，客票收入是收入的重要组成部分，政府通过引导性政策鼓励公共交通或轨道交通发展，保证轨道交通客流量，使收入相对稳定或者可预见。另外，充分放权给地铁公司，鼓励其进行多元化经营。如今，新加坡铁路总公司以经营地铁为主要业务，除此之外，还经营与出租车、公共汽车、广告、商业店铺出租、设备维修、项目管理和项目咨询有关的业务。新加坡地铁总公司充分利用地铁站的空间，发展商铺出租业务，并且利用自身的资源提供车厢和车身广告。

（五）新加坡地铁站体开发模式

1. 综合集成模式

综合集成模式是一种集地铁站、办公区、商业区、公交换乘枢纽的建设与开发于一体的车站开发模式。例如，新大巴窑镇车站位于大巴窑镇的中心，将地铁站、办公区、商业区和装有空调的公交总站进行综合集成开发（见 13 - 7）。新大巴窑镇的整个开发空间是一个面积约为 1.7 万平方米的商业开间，提供餐饮、超市、银行等服务业务，商业区的上层是办公区，聚集了智能办公区、中小企业创业区、互联网企业等高新技术产业办公区，其中新加坡建屋发展局的总部也设立在此。除此之外，该区域还配套家政服务、教育培训、健康护理以及娱乐休闲设施等。位于新大巴窑镇车站地面层的大巴窑公共汽车换乘站可以实现地铁和公交车之间的快捷换乘。整个综合体不仅实现了不同交通方式的换乘，而且提供了多种功能的组合开发，集聚了大量人流。该开发模式对土地和人口稀少的地区也具有参考意义。

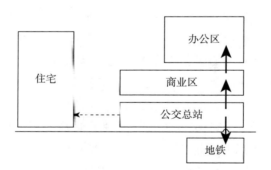

图 13 - 7 大巴窑镇中心综合开发模式

2. 商业集成模式

商业集成模式是只将商业区与地铁站进行集成开发的方式。在新加坡中央商务区，东西线和南北线共轨运行。该区段设市政厅站和莱福士站两个地铁车站，是新加坡最中心的地区，有高档的酒店和写字楼、繁华的购物中心和会展旅游服务中心等。这里的地下空间可用作商业开发，形成具有特色的商业一条街。从地铁站到 SUNTEC 会展中心，也开发成全长 500 米的商业地下通道，商业街设计十分具有特色，商铺的格局也比较高，充分发挥了地下商铺的潜力。这是一种商业集成的开发模式。

3. 商务集成模式

商务集成模式是一种只将商务办公楼与地铁站集成开发的方式。例如，东北线所建的新多美哥综合地铁换乘站位于新加坡中心商业区的乌节路东端，这是新加坡最繁忙的地方，坐落着许多大大小小的企业。新多美哥综合地铁换乘站被规划成新加坡整个地铁网络的换乘中心，它与在建的环线、南北线以及规划中的轻轨 Marina 线的车站都有连通，可以方便、快速地换乘到另一个线路上。新多美哥综合地铁换乘站也是新加坡第一个完全与商务办公楼整体开发的地铁车站，优化了新加坡土地使用结构。

该车站整体结构如下：地下一层和地下二层是站台、商业设施和停车场，其中商业设施不仅连接两个地铁车站，而且延伸到周边其他办公楼，扩大了整个商务集成的范围；地下三层为南北线，地下四层为环线，地下五层为东北线，相互之间可以进行换乘。地面建筑分别为十层和七层的商务综合建筑体。因此形成了地铁站点与商业开发紧密联系的交通体系。

4. 居住集成模式

居住集成模式是只将住宅与地铁站进行综合开发的方式。例如，盛港新镇面积约为 10 平方公里，是新加坡北部的一个小镇，居民住宅用地面积约为 5000 平方公里。整个盛港新镇四周环绕轻轨，与其他地铁、公交线路相接，形成了初具商业规模的特色发展城镇。

此外，新加坡政府推举公共住宅计划，即"居者有其屋"计划，大力倡导和提倡绿色生态居住环境，使新加坡人民有房可住，拥有良好的生态环境。这些公共住宅形成规模不等的聚集群，并且基本都没有地铁（轻轨）站、公共汽车交通换乘站和商业中心。

五　小结

通过以上的分析，现将印度德里、中国台湾、新加坡的城市轨道交通与土地一体化开发模式总结如下（见表 13-3）。

表 13 - 3　城市轨道交通主体参与土地综合开发模式选择

案例	轨道交通主体	产业选择	土地综合开发模式	参与方	收益分配方式
德里地铁	德里地铁有限公司	住宅及商业项目物业的开发、租赁和管理等	自主开发	德里地铁有限公司、政府	地铁公司从政府处取得土地，自负盈亏
台湾捷运	台北捷运公司	集合式住宅、写字楼、商场及其他复合用途房地产开发	联合开发	台北捷运公司、政府及其他投资主体	各投资人依各个投资比例来分配联合开发的面积，分配依据联合开发基地、捷运场站、联合开发大楼以及奖励面积所构成的组合而定
新加坡地铁	新加坡地铁总公司、新加坡捷运公司	住宅及商业、商务房地产、新市镇开发	联合开发	新加坡地铁总公司、政府及私人投资者	由政府全额投资，政府通过获得土地增值部分的收益来弥补轨道交通建设的投资资金；新加坡地铁总公司通过特许经营协议获取经营权，自负盈亏

　　尽管案例中收益分配方式各有特点，但宏观层面的政府管理都是不可缺少的。政府应制定概念性、高起点、高质量的发展规划，并针对规划不断进行细致的调整。在上述案例中，尽管参与收益分配的各个机构都不需要政府提供太多的补贴就能够自我生存并发展，但各个地区、各个交通方式的实际情况不同，仍然不能忽略轨道交通带来的巨大外部效益。

第四节　高速铁路与土地一体化开发案例

一　法国里尔 - 欧洲车站

（一）法国土地利用相关政策和站区开发模式

　　车站周边地区用地范围较大，相关利益主体较多，对城市发展影响深远，因此，此类地区一般采用"长远构想、统一规划、分步实施、动态调整"的规划实施模式，先期构建地区规划发展框架，优先建设政府主导的公共服务设施和公共空间，有效提升区域土地价值。在长期发展过程中，遵循地区发展框架，调整优化地区规划，适应城市发展需求，促进地区健康可持续发展。

（二）法国里尔－欧洲车站站区土地开发一体化

对于里尔－欧洲车站的综合开发，法国国家铁路公司主要采取整体规划、同步推进的方式。里尔－欧洲车站的开发主要分为两个阶段：第一阶段为车站综合开发建设期；第二阶段为站区综合商业开发建设期。自 1999 年起，里尔－欧洲车站开发进入第二阶段，重点是在高铁附近增加了居民用地，实现了地区的功能混合。由政府成立的专门机构制定规划框架，全权负责里尔－欧洲车站的开发。除专业机构负责的项目外，其他项目的开发权将被出售给各公共部门及私人开发商，再由开发商将建成楼宇卖给投资商，这些新业主或是自己使用或是出租。对于商业中心而言，开发商既是投资商也是使用者，里尔－欧洲车站的初始投资是 3500 万法郎，后期增至 5000 万法郎。依据法律规定，地方政府具有投资的分配权。

（三）社会效益

1993 年，巴黎至里尔的高速铁路建成，里尔借助高速铁路改善其交通条件的机会，同步完善或开发、建设各种服务设施，里尔工业区迅速转变为新兴产业区。与此同时，周围其他中小城市并未与里尔一样同步完善或开发建设各种服务设施，使得第三产业不断从周边其他中小城市迁出而向里尔集聚。里尔成功实现转型，成为一个以商务办公为主的城市。

在一定的经济社会环境下整合既有优势、扬长避短是里尔模式的特别之处。里尔之所以成为欧洲可达性最好的城市，主要依赖于国内和国际、城市间和城市内交通网络、TGV 与新旧车站的良好接驳，这也令里尔提升了城市竞争力，一跃成为巴黎、伦敦、布鲁塞尔三大国际都市经济活力辐射的几何中心，成为由工业城市转向工商服务业城市的典范。

里尔－欧洲车站的建成，使当地的失业情况有所改善。1996 年，里尔－欧洲车站新增 2000 个就业岗位，就业岗位数量达到 2800 个，而根据规划，所有项目完成后可提供 5000 个工作岗位。

二　英国伦敦国王十字车站

（一）英国城市土地增值收益的分配制度

土地发展权的国有化是英国土地增值收益分配的基础。英国通过规划许可制度向开发商寻求规划得益，以此为主要形式来实现对土地增值的回收。首先，英国的工党和保守党有着不同的政治与经济纲领，而且代表不同集团的利益，因而不同政党上台后，政策变动比较频繁，缺乏连续性和稳定性，这种不同政党轮流执政在很大程度上影响了土地增值回收政策的执行。其次，英国没有单独的土地管理法规和部门，而是通过规划法规和规划部门对土地使用进行管制。地区规划部门在进行本地区土地增值收益分配中有自己的决定权，而且是"项目导向式"的，针对不同开发项目的申请有不同的内容，也具有较大的灵活性。最后，英国基本不存在"土地价值税"这种税目，但是对土地增值收益进行回收的方式是存在的。这些方式几经变换，现在主要采用的是规划得益的方式。

（二）国王十字车站站区的一体化开发

伦敦国王十字总站与圣潘克拉斯（St. Pancras）和尤斯顿站（Euston）有望成为伦敦的主要转运中心。2004 年的《大伦敦空间发展战略》预测国王十字车站将与完工的英吉利海峡隧道铁路线 – 高速 1 （HS1）、泰晤士 2000、克罗斯河电车三条线路相接，成为伦敦可达性最好的地区。国王十字车站位于伦敦最大的市内交通交汇处，连接 6 条地铁线路。

在维多利亚时代，国王十字车站及周边地区是城市大工业区的一部分。但到了 20 世纪后期，它已失去了车站本身的价值，仅仅作为铁路专用线的仓库，且周边地区环境污染严重。1976 年，《大伦敦开发规划》（GLDP）首次定义国王十字地区为"拥有一个逐渐成形的公共交通枢纽的商务办公区"。20 世纪 80 年代中期，英国铁路局（British Rail，BR）作为该地区最大的土地所有者和交通运营组织者，邀请多家开发商参加车站地区再开发的投标。

国家和地方政府、交通运输部门以及私人开发商围绕国王十字车站地区的土地再开发和交通发展策略问题展开了一系列复杂而艰苦的谈判。开发商对车站地区开发的兴趣浓厚，一直在寻找铁路土地和车站空间开发权放开并投入房地产市场的机会。Rosehaugh-tanhope 最终中标，承接下了国王十字车站这个项目，英国铁路局通过这项工程也得到了丰厚的回报，这使得英国铁路局和开发商更加热衷于对铁路土地的开发利用。地方政府的主要工作就是根据实际情况对建设方案予以批准或者否决。但后来由于市场低迷，加之当时 HS1 和相关开发项目的不确定性，开发无法继续进行。直到 20 世纪 90 年代末，车站地区成为 HS1 的一个组成部分，国王十字车站的重建计划才得以继续进行，由伦敦大陆铁路公司（London & Continental Railways，LCR）负责开发。

据 2004 年伦敦市长介绍，英吉利海峡隧道铁路线的建设取得了约 20 公顷的未充分利用的土地，被称为"机会区"（Opportunity Areas），可用于高密度的商业开发，还可以提供位于国王十字车站周边的住宅区。2006 年，地方政府对"机会区"进行了鉴定，并进行了重新规划，计划 2016 年完成国王十字车站的再开发。作为车站地区重建的第一阶段目标，伦敦艺术大学在 2011 年秋季开设的新校区就坐落于此。

伦敦国王十字车站的一体化开发共投资 20 亿英镑（约 210 亿元人民币），用于当地交通基础设施和公共区域建设。伦敦国王十字车站占地面积为 27 公顷，约 10 公顷用于建设新的公共线路与开发区域，计划建设 20 条主要街道、10 处新公共区域，包括 3.2 公顷的五大广场，同时新建 28 万平方米工作场所，4.6 万平方米零售店、咖啡馆、酒吧、餐馆和休闲设施，2000 户住宅，以及其他教育中心、宾馆、文化设施。国王十字车站地区的再开发将提供大约 22100 个稳定工作岗位。

（三）国王十字车站地区的土地溢价回收方案

伦敦国王十字车站地区的开发与英吉利海峡隧道铁路线的建设项目是分不开的。英吉利海峡隧道铁路线于 1994 年由私人公司——伦敦大陆铁路公司负责开发，建设成本约 57 亿英镑（88.2 亿美元），然而这个项目的财务可持续性受到了质疑。英国交通部（DfT）先后提供了约 21.6 亿英镑的财政援助，涵盖工程造价、项目债务和 LCR 及其附属公司的业务。2009 年，LCR 因财务危机而并入英国交通部。2011 年，LCR 重组为一家房地产开发公司。LCR 除了得到 20 亿英镑的额外的现金补助外，还获得了国王十字车站和斯特拉特福德地区的物业发展权，这种特许经营合同将持续到 2086 年，之后所有资产将回归政府。

随着国王十字车站项目的进行，预计 LCR 将在 2015～2020 年从国王十字车站地区和斯特拉特福德地区的物业开发项目中获得收益。基于政府和 LCR 在 1996 年的协定，DfT 将得到开发净利润的 50%。

车站建成后，谷歌耗费约 6.5 亿英镑（约 68 亿元人民币）购买并开发一块面积为 1 公顷的土地。完工后价值将升至 10 亿英镑（约 105 亿元人民币）。谷歌的进驻将吸引其他技术公司进驻国王十字车站地区——尤其是小型创业公司——并可帮助提升租金，体现了土地开发的价值创造。

三　东京大都市区的土地溢价回收方案

（一）筹款安排

铁路的建设和运营需要东京的公共部门和私人部门通过各种方式筹集大量资金，资金的主要来源包括车票收入、公共投资、债券、补贴、零利息贷款、长期债务以及土地溢价回收（LVC）。基于 1986 年《城市轨道发展促进特殊措施法案》的"市区铁路专用储备基金"，铁路部门可将一部分运营收益用于支持未来项目，而这些项目可能是必要的，却不一定会产生很多需求或收益（如四重轨道线路及车站功能升级项目）。因此，政府对私人铁路部门实施了一系列优惠政策，包括免税资源、低利率、适度上调票价以及基金专款，然而这种方法主要用于相对短期（10 年以内）的资产改良项目，这些项目往往不需要征用大量的土地，对实际客流数量的要求也不高。

私人铁路公司用于铁路建设的资金中一般有 10%～20% 是通过出售普通股形成的。对于那些不适于私人项目的基础城市线路，国家和地方政府主要通过日本发展银行、公共铁路机构及公私合营企业实现融资。此外，公有地铁及新的城镇铁路线有资格发行一系列地方债券（如地铁工程特种债券、运输债券、公司债务支付债券和日本铁路建设机构债券），尽管大型基础设施建设造成的城市债务增长引起了更大的争议。

20 世纪 60～70 年代铁路利润下降，日本政府因此设立了补贴规划，逐渐提高了对铁路建设的财政资助。鉴于东京发展模式、出行需求及经济发展战略发生了根本性改变，政府的基金安排开始转向提高现存股票价格和放宽机场准入。私人铁路部门和地方政府还采用了其他筹资机制，如道路专项基金（通常占桥梁或地下通道建造成本的 1/3）、高架铁轨项目津贴，同时节约土地征用成本，促进地产开发的土地再调整。

日本的运输机构不仅使用财政拨款来为铁路建设融资，而且使用了

LVC 机制。按照地点和利益相关者的不同，城市区有六种主要的 LVC 类型（见表 13 - 4）。

表 13 - 4　东京大都市区土地溢价回收的主要类型

类型	主要位置	主要利益相关者	机制	案例
内部化	城市 - 郊区	私人铁路公司	在铁路沿线实施土地再调整，接受房地产发展预留土地，对房地产资本收益进行国际性分配（"将私有铁路公司的外部业务内部化"）	东急田园都市线
要求	郊区	新城镇开发商	支付新城镇线路一半的建造成本并以底价提供先行权	北都线
集成	郊区	地方政府及开发商	为新铁路线保留先行权并通过土地再调整项目共同增加住房用的可开发地块	筑波快线
请愿	郊区 - 乡村	地方社区及开发商	支付新车站设施的建造成本，免费提供先行权并通过土地再调整项目修建车站广场及相关道路	JR 线
协议	城市 - 郊区	开发商、土地所有者及建筑物所有者	分担新铁路项目（及人行道）成本，分享发展收益	横滨 MM21 线（及东京地铁）
拍卖	城市	日本国有铁路结算公司及开发商	出售之前的铁路站场用于日本国有铁路终点站周边的私有性再发展，以减少前期债务	日本铁路公司品川站

资料来源：日本土木工程学会。

东京 LVC 最著名的机制之一是将私人铁路投资的可达性和集聚效益内部化。私人铁路部门接手了新城镇发展预留土地，并吸收了房地产业的资本收益（如东急田园都市线），共同实施了车站周边土地再调整项目。

政府的新城镇发展项目与其他津贴机制一起，需要开发商支付新城镇线路建造成本的一半，并允许城市及私人铁路机构以基础土地价格购买铁路沿线土地开发权。然而这种机制造成土地征用价格过高，并提高了新城镇线路的票价，如北都线（Hokusou Line）。

市区城郊扩展的最新模式是住房发展及铁路投资的融合。依据《1989 年住房 - 铁路集成法》，地方政府及公共住房部门可以在分区规划中指定车站及开发区，同时集中可开发地区用于新住房建设，并通过土地再调整项目获得新线路的优先开发权。例如，筑波快线建成之后，铁路建设机构以基础土地价格从地方政府及住房部门处购得了优先开发权，之后为地方政府合资的新铁路公司建造了有关基础设施。而地方政府及住房部门只能在郊区住房需求很大时通过出售车站周边预留住房发展地块来获得资本收益。

国家铁路线途经的城镇和村庄可通过支付新车站设施的建筑成本、提供免费先行权来向日本铁路公司（其前身为 JNR）请愿，用于提升车站的全方位服务，重新调整车站广场及周边道路的土地规划。

由于增设站点将降低火车运行速度，铁路部门可能会在提高服务频度和扩大铁路覆盖面时有所犹豫，如果当地利益相关者——居民、地主、企业主——的出行需求足够大，会利于申请的批准。

铁路部门（或地方政府）有时试图对具体问题进行具体分析，与私人开发商及建筑持有者达成共识，以分担建设成本或分享开发收益（如横滨 MM21 线）。东京地铁建成后，新地铁站周边的建筑所有者往往要支付建筑物与地铁站之间的人行道的建设成本。

另一个重要的措施是出售东京中心区的旧铁路站场。JNR 结算公司接手了 JNR 的大部分房地产，以弥补 20 世纪 80 年代中期开始积累的债务，并在日本铁路公司终点站周边大块土地的公开拍卖中将其出售，用以私人发展（可视为 LVC 的一种）。这种 LVC 模式通常会影响公私基础设施及服务、土地再调整项目及综合域市再发展方案，涉及的主体包括地方规划署、开发商及未来建筑所有者，但也会获得大量收益，可用于土地再开发（如东京 - 丸之内线、东京 - 品川线、东京汐留线）。

（二）多元化经营措施

对主要铁路公司而言，发展性 LVC 是一项重要的商业措施，不仅能够为资本密集型铁路项目筹资，而且可以通过房地产及其服务业提升铁路沿线居民的生活品质（Murakami，2012）。东京的私人铁路公司具有多重身份，包括运输工程师、土地中介，甚至可以被称为城镇规划师。

2011 年，东京大都市区主要私人铁路公司下属的房地产等行业创造的年度收益率为 18.2% ~40.5%，其中收益最大的是东京电铁，其在房地产及非铁路方面的年度收益约为 960 亿日元（12 亿美元），但整体上要比 20 世纪 80～90 年代的收益低很多（Association of Japanese Private Railways, 2013；Cervero, 1998）。

在诸多铁路公司中，东京公司因其过去几十年的发展性 LVC 措施而闻名世界。尽管如此，东京公司近年来的发展策略转为应对铁路沿线的人口及商业巨变（Murakami, 2012）。在 2003～2012 年公司业务净收益中，房地产业占 34% 左右，运输服务——铁路及接驳巴士服务占 41% 左右。住房、商业及娱乐服务创造的总收入提高 25%，这表明为铁路投资及房地产开发提供各种服务变得日益重要，有助于铁路的长期运行和成本控制。

此外，经过 1987 年的私有化改革，日本铁路公司获得了房地产开发的权利，并抓住了车站内外物权和土地开发的机会。东日本铁路公司将车站空地开发为购物中心和办公室，这一举措为其带来了大量收益。2002～2012 年，购物中心和办公室租赁的收入约占公司总收入的 23%。东日本铁路公司享有政府旨在支持铁路事业及公共空地使用的大型不动产税减免政策，候车室建筑及车站大厅内集聚了零售服务和房地产业务。尽管东日本铁路公司的"站内"业务模式已经在其他私人铁路公司中得到了广泛普及，但有人认为，这种享受政府减税优惠的站内业务破坏了站外传统街道式商业模式，影响了其他零售商的利益。

2007 年，东京大都市区的政府对私人铁路公司的 83 个车站额外征收了 22 亿日元（约 2100 万美元）的财产税（Tokyo Metropolitan Government, 2007）。

（三）小结

东京大都市区采用了铁路 LVC 政策，为发展中国家传统大都市区及新兴大城市制定土地开发和交通导向政策提供了一定借鉴。

国家、省级及市级的政府规划基本上是推行多中心模式的区域发展及铁路延伸战略，只是公有、私有及半私有实体在同一地区采用的发展方式和 LVC 做法不同。所有利益相关者都需要有清晰的共同规划，并采取一致措施，以应对未来宏观经济和人口数量的变化。

在市场不动产体系下，土地再调整和城市再发展方案是将 LVC 应用于交通引导开发（TOD）的主要途径。然而二者都需要进行综合性决策（通常需要很长时间），并在调整传统社会关系或经济激励的基础上才得以顺利实行。土地征用权可能会加速土地的集中，然而使用不当也可能导致持续的社会紧张和不信任感。

创新 LVC 手段需要系统工程、房地产投资、城镇规划及市场推广等方面的专业知识，以建立适当的发展参数、分析市场情形、提供多种服务，使车站物业及客流集聚区的价值最大化。本质上，铁路部门需要铁路物业的长期管理权，以便从土地开发和车站周边服务活动中获得稳定收益。

具体的 LVC 手段可根据利益相关者、周边规划、时期及规模的变化而改变。决策人必须了解每种方法的特点，在当地实际情况下合理安排并结合相应技术。单独的一套模板无法解决所有的财政问题及空间规划问题。

运输机构及地方政府可通过土地再调整的方式，有效利用土地开发的优先权，以促进新铁路线沿线的房地产开发，这样有助于保证未来客流和车票收益的稳定，尤其是在当地居民需求迫切的情况下。

指定区域内的主要土地持有者/开发商可帮助实现土地再调整。这些人拥有一定的房地产知识和资源，他们更可能投资当地基础设施，进行创新性规划，实现车站周边土地价值的最大化。同时，应通过合理的政策安排促使私人部门及开发商提供社会基础设施和服务。

四 东京大都市区土地溢价回收案例

东京大都市区有 4 个案例比较突出，体现了不同的创新性 LVC 机制、主要工具、发展参数、利益相关者关系。

（一）东京田园都市线二子玉川站——铁路企业进行的溢价回收

1966，东京急行电铁公司（以下简称东急公司）在其田园都市线沿线实践了花园城市理念，并于 1984 年初步形成了花园城市区。公司指定的商业区在 17 个辖区中大约占地 490 平方公里，城市家庭为 250 万户，居民为 500 万人，居民收入较国家平均水平高 50%。花园城市区面积约为 50 平方公里，聚集了居民 60 万人。花园城市建设质量高、自给自足，且支持了郊区内办公室、银行、大学及私立学校、社区医疗中心、公共服务机构、百货公司及超市、酒店、娱乐设施等多种商业的发展（Cervero，1998）。

随着社会的萎缩及老龄化进程的加快，"人口学"成为公司确定未来几十年发展模式的关键。1988~1998年，商业区65岁以上老人所占比重从15%增长到19%，预计到2035年这一比重将达到29%。这一变化促进了当地非常规服务设施的发展（Tokyu Corporation，2013）。

二子玉川（Futako-tamagawa）站周边的再开发体现了公司应对市场趋势的新战略。公司在中心商业区西南方19公里处制定了5个再开发规划，旨在形成新的商业、住宅及娱乐活动中心，在东京站周围形成城市可及性，在多摩川沿岸建造郊区康乐设施。综合开发下的市中心办公区以创新性产业为主，这一点与东京中心区传统的办公白领不同。此外，公司建成了适合于年轻人的购物设施，与现存的适合于老年人的零售店形成对比，以在车站区域产生商业协同效应。

东急公司筹集了366亿日元（3.55亿美元）的国家补贴，并销售了价值约1001亿日元（9.71亿美元）的房屋。利用这些收入，公司开发了相当多的新公共设施，如交道广场、地方道路及公园。再开发方案耗时近15年，综合住房区再分配进程涉及200多个土地所有者及居住者。公司持有车站周边95%以上的物业，成功将不同开发目标融入同一开发进程中，进而通过协调区域管理活动创造循环利益，而不是投机性地获得临时收益。

（二）筑波快线柏叶校园站——住宅开发和铁路投资整合

筑波快线是在大都市区域建设的最新的大型市郊铁路，于2005年开通，有20个站点。筑波快线全程58.4公里，设计时速为130公里，为旅客提供往返于东京中心区（秋叶原）和多个卫星城镇（如Kashiwanoha校园镇和筑波科学城）之间的客运服务。筑波快线经过13个站点、18个土地整理区，合计面积约为2903公顷。县政府、城市复兴社（原住房和城市发展公众公司）和市政府拥有对沿线土地的开发权，通过土地整理，把土地以评估价格打包出售给铁路建设局，降低了征地难度。地方政府和公共住房机构在新车站周边预留土地，用于出售或建设公共设施，同时与原土地所有者和新居民共同建设交通导向型城镇。

柏叶校园站位于东京市中心东北32公里处。千叶县政府的土地整理项目始于2000年，当时政府选定了面积为272.9公顷的区域。除一个高尔夫球场和一些小工厂外，其他土地都是原野和森林覆盖的丘陵。经过调整，当地建设了新的火车站，其余的大部分土地用于住宅、商业、工业、教育、道路、公园、绿色空间等社会服务，容积率（FAR）为 2.0～4.0。随着公共服务设施的进一步完善，这些资产的估计价格从 2326 亿日元（22亿美元）增加到 3301 亿日元（31 亿美元），比土地调整前增长了 41.9%。该项目的成本共计 963 亿日元（8.91 亿美元），尽管东京郊区的住房市场一直不景气，但该项目仍然取得了一定收益，其中预翟地块的销售额达到了 609 亿日元（5.63 亿美元），相当于成本的 63.2%。

当地的研究机构和主要土地的出让人都在再开发中付出了巨大的努力。三井不动产公司是高尔夫球场的拥有者，作为该地区最大的土地拥有者和开发商，处于非常重要的地位。公司凭借自身的房地产专业知识和资源，实现了资产价值的最大化。该公司在智慧城市概念（信息技术、电动汽车站和可再生能源系统的应用）下，针对有孩子的年轻家庭建设了新的购物中心和住宅区。此外，新车站附近的两所大学已与开发商、市政府、铁路公司、商业协会和非营利性组织共同举办了城市设计研讨会，从长期来看，这可能会进一步提升该地区的价值。

（三）横滨 MM21 线——土地开发商和业主的协议

几十年来，横滨市已被国际公认为开创性的开发者。特别是 MM21 区域，该区域位于东京中心西南约 30 公里处，是现代滨水区开发的标志，旨在形成一个拥有 16 万名工人的企业集群。20 世纪 80 年代初，城市的项目团队与城市复兴社在前区建设了面积为 100 公顷的土地整理区，包括三菱集团的大型造船厂。项目中高层商业楼的 FAR 最大可达 8.0。

新的 MM21 线地铁长 4.1 公里，连接现有的横滨站以及海湾商业和娱乐区。沿线有 1.3 公顷的土地已被纳入土地整理方案。经营 MM21 线的横滨 MM 铁路公司由横滨市、县政府、私营铁路公司、三菱房地产和银行家共同拥有。地铁线建设成本约 2570 亿日元（20 亿美元），如此高的成本在很大程度上是由填海区地下施工的难度造成的。经协商，三菱房地产、原船厂所有者、新商业大楼业主共同负担建设经费，并共享投资收益。共享的土地溢价估计为 740 亿日元（5.78 亿美元），收益率近 29%。

（四）JR 山手线品川站——原日本国有铁路（JNR）债务清算

由于城市复兴的热潮，原日本国有铁路用于债务清算的土地对东京过去几十年的景观产生了重大的影响。JR 山手线品川站附近的高层商务大厦重建，开发商、业主和地方政府在日本的"后泡沫"时期共同创造了高附加值的商业环境。通过 1987 年的私有化改革，约 10 公顷的土地被转移到 JNR 结算公司，结算公司不仅要偿还巨额债务，而且要通过车站周边开发和更全面的区域规划来提升资产价值。整个开发过程历时 18 年，耗资约 420 亿日元（3.82 亿美元）。JNR 结算公司引进东日本铁路公司、私人开发商、新业主和地方政府，指定了 13.7 公顷的土地整理区，其中包括 10 公顷的空地，以及空地周围的公共与私人土地。

为了激励私人开发商增加住宅、人行道、公共休憩空间的供给，政府决定将实质性的 FAR 红利赠予新业主。例如，B－1 商业区（基本 FAR7.0）包括 35433 平方米的集体房屋建筑面积（FAR 红利 3.6）、公共开放的绿色空间以及行人天桥道路网（FAR 红利 1.9）。这吸引了一些注重工作环境的实体企业，也提高了房地产价格。火车站地区的土地价值上涨了约 73.6%，但是这种上涨也可能源于 JR 中央新干线（2003 年开始运行）停运所产生的城际效益。

五　日本东京火车站的土地开发

（一）东京火车站周边用地的开发模式

东京火车站是日本最大的火车站，于 1914 年建成使用，立于东京城市中心，总建筑面积约为 22 万平方米，从北到南长约 330 公里。东京火车站及其周边开发的主要特征有：①客运站周边的商业和商务用地占据明显优势，充分利用了火车站地区交通可达性程度较高的优势，提高了土地的附加值；②地铁、电车、公交等出行方式换乘十分便利，各种交通方式紧密衔接，可达性较高，公共交通线网布局紧密，这种紧凑型的土地利用形式可以最大限度地集中人流、物流、资金流和信息流。

这种紧凑型的发展和高强度的商业开发模式有利于土地资源的节约和城市基础设施的全面利用，以避免开发无序蔓延的状况，同时很好地塑造了疏密有致的城市景观。

(二) 东京火车站站区的土地开发

东京火车站站区占地面积约为 3.8 公顷，建筑规模为 23.77 万平方米，建筑高度为 60 米，分为地下 3 层和地上 16 层。主要功能包括酒店、百货商场、购物中心、电影院、博物馆、展览厅、地区政府办事处等。在交通接驳方面，车站包括 1 条地铁线（京都共 2 条）和 20 余条城市公交线。以客运站为中枢，逐步形成一个集交通枢纽、商业服务、娱乐休闲于一体的城市综合中心是东京火车站周边建设的普遍规律。20 世纪 60 年代以来，在新干线开通后，逐渐增加了东京站的列车班次，在空间利用上则向着地下化、高架化的"立体化"方式发展。

日本新宿车站是世界上最繁忙的火车站之一，每天有超过 300 万人次的客流量。在车站东边形成了新宿中央商务区和日本最大的零售和休闲区。新宿站有 4 大地下街，车站出口数量超过 200 个，与周边的新宿大道、甲州街道及周边商业地块连通，商业功能繁多，主要为时装百货、休闲娱乐及食品服务。通过地下空间，客流能够方便快速地抵达商务区几乎所有地块，完善的标示系统和设施配备更好地服务使用人群，使得该地区成为东京土地价值最大的地区之一。

东京火车站站区对客运站地下空间的综合利用主要体现在以下三个方面：第一，规划形成综合化、多元化的地下空间网络；第二，在公共地下空间、沿街建筑物和广场等地实施立体化的衔接设计；第三，尝试将天然光线引入地下铁通道之中，照亮视野。例如，东京火车站的八重洲地下街总面积为 7.3 万平方米，上层是商业街，由 250 多家商铺组成，中层是停车场，可容纳 520 辆汽车，底层是供电、通风等技术设备室，在东京火车站附近几百米的范围内形成了丰富的地下商业空间，满足了人们的生活需要。

(三) 社会效益

日本新干线的长度是日本全岛铁路总长度的 1/10，但是新干线承担着日本岛 30% 的客运量，运营收入可达全国铁路总收入的 45%。另外，由于速度提高，日本新干线每年运送旅客所节约的时间相当于多创造 9000 亿日元的经济效益。新干线的修建加速了地区资本流动，带动了经济发展和人口规模的增长。据日本统计局统计，1996 年，日本全国人口增长至 1975 年的 1.13 倍，其中非新干线沿线区域的人口仅增长至 1.07 倍，新干线沿线区域人口增长至 1.25 倍。除此之外，全国工商企业数量增加至 1975 年的 1.2 倍，其中非新干线沿线区域的工商企业数量只增加至 1.15 倍，而同期新干线沿线区域的工商企业数量增加至 1.49 倍，可见新干线推动了沿线工商企业的发展。在经济效应方面，新干线的修建还增加了当地政府的财政收入。自 1987 年日本铁路改革以来，新干线沿线区域所有城市的财政收入增加至 1975 年的 2.5 倍，非新干线沿线区域所有城市的财政收入仅增加至 1.9 倍，同期全国平均水平增加至 2.19 倍。

六 台湾桃园高铁站

（一）台湾土地利用相关政策

在台湾，用地单位不允许自行征收土地。随着 BOT 方式在基础设施领域的兴起，大量的社会资本进入基础设施投资领域。台湾发布了《土地征收条例》，在新条例中变成了"其他依法需要征收土地之事业"。因此，私法人和自然人也能够申请办理土地征用。台湾"立法院"最终通过《促参法》，在以前法案的基础上，该法案借鉴外国经验，决定授予参与台湾高铁 BOT 工程的业者土地优先开发权，未来凡是 BOT 案中用地涉及区段征收的，都可以向当局提出申请，在分区配置时当局可以将对其有利的土地作为首选。

（二）桃园站区土地一体化开发

"五大站区"以桃园站区为例，站区土地归政府所有，台湾高铁公司取得地上开发权。提供 35 年的使用年限，以供高铁附属事业如旅馆、会议及工商展览中心、餐饮、休闲娱乐、百货零售、金融服务等使用其"事业发展用地"。地上发展权为 50 年，对于事业发展用地，台湾高铁公司可以自行开发、合资开发，或由其他公司开发经营。桃园站区有事业发展用地 10.72 公顷，包括主要供商业开发使用的附属事业用地 8.55 公顷，建蔽率为 60%，允许开发使用项目包括旅馆设施、会议及工商展览中心、餐饮、休闲娱乐、百货零售、金融服务、一般服务（不得经营特种服务业）、运输服务、旅游服务等。高铁局在专区内以区段征收的方式统一取得车站旁边的土地，并在高铁施工的同时，将站区的公共工程及附属事业进行共同规划。高铁车站附近土地从价值不高的农业用地转换为建设用地和商业用地后，价值暴涨数倍。

七 小结

将法国、英国、日本、中国台湾等国家或地区有代表性的高速铁路交通与土地一体化开发模式总结如下（见表 13-5）。

表 13-5 高速铁路主体参与土地综合开发模式选择

案例	轨道交通主体	产业选择	土地综合开发模式	参与方	收益分配方式
法国里尔-欧洲车站	法国国家铁路公司	站区综合商业	联合开发	里尔-欧洲车站开发公司、公共或私人开发商、政府、投资者	地方政府拥有投资的分配权，政府组织者制定各投资方的投资比例
英国伦敦国王十字车站	英国铁路局、英国交通部	商务办公区	招标、规划许可	国家和地方政府、英国铁路局以及房地产开发商	英国在发展权国有化条件下，通过规划许可制度，向开发商寻求规划收益，以此为主要形式来实现对土地增值的回收
东京大都市区	东日本铁路公司	集交通枢纽、商业服务、休闲娱乐于一体的城市综合中心	独立开发	东日本铁路公司	自负盈亏
台湾桃园高铁站	台湾高铁公司	旅馆、会议及工商展览中心、餐饮、休闲娱乐、百货零售、金融服务等商业	自行开发、合资开发，或由其他公司开发经营	台湾高铁公司、政府、其他开发公司	自负盈亏

高速铁路站区的土地开发、利用和土地权利仍然是一个相当热门的话题，因为这涉及政府、开发商以及民众的多层利益关系。因此，以可持续的方式指导土地利用并确保社会各阶层获得土地，需要一个负责任的公共部门。未来研究应更加注重如何处理交易成本，以及公私合作伙伴关系的实施，而不仅仅是土地利用与规划的新方法。

第十四章
价格机制实践

第一节　香港地铁票价机制

一　香港地铁介绍

香港地铁有限公司最初为地下铁路公司，地下铁路公司成立于 1975 年，属于香港特别行政区政府所有。2000 年 6 月，香港特别行政区政府向市场公开募股，出售了其所拥有股份的 32%，并更名为地铁有限公司，并于 2000 年 10 月 5 日在香港联合交易所挂牌上市。2007 年末，地铁有限公司与九广铁路公司合并，后更名为香港地铁有限公司（以下简称港铁公司）。

香港地铁总长度约为 218 公里，周一至周五每日的客运量约为 510 万人次，约占香港公共交通总客运量的 46.4%。港铁公司运营香港 1 条机场快线、9 条市区铁路线，以及在新界西北的有轨电车线。除香港外，港铁公司还在北京、上海、深圳、杭州、沈阳等城市提供轨道交通服务，并在全球开展铁路运营工作，总雇用人数超过 200 万人。

二　香港地铁的票价机制

在九广铁路公司与地铁有限公司合并为港铁公司后，港铁公司实行"可加可减"的票价机制①，2010 年正式实行，港铁公司规定每 5 年对票

---

① http://www.thb.gov.hk/tc/policy/transport/issues/pmmks.htm.

价进行一次监督检查。"可加可减"机制于 2013 年第一次对票价进行监督检查，引入家庭月收入中位数作为票价的上限，港铁公司同时实行利润分享机制和服务表现安排计划，从年利润中划取一定比例的金额和延误的罚款金额补贴到票价上，对地铁票价给予优惠。

两铁合并后降低票价。在合并方案公布的 24 个月内，铁路票价将不会提高，共有 280 万人次在两铁合并日即可享受票价下调的优惠：取消换乘车费，票价由 1 港元至 7 港元不等；所有使用八达通缴付全费的乘客，单程可减 0.2 港元；票价为 12 港元及以上的乘客，其票价降幅达到 10%，据估算约有 34 万人次享受优惠；地铁票价为 8.5～11.9 港元的乘客，其票价降幅达到 5%，据估算约有 110 万人次享受优惠；老年人在星期日或节假日乘坐香港地铁，每次旅程只需 2 港元的车费，并且持续优惠一年。以上降价优惠适用于地铁（机场快线除外）、西铁、东铁（罗湖站除外）以及马鞍山地铁。

落实"可加可减"机制。地铁公司的票价自主权将被客观且极具透明度的票价调整机制所取代。未来地铁票价会与消费者物价指数、行业工资指数及生产力因素挂钩，可加亦可减，票价调整的公式为：

$$\triangle 票价 = 0.5 \times \triangle 综合消费物价指数 + 0.5 \times \triangle 行业工资指数 - 生产力因素$$

其中，△综合消费物价指数和△行业工资指数根据政府统计处定期公布的综合消费物价指数及运输业界名义工资指数变动确定。铁路票价以此方式每年评估一次，生产力因素设定为 0.1%，在两铁合并后第六年生效。当票价调整等于或小于 1.5% 时，有关调整将延后至下一年。票价调整机制每 5 年公布一次，或在政府要求下公布（见表 14 - 1）。

表 14 - 1　"可加可减"机制下香港地铁票价涨幅情况

单位：%

参照区间	综合消费物价指数	工资指数变动	生产力因素	加减幅度	实际加减幅度	票价调整实施日期
2007 年 12 月至 2008 年 12 月	+2.1	-0.66	0	+C.72	0	纳入下期
2008 年 12 月至 2009 年 12 月	+1.3	+1.4	0	+1.33	+2.05	2010 年 6 月 13 日

参照区间	综合消费物价指数	工资指数变动	生产力因素	加减幅度	实际加减幅度	票价调整实施日期
2009 年 12 月至 2010 年 12 月	+2.9	+1.5	0	+2.2	+2.2	2011 年 6 月 19 日
2010 年 12 月至 2011 年 12 月	+5.7	+5.1	0	+5.4	+5.4	2012 年 6 月 17 日
2011 年 12 月至 2012 年 12 月	+3.6	+1.8	0	+2.7	+2.7	2013 年 6 月 30 日
2012 年 12 月至 2013 年 12 月	+3.8	+3.6	0.1	+3.6	+3.6	2014 年 6 月 29 日
2013 年 12 月至 2014 年 12 月	+3.9	+4.5	0.1	+4.3	+4.3	2015 年 6 月 29 日
2014 年 12 月至 2015 年 12 月	+2.5	+3.1	0.1	+2.7	+2.7	2016 年 6 月 30 日

资料来源：根据香港特别行政区《2016 年物价指数年报》以及《香港地铁公司年报》整理。

港铁公司宣布 2017～2018 年票价维持不变，这是港铁公司连续七年首次冻结票价。香港于 2007 年设立"可加可减"票价机制，最初以通胀率、工资指数、生产力因素等客观数据来决定每年的票价增幅情况，目的是使票价能够与人民的生活水平相适应。"可加可减"的票价机制能够提高票价制定的透明度。但自 2008 年以来，由于全球金融危机，香港的物价水平持续上升，出现通货膨胀，因此，地铁票价每年都在上涨。自该机制实施起，连续七年有加无减，港铁公司每年的利润也在增加。而作为公共产品，轨道交通服务的价格理应受到限制，因此公众对该票价机制产生了强烈的反对情绪。此外，之前提及的以家庭月收入中位数变动的价格上限也从未起过作用。香港《大公报》社评指出，自 2010 年实施"可加可减"票价机制至 2017 年，香港地铁票价"七年七加"和"有加无减"，因此，票价的设定机制肯定存在需要改进之处，否则难以平复香港市民的反对情绪。

三 香港地铁 R + P 经济模式

对于轨道交通项目而言，其投资大、周期长、运营和维护成本高、运量高估等因素，导致难以通过票价收入来弥补前期投资建设成本，风险较大。世界上几乎所有的轨道交通 PPP 项目都需要政府补贴投入，如果单靠私人投资者进行融资，往往会出现巨大的财务危机，最后往往是由政府出面处理债务。因此，政府需要考虑私人投资者的财务能力水平以及激励模式，不仅要使私人投资者有利可图，而且又要保证公众利益。

R + P 模式（Rail + Property Model）是集轨道交通 PPP 项目全生命周期开发和沿线物业开发于一体的多元化经营模式，港铁公司采取这种模式运营，并成为世界上第一个实现盈利的地铁公司。在 R + P 模式下，政府可以不直接对轨道交通 PPP 项目进行投资，或者给予财务上的扶持，而是将地铁沿线土地开发权授予私人投资者。私人投资者可以对沿线土地进行开发，如进行车站商场的建设、周边房地产的开发、停车场的建设等有关物业开发，政府可以不对贷款进行担保。一体化综合开发的收益往往能够弥补私人投资者的建设、运营和维护等成本，私人投资者拥有更大的经营权限和更多的激励措施，能够促使其提供高质量的产品和服务。在特定项目的土地划拨问题上，政府也可以进行有限额度的补贴或其他方式的资金支持，如暂时取消股息、给予一定的财务补贴等。

港铁公司在一定程度上享有地铁沿线土地的开发权，同时负担地铁建设的全部成本和运营成本，统一进行地铁沿线的综合开发，在增加客流量、保证主营业务实施的同时开展多种其他经营业务，使整个港铁项目能够自负盈亏。港铁公司通过公开透明的竞标方式招标选择沿线物业用地开发商，将地铁与物业统一规划、统筹管理。同时，与开发商按开发协议约定的条款分享物业开发收益。港铁公司在物业开发完毕前，将所有土地使用权保留在港铁公司名下，在开发商发生严重财务危机或者由于其他原因无法完成项目开发工作时，港铁公司仍能自己继续完成工程，保证轨道交通建设工作和物业开发工作能够正常进行。

R + P 模式不是单纯用于解决财务问题的手段，而是提高整个轨道交通 PPP 项目运行效率、效益和效能的项目管理方式，其规划理念包括 3D 原则，具体如下。

一是高发展强度（Density）。在车站站点的步行区域内进行集约式综合开发，使商业开发与轨道交通密切结合，在高强度、高密度、高效率地为公众提供轨道交通服务的同时，提供相应的商业服务。

二是多元化土地利用（Diversity）。根据公众的需求，合理装配、建设和布置不同功能的建设群，在沿线土地上合理布局住宅、商业零售、办公、工业和不同种类的公共设施，综合开发沿线土地。

三是优质小区设计（Design）。强调人与自然和谐相处的设计理念，在满足商业开发的同时，注重整体配套环境的设计，尤其是绿色宜居的住宅区布置。

对于香港地铁的整体开发规划，港铁公司始终坚持 3D 原则。除此之外，香港地铁的规划还与所在地区的城市规划相适宜，采用 TOD 模式，以公共交通为导向，并结合 R+P 模式对地铁沿线进行综合开发，尤其关注车站的商业开发和建设。通过运用多种开发模式，港铁公司致力于打造新型公交城市，优化城市整体布局，建成综合交通网络体系。对于城市的规划设计，香港不是由单一部门单独决策，而是广泛争取公众的意见或建议，与社会各组织进行合作与沟通，统筹调度各方的资源与优势，最终形成可持续发展的土地综合开发方案。在此期间，港铁公司作为组织者参与到整个城市的规划建设工作中，负责与政府各个部门合作，并与物业开发商交涉。

第二节　北京市公交票价机制改革

一　北京市公交票价改革背景

自 2013 年开始，北京市公共交通票价调整的问题受到了社会各界的广泛关注，社会各界对北京市公共交通票价的制定提出了不同的意见和建议，并围绕财政补贴、调整方案、票价机制等关键词进行了热烈的讨论。但是，对于北京市公共交通票价何时改和如何改的问题，政府方面还未有定论，票价的调整能够得到民众的支持是此次调整的首要任务①，具体背景如下。

（一）票制票价长期未做调整，已不适应当前情况

从 2007 年 1 月 1 日起至 2014 年 12 月 27 日止，北京市公交票制票价

---

① 北京公共交通集团（控股）有限公司：《北京公共交通票制票价改革始末》，《人民公交》2015 年第 12 期，35~38 页。

政策实行已近 8 年。2007 年北京市公交实行低票价政策的主要背景，是北京市为召开 2008 年奥运会，呼吁民众绿色出行，缓解交通拥堵问题，积极倡导公共交通出行。2006 年北京市政府提出了"优先发展公共交通的意见"，以增强公共交通对民众出行的吸引力。2007 年北京市政府对公交票价机制进行了全面改革，其中最关键的内容是取消月票机制，大幅度下调票价。截至 2007 年，北京市的公共交通票价为全国最低，而北京市的示范作用对全国公共交通票价的制定也产生了积极的影响。

（二）低票价政策下政府的财政补贴压力日益增大

2007 年北京市的公共交通票价为全国最低，极大地刺激了北京市民选择公共交通作为出行的主要工具，但是其背后蕴含大量的财政对公交系统的补贴，自 2007 年起，北京市政府对公交系统的补贴逐年增加，公共交通系统亏损额逐年扩大。据统计，2007 年北京市政府对公交的财政补贴为 55.71 亿元，2013 年为 138.82 亿元，增长的幅度达到 149.18%。而 2013 年北京市政府对地铁的补贴额达到 200.1 亿元。另外，随着公共交通运营企业成本的不断增加和市场因素的变化，财政补贴的力度仍在加大。

（三）票制改革前的票价政策已不适应公交网络化运营的要求

2007 年以来的票价机制与公共交通的整体发展要求已经不相适应，迫切需要对公共交通体系的票价机制进行调整和改革。另外，随着公共交通客流总量、路网规模和出行结构的不断变化，北京市公共交通发展面临新的挑战，主要出现以下几个方面问题。一是票制问题。北京市公共交通主要实行单一票制，而此票价机制已不能满足公共交通公司的正常运行成本要求。二是票价水平问题。主要是解决轨道交通与地面交通价格不匹配的问题。三是分担机制问题。主要是解决城市公交票价管理收益分配不合理的问题。四是财政可持续问题。主要是解决市政府每年的巨额财政补贴问题。

（四）社会各界对调整公交票价、改善服务的呼声日益高涨

一是每年都有人大代表、政协委员提出公共交通系统的票价改革建议或议案，提出应该适当调整票价，进一步提高公共产品或服务的供给；

二是从市财政预算的角度希望调整票价，北京市政府应改变连续 7 年对公共交通系统进行补贴的局面，由于政府财政紧缩，应减轻财政压力；三是全国公交同行对北京的低票价政策应该有不同方面的反思、认识和呼吁；四是党中央高层领导人员对北京市的票制票价也提出改革的意见要求。

（五）低票价政策下企业的经营与发展面临诸多困难

①长期的低票价政策并没有使公共交通健康协调发展；②运营企业收入下降，成本增加，所需的财政补贴也增加；③入不敷出使公交的进一步发展受到较大限制，与社会提升公共服务的需求存在差距；④低票价政策导致公交资源过度使用，企业收入过低，给企业经营管理带来困难；⑤公共交通系统职工的生产生活条件亟待改善。

二 北京市公共交通票制票价原方案

（一）票制票价

北京市公共交通票制票价政策在 2007 ~ 2014 年并没有发生变化。2014 年 10 月 28 日，北京市发改委通知举行公共交通价格调整听证会，北京市才在真正意义上迈入了公共交通价格的新时代。北京市最初的票制票价方案分为两部分，分别是轨道交通和地面交通。其中，轨道交通的票价为每人每次 2 元。地面交通中的市区交通为每人每次 1 元，12 公里以内 1 元，超过 12 公里以后，每增加 5 公里票价增加 0.5 元。地面交通中的市郊公交包括空调车、暖风车和普通车，票价方案为普通车 12 公里以内 1 元，超过 12 公里以后，每增加 5 公里票价增加 0.5 元；暖风车 10 公里以内 1 元，超过 10 公里以后，每公里票价增加 1 元；空调车 10 公里以内 2 元，超过 10 公里以后，每增加 5 公里票价增加 1 元。

（二）优惠政策

解放军士兵、武警士兵、伤残人民警察、盲残人士、残疾军人、离休干部、见义勇为人员七类人群乘坐轨道交通免票；解放军士兵、残疾人、65 周岁及以上老年人、离休干部、见义勇为人员、武警士兵、伤残人民警察、残疾军人八类人群乘坐公交免票；在校学生可以享受 75% 的乘车优惠；地面公交市域内刷公交卡可以享受半价优惠。

三　北京公共交通票制票价改革后方案

（一）票制票价

目前北京市公共交通票制票价可以分为地铁方案和公交方案。地铁票价规定，在 6 公里以内（包含 6 公里）每人每次 3 元；在 6 公里以上 12 公里以下（包含 12 公里）每人每次 4 元；在 12 公里以上至 32 公里以下（包含 32 公里）每人每次加收 1 元；在 32 公里以上每增加 20 公里票价增加 1 元，上不封顶。公交票价规定，在 10 公里以内（包含 10 公里）每人每次 2 元，每增加 5 公里票价增加 1 元，上不封顶。

（二）优惠政策

解放军士兵、武警士兵、伤残人民警察、盲残人士、残疾军人、离休干部、见义勇为人员七类人群乘坐轨道交通免票；解放军士兵、残疾人、65 周岁及以上老年人、离休干部、见义勇为人员、武警士兵、伤残人民警察、残疾军人八类人群乘坐公交免票；在校学生可以享受 75% 的乘车优惠；地面公交市域内刷公交卡可以享受半价优惠。每月使用市政交通一卡通乘坐地铁，每张卡支出累计满 100 元后，超出部分打八折；满 150 元后，超出部分打五折；支出累计达 400 元后不再打折；上午 7 点前乘坐地铁，在优惠车站刷卡可以享受五折优惠。

（三）价格动态调整

北京市公共交通的票制票价采取动态调整机制，当票价的平均调整比例大于或等于 0.1 元时，将启用年度调价。当公共交通的票价达到年度调价的条件以后，由北京市公共交通运营企业提出票价调整的具体意见和实施方案，然后再经国家发改委、交通部和财政部委托第三方机构进行评议和听取不同建议，最终向北京市政府有关部门报备，进而对外实施新制定的票价方案。

第三节 首尔公共交通的票价改革

　　1953 年，首尔通过 PPP 模式开通了第一条公共交通线路，在政府与社会资本的合作中，首尔市政府给予私人投资者很大的自主经营权限。这些经营权限包括私人投资者可以永久进行整线路的建设、运营和管理的决定权，政府只是保留了定价权利，对私人投资者进行了补贴，防止私人投资者减少公共产品或服务的供给，补贴的目的是确保公共服务能够保质保量地完成和交付，但是该补贴方案缺少激励机制，导致私人投资者的积极性下降，不同运营商之间恶性竞争，侵害了社会总福利。

一　从一票一乘制改为一票多乘制

　　首尔的公共交通票价机制整合了地铁服务和公共交通的票介机制，即不再区分轨道交通和地面交通，而是统一票价机制，由一票一乘改为一票多乘，并且在地面交通与轨道交通之间可以免费换乘。首尔市的公共交通票价体系完善了质量管理和政府补贴机制，对服务质量的考核可以通过票价制定得以显现，该票价机制的设立在使私人投资者有利可图的同时，也能够较好地实现社会总福利最大化的目标。

二　引入竞争机制

　　竞争这一要素在管理系统中也处于重要地位，有利于私人部门提高运营效率，联合经营的收入分配基于巴士公司的经营业绩，使得公交运营和收益管理相分离。收入管理系统采集所有巴士公司的所有票介收入信息，不区分盈利或低利润的线路，统一按照巴士公司每辆车每运营公里数重新分配利润。在这个过程中，经营低利润线路的巴士公司也可以通过运行车次和公里数分配到应得的利润，最终实现盈余。换言之，就是用有利可图的线路的盈余来补偿亏损线路，使得巴士公司运营线路与收益水平相分离，避免恶性竞争。

三　成立票价结算中心等组织

　　首尔市政府特别成立的票价结算中心等组织，负责专门管理公交运营收入和公交运营信息，并提供补贴。

四 为票价制定相应的法律法规

由于公共交通系统的特殊性，补贴是必须支付的，以保证巴士公司的利润水平和票价的稳定。然而，《客运服务法》是全国性的基础法律，若规定"不盈利线路的运营"适用范围也是全国性的，那么真正有条件执行这项法案的目前只有首尔地方政府。尽管首尔多次要求修订该条款，但韩国政府也不能立刻修改；尽管韩国政府理解改革的目的，却很难允许某项法案只对首尔生效。最终首尔市政府通过坚持不懈的努力说服了韩国政府，修改了法律和条例，"为振兴公共交通而进行的公车制度改革"获得了中央财政支持。此外，《首尔旅客运输金融支持条例》和有限经营许可证的出台，也为准公共交通制度的最终上马奠定了法律基础。

五 首尔公共交通票价改革后的成效——满意度的提高

改革后，市民对公共交通的满意度明显提高。根据首尔发展研究所于2005年6月进行的研究，改革后的民众满意度由14.2%上升至36.9%。导致消费者满意度上升的最主要因素是"有折扣的换乘票价"和"地铁和巴士之间的无缝连接"。票价改革后真正方便了市民的出行，提高了公共交通服务水平和运营质量，最终满足了市民出行的需要，增加了消费者的福利，提高了市民的满意度。

第十五章

高速公路公益性与经营性平衡案例

第一节　意大利高速公路

一　意大利高速公路概况

意大利是公路建设最早的国家之一。1934 年，意大利的高速公路米兰到都灵线路修建完工，全长 126 公里。但高速公路早期在意大利发展缓慢，修建的项目标准低、数量少。20 世纪 50～70 年代，意大利出台了《高速公路建设规定》，开始大规模修建高速公路。该建设规定指出，要新建 1700 公里的高速公路，使通车里程达到 2126 公里，其中包括从米兰到那不勒斯的著名的"太阳高速公路"，该公路长达 738 公里。

意大利的公路可分为四种，分别是高速公路、国家公路、省级公路和市镇级公路。据统计，意大利境内约有 31 万公里的公路。其中　全封闭式高速公路有 7000 多公里，一般为双向六车道，既有上行道也有下行道，有着每小时 130 公里的最高速度限制。意大利各大中城市均有高速公路相通，主干线共计有 30 多条，而且意大利也有国际高速公路，分别通往瑞士、奥地利、法国等邻国。

二　意大利高速公路开发模式

意大利和其他一些国家通过特许协议的方式成立专门的管理机构，来管理全国范围的正在建设或运营的高速公路。这些以特许协议的方式专门成立的公司是一种实体企业，其成立的主要目的是在特许期内负责意大利境内高速公路的建设、经营、管理和维护，在特许期结束后，再把公路移交给国家。政府还成立了国家公路管理局（ANAS）来管理和监督特许期内高速公路的建设和运营，主要对经营高速公路的公司进行宏观层面上的调控。

国家对"特许公司"的政策是：政府按照法律与"特许公司"签订合同，明确责、权、利，授权特许公司建设和独立经营管理高速公路，核定经营期（一般为30年）满后，公司将高速公路交回国家；"特许公司"负责筹集资金、实施工程，以及通车后的收、管、养、经营、还贷全过程；政府视建设情况可一次性或分期投入30%的资金，其余部分由公司向银行和私人借贷，国家对公司债务予以担保；国家对建设用地的征用给予优惠。政府确定收费标准，收取车辆通行费，用以维持正常的养护和管理、还本付息、股东分红、税金及投入新建高速公路。合同中存在的最大问题是政府的投资补助，不同经营项目的投资补助是不同的，如对建设成本高且相对收益较低的项目，政府投资补助就多，反之就少。而且，如果交通发展始终低于预期估计，那么就需要公私双方重新来讨论确定投资补助的数量。

在规制方面，意大利政府主要负责对干线公路进行规划，分解建设项目，批准特许公司并授权项目的融资、建设和经营，为项目提供财政支持，审批收费标准。规制的真正执行主体是国有企业意大利国家公路管理局（ANAS），它一方面负责投资建设和管理不收费的高速公路，特别是南部地区和西西里岛，迄今管理着约5000公里的高速公路；另一方面它又是其他特许经营公司的监督管理主体，它委托授权给特许经营公司，并对其建设款项提供担保，监督合同实施情况。意大利ANAS集团公路有限责任公司在法律上是法人，国家经济部门拥有100%的股权，公司只是代表国家对国道公路进行管理，在公路管理业务方面目前受意大利基础设施和运输部的监控。图15-1为意大利公路管理体制。

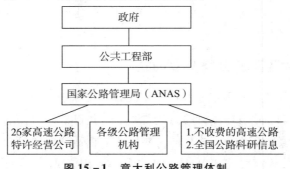

图 15 - 1 意大利公路管理体制

三　意大利高速公路的收益分配

在签订的特许经营协议中，政府和特许经营的高速公路公司约定相应项目的收益，对项目实际收益超过约定预期收益、项目收益提前达到约定投资回报率等情况的处理方进行规定。

意大利是以特许公司形式进行项目融资来建设高速公路的。政府向选定的公司赋予特许权；在法律保证特许经营的条件下，公司可以进行资本市场融资；对高速公路上的事务，除了将交通事故处理交由警方负责外，一切带有政府行为的事务均由政府特许授权给公司，由公司执行，以保证公司有合理的收益。

四　意大利高速公路的融资模式

（一）投资来源主要为项目公司发行债券

投资来源主要是社会公众和企业的资金，但出于经济和法律的考虑，即使取得政府的担保后，特许公司也仍然要由各股东出资或利用自有资金形成项目的铺底资金（实际上相当于我国的资本金），其规模应占总投资的10%或以上。

（二）充分考虑各种影响项目经济效益的因素

意大利各方面人士都谈到，项目特许公司要申请到贷款。项目造价、交通量的敏感性影响是至关重要的问题。这是顺利进行筹资的基础性工作。因此，通过具体分析影响项目收益的各种因素，可以促使项目公司注意控制成本，真正以良好的工程质量和服务水平吸引交通量，达到预期的经济效益。

（三）按银行贷款的要求进行项目融资设计

项目发起人本身的资格要与所从事的项目相适应，要与银行共同承担风险，且按照银行贷款的要求来设计项目融资框架。项目发起人与银行商谈项目贷款的前提是先与政府签订特许经营合同。银行对项目贷款有以下考虑：需要有稳定的现金流量收入；对建设和养护费用要有最高限额的保证；应具备能保证贷款协议顺利执行的法律框架，要能够适应所在国的法律和财务规定，避免因受限制而影响协议的执行；对不能自由兑换的货币，要解决外汇风险问题。

第二节　美国高速公路

一　美国高速公路概况

早在 1944 年，美国就开始打算建设全国的高速公路网，但直到 1956 年，这个想法才以"国际和国防高速公路网计划"法案的名义在国会上获得通过。1957 年，美国州际和国防高速公路网正式投资建设，到 1989 年，已完成计划里程的 98%。此时，高速公路已将各州首府（阿拉斯加除外）及 5 万人以上的各个城市连接起来，形成网络并与加拿大、墨西哥相通。到 1998 年，美国高速公路里程已达 88727 公里，约占全国公路总里程的 1.4%，实际承担交通量的 25% 以上。1960～1998 年，美国每年平均建成高速公路 2300 多公里。1998 年每百平方公里国土面积高速公路密度为 10.94 公里。美国高速公路建设速度在世界上是最快的，现拥有约 9 万公里的高速公路。

二　美国高速公路开发模式

美国是建立道路公共建设基金制的典型国家。1930 年后美国经济处于第四次经济危机的低谷，罗斯福总统执行新政，为建设公路，从国家财政增拨了大量经费。后来由于第二次世界大战发生，联邦资助公路工作于 1941 年中止，后又于 1946 年重新开始。1956 年国会立法改变了过去由财政拨款资助公路的做法，建立了道路公共建设基金制，即美国州际和国防高速公路建设的资金源，主要是由汽车燃料特别税及重要汽车配件（蓄电池及轮胎等）消费税等组成的州际公路信托基金。该基金及其税收是根据美国国会 1956 年同时通过和生效的联邦资助公路法案和公路税收法案建立的。州际高速公路建设的资金供应采用分期拨付的方式，联邦政府承担州际高速公路建设费的 90%，其他 10% 由各政府承担。自此，美国道路公共建设基金制确立。根据国会通过的法规，联邦公路信托基金主要用于资助各州建设和改造美国的高速公路系统，它通过国会审查批准的联邦资助公路计划来实现。该计划由运输部公路管理局具体负责实施。它的资助项目可以分为三大类：联邦资助系统项目、特别项目和示范项目。

1967 年，主管美国国内各种运输事项的最高权力机构"联邦运输部"成立，主要包括交通运输统计局、联邦公路交通安全管理局等 10 个专业职能部门（见图 15 - 2）以及公共事务办公室、政策办公室等 12 个业务办公室，主要帮助部长开展日常管理工作（见图 15 - 3）。

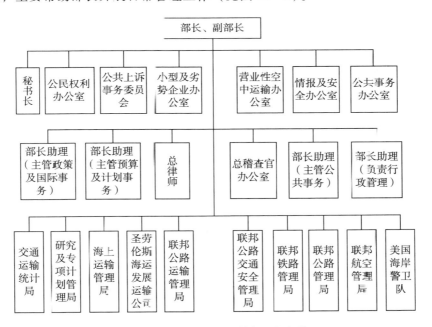

图 15 - 2　美国联邦运输部组织机构

美国高速公路建设采用的一直是道路公共建设基金制，其主要内容是国家为保证高速公路的投入而专门设立的有特定财源和指定用途的公路资金，即高速公路建设和维护资金主要由政府为融资主体进行融资。这一国家高速公路发展和投资政策的主要特点是：高速公路发展早，汽车保有量巨大，以汽车燃料税为主要资金来源的道路公共建设基金的积累规模庞大，为高速公路的建设和快速发展创造了有利的条件。

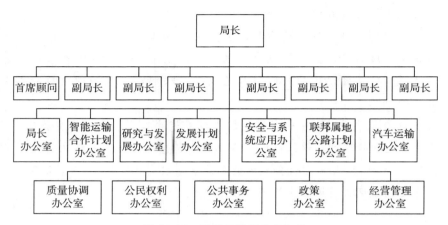

图 15 - 3   联邦运输部总部机构

三   美国高速公路收益情况

由于修建和维护高速公路的成本越来越高，完全依靠政府承担越来越困难。近年来，美国政府通过立法允许私人投资者投资高速公路，从而形成了由政府和私人投资者相结合的投资体系。私人投资者采用股票和债务相结合的形式筹集资金，债券由未来通行费偿还。由于专项投资已不能满足需求，原则上用公路收费弥补预算缺口，也就是将要广泛采取的收费体系，美国已经有 9 个州对高速公路网采取了收费方式。收费高速公路管理委员会是独立的法人，但不同于一般的私人公司，有时也被称为半官方机构，它享有一些特殊的公益事业职能。美国大多数人认为通行费是最合理的，因为公路为有偿使用，消费者要付费。政府可以将所获得的通行费收益继续投入美国州际和国防高速公路的建设中。

尽管后期采用了公私合作的融资方式，但在收益分配上，美国道路运输业依然主要依靠政府的高额补贴，主要是由其联邦、州和地方政府提供补助。资助的形式主要是政府的无偿赠予和财政支出，内容包括低息贷款、担保贷款、税收优惠以及其他形式的补贴。奥巴马 2009 年 2 月 17 日签署的《美国复苏与再投资法案》重新强调了基础设施建设在美国的重要性，该法案不仅要求改善美国当时公路系统的构架，而且增强了维护公路基础设施的需求意识。

第三节 德国高速公路

一 德国高速公路概况

德国的公路被分为联邦级、州级和乡镇级三等，有 9 条高速公路与邻国相通，其高速公路建设可追溯到第二次世界大战以前。从战略和经济发展目标出发，当时德国已经计划在全国各主要城市之间建设高速公路。1949 年联邦德国成立后，开始继续执行高速公路建设计划。1953 年制定了《联邦干线公路法》；1955 年颁布了《交通财政法》，规定通过对汽车使用者征税来保障干线公路建设的资金来源；1960 年又制定了《公路建设财政法》，规定将大部分燃油税收入专用于干线公路的建设。1990 年东德和西德统一后，德国又开始执行《1991～2010 年州际高速公路发展计划》，主要目标是向原东德地区推进高速公路建设，并建设与周边国家和地区相贯通的高速公路系统。到 2004 年底，德国公路通车里程达 23 万公里，其中高速公路总里程达到 1.15 万公里，形成了欧洲最庞大的高速公路网，并以气魄雄伟、质地优良而闻名于世。

二 德国高速公路开发模式

德国采取的是政府建设和管理的模式，德国高速公路由联邦交通部公路局负责制订规划和建设计划，委托各州的公路局建设和管理所辖境内的高速公路。联邦政府利用油税收入资助高速公路建设，州政府主要利用汽车保有税和公债收入投资公路建设。在各州直接从事高速公路养护管理的是高速公路养护站。

德国原来的高速公路建设投资主要来自联邦政府和私人投资，早期还有少量外来贷款，后期制定石油税收法后，则将汽车燃油税作为主要资金来源。政府按税收情况制订整个经济开支计划。资金分配以各州汽车保有量的增加情况、整个联邦地区的交通关系和各地的急迫性调查为依据。

三 德国高速公路收益模式

与德国相邻国家不同的是，德国政府一向不主张通过收取过路费来投资发展高速公路，希望建成一个纯公益性的交通网络，道路的交通流量不受通行费的影响，然后将这些做法推广到整个欧洲。然而，在欧盟一体化的大趋势下，德国的这种倾向正在发生转变。由于高速公路建设的投资压力越来越大，2005 年德国出台了《高速公路使用费法》，规定交通基础设施的使用者应更多地承担基础设施费用，并针对不同运输工具实行差别定价，如大型载重汽车的高速公路建设、维护和运营的费用相较于中小型车辆要高。该法律还规定，可按照使用高速公路的时间和地点的不同征收不同的费用。2015 年 3 月，德国联邦议院通过了一项法律草案，以扩大对卡车征收道路通行费，并收取客运车辆的通行费。该法案规定，自 2015 年 7 月 1 日起，加大对载重超过 12 吨的大型卡车通行费的收取力度，四车道联邦级公路是新增加的收费路段，总长约 1100 公里。自 2015 年 10 月 1 日起，要求载重为 7.5 ~ 12 吨的货运车辆支付道路使用费。这两项新规定预计每年将产生 3.8 亿欧元（约 26 亿元人民币）的收入。

德国计划对外国客车征收"基础设施费"，这取决于车辆的规模和环境标准。但欧盟法律不允许歧视其他欧盟成员国的司机。为了实现合理征税，德国政府首先在国内对小客车车主征收基础设施服务费，为了不增加车主的负担，保证道路的车流量，政府当局又相应地降低了机动车税。但是这种做法仍没有避免被起诉的命运，2015 年 6 月，欧盟委员会针对德国发起违约诉讼，2016 年德国计划征收基础设施服务费的措施暂时搁浅。

第四节 小结

高速公路不仅产生了时间节约效益，而且提高了土地的利用水平。虽然高速公路的占地面积比普通公路大，是二级公路的 2 ~ 3 倍，但是其通行能力是普通公路 5 ~ 6 倍，在部分发达国家可能达到 7 倍以上。可见，高速公路提高了土地的利用效率，通过对沿线土地进行合理开发和利用，优化了沿线产业的土地利用结构，提高了经济效益，也是高速公路公益性的一种体现。

对于国内外的公路与高速公路，大多是政府在公路建设之初就通过一定的投融资手段规定了收益分配方式，并仅通过收费来进行公益性与经营性的平衡。表 15 - 1 从融资方、融资方式、参与方和收益分配方式四个方面对文中三个案例进行了总结。

表 15 - 1　国外高速公路投融资及收益分配方式

案例	融资方	融资方式	参与方	收益分配方式
意大利高速公路	政府	发行债券	特许经营公司	特许经营
美国高速公路	政府	公私合作	私人公司	公路收费补偿
德国高速公路	政府	多渠道	私人公司	价格歧视

参考文献

中文文献

[1] 〔美〕丹尼尔·F. 史普博：《管制与市场》，余晖等译，格致出版社、上海三联书店、上海人民出版社，2008。

[2] 〔美〕亨利·乔治：《进步与贫困》，吴良健、王翼龙译，商务印书馆，1995。

[3] 〔美〕兰德尔：《资源经济学》，施以正译，商务印书馆，1939。

[4] 〔美〕萨缪尔森、诺德豪斯：《经济学》，萧深等译，华夏出版社，1999。

[5] 〔日〕土屋仁志：《近代日本铁路企业的多元化经营与都市商圈的形成》，《国际城市规划》2014 年第 3 期。

[6] 〔日〕植草益：《微观规制经济学》，朱绍文译，中国发展出版社，1992。

[7] 〔英〕肯尼思·巴顿：《运输经济学》，冯宗宪译，商务印书馆，2001。

[8] 〔英〕马歇尔：《经济学原理》，朱志泰译，商务印书馆，1964。

[9] 〔英〕约翰·伊特维尔、默里·米尔盖特、彼得·纽曼：《新帕尔格雷夫经济学大词典》，经济科学出版社，1996。

[10] 〔法〕让·拉丰、梯若尔：《政府采购与规制中的激励理论》，石磊、王永钦译，上海人民出版社，2004。

[11] 鲍德风、李敬明、王国忠：《运输业外部性对运输价格的影响》，《内蒙古科技与经济》2005 年第 22 期。

[12] 曹晟、唐子来：《英国传统工业城市的转型：曼彻斯特的经验》，《国际城市规划》2013 年第 6 期。

[13] 陈梦娇、胡昊、周航：《轨道交通建设中的土地溢价回收模式》，《上海交通大学学报》2011 年第 10 期。

[14] 陈旭：《城市轨道交通外部性研究》，华中科技大学硕士学位论文，2005。

[15] 陈有孝、林晓言：《铁路长大干线社会经济效益评价的地价函数法研究》，《经济地理》2006 年第 2 期。

[16] 程斌：《轨道交通与城市交通可持续发展》，《中国铁道科学》2001 年第 3 期。

[17] 褚珊：《铁路公益性运输服务的有效供给与补贴机制研究》，北京交通大学硕士学位论文，2013。

[18] 崔惠民、李文夫：《公用事业产品定价的市场机制与政府规制》，《城市问题》2011 年第 7 期。

[19] 党振岭：《建立铁路公益性运输补偿机制的探讨》，《铁道运输与经济》2003 年第 6 期。

[20] 郭云、谭克虎：《德国铁路股份公司多元化经营及政策支持问题研究》，《经济问题探索》2013 年第 3 期。

[21] 何宁、顾保南：《城市轨道交通对土地利用的作用分析》，《城市轨道交通研究》1998 年第 4 期。

[22] 何寿奎：《基于管理效率的公司合作项目伙伴选择与激励机制》，《数学的实践与认识》2010 年第 8 期。

[23] 何寿奎：《社会资金参与公共项目建设模式选择与治理结构》，《商业时代》2012 年第 22 期。

[24] 何涛：《基于 PPP 模式的交通基础设施项目风险分担合理化研究》，天津大学博士学位论文，2011。

[25] 贺鹏：《东京轨道交通互联互通对北京的启示》，《城市轨道交通研究》2016 年第 3 期。

[26] 侯雪、刘苏、张文新、胡志丁：《高铁影响下的京津城际出行行为研究》，《经济地理》2011 年第 9 期。

[27] 胡煜、李红昌：《交通枢纽等级的测度及其空间溢出效应——基于中国城市面板数据的空间计量分析》，《中国工业经济》2015 年第 5 期。

[28] 贾善铭、覃成林：《高速铁路对中国区域经济格局均衡性的影响》，《地域研究与开发》2015 年第 2 期。

[29] 姜卫东：《浅谈"轨道交通 + 土地"开发模式》，《现代经济信息》2012 年第 13 期。

[30] 赖宗裕、苏伟强：《跨域加值公共建设财务规划方案问题之探讨》，《公共行政学报》2013 年第 12 期。

[31] 李红昌、Linda Tjia、胡顺香：《中国高速铁路对沿线城市经济集聚与均等化的影响》，《数量经济技术经济研究》2016 年第 11 期。

[32] 李红昌、刘钟南、杨永平：《日本铁路考察报告——对我国铁路产业及北京城市轨道交通发展方向的一些建议》，《铁道经济研究》2011 年第 1 期。

[33] 李静华、李启明：《PPP 模式在我国城市轨道交通中的经济风险因素分析——以北京地铁四号线为例》，《建筑经济》2007 年第 10 期。

[34] 李丽红、张舒、黄昌铁：《国外 PPP 合同研究现状梳理及趋势分析》，《生产力研究》2013 年第 1 期。

[35] 梁晓红、谭克虎：《韩国发展高铁的做法及经验》，《经济问题探索》2014 年第 8 期。

[36] 林上、冯雷：《日本高速铁路建设及其社会经济影响》，《城市与区域规划研究》2011 年第 3 期。

[37] 林晓言、陈小君、白云峰、韩信美：《京津城际高速铁路对区域经济影响定量分析》，《铁道经济研究》2010 年第 5 期。

[38] 林晓言、李红昌、高薇薇：《中国交通运输外部性制度分析及内部化政策》，《数量经济技术经济研究》2003 年第 9 期。

[39] 林晓言、罗燊、朱志航：《区域质量与高速铁路社会效用——关于高速铁路建设时机的研究》，《中国软科学》2015b 年第 4 期。

[40] 林晓言、王慧云：《铁路站区土地综合开发模式及利益分配研究》，《铁道经济研究》2015 年第 1 期。

[41] 林晓言等：《高速铁路与经济社会发展新格局》，社会科学文献出版社，2015a。

[42] 刘晓凯、张明：《全球视角下的 PPP：内涵、模式、实践与问题》，《国际经济评论》2015 年第 4 期。

[43] 刘友梅：《铁路高速与可持续发展》，《电力机车与城轨车辆》2004 年第 5 期。

[44] 罗东秋：《城市准公共产品外部效应、受益居民税赋补偿及地方财政转型路径研究》，重庆大学博士学位论文，2010。

［45］ 罗晴：《我国 PFP 合同体系构建研究》，重庆大学硕士学位论文，2014。

［46］ 马德隆：《我国城市轨道交通投融资的主要问题及对策》，《综合运输》2014 年第 9 期。

［47］ 马祖琦：《公共投资的溢价回收模式及其分配机制》，《城市问题》2011 年第 3 期。

［48］ 苗启虎、何小竹、费方域：《城市轨道交通的外部性及其盈利模式探讨》，《城市轨道交通研究》2004 年第 5 期。

［49］ 潘海啸、钟宝华：《轨道交通建设对房地产价格的影响——以上海市为案例》，《城市规划学刊》2008 年第 2 期。

［50］ 潘振锋：《铁路公益性问题的研究》，《数量经济技术经济研究》2002 年第 7 期。

［51］ 裴俊巍、包信宇：《加拿大 PPP：法律、实践与民意》，《中国政府采购》2015 年第 8 期。

［52］ 裴俊巍、金六祥、甄雅琪：《国际 PPP 法律政策综述——基于对 52 国 PPP 法案的研究》，《中国政府采购》2015 年第 10 期。

［53］ 亓霞、柯永建、王守清：《基于案例的中国 PPP 项目的主要风险因素分析》，《中国软科学》2009 年第 5 期。

［54］ 秦熠：《铁路与淮河流域中下游地区社会变迁（1908～1937）》，《安徽史学》2008 年第 3 期。

［55］ 覃成林、朱永磊：《区域性交通条件改善与沿线城市人口增长——基于铁路运输提速的分析》，《经济问题探索》2013 年第 9 期。

［56］ 任倩：《基础设施 PPP 项目的风险因素分析——杭州湾跨海大桥项目实践》，《江西建材》2016 年第 6 期。

［57］ 沈际勇、王守清、强茂山：《中国 BOT/PPP 项目的政治风险和主权风险：案例分析》，《华商·投资与融资》2005 年第 1 期。

［58］ 沈满洪：《庇古税的效应分析》，《浙江社会科学》1999 年第 4 期。

［59］ 宋文杰、朱青、朱月梅等：《高铁对不同规模城市发展的影响》，《经济地理》2015 年第 10 期。

［60］ 孙健韬：《高速铁路对区域经济的影响分析》，北京交通大学硕士学位论文，2012。

［61］ 孙梅花、吴永发、李明阳：《轨道交通项目的外部效益分析及实例》，

《交通科技与经济》2009 年第 2 期。

[62] 孙玉变、胡昊：《城市轨道交通开通运营阶段的溢价回收方法研究》，《特区经济》2012 年第 7 期。

[63] "台湾行政院"经济建设委员会：《跨域加值公共建设财务规划方案》，2012。

[64] 王斌：《近代铁路技术向中国的转移》，山东教育出版社，2012。

[65] 王传伦、高培勇：《当代西方财政经济理论》，商务印书馆，1995。

[66] 王灏：《PPP 的定义和分类研究》，《都市快轨交通》2004 年第 5 期。

[67] 王灏：《加快 PPP 模式的研究与应用 推动轨道交通市场化进程》，《宏观经济研究》2004 年第 1 期。

[68] 王灏：《伦敦地铁 PPP 模式仲裁机制》，《中国投资》2005 年第 4 期。

[69] 王俊豪：《政府规制经济学导论》，商务印书馆，2004。

[70] 王守清：《国际工程市场的主要变化、企业发展路径和风险管理》，《中国勘察设计》2012 年第 6 期。

[71] 王守清、刘婷：《PPP 项目监管：国内外经验和政策建议》，《地方财政研究》2014 年第 9 期。

[72] 王艳伟、黄宜、李靖：《政府和社会资本合作（PPP）项目多目标优化模型研究》，《工程管理学报》2016 年第 1 期。

[73] 王垚、年猛：《高速铁路带动了区域经济发展吗?》，《上海经济研究》2014 年第 2 期。

[74] 王雨飞、倪鹏飞：《高速铁路影响下的经济增长溢出与区域空间优化》，《中国工业经济》2016 年第 2 期。

[75] 王玉芝、范德伟：《滇越铁路与滇东南少数民族地区工业化互动关系评述》，《红河学院学报》2010 年第 1 期。

[76] 吴昊、李健伟：《铁路多元经营产业转型发展初探》，《铁道经济研究》2011 年第 5 期。

[77] 吴奇兵、陈峰：《城市轨道交通外部效应量化计算方法探讨》，《铁道运输与经济》2004 年第 7 期。

[78] 武树礼：《城市轨道交通建设引入 PPP 模式研究——以北京地铁四号线为例》，《新视野》2014 年第 6 期。

[79] 萧健澄：《我国高速铁路建设投融资现状及模式探讨》，华南理工大

学硕士学位论文，2013。

[80] 谢辉、晏克非、谭倩：《城市轨道交通市场化投融资模式研究》，《城市轨道交通研究》2010 年第 6 期。

[81] 谢品杰、朱文昊、谭忠富：《中国电价扭曲与电力强度的影响因素》，《技术经济》2015 年第 10 期。

[82] 徐飞、宋波：《公私合作制（PPP）项目的政府动态激励与监管机制》，《中国管理科学》2010 年第 3 期。

[83] 徐骏：《铁路运营模式与公益性的宪政逻辑》，《江苏论坛》2009 年第 6 期。

[84] 许明：《试述南疆铁路的公益性质与管理模式》，《铁道经济研究》2003 年第 4 期。

[85] 许文辉：《铁路改革丰商业性问题研究》，《铁道运输与经济》2003 年第 6 期。

[86] 杨维凤：《京沪高速铁路对我国区域空间结构的影响》，《河北经贸大学学报》2010 年第 5 期。

[87] 杨永平、黎志刚：《滇越铁路与近代云南红河流域的社会变迁》，《昆明理工大学学报》（社会科学版）2011 年第 1 期。

[88] 叶霞飞、蔡蔚：《城市轨道交通开发利益的计算方法》《同济大学学报》2002 年第 4 期。

[89] 叶霞飞、蔡蔚：《城市轨道交通开发利益还原方法的基础研究》，《铁道学报》2002 年第 1 期。

[90] 于涛、陈昭、朱鹏宇：《高铁驱动中国城市郊区化的特征与机制研究——以京沪高铁为例》，《地理科学》2012 年第 9 期。

[91] 张超：《铁路改革中公益性问题的解决途径》，《综合运输》2009 年第 11 期。

[92] 张超、谭克虎：《法国政府对高速铁路支持政策研究及启示》，《铁道经济研究》2014 年第 4 期。

[93] 张建文、张潞：《轨道交通建设对城市生态环境的影响分析》，《城市环境与城市生态》2001 年第 10 期。

[94] 张江宇：《铁路的公益性与经营性如何界定》，《综合运输》2004 年第 2 期。

［95］ 张克中、陶东杰：《交通基础设施的经济分布效应——来自高铁开通的证据》，《经济学动态》2016 年第 6 期。

［96］ 张梦龙：《基于公共物品属性视角的铁路改革结构特性研究》，北京交通大学博士学位论文，2014。

［97］ 张小松、胡志晖、郑荣洲：《城市轨道交通对土地利用的影响分析》，《城市轨道交通研究》2003 年第 6 期。

［98］ 张祖贤、张国伍：《高速铁路的外部经济效益分析》，《综合运输》2015 年第 8 期。

［99］ 赵坚：《城市交通及其塑造城市形态的功能——以北京为例》，《城市问题》2008 年第 5 期。

［100］ 赵娟、林晓言：《京津城际铁路区域经济影响评价》，《铁道运输与经济》2010 年第 1 期。

［101］ 赵云、李雪梅：《基于可达性的知识溢出估计模型——高速铁路网络的影响分析》，《软科学》2015 年第 5 期。

［102］ 甄小燕、臧文义：《我国市郊铁路投融资模式选择》，《综合运输》2015 年第 4 期。

［103］ 郑德高、杜宝东：《寻求节点交通价值与城市功能价值的平衡——探讨国内外高铁车站与机场等交通枢纽地区发展的理论与实践》，《国际城市规划》2007 年第 1 期。

［104］ 郑捷奋、刘洪玉：《深圳地铁建设对站点周边住宅价值的影响》，《铁道学报》2005 年第 5 期。

［105］ 郑思齐、胡晓珂、张博等：《城市轨道交通的溢价回收：从理论到现实》，《城市发展研究》2014 年第 2 期。

［106］ 周正祥、张秀芳、张平：《新常态下 PPP 模式应用存在的问题及对策》，《中国软科学》2015 年第 9 期。

［107］ 朱从兵：《铁路与社会经济——广西铁路研究（1885～1965）》，合肥工业大学出版社，2012。

［108］ 左大鹏、左大杰：《北美立法例对解决我国铁路公益性问题的启示》，《法制与社会》2014 年第 6 期。

英文文献

［1］ Abraham, C., "Le recours au péage est-il économiquement condamnaole?", Working Paper, 2008.

[2] Alain Bonnafous, "Programming, Optimal Pricing and Partnership Contract for Infrastructures in PPPs", *Research in Transportation Economics*, 2010, 30.

[3] Alfred E. Kahn, *The Economics of Regulation: Principles and Institutions*, The MIT Press, 1988.

[4] Association of Japanese Private Railways, "Major Private Railways: Data-book", Tokyo, http://www.mintetsu.or.jp/activity/databook/, 2013.

[5] Baldwin R. E., Forslid R., "The Core-Periphery Model and Endogenous Growth: Stabilizing and Destabilizing Integration", *Economica* 2000, 67 (2).

[6] Baron, Myerson, "Regulating a Monopolist with Unknown Costs", *Econometrica*, 1982, 50 (4).

[7] Boiteux M., "Sur la Gestion des Monopoles Publics Astreints à L'Equilibre Budgétaire", *Econometrica*, 1956, 24 (1).

[8] Capozza D. R., Helsley R. W., "The Fundamentals of Land Prices and Urban Growth", *Journal of Urban Economics*, 1989, 26 (3).

[9] Cervero R., *The Transit Metropolis: A Global Inquiry*, Island Press, 1998.

[10] Chen C. L., Hall P., "The Impacts of High-speed Trains on British Economic Geography: A Study of the UK's Inter City 125/225 and Its Effects", *Journal of Transport Geography*, 2011, 19 (4).

[11] Chen C. L., "Reshaping Chinese Space-economy through High-speed Trains: Opportunities and Challenges", *Journal of Transport Geography*, 2012, 22.

[12] Chen Z., Haynes K. E., "Impact of High Speed Rail on Housing Values: An Observation from the Beijing-Shanghai Line", *Journal of Transport Geography*, 2015, 43.

[13] Ciccone A., Peri G., "Identifying Human-capital Externalities: Theory with Applications", *The Review of Economic Studies*, 2006, 73 (2).

[14] De Palma A., Lindsey, R., Proost S., "Investment and the Use of Tax and Toll Revenues in the Transport Sector", *Research in Transportation E-*

conomics, 2007, 19 (1).

[15] DfT, "Transport, Wider Economic Benefits, and Impacts on GDP", London: UK Department for Transport, 2006.

[16] Di Masi J. A., "The Effects of Site Value Taxation in an Urban Area: A General Equilibrium Computational Approach", *National Tax Journal*, 1987, 40 (4).

[17] Dicken P., Lloyd P. E., "Location in Space: Theoretical Perspectives in Economic Geography", Lasers and Electro-Optics Society Annual Meeting, 1990.

[18] Ding C., Knaap G. J., Hopkins L. D., "Managing Urban Growth with Urban Growth Boundaries: A Theoretical Analysis", *Journal of Urban Economics*, 1999, 46 (1).

[19] Doherty Matthew, "Funding Public Transport Development through Land Value Capture Programs", http://ecotransit.org.au/ets/files/land_ value_ capture_ mdoherty2004. pdf.

[20] Graham R., Crampton, "Economic Development Impacts of Urban Rail Transport", Paper Prepared for the ERSA 2003 Conference, Jyvaskyla, Finland, 27 – 30 August, 2003.

[21] Harold Demsetz, "Why Regulate Utilities?", *Journal of Law and Economics*, 1968, 11.

[22] Harris D. C., *A Railway, a City, and the Public Regulation of Private Property: CPR v. City of Vancouver*, Social Science Electronic Publishing, 2012.

[23] H. Hotelling, "The General Welfare in Relation to Problems of Taxation and of Railway and Utility Rates", *Econometrica*, 1938, 6 (3).

[24] Jan C. Fransoo, J. Willm Bertrand, "An Aggregate Capacity Estimation Model for the Evaluation of Railroad Passing Constructions", *Transportation Research (Part A)*, 2000, 34.

[25] John Bourn, "Are the Public Private Partnerships Likely to Work Successfully?", London: Comptroller and Auditor General, 17 June, 2004.

[26] John Bourn, "London Underground PPP: Were They Good Deals?",

Comptroller and Auditor, 17 June, 2004.

[27] JRTT, "Re-evaluation of the Tohoku Shinkansen and Hokuriku Shinkansen", The Japan Railway Construction, Transport, and Technology Agency, 2011.

[28] Kurosaki Fumio, Ogura Michio, "Construction of Tsukuba Express and Urban Development Based on the Integrated Development Law", *13th World Conference on Transport Research*, July 15 – 18, 2013.

[29] Laffont, Tirole, "Using Cost Observation to Regulate Firms", *The Journal of Political Economy*, 1986, Vol. 94, No. 3.

[30] Louise Butcher, "London Underground after the PPP", *h Library*, Note SN1746, 18 January, 2012.

[31] Lucas Jr R. E., "On the Mechanics of Economic Development", *Journal of Monetary Economics*, 1988, 22 (1).

[32] Medda, F. R. and M. Modelewska, "Land Value Capture as a Funding Source for Urban Unvestment: The Warsaw Metro System", Poland: Ernst & Young Better Government Programme, 2011.

[33] Mike Quigley, "A Tale of Two Cities: Reinventing Tax Increment Financing", April 2007.

[34] Morris, P, K. Henderson, M. Briggs, J. Kulcsar, J. Chapman, "Value Capture: Mechanisms, Practices and Prospects for Stimulating Economic Development and Funding Commuter Rail", Research Report of North Carolina Department of Transportation, Unpublish, 2011.

[35] Murakami, Jin, "Transit Value Capture: New Town Codevelopment Modelsand Land Market Updates in Tokyo and Hong Kong", In Value Captureand Land Policies, Edited by Gregory K. Ingram and Yu-Hung Hong, Cambridge, MA: Lincoln Institute of Land Policy, http://www. lincolninst. edu/pubs/2026_ Value-Capture-and-Land-Policies.

[36] M. Care and S. Majumdar, *The Handbook of Telecommunications Economics(Volume 1)*, North Holland-Elsevier Science, 2002.

[37] N. Rosenberg, "Inside the Black Box: Technology & Economics", *Southern Economic Journal*, 1984, 25 (4).

[38] Okabe S. , "Impact of the Sanyo Shinkansen on Local Communities", In Straszak A. , Tuch R. , *The Shinkansen High-Speed Rail Network of Japan*, Oxford : Pergamon Press, 1979.

[39] O'sullivan, A. , *Urban Economics* (5th ed.), McGraw-Hill, New York, 2003.

[40] Ponti M. , Zecca E. , "The Role of Budgetary Constraints on Cost Benefits Analysis of Transport Infrastructure Investments and on Environmental Taxation", Proceedings of the International Conference on Globalization and Its Discontents, 2007.

[41] Ramsey F. P. , "A Contribution to the Theory of Taxation", *The Economic Journal*, 1927, 37 (145) .

[42] Romer P. , "Increasing Returns and Long Run Growth", *Journal of Political Economy*, 1986, 94 (5).

[43] Ronald H. Coase, "The Problem of Social Cost", *Journal of Law and Economic*, 1960, 3 (10).

[44] Rosenthal S. , W. C. Strange, "Evidence on the Nature and Sources of Agglomeration Economics", *Review of Economics and Statistics*, 2004, 85.

[45] Rothengatter, "Externalities of Transport", In Polak, J. and Heertie, A. , *European Transport Economics*, Oxford, UK: Blackwell Publishers, 1993.

[46] Roy W. , "évaluation des Programmesd' Infrastructure: Ordre Optimal de Réalisation Sous Contrainte Financière", LET Working Paper, 2005, http: //halshs. archives-ouvertes. fr/docs/00/03/48/80/PDF/document _ travail_2. pdf.

[47] Rui Mu, Martin de Jong, Joop Koppenjan, "The Rise and Fall of Public-Private Partnerships in China: A Path-dependent Approach", *Journal of Transport Geography*, 2011, 19.

[48] Rybeck R. , "Using Value Capture to Finance Infrastructure and Encourage Compact Development", *Public Works Management & Policy*, 2004, 8 (8).

[49] R. Rybeck, W. Rybeck, " Break the Boom and Bust Cycle", *Public*

Management, 2012, 94 (7).

[50] Samuelson P. A. , "The Pure Theory of Public Expenditure", *The Review of Economics and Statistics*, 1954, 36 (4).

[51] Sands B. , "The Development Effects of High-speed Rail Stations and Implications for California", Sacramento: California High Speed Rail Series, Berkely University of California, 1993.

[52] Schrank W. E. , Keithly W. R. , "The Concept of Subsidies", *Marine Resource Economics*, 1999, 14 (2).

[53] Schrank W. E. , "Subsidies for Fisher: A Overview of Concepts", FAO Fisheries Report, No. 638, 2001.

[54] Song Jinbo, Song Danrong, Zhang Xueqing, Sun Yan, "Risk Identification for PPP Waste-to-energy Incineration Projects in China", *Energy Policy*, 2013, 61.

[55] Stephen Gibbons, Stephen Machin, "Rail Access and House prices: An Evaluation of the Wider Benefits of Transport Improvements", The Centre for Economic Performance at the London School of Economics, 2003.

[56] Stephen Gibbons, Stephen Machin, "Valuing Rail Access Using Transport Innovations", Centres Globalisation Programme, London School of Economics and Political Science, 2004.

[57] Tokyo Metropolitan Government, "Press Release Document", http: // Tokyo. www. metro. tokyo. jp/INET/OSHIRASE/2007/10/20la2200. htm.

[58] Tokyu Corporation, "Fact Sheet Tokyo", http: //www. tokyu. co. jp/ir/ english/library/library_06. html, 2013.

[59] United Nations, "Municipal Land Management in Asia: A Comparative Study", http: //www. unescap. org/huset/m_land/index. htm.

[60] Viner J. , *Cost Curves and Supply Curves*, Springer Berlin Heidelberg, 1932.

[61] Willigers J. , B. Van Wee, "High-speed Rail and Office Location Choices: A Stated Choice Experiment for the Netherlands", *Journal of Transport Geography*, 2011, 19.

[62] Willigers J. , Floor J. , Wee G. P. Van, "High-speed Railway Developments and the Location Choices of Offices: The Role of Accessibility",

Political Behavior, 2004, 33 (3).

[63] Xu Y., Yeung John F. Y., Chan Albert P. C., Chan Daniel W. M., Wangshou Qing, Yongjian Ke, "Developing a Risk Assessment Model for PPP Projects in China — A Fuzzy Synthetic Evaluation Approach", *Automation in Construction*, 2010, 19 (7).

[61] Yongjian Ke, Marcus Jefferies, Asheem Shresth, Xiaohua Jin, "Public Private Partnership in China: Where to from Here", *Organization Technology & Management in Construction*, 12/2014, 6 (3).

[65] Zhiyong Liu, HirakuYamamoto, "Public-Private Partnerships (PPPs) in China: Present Conditions, Trends and Future Challenges", *Interdisciplinary Information Sciences*, 2009, 11 (2).

[66] "Understanding Your Property Tax Bill, Can you Define the Terms Used on My Tax Bill?", http://www.revenue.state.il.us/localgovernment/PropertyTax/taxbill.htm, 2014 – 07 – 12.

图书在版编目（CIP）数据

轨道交通公益性与经营性平衡新模式／林晓言，罗
燊著． -- 北京：社会科学文献出版社，2018.5
ISBN 978 - 7 - 5201 - 2489 - 8

Ⅰ.①轨…　Ⅱ.①林…②罗…　Ⅲ.①城市交通运输
- 轨道交通 - 交通运输管理 - 研究　Ⅳ.①F57

中国版本图书馆 CIP 数据核字（2018）第 059815 号

轨道交通公益性与经营性平衡新模式

著　　者／林晓言　罗　燊

出 版 人／谢寿光
项目统筹／恽　薇
责任编辑／冯咏梅

出　　版／社会科学文献出版社·经济与管理分社　（010）59367226
　　　　　　地址：北京市北三环中路甲29号院华龙大厦　邮编：100029
　　　　　　网址：www.ssap.com.cn
发　　行／市场营销中心（010）59367081　59367018
印　　装／三河市龙林印务有限公司

规　　格／开　本：787mm×1092mm　1/16
　　　　　　印　张：25.75　字　数：415千字
版　　次／2018年5月第1版　2018年5月第1次印刷
书　　号／ISBN 978 - 7 - 5201 - 2489 - 8
定　　价／98.00元